할까 말까 망설이다가 인생이 끝나기 전에

일단 해보기의 기술

할까 말까 망설이다가 인생이 끝나기 전에

일단 해보기의 기술

톰 밴더빌트 지음 | 윤혜리 옮김

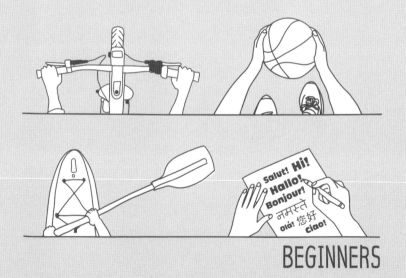

BEGINNERS

청림출판

한 그루의 나무가 모여 푸른 숲을 이루듯이
청림의 책들은 삶을 풍요롭게 합니다.

누구나 반드시 초보자가 된다.
-라이너 마리아 릴케

*이 책의 각주는 저자 주입니다. 옮긴이 주는 따로 표시했습니다.

일단 무작정 시작해보기로 했다

어느 일요일 아침, 수많은 사람이 모인 공간에서 나는 체스판 앞에 앉았다. 심장이 두근대고, 속은 뒤집힐 것 같았다.

　나는 관례대로 대전 상대와 악수했다. 상대와 나는 절차에 맞게 이름을 말하며 각자 스코어북에 서명하고는 아무 말도 하지 않았다. 내가 시계에 시간을 맞추는 동안(각각 25분씩), 상대는 체스판의 각 칸에 말을 하나씩 신중하게 배치했다.

　나는 지겨운 듯 무심하게 말을 배치했다. 단 몇 분이라도 벌어보려는 사람처럼 상대보다 더 열심히 대칭을 맞춰가며 말을 정렬했다(하지만 비숍과 나이트의 자리를 잘못 놓는 바람에 당황한 나머지 이 꼼수는 통하지 않았다). 우리는 토너먼트 감독이 시작 신호를 줄 때까지 기다렸다. 방 안에는 정적이 흘렀다.

나는 대전 상대를 주의 깊게 뜯어보았다. 그는 별생각 없이 손가락으로 연필을 돌리고 있었다. 그러면서 주변 테이블을 이리저리 둘러보았다. 나는 무자비한 표정으로 그를 응시했다. 의자에 앉은 채로 내가 지을 수 있는 최대한의 야성적인 표정을 지으며 위협적인 인상을 주기 위해 애썼다. 〈뉴욕타임스The New York Times〉에 기고했던 체스 칼럼니스트 딜런 러브 매클레인Dylan Loeb McClain이 1995년 당시 체스 세계 챔피언이었던 가리 카스파로프Garry Kasparov와 시범 경기를 했을 때의 이야기를 내게 해준 적이 있는데, 나는 그때 들었던 카스파로프의 느낌을 상대에게 그대로 전달하고 싶었다.

매클레인은 이렇게 말했다. "카스파로프는 단순히 나를 이기겠다는 생각이 아니었어. 마치 체스판을 넘어와 내 목을 조르고 싶어 하는 것 같았거든." 매클레인이 보기에, 성난 곰처럼 험악한 몸짓으로 '믿기 힘들 정도의 사나운 정신력'을 발산하는 카스파로프는 상대보다 약간 유리한 상황이 펼쳐진다고 해도, 심지어 상대를 이긴다고 해도 만족하지 않을 것 같았다. 그가 그런 모습을 보이는 데는 그보다 '더 개인적이고 감정적인' 이유가 있는 듯했다.

체스 세계에서 이러한 감정은 아주 흔하다. 특이한 행동으로 유명했던 체스 챔피언 보비 피셔Bobby Fischer는 이렇게 말하기도 했다. "상대의 자존심을 짓밟는 그 순간, 기분이 정말 짜릿하다."[1]

나는 대전 상대를 다시 바라보았다. 내가 뛰어난 전술을 펼치고 무자비한 시선으로 상대의 기를 죽여 이 사람의 근간을 서서히 무너뜨릴 수 있을까?

바로 그때, 한 여성이 작은 초코우유를 들고 그의 옆에 나타났다. 여성은 그의 머리에 입을 맞추며 "잘하고 와"라고 말하고는, 내게 부엉이 같은 미소를 슬쩍 보냈다. 내 대전 상대인 라이언은 여덟 살이었다. 가끔 코를 훌쩍이며 놀랍도록 침착한 모습으로 경기에 임한 그는 13수쯤에 나를 꺾었다. 나는 그에게 축하의 말을 건네고 토너먼트 감독에게 결과를 알리러 갔다. 복도에서 그가 엄마에게 자랑스러운 표정으로 결과를 알리는 모습이 눈에 들어왔다. 자존심은 털끝만큼도 다치지 않은 모습이었다.

이것이 어느 일요일 아침, 뉴욕시 마셜 체스 클럽에서 열린 '초보자 레이팅 오픈 대회'에서 라이언과 내가 겪은 일이다. 마셜 체스 클럽은 그리니치 빌리지의 어느 멋진 블록에 있는, 유서 깊은 한 타운하우스의 몇 개 층을 차지하고 있다. 이곳은 그 옛날 대학부 및 일반 체스팀들이 지역별로 대전을 벌이고, 그들의 활약이 신문 스포츠면에 실리던 시절의 자취이자 근사한 구시대의 유물이다. 전국에서 땅값이 가장 비싼 동네에 이 클럽이 오늘날까지 남아 있는 이유에는 디킨스의 작품에서나 나올 법한 반전이 숨어 있다.

대공황이 한창이던 1931년, 체스광이었던 부유한 후원가 몇 명이 프랭크 마셜Frank Marshall을 위해 건물을 한 채 매입했다. 클럽 이름은 그의 이름을 따서 지었다. 마셜은 체스 그랜드마스터이자 미국 챔피언이었다. 한때 애틀랜틱시티의 바다 근처에서 체스 상점을 운영하며 때때로 사람들과 내기 체스를 즐기기도 했던 그는 자신의 이름을 딴 체스 클럽을 수십 년에 걸쳐 맨해튼의 상징적인 장소로 만들었다. 결국에는 스테이크 전문점 킨스 춉하우스나 첼시 호텔만큼 유명해진 체스 클럽에서 마셜은 거의 살다시피 했다.[2]

주변 지역은 예전의 정취를 잃어가고 있지만(이제 더는 재킷을 입은 웨이터가 커피나 차를 따라 주지 않는다), 마셜 체스 클럽에서 체스를 두고 있노라면 도금시대Gilded Age(남북전쟁 이후인 1865~1893년, 미국의 자본주의가 발전하고 산업화 및 공업화가 이뤄진 시기-옮긴이)의 성전에서 '왕들의 게임(체스의 별칭-옮긴이)'을 즐기는 기분이 든다. 유명한 그랜드마스터들의 흉상, 팀 챔피언들의 빛바랜 사진, 그리고 현 세계 챔피언 망누스 칼센Magnus Carlsen이 2016년 세르게이 카랴킨Sergey Karjakin을 상대로 타이틀을 사수하기 위해 진땀을 뺐던 바로 그 테이블. 역사의 향기가 가득한 곳이다.

하지만 마셜 체스 클럽은 박물관이 아니다. 대형 토너먼트가 열리는 주말에 이곳을 찾으면 마치 인력으로 돌아가는 데이터센터에 온 기분이다. 길게 줄지은 체스판은 마치 컴퓨터의 프로세서 같아 보인다. 저음의 기계 소리가 울리는 가운데 선수들은 말없이 머릿속으로 계산하며 열기를 발산하고, 긴장한 그들의 이마에는 구슬땀이 맺힌다.

일요 초보 토너먼트는 레이팅이 아예 없거나 1200 이하인 사람들을 대상으로 하는 만큼 부담이 전혀 없는 대회다. 그랜드마스터들은 대부분 레이팅이 2500 이상이다. 나는 100이었다.

그날 시작은 좋았다. 첫 대전 상대는 머리가 하얗게 세고 학자처럼 진중해 보이는 존이었다. 초반에는 내 '기물(체스에서는 말을 이렇게 부른다-옮긴이)'의 가치가 더 낮았다. 그래서 그는 게임이 진행되는 동안 이 양적 우세를 활용하고자 했다. 하지만 나는 독창적인 지략으로 그의 승리를 저지하며 맞서 싸웠다. 내 전략이 하나씩 먹힐 때마다 그는 지친 기색으로 짧게 한숨을 내쉬었다. 불편한 심기가 느껴졌다. 그가 내쉬는 한숨만큼 내 힘은 더욱 강해지는 기분이었다.

내 킹이 거의 포위되었을 때 나는 체크메이트(킹이 공격을 피할 수 없는 상황-옮긴이)의 기회를 포착했다. 그가 눈치채지 못하게만 하면 되었다. "체스의 승자는 끝에서 두 번째로 실수하는 사람이다"라는 말이 있다. 실제로 상대는 수비해야 할 시점에 공격을 했다. 치명적이라고 생각한 칸으로 폰을 움직인 것이다. 내가 A파일(체스판의 첫 번째 세로 줄)을 따라 룩을 움직이며 킹을 먹자 그의 얼굴에는 불쾌한 깨달음의 표정이 서서히 드리웠다.

다음 대전 상대는 에릭이었다. 그는 아프가니스탄에서 잠시 휴가를 나온 군인으로 시간이 날 때마다 온라인 체스를 즐겼다. 마셜 체스 클럽에 방문하기 위해 휴가 중에 특별히 시간을 내어 뉴욕에 온 참이었다. 흰머리가 희끗희끗한 짧은 머리에 우수에 젖은 눈빛을 한 그는 배우 우디 해럴슨Woody Harrelson과 약간 닮아 보였다. 그와의 대국은 긴장감이 넘쳤는데, 막상막하로 흘러가다가 그의 비숍이 내 룩에 핀을 걸면서 승부가 갈렸다. 내가 기권하자 그는 안도하는 표정을 지으며 내게 레이팅에 비해 실력이 뛰어나다고 말했다. 그가 내게 건넨 첫마디였다.

미 육군 특공대원이나 미국은퇴자협회의 회원에서부터 산만한 어린이에 이르기까지 그날 그곳에 모인 이들은 모두 마셜 체스 클럽의 초보 토너먼트에서 흔히 볼 수 있는 사람들이었다. 이들의 연령 분포는 60년의 세월에 걸쳐 있었지만, 체스 세계에서는 모두 다 똑같은 초보자였다.

체스의 레이팅은 순수하게 실력만으로 정해지므로 나이 같은 특징과는 거의 상관이 없다. 체스는 어린이가 어른과 거의 동등하거나 더 나은 수준의 숙련도를 달성할 수 있는 몇 안 되는 기술 중 하나다.[3] 열두 살짜리가 어른을 완전히 짓밟는 일도 있다는 뜻이다.[4]

그날 마셜 체스 클럽의 일요 토너먼트에 참가한 어린이 중에 특별히 관심이 가는 아이가 하나 있었다. 바로 내 딸이었다. 그날 우리는 대전 상대로 편성되지 않았고(언젠가는 그럴 날이 오겠지만), 서로 전혀 다른 결과를 냈다. 딸은 최상위권에 올랐고, 상금도 84달러나 받았다. 물론 딸은 그길로 근처 장난감 가게에 가서 곰 인형과 반짝이 퍼티 슬라임 장난감을 사는 데 그 돈을 다 써버렸지만.

그날 오후에 딸은 할머니와 할아버지에게 전화로 소식을 전하며 기쁜 목소리로 이렇게 말했다. "아빠는 40등인가 그랬어요." 모두 51명이었다.

내가 무슨 짓을 벌인 걸까?

몇 년 전 어느 날, 바다에 인접한 동네의 작은 도서관에서 있었던 일이다. 네 살이었던 딸과 나는 체커checker(체스와 비슷하지만 더 단순한 보드게임-옮긴이)를 두는 사람들을 구경하는 데 푹 빠져 있었다. 딸은 흥미롭게 생긴 말이 가득 놓인 흑백의 체스판에 시선을 온통 빼앗겼다 (체스 마스터들도 어렸을 때 '말'과 '성'처럼 생긴 체스 기물을 보고 순수한 마음으로 빠져들었다고 말한다). 딸은 이렇게 물었다. "이게 뭐야?" 나는 대답했다. "체스야." "우리도 해보면 안 돼?" 딸이 내게 부탁했다. 나는 무심코 그러자고 고개를 끄덕였다.

그런데 문제가 하나 있었다. 나도 체스를 어떻게 두는지 몰랐다. 어렸을 때 말을 움직이는 방법 등 기본적인 규칙을 배운 것이 어렴풋이 기억나긴 했지만, 꾸준히 체스를 둔 적은 없었다. 체스를 둘 줄 모른다는 사실은 평생 나를 쫓아다니며 괴롭혔다. 호텔 로비에서 비어 있는 체스판을 보거나 신문 주말 특집판에 실린 체스 퍼즐을 보면 마음이 불편했다.

체스에 대한 기본 지식은 있었다. 피셔나 카스파로프처럼 유명한 체스 선수의 이름도 알았다. 미술가 마르셀 뒤샹Marcel Duchamp과 작가 블라디미르 나보코프Vladimir Nabokov 같은 거장들이 체스광이었다는 사실도 알았다. 그랜드마스터들은 열 수 앞을 내다본다는 흔한 이야기도 알고 있었다. 영화에서 체스는 클래식 음악처럼 천재성, 특히 악마적 천재성의 상징으로 그려지는 일이 많다는 사실도 알았다. 하지만 나의 체스 이해도는 내가 일본어를 '아는' 것과 비슷했다. 나는 일본어 문자를 보거나 일본어가 들려올 때, 뜻은 이해하지 못하지만 그것이 일본어라는 것은 알았다. 체스도 비슷했다.

나는 딸에게 체스를 가르치기 위해 체스를 배우기로 마음먹었다.

말을 움직이는 방법을 배우기는 쉬웠다. 딸 친구의 생일 파티에서 혹은 마트 계산대 앞에서 차례를 기다리면서, 스마트폰을 들여다보며 틈틈이 연구했더니 몇 시간 만에 다 알아냈다. 곧 컴퓨터로 체스를 두기 시작했다. 난이도를 가장 낮게 설정하면(중대한 실수를 자주 저지르도록 프로그래밍된 게임에서는) 이길 때도 있었다. 하지만 그 이상의 더 복잡한 전략은 거의 모른다는 사실이 금세 드러났다.

내가 잘 모르는 것을 남에게 가르치고 싶지는 않았다. 하지만 어떻게 배워야 할지가 고민이었다. 책은 종류가 너무 많아서 엄두가 나지 않았다. 물론 초보자를 위한 책도 있었다. 하지만 그 외에도 체스를 다룬 책은 정말 어마어마했다. 책을 열어 보면 무슨 수학식처럼 보이는 체스 기보가 가득했다(기보는 체스의 언어와 같은 것으로, 보는 법을 따로 공부해야 한다).

게다가 책의 주제가 너무나도 구체적이었다. 예를 들면《프렌치 디펜스에 대항하는 3 Nc3 완벽 가이드A Complete Guide to Playing 3 Nc3 Against the French Defence》와 같은 식이다. 그렇다. 책 한 권 전체가 처음부터 끝까지 딱 한 가지 움직임에 따르는 배열만 다룬다. 백여 년간 줄곧 되풀이되어온 그 한 가지 움직임 말이다. 그런데도 사람들은 아직도 이 주제를 연구하고 있다. 100년이 지나고 이를 다룬 수많은 체스 책이 나온 뒤에도 새로 이야기할 내용이 288쪽에 달한다는 것이다.

체스에서는 말을 세 번만 움직이면 우주를 구성하는 원자보다도 더 많은 경우의 수가 생긴다는 유명한 말이 있다. 보통 체스 초보자들이 체스를 시작한 지 얼마 지나지 않아 듣게 되는 말이다. 그리고 그 말대로 나는 어린 딸에게 이 엄청나게 복잡한 게임을 가르치려면 어떻게 해야 할지 궁리하며 천문학적인 혼란스러움에 빠졌다.

그래서 나는 자존심 있는 현대의 부모라면 응당 할 법한 일을 했다. 바로 코치를 고용하는 것이었다. 다만 딸과 나를 동시에 가르쳐줄 사람이 필요했다.

인터넷을 뒤져 적합한 사람을 찾아냈다. 브루클린에 사는 폴란드 출신의 사이먼 루돕스키Simon Rudowski였다. 그에게서는 고풍스러운 격식과 상대를 진정으로 생각하는 엄격함이 느껴졌다. 이 임무를 수행하기에 딱 알맞은 진지한 분위기였다. 체스를 둘 때는 기물을 어찌나 힘차게 움직이던지 극적인 느낌까지 들었다. 채식주의자로 몸이 마르고 두뇌가 기민했던 사이먼은 수업 시간에 잔잔한 클래식 음악을 틀어두는 것을 제외하고는 집을 조용하게 유지하길 원했다. 아내는 첫 수업 시간에 그에게 차와 갓 구운 페이스트리를 대접했다.

페이스트리 대접은 원래 첫 시간에만 할 생각이었지만 금세 관습이 되어버렸고, 심지어 나중에는 우스꽝스러운 의식이 되었다. 수업이 있는 날 아침이면 아내는 긴급한 목소리로 우리에게 이렇게 알리곤 했다. "우리 이제 사이먼 선생님께 드릴 페이스트리를 만들어야 해." (시중에서 산 쿠키를 대접하면 알 듯 말 듯 하게 언짢은 기색으로 몇 입 먹고 말 뿐이었다.) 그 자체로 우아한 체스판과 말, 그리고 간식과 조용한 음악이 한데 어우러지면 우리 집은 완전히 다른 장소가 되었다. 나는 이곳이 오스트리아의 빈에나 있을 법한 살롱이라고 상상했다. 집은 마치 카페인이 흐르는 것처럼 흥분된 분위기로 가득했고, 마음을 들뜨

게 하는 체스 이론으로 열광의 도가니가 되었다.

♟ ✒ ⁄

그때는 잘 느끼지 못했지만 사실 딸과 나는 표본 크기 두 명의 인지 실험을 시작한 것이기도 했다. 새로운 기술을 배우는 초보자 두 명으로서 말이다.

우리는 약 40년의 시간적 차이를 두고 똑같은 지점에서 시작하는 상황이었다. 지금까지 딸이 살아오는 동안은 늘 내가 전문가였다. 어떤 단어가 무슨 뜻인지, 혹은 자전거를 어떻게 타는지를 아는 사람이었다. 하지만 이제 딸과 나는 같은 선상에 섰다. 최소한 이론적으로는 그랬다. 우리 둘 중 누가 더 빨리 배울까? 우리가 같은 방식으로 배울까? 우리의 강점과 약점은 각각 무엇일까? 결국 누가 이길까?

얼마 후 나는 체스 수업에서 빠졌다. 일단 내 존재가 방해된다는 느낌이 들었기 때문이다. 딸과 딸의 선생님 사이에 낀 것 같았다. 게다가 이때는 딸이 배우는 속도가 훨씬 느렸다. 딸이 복잡한 체스판에서 어려운 움직임을 이해하는 순간 사이먼과 나는 서로를 바라보며 은밀히 미소 짓곤 했다.

나는 혼자서 기초를 다졌다. 온라인 체스를 꾸준히 했고, 토너먼트 경기를 분석하는 유튜브 동영상을 보며 낑낑거리기도 했고, 《벤트 라슨의 최고의 시합Bent Larsen's Best Games》과 같은 책을 훑어보기도 했다. 이렇게 나름의 방법으로 각각 무장한 딸과 나는 주기적으로 식탁에 체스판을 깔고 마주 앉아 시합을 벌였다.

초반에는 내가 더 잘하는 듯했다. 내가 더 진지한 태도로 임했기 때문이다. 집중력도 더 좋았고, 수십 년간 다른 게임을 해본 경험도 있었던 데다 어른으로서 자존심도 있었다. 시합을 할 때 딸은 한 번씩 집중력을 잃었고, 그럴 때면 나는 딸에게 의욕을 주기 위해 일부러 치명적인 실수를 저지르고 딸이 알아차려주기를 바랐다. 나는 실제 체스 세계에서는 서툴기 짝이 없는 초보자에 불과했지만, 최소한 집에서는 자애로운 원로이자 현자가 된 듯한 기분이었다.

하지만 한 주 한 주 지날수록 딸은 발전했다. 게임 속에 숨어 있는 복잡한 전술을 내게 차분하게 설명해주기도 했고, 내가 온라인 체스를 두며 반드시 이길 거라고 확신하고 있을 때 내게 다가와 실제로는 무승부로 끝날 확률이 높은 이유를 이야기해주기도 했다. 내가 모르는 전략과 지식도 갖추고 있었다. 딸은 토너먼트에 나가기 시작했다. 동네 도서관 지하에서 소규모로 열리는 토너먼트에 참가하는 수준에서 시작해 결국에는 시에서 열리는 큰 대회까지 나갔다. 트로피를 수차례 거머쥐었고 제 또래의 전국 100대 여자 체스 선수 리스트에 꽤 높은 순위로 들기까지 했다. 갑자기 딸을 이기려면 애를 써야 하는 수준이 되었고, 가끔씩 질 때도 있었다.

돌이켜 보면 이렇게 된 데는 명백한 이유가 하나 있었다. 내가 실전 경험을 쌓겠다며 줄곧 온라인 체스 게임만 하면서 이기면 우쭐대고 지면 운을 탓하는 동안, 딸은 사이먼에게 오프닝 이론과 엔드게임(체스에서 주요한 말들이 대부분 잡히고 소수의 말만 남은 중반전을 말한다-옮긴이) 전술을 반복적으로 훈련받았던 것이다. 딸은 게임에서 지면 왜

졌는지 철두철미하고 자세하게 분석해야 직성이 풀렸다. 중요한 것은 이 과정이 실제 게임보다 오래 걸릴 때가 많았다는 점이다.

유명하지만 종종 오해를 받기도 하는 '1만 시간의 법칙'을 창시한 심리학자 안데르스 에릭슨Anders Ericsson의 시각으로 본다면, 딸은 '의식적인 연습deliberate practice'을 한 것이었다.

반면 나는 '단순 반복mindless repetition'에 그쳤다. 확실한 목표 없이 죽어라 밀어붙이며 실력이 좋아지길 바란 것이었다. 어떻게 보면 딥마인드DeepMind의 유명한 인공지능 엔진 알파제로AlphaZero와 같은 방식으로 연습한 것이다. 알파제로는 체스의 기본 규칙만 습득하고는 스스로 4400만 판을 둔 뒤 체스를 마스터했다.♣ 코치의 도움⁵ 없이 스스로 계속해서 체스를 두는 것만으로⁶ 전 세계의 누구도 당해내지 못하는 강력한 플레이어가 되었다.

하지만 나는 그만한 시간도 없었고, 그만큼 두뇌가 뛰어나지도 않았다. 에릭슨은 이렇게 말했다. "체스 실력을 키우고 싶다면 체스를 두기만 해서는 안 된다. 그랜드마스터들의 체스 두는 법을 독학해야 한다."⁷ 항상 바쁜 인생을 사는 나로서는 주로 지하철을 타고 이동하는 시간에 5분짜리 '블리츠 체스' 게임을 하는 편이 쉬웠다.

어쨌든 내 관심은 딸에게로 돌아갔다. 딸은 제대로 된 교육을 받아야 하는 재능 있는 아이였다. 여기저기서 트로피를 타오고 있었다.

♣ 에릭슨의 공식에 따르면, 사람이 이만큼 체스를 두기 위해서는 체스 한 판에 평균 90분이 걸린다고 가정했을 때 총 6600만 시간이 걸린다.

나보다는 딸의 발전이 더 중요했다. 학생 토너먼트에 나간 딸을 대여섯 시간씩 기다리는 일도 생겼다. 자녀에게 열성적으로 체스를 교육하는 전형적인 '체스대드Chess Dad'가 된 것이다.

아이를 기다릴 때면 마치 그저 그런 공항에 발이 묶인 채 지연된 비행기를 기다리는 기분이다. 시간을 때울 편안한 장소를 찾아 헤매보지만, 결국 학교 건물 지하의 창문도 없는 곳으로 가서 스마트 기기가 꺼지지 않도록 전기 콘센트 근처에 자리를 잡고 먼지 뭉치가 굴러다니는 타일 바닥에 앉는다. 퀴퀴한 공기를 들이켜며 학부모가 운영하는 매점에서 과자를 사다 아작아작 먹는다. 일을 해보려 하지만 불안해서 집중이 안 된다.

결과가 어떻게 나올지 초조한 마음으로 딸이 시합을 끝내고 돌아오길 기다리며 자꾸 복도 끝을 쳐다본다. 그러다 딸이 나타나면 얼굴을 보자마자 0.001초 만에 이겼는지 졌는지 바로 알 수 있었다. 웃는 얼굴로 뛰어올 때도 있었고, 축 늘어진 어깨로 터덜터덜 걸어오며 눈물을 글썽일 때도 있었다. 어떤 반응이든 마음이 아팠다.

딸이 눈물을 보일 때면 내가 왜 우리 딸에게, 아니 솔직히 말하자면 나 자신에게 이런 일을 겪게 하는지 모르겠다는 생각이 들었다. 처음에는 간단하고 흥미진진한 탐험이었던 것이 이제는 심각한 일이 되어버렸다. 도대체 왜 이러고 있는 것인가? 체스를 뛰어난 지능과 학업적 성공으로 연결 짓는 사회적 이미지에 휩싸였던 이유가 컸다. 논리적인 증거가 불충분하다는 것을 알면서도 그랬다. 그런 연구 결과가 있다고 하더라도 규모가 작은 연구인 경우가 많다.[B] 보통 이런 연구의 대상은 자신이 연구에 참여하고 있다는 사실을 잘 아는 의욕 충만한 체스 선수들이다. 체스 관련 조직이 직접 연구를 진행하는 경우도 많다. 이때는 인과관계의 방향성[9]이 큰 문제가 된다. 아이들이 체스를 두면 똑똑해지는가, 아니면 똑똑한 아이들이 체스를 좋아하는가? 만약 체스와 지능의 연관성이 깊다면, 체스를 두는 사람들이 체스를 두지 않는 사람들보다 일반적으로 더 똑똑하다고 생각할 수도 있을 것이다. 그러나 다시 말하지만 그렇다는 명확한 증거는 없다.

그런데도 나는 체스에 확실한 장점이 있다고 생각했다.[10] 한 교육자가 말했듯이, 체스는 "사고하는 방법을 가르치는 것"[11]이다. 나는 체스가 게임의 형태로 집중력, 문제 해결력, 기억력, 적용력을 가르침으로써 경직된 학교 교육의 대체재가 될 수 있다고 믿었다.

체스 토너먼트에서 눈물 날 정도로 아픈 패배를 겪는 것 역시 도움이 된다고 생각했다. 크게 의미는 없지만 가슴 찢어지는 결과를 받아들이는 것은 앞으로 인생에서 겪을 더 큰 도전을 미리 연습할 좋은 시작점이라고 믿었다. 그리고 그 결과가 그렇게 의미 없는 것은 아닐 수도 있었다. 어림잡아 딸의 대전 상대는 넷 중 셋이 남자아이였다. 변화를 향한 노력에도 불구하고 체스 세계에는 여전히 남성우월주의가 존재한다. 남자 선수들의 레이팅이 더 높은 경향이 있는데, 이는 남자 선수가 훨씬 더 많기 때문에 통계적으로 당연한 결과라는 의견도 있다.[12]

하지만 여기에는 숨은 이야기가 있다. 학생 체스 토너먼트를 다룬 한 연구에서는 여학생들이 남학생과 붙을 때 실력을 제대로 발휘하지 못하는 경향이 있다는 것을 발견했다. 연구자들은 이렇게 말했다. "여자아이들은 자신의 초기 레이팅으로는 설명되지 않는 수준으로 남자아이들에게 지는 일이 많다."[13] 연구자들이 세운 가설에 따르면, 그 이유는 '고정관념 위협stereotype threat'이다. 여학생들은 남학생을 상대로 싸울 뿐 아니라 남학생보다 못하다는 인식과도 싸우는 것이다. 게다가 자신의 레이팅만큼 실력을 발휘하지 못한 여학생들은 다음 해 토너먼트에서의 출전 횟수가 더 적어질 것으로 예상했다. 남학생들에게서는 이런 현상이 나타나지 않았다.

인생은 이렇게 악순환으로 가득하다. 지금 당장 정면으로 대응해서 이를 끝내야 한다. 내가 체스대드로서 가장 뿌듯했던 순간은 큰 토너먼트에서 어떤 남자아이가 자기 팀원들에게 하는 이야기를 우연히 들었을 때였다. 그 아이들은 보라색 티셔츠를 맞춰 입은 헌터컬리지 초등학교 체스팀의 정예 선수단이었는데, 한 남자아이가 이렇게 말했다. "분홍색 토끼 티셔츠 입은 여자아이를 조심해."

딸이 처음으로 학생 토너먼트에 참가했을 때, 나는 다른 부모들과 이야기를 나누곤 했다. 부모들에게 체스를 두느냐고 묻기도 했다. 그러면 그들은 보통 미안해하는 표정으로 미소를 지으며 어깨를 으쓱해 보였다.

내가 체스를 배우겠다고 나섰을 때, 주변에서는 밝은 목소리로 "화이팅!"이라고 말하면서도 굳이 그걸 왜 배우느냐는 듯한 태도를 보였다. 체스가 아이들에게 그렇게 좋다면 어른들은 왜 안 배우는 걸까? 어떤 사람이 아이를 기다리며 앵그리버드 게임을 하는 모습을 보니, 그 사람의 어깨를 툭 치고 이렇게 말해주고 싶었다. "아이에게는 체스를 두라고 하면서 왜 본인은 그러고 있나요? 체스는 '왕들의 게임'이잖아요! 15세기부터 전해 내려오는 훌륭한 게임이라고요!"

체스 토너먼트에 가보면, 우리가 아이들에게 어떤 활동을 시킬 때 항상 볼 수 있는 그 광경이 펼쳐진다. 아이들은 활동을 하고 어른들은 나처럼 스마트폰만 들여다보고 있다. 물론 엄마, 아빠들은 일을 해야 한다. 아이들이 즐겁게(혹은 억지로) 체스 수업을 받도록 돈을 벌어야 하고 주말에도 시간을 쏟아부어야 한다.

하지만 '이렇게 계속 아이들에게만 뭔가를 배우게 함으로써 배움이란 아이들만을 위한 것이라는 생각을 드러내고 있는 게 아닐까?' 하는 생각이 들었다.

한번은 토너먼트에 나간 딸을 기다리는 중에 복도를 걸어가는데, 한 교실 안을 들여다보니 강사로 보이는 한 사람과 학부모들이 여러 명 모여 있었다. 그들은 체스를 두고 있었다! 때마침 아이들 한 무리가 내 옆을 지나가며 이 광경을 보았다. 그 중 한 아이가 즐거워하는 부모들을 바라보며 약간 비웃는 듯한 목소리로 이렇게 물었다. "왜 어른들이 체스를 배우지?" 아이들은 가던 길을 갔고, 나는 알록달록한 게시판 앞에 주저앉았다.

딸을 옆에서 지켜보기만 하는 것은 이제 신물이 났다. 나도 뛰어들고 싶었다. 그래서 나는 미국 체스 연맹에 가입했고, 딸과 함께 체스를 두기 시작했다. 딸이 활동하는 학생 토너먼트에 참가하면 이상해 보일 것이 뻔했으므로 마셜 체스 클럽에 나가기로 했다.

처음에는 긴장되었다. 사실 자존심만 빼면 잃을 것이 없는데도 그랬다. 한 그랜드마스터는 이렇게 말했다. "마스터도 가끔은 서투른 플레이를 한다. 하지만 팬은 결코 그렇지 않다!" 그 팬이 바로 나였다. 진지한 의식, 가슴 뛰는 만남, 긴장 가득한 분위기. 휴대폰도 끈 채 세 시간 동안 고도의 집중력과 사고력을 발휘하는 일이었다. 뇌를 단련하는 체육관에 온 듯한 느낌이었다.

가장 놀라운 사실은 사람들을 상대로 체스를 두는 것이 너무 어려웠다는 점이다. 집에서 온라인으로 둘 때는 그저 화면상으로 말을 움직이기만 하면 된다. 반면 실제 토너먼트에 참여할 때는 사람과 마주 앉아야 한다. 눈도 있고, 체취도 있고, 깊은 내면에서 흘러나오는 소리도 내고, 보디랭귀지도 사용하는, 사람다움으로 가득한 진짜 사람.

즉 '맥락 의존적context dependent'이라는 뜻이다. 이는 학습을 주제로 공부할 때 초기에 배우는 내용이다. 온라인 체스를 잘하고 싶은가? 그러면 온라인 체스를 많이 하라. 체스 토너먼트에서 잘하고 싶은가? 그러면 체스 토너먼트에 참가해 실제 사람을 상대로 체스를 두어라.

게다가 어느 일요일에 누구랑 붙을지는 절대로 미리 알 수 없다. 한번은 파란색 안경을 쓴 어린 여자아이랑 붙은 적이 있다. 그런데 당황스럽게도 이 아이는 내가 말을 움직일 때마다 작은 목소리로 중얼거리는 습관이 있었다("엔드게임에 내 킹을 끌어들여주셨네요, 고마워요"
와 같은 식이었다). 아마 자기도 모르게 말하는 것 같았다. 그리고 또 한
번은 손을 떠는 나이 많은 남성과 겨뤘는데, 이 남성은 뜨거운 커피
가 넘칠 듯 가득 담긴 커다란 컵을 들고 체스판 앞에 앉았다. 그 바람
에 우리 바로 옆에 붙어 있던 테이블의 플레이어들이 불안한 눈빛으
로 쳐다보는 일도 있었다. 그가 시간이 촉박해지면서 불안한 모습을
보이자 나 역시 마음이 초조해져 그 판은 거의 날려버렸고, 겨우 무승
부로 끝냈다. 대안학교 교복을 입은 진지한 아이와 대결한 적도 있었
다. 생각보다 힘들게 그 아이를 이기고는, 스마트폰으로 영화를 보며
기다리고 있던 그 아이의 아버지에게 가서 댁의 아들이 참 잘한다고
말해야만 할 것 같은 느낌을 받기도 했다. 직모의 얇은 머리카락에 약
간 괴짜인 남성을 체크메이트로 이긴 적도 있다. 체스 클럽을 다니며
자주 봤던 사람인데, 나는 그가 초보자 딱지를 단 지 얼마나 되었는지
궁금했다. 딸과 대결한 적도 있다. 딸은 냉정하게 백랭크 메이트를 걸
어 마지막 줄에 있던 나의 무력한 킹을 궁지에 몰아넣었다.

나는 거의 오십이 다 되어가는 아저씨였지만, 아이들에게 지고
있었다. 재미있는 일이었다.

1장

딸과의 체스 대전에서 배운,
초보자 되기의 기술

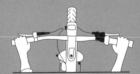

BEGINNERS

**남자[*]는 스스로 바보가 됨으로써
모든 일에 발전을 이룬다.**

-조지 버나드 쇼 George Bernard Shaw

♣ 구시대적인 성차별적 표현에 사과를 표한다. 앞으로 함께 살펴보겠지만 내가
만난 용감무쌍한 초보자 중 대다수가 여성이었다.

{   }

다시,
시작해보겠습니다

이 책은 무엇이든 처음 시작해본 적이 있는 사람이나 자신감이 부족했던 경험이 있는 사람, 혹은 교실을 가득 메운 다른 사람들은 모두 잘 따라가고 있는 것처럼 보여 손 들고 질문하기가 두려웠던 적이 있는 사람을 위한 책이다. 그리고 어떤 일을 어떻게 하는지 몇 번이고 배운 뒤에도 이해는 안 됐지만 어쨌든 해낸 적이 있는 사람을 위한 책이다. 완주할 수 있을지 확실하지 않으면서도 경주에 참가한 적이 있는 사람을 위한 책이기도 하다. 이 책은 시행착오의 연속이자 어색함의 대잔치다. 영화 〈리포 맨Repo Man〉에 나오는 대사를 빌리면, 이 책에서는 어려운 상황을 피하는 것이 아니라 어려운 상황에 뛰어드는 것을 다룬다.

이 책은 어떤 일을 처음 접해 아무것도 모르는 사람들을 위한 지침서이자 좌절감에 시달리는 사람들의 마음을 치료해주는 구급상자이며, 가장 괴롭고 마음 아픈 단계를 헤쳐나가기 위한 생존 가이드다. 즉 서툴고 다른 사람들의 시선이 신경 쓰이면서도 짜릿함을 느끼는 단계의 초보자를 위한 책이다. '어떻게 해야 하는가' 혹은 '왜 해야 하는가'를 다루는 책이 아니다. 이 책은 당신이 뭔가를 더 잘하게 만들어주는 책이라기보다는 뭔가를 배울 때 기분이 더 나아지게 해주는 책에 가깝다. 이 책에서는 당신이 몇 살이든 상관없이 인생을 마법처럼 보이게 하는, 작지만 큰 변화를 가져다주는 행동을 다룬다. 이 책에서는 새로운 것을 배우는 일을 다룬다. 그리고 그 중에는 자기 자신에 대해 배우는 것도 포함될 수 있다.

♟ ✎ ✏

내 경우에는 체스를 배우면서 이 모든 과정이 시작되었다. 내 안에서 뭔가가 깨어나는 것을 느꼈다. 이는 사실상 우리 딸 덕분이었다.

처음으로 부모가 되는 일은 대표적인 초보자 경험이다. 초보 부모는 친구들의 이야기를 듣고 책 몇 권을 읽으며 기세등등하게 아이를 만날 준비를 하고 부모가 된 첫날, 초보자 코스의 시작점에 선다.

예일대학교 철학과 L. A. 폴L. A. Paul 교수는 이렇게 썼다. "아이를 낳아본 적이 없더라도 책을 읽거나 주변 사람들의 경험담을 들으면 아이를 키우는 일이 어떤지 알 수 있다고 생각할 수 있다. 하지만 이는 오산이다."[1]

그녀의 글에 따르면, 육아는 "지식적으로 특별한" 경험이다. 즉 해보기 전에는 쥐뿔도 모른다는 뜻이다.

초보 엄마, 초보 아빠는 눈을 깜빡이고 숨을 쉬는 이 생명체를 어떻게 안아야 할지조차 모른다. 아이의 행동이 무엇을 의미하는지 해석하느라 애를 먹는다. 카시트 방향을 앞으로 할지 뒤로 할지와 같은 고민을 하며 밤늦도록 잠을 이루지 못한다. 유모차와 씨름을 벌이기도 한다. 모르는 게 생기면 바로바로 유튜브 영상을 찾아보는 것이 일과가 된다(유튜브 이야기는 추후에 다시 다룰 것이다). 예전 같았으면 거리에서 마주치더라도 존재하는지도 모르고 지나쳤을 생판 모르는 부모들과 이야기를 나누며 정보를 교환하고 전문 지식을 얻기 위해 달려든다.

모든 분야의 학습 과정이 그렇듯이, 좋은 부모가 되려면 노력이 필요하다. 초보 부모가 서투르다는 사실은 연구로 입증될 만큼 당연하다. 한 연구에서는 초보 부모들이 예시 가정의 집안 환경에서 아이에게 위험한 요소를 절반도 식별하지 못했다는 결과가 나왔다.[2] 아이에게 사용하는 화법을 통해 아이의 언어능력을 키워줄 수 있다[3]는 것과 같은 기본적인 상식을 모르는 경우도 있었다.

초보 부모는 초보 선생님이기도 하다. 우리는 자신이 어렸을 때 뭔가를 어떻게 배웠는지 기억하지 못하거나 이를 알아낼 기회가 부족하기 때문에 아이들에게 훌륭한 선생님이 되지 못한다. 나는 딸과 캐치볼 놀이를 하면서 단순히 '아빠한테 공을 던져'라고 말하는 것보다 더 효과적으로 가르칠 방법은 없는지 궁리했다. 안내서를 작성해야 하나? 1단계: 공을 잡는다. 2단계: 공을 던진다. 이런 안내서가 도움이 될 리가 없다. 아니면 스포츠 지도에 효과적이라는 은유법이나 비유법을 써야 하나? '자, 공을 던진다고 상상해봐, 아빠한테로.'

우리는 가르치는 방법을 배워야 한다. 때로는 자신이 가르치고자 하는 것을 다시 배워야 하기도 한다. 나는 딸이 만 세 살 때 딸에게 자전거 타는 법을 가르쳤다. 그런데 그때 보조 바퀴를 달아주는 실수를 했다(당시에는 몰랐지만 지금은 이것이 실수였다고 확신한다). 딸은 공원에서 신나게 자전거를 타다가 너무 빨리 커브를 도는 바람에 넘어지고 말았다.

보조 바퀴는 자전거를 타는 데 필요한 실질적인 기술을 가르쳐주는 것이 아니라 잘못된 자신감을 심어준다. 이러한 '착오 없는 학습errorless learning'[4]은 학습자의 기분을 더 좋게 할 수는 있겠지만, 실수를 통한 학습이라는 크나큰 기회를 앗아간다. 팔에 끼우는 튜브를 착용하고 수영할 때와 마찬가지로, 보조 바퀴를 달고 자전거를 타면 실제 자전거를 탈 때의 느낌이 들지 않는다.

그래서 나는 보조 바퀴와 페달을 모두 떼어버렸다. 그랬더니 짜잔, 나만의 밸런스자전거(페달이 없는 유아용 자전거로 아이가 발로 직접 바닥을 밀고 앞으로 나가며 균형을 잡는다-옮긴이)가 탄생했다. 딸은 몇 번 비틀거렸지만, 보조 바퀴가 달린 자전거를 안정적으로 타는 것보다 이 비틀거린 경험이 더 큰 도움이 되었다. 몇 주 뒤, 딸은 처음에만 도움을 받아 스스로 자전거를 타는 데 성공했다.

모든 부모가 그렇듯이, 나 역시 기억도 잘 나지 않는 어린 시절의 학습에 갑자기 온 관심이 쏠렸다. 체스만이 아니었다. 피아노도 그렇다. 축구, 태권도, 합창, 스케이트보드, 코딩, 육상 경기, 실내 암벽 등반도 마찬가지다. 나중에 다 큰 뒤에도 모든 것을 기억하지는 못하겠지만, 기억하는 것이 중요하지는 않다고 생각했다. 아이는 아이일 뿐이다. 아이들은 여러 가지 경험을 하는 것이다. 우리는 아이들이 최대한 많은 일에 도전하게끔 해야 한다. 이는 아이들에게 좋은 일이다.

그런데 내 머릿속에 어떤 생각이 자꾸 떠올랐다. 나는 딸이 학습 경력을 쌓아가는 동안 곁에서 항상 지켜보는 감독관이 되었고, 딸이 여러 차례 발전해나가는 동안 대기실에 앉아 기다리는 사람이 되었다. 그런데 정작 나는 어떤 새로운 기술을 배워왔을까?

물론 우리는 모두 조금씩 끊임없이 새로운 것을 학습한다.《요람 속의 과학자The Scientist in the Crib》의 저자들은 이렇게 말한다. "우리는 성인으로서 가끔은 어린아이 같은 학습 능력을 발휘한다."[5] 지금 막 공항에서 렌터카를 인수했는가? 그렇다면 새로운 자동차를 조작하는 데 적응할 시간이 필요할 것이다. 평소와 달리 빙판길이 된 보도 위를 걷거나 양말만 신은 채 익숙하지 않은 나무 계단을 내려가고 있는가? 그렇다면 당신은 고유 수용성 감각proprioception, 즉 외부 세계에서 자신의 신체를 인지하는 '육감'을 미세하게 조정했을 것이다. 그러지 않으면 넘어진다. 스마트폰을 안드로이드에서 아이폰으로 바꿨는가? 그렇다면 조작법을 새로 익혀야 할 것이다.

그런데 내가 이보다 더 중요한 기술을 익힌 적이 있었던가? 나는 저널리스트로서 항상 새로운 정보를 학습한다. 나는 '영원한 초보자'다. 끊임없이 내가 잘 모르는 세계로 뛰어들고, 각 분야의 중요한 사람들을 만나고, 단기간 내에 전문 용어를 익히고, 각 분야의 전문 잡지를 읽고[팰릿(화물을 올리는 목재 깔판-옮긴이) 업계에는 두 종류의 대표적인 잡지가 있다는 사실을 알고 있는가?], 각계 전문가들이나 할 것 같은 여러 가지 일을 한다. 나는 여전히 "조사를 많이 하셨네요"라는 말을 들으면 그렇게 뿌듯할 수가 없다. 그리고 다음에는 또 다른 분야로 넘어간다.

나는 '선언적 지식declarative knowledge', 즉 '무엇이 어떠하다'라고 말할 수 있는 지식이 풍부하다. 이것저것 아는 것이 많다는 뜻이다. 심지어 TV 퀴즈쇼 〈제퍼디!Jeopardy!〉에 출연하기도 했다(나보다 아는 것이 더 많은 사람에게 지긴 했지만).

하지만 '절차적 지식procedural knowledge', 즉 '무엇을 하는 방법을 안다'라고 말할 수 있는 지식은 어떨까? 나는 어떤 개념을 배우는 일에는 빠른 학습자였지만, 최근에 실제로 무언가를 어떻게 '하는지' 배운 적이 있던가? 딸과 비교하면 나는 익숙한 안전지대 안에서 항상 하던 일만 하며 적당히 사는 것처럼 느껴졌다.

어느 날 딸이 다니는 학교에서 '학부모 재능 기부의 날'이라는 행사를 개최했는데, 그때 이러한 생각이 더욱 강하게 들었다. 학부모가 1학년짜리 아이들 25명이 모인 교실에 와서 아이들에게 어떤 기술을 직접 보여주는 행사였다. 나는 머리를 쥐어짰다. 내게 무슨 재능이 있었지? 마감에 쫓기며 글 쓰는 기술로 아이들의 마음을 사로잡을 리는 만무했다. 아니면 휘파람을 끝내주게 잘 부니까 휘파람을 가르칠까? 그것도 아니라면 아이들을 밖으로 데리고 나가서 내 노련한 평행 주차 실력을 보여줘야 하나?

그러다 문득 체스 말고도 여러 가지 다른 기술을 배워봐야겠다는 생각이 들었다. 딸이 뭔가를 배우는 동안 옆에서 지켜보기만 하지 말고 딸과 함께 배우는 것이다. 체스를 배웠을 때처럼 딸과 똑같은 것을 배워야겠다고 생각했다. 이는 이상하리만큼 참신한 개념이다. 구글 검색 창에 '아이와 함께 배우기'라고 치면 아이들의 학습 효과를 향상하는 방법만 잔뜩 나온다. 어른의 배움은 이야기할 필요도 없나 보다.

그런데 내가 뭘 배우고 싶은 걸까? 아이디어를 얻고자 인터넷에 질문 글을 올렸다. "나이 들어서 배울 만한 게 뭐가 있을까요?"

금세 첫 번째 답변이 달렸다. "글쓰기 수업은 어떠세요?"

우주에서 내게 뭔가 메시지를 보내는 걸까?

나는 어떤 기술을 배울지 고르는 데 몇 가지 대략적인 기준을 세웠다. 첫째, 내가 전에 해본 적이 없는 활동을 원했다. 물론 예전에 몇 번 해본 일 중에 더 잘하고 싶은 일도 있었지만(예를 들면 피자 만들기나 자전거 수리), 진정으로 새로운 것을 원했다.

둘째, 뉴욕시에서 배울 수 있는 활동이어야 했다. 친구가 알려준 이탈리아의 '젤라토 대학교'에서 수업을 듣는 건 제외되었다(포기하기 쉽지 않았다). 알래스카에서 암벽 등반을 배우는 것도 마찬가지로 아웃.✦ 다행히 900만 명이 모여 사는 이 도시에서는 상상할 수 있는 모든 것을 배울 수 있다.

셋째, 너무 어렵거나 시간이 오래 걸리지 않는 기술이어야 했다.

✦ 물론 뉴욕시에서도 젤라토 만드는 법이나 실내 암벽 등반을 배울 수 있지만, 어째선지 별로 재미가 없을 것 같다.

중국어 배우기와 비행기 조종은 제외되었다. 마지막으로, '배워야 할 것 같은' 기술이 아니라 내가 진심으로 배우고 싶은 기술이어야 했다.

코딩 수업을 듣는 것은 어떻겠냐는 말도 여러 번 들었다. 코딩을 배우는 것도 좋기는 하겠지만, 나는 컴퓨터 앞에 앉아 있는 시간을 줄였으면 줄였지 늘리고 싶지는 않았다. 코딩 같은 기술을 배우려는 노력도 가치가 있겠지만, 나는 꼭 어떤 전문적인 기술을 배우려는 것은 아니었다. 나는 이미 직업이 있었다. 다른 직업을 찾을 생각도 없었고, 일처럼 느껴지는 것은 피하고 싶었다. 회사에 잘 보이고 싶은 것이 아니라 '나 자신에게' 잘 보이고 싶었다.

실질적인 기술을 배우고 싶었다. 세상에는 불 피우는 법 혹은 수동변속기 차량을 운전하는 법처럼 배워두면 무척 유용한 작은 기술, 즉 마이크로스킬micro-skills이 많으며, 우리는 모두 끊임없이 이런 기술을 배운다. 이렇게 여러 가지 작은 기술을 숙달하는 행동을 "마이크로마스터리micro-mastery(《작은 몰입Micromastery》의 작가 로버트 트위거Robert Twigger가 고안한 용어다–옮긴이)"[6]라고 부르는데, 나는 이러한 행동이 바람직하다고 생각한다. 작은 기술을 배우다 보면 더 큰 것을 배울 용기가 생기기도 한다. 하지만 이런 작은 기술은 대부분 숙달하기 쉽다. 나는 끝없이 배울 수 있는 것을 원했다.

그리고 딱 몇 가지 기술에만 집중하고 싶었다. 인터넷에는 각양각색의 사람들이 매일 혹은 매주, 매달 새로운 기술을 하나 배우겠다는 목표를 세우고 그대로 실천하고 있다는 이야기가 많았다. 어떤 사람은 초보자 특유의 자만심이 넘쳐 체스를 한 달 배우고는 망누스 칼센에게 도전했다. 다섯 살 때부터 평생 매일 체스를 둔 사람들을 밥 먹듯이 꺾어버리는 망누스를 상대로 말이다. 너무나 당연하게도♦ 이 용감한 도전자는 참패를 당했다.

나는 이런 허세 가득한 도전 정신에 박수를 보냈고, 이런 사람들에게서 분명히 배울 점이 있다고 생각했다. 하지만 버킷리스트를 작성해 하나씩 지워나가기를 원하지는 않았다. 실리콘밸리 스타일로 기술 하나를 빠르게 '해킹'해 소셜미디어에 자랑한 뒤 다음 기술로 넘어가는 데는 관심이 없었다. 나는 서서히 배울 만한 기술 몇 가지를 원했다. 시간을 충분히 들여 그 기술의 진가를 이해하고, 학습 과정을 인식하며, 그 기술이 내 인생에 미치는 영향을 평가하고 싶었다. 그렇다면 하나만 배우지 왜 여러 개를 배우려 하냐고? 고른 게 마음에 들지 않을까봐 걱정되어서. 게다가 나는 뭔가를 배우는 초기 단계에 관심이 있었기 때문에 두 가지 이상의 기술을 배움으로써 여러 번 초보자가 되고 싶었다.

결국 예전부터 배우고 싶었던 것들 몇 가지로 마음을 정했다. 체스 외에도 노래, 서핑, 그림, 보석공예(서핑하다가 결혼반지를 잃어버린 터라 반지를 새로 하나 만들고 싶었다)를 택했다. 아, 그리고 저글링도 있었다. 저글링을 배우고 싶기도 했고, 저글링이 뇌에 미치는 효과가 연구로 입증되었기 때문에 선택했다. 이 연구는 학습이란 무엇인지를 흥

♦ 소설가 마틴 에이미스Martin Amis는 체스를 이렇게 표현했다. "스포츠 중에서, 아니 인간의 모든 활동 중에서 초보자와 고수가 이토록 천문학적으로 차이 나는 종목은 없을 것이다."

미진진하게 보여주는 창이다. 그 밖에도 프리다이빙, 즉흥 연극 등 재미있어 보이는 것들이 정말 많아서 나중에 도전해볼 요량으로 목록에 적어두었다.

이들 중 어느 것도 마스터할 생각은 없었다. 한 분야를 마스터하려면 최소 1만 시간을 투자해야 한다고들 하는데, 내게는 남아도는 1만 시간이 없었다. 기술 하나에 100시간이라도 투자할 수 있으면 다행이었다. 하나를 마스터하기보다는 여러 가지 능력을 골고루 키우고 싶었다.

"인생 이력서"[7]를 보강하기 위한 이와 같은 시도는 한편으로는 내가 그동안 배우지 못했던 것들을 배우기 위해 과거로 다시 돌아가는 것이기도 했다. 사람들은 이렇게 하기 위해 자녀를 이용하기도 한다. '상징적 자기완성 이론symbolic self-completion theory'[8]이라고 불리는 행동인데, 부모들이 자신이 이루지 못한 야망을 자녀의 성취를 통해 극복하고자 하는 것이다.

하지만 정신의학자 카를 구스타프 융Carl Gustav Jung이 말한 '보상compensate'이라는 단어를 빌리면, 나는 내가 과거에 이루지 못한 것을 '보상'하기 위해 다른 사람이 아닌 나 자신의 성취를 이용하려는 것이었다. 가끔은 딸과 내가 동시에 성취를 이루는 일도 있었다. 그럴 때면 나는 딸을 이용해 나 자신의 '미니미mini-me'를 만들겠다는 생각(심리학자들이 '밀착enmeshment'이라고 부르는 과정)에 경계심과 죄책감이 들었다. 나는 딸과 내가 함께 뭔가를 배웠으면 좋겠다고 생각했지만, 그렇다고 모든 것을 다 같이 배우기를 원하지는 않았다. 예컨대 딸이 내게 '매직: 더 개더링Magic: The Gathering'이라는 유명한 게임을 배우라고 종용했을 때도 한때 '던전 앤 드래곤Dungeons & Dragons'광이었던 사람으로서 그 게임이 정말 재미있어 보였지만 결국 핑계를 대고 거절했다. 나는 딸이 내가 전혀 모르는 새로운 영역을 소유하길 바랐다.

게다가 미래를 대비하는 일이기도 하다는 생각이 들었다. 약간 나이 많은 아빠로서 나는 내가 바라는 대로 앞으로 수년간 딸과 함께 모험을 떠나기 위해 육체적으로나 정신적으로나 전투태세를 갖추고자 했다. 딸과 함께 인생의 학습곡선에 오른다면 서로 사이가 더 돈독해질 뿐 아니라 좀 더 젊게 살 수 있을 거라는 생각이었다.

고생할 것이 분명했다. 넘어질 것이 분명했다. 하지만 분명 내게 도움이 될 일이었다. 몸도 마음도 초보자가 될 터였다. 뇌와 근육이 새로운 방식으로 움직일 터였다.

이는 딸에게도 좋은 일이라는 생각이 들었다. 이와 관련된 흥미로운 실험[9]도 있다. 연구자들이 상자에서 장난감을 찾아 가져오는 모습을 아기들에게 보여주고 반응을 지켜보는 실험이었다. 한 집단에게는 그 과정을 어렵게 해내는 모습을 보여주고, 다른 한 집단에게는 빠르게 수행하는 모습을 보여주었다. 어렵게 과제 수행을 하는 모습을 본 아기들은 자기 차례가 되었을 때 더 열심히 과제를 수행했다. 반면 쉽게 과제 수행을 하는 모습을 본 아기들은 그다지 열심히 노력하지 않았다.

우리는 아이들과 함께 같은 초보자로서 어려운 일과 씨름을 벌이고 난처한 실수와 작은 성공을 서로 나누며 배우는 과정에서 아이들에게 아주 중요한 교훈을 하나 줄 수 있다. 단번에 잘하지 못한다고 해서 영원히 못하지는 않는다는 것이다.

시작의
기쁨과 고통

태어나면서부터 잘하는 사람은 없다. 우리는 모두 가끔은 초보자가 된다. 초보자가 되기란 어려운 것이다. 뭔가를 못하는 것보다는 잘하는 편이 기분 좋다. 세상의 여러 분야에서는 초보자에게 특별한 이름을 붙여주지만 칭송하는 이름을 붙여주지는 않는다. 서핑에서는 초보자를 '쿡kook'이라고 부른다. 사이클에서는 '프레드fred'라고 부른다. 체스에서는 '파처patzer'다. 군대에서는 '부트boot'다(아마 반짝반짝한 새 군화 때문일 것이다♣). 아니면 그냥 초짜, 신참, 풋내기 등으로 불리기도 한다. 초심자를 뜻하는 'novice'라는 영어 단어 자체에 '신입 수도사'라는 뜻도 있을 정도다.

초보자는 뻔한 질문을 하고 잘못된 상식으로 가득하며 똑같은 실수를 한다. 겁먹은 초보자는 어느 분야에나 있다. 양궁 초보자는 활을 너무 세게 잡고, 너무 멀리 조준한다.[10] 초보 자동차 정비사는 윤활유를 쏟고, 휠너트를 부러뜨리고, 십자나사를 망가뜨린다.[11] 요트 초보자는 딩기 라인을 마모시키고, 머리카락이나 액세서리를 지브 시

♣ 'beginning of one's tour(여정의 시작)'의 앞 글자를 따서 만들어진 이름이라는 의견도 있다.

트에 걸려 엉키게 하고, "깊은 물도 눈으로 보기에는 얼마나 얕아 보이는지 잊어버린다."[12]

톨스토이는 "행복한 가정은 모두 엇비슷하다"라고 말했는데, 체스 초보자들도 전부 비슷하다. 폰을 너무 많이 움직이고, 퀸을 너무 빨리 내보내고, 말을 너무 쉽게 교환하고,** 상대가 어떤 의도로 말을 움직였는지 생각하지 않은 채 말을 움직인다. 그러고는 진다. 가끔 순전히 운으로 다른 초보자를 이길 때도 있지만.

초보자는 넘어지고, 실수하고, 다친다. 10킬로미터 마라톤을 뛰는 초보자는 어지럼증과 탈수에 시달린다.[13] 스노보드를 타다 다치는 사람은 거의 초보자다.[14] 승마 초보자는 전문가보다 다칠 확률이 8배 높다.[15] 스카이다이빙에서는 한 번의 실수가 유독 엄청난 결과를 가져오는데, 초보자가 다칠 확률은 딱 한 번이라도 해본 사람보다 12배나 높다.[16]

초보자란 멍들고 상처 입고 발을 헛디디고 실수하는 존재이지만, 그렇다고 해도 초보자가 되는 것은 멋진 일이다. 내가 이 책을 통틀어 전하고 싶은 말이 바로 이것이다. 내가 깨달은 사실, 즉 바로 이 초보자 단계에서 마법이 일어난다는 것을 당신에게 알려주고 싶다.

우리는 연애를 시작하면 "극도의 신경생물학적 상태"[17]가 된다. 그럴 때 우리 뇌는 도파민과 (좋은 종류의) 스트레스 호르몬을 다량 분

** 딥마인드가 개발한 인공지능 엔진 알파제로는 바둑을 스스로 학습하는데, 학습 초기에는 '마치 인간 초보자처럼 돌을 잡는 데만 욕심을 부렸다'고 한다. David Silver et al., "Mastering the Game of Go Without Human Knowledge," *Nature*, Oct. 19, 2017, 354 – 59.

출하는 에너지드링크를 벌컥벌컥 마신 듯이 몹시 흥분하고 취한 상태가 된다. 마치 다시 태어난 사람처럼 이치에 맞지 않는 말을 하기도 한다.[18] 하지만 결국에는 차분한 상태로 돌아온다.

신기하게도 새로운 기술을 배우는 것 역시 이와 비슷하다. 뇌가 과민해지고, 새로운 기분에 휩싸인다. 완벽한 3점슛이라고 생각했는데, 왜 백보드에도 가 닿지 못했는지 도무지 이해가 안 되기도 한다 (이러한 상황을 '예측 오류prediction errors'라고 부른다[19]).

새로운 기술을 배우기 시작하면 자신을 둘러싼 세상이 새롭게 느껴지고 무한대의 수평선에 놓인 기분이 든다. 조심스럽게 한 걸음 한 걸음 떼며 탐험의 영역을 넓혀가는 동안 하루하루는 새로운 발견으로 가득 찬다. 실수하기도 하지만 그 실수조차도 힘이 된다. 여태까지 단 한 번도 해본 적이 없는 실수이기 때문이다.

초보자는 '가면증후군', 즉 자기 생각과 달리 자신이 전문가가 아니라는 걱정에 시달릴 위험도 없다. 잘할 거라고 기대하는 사람이 아무도 없기 때문이다. 초보자는 기대에 부담을 느낄 일도 없고 과거의 무게에 짓눌릴 일도 없다. 선불교에서는 이 상태를 '초심자의 마음'이라고 한다. 모든 것에 준비가 되어 있고, 모든 것에 마음이 열린 상태다. 스즈키 슌류鈴木俊隆는 이렇게 말했다. "초심자의 마음에는 수많은 가능성이 있지만, 전문가의 마음에는 가능성이 거의 없다."[20]

편한 일은 아니다. 선불교에서 말하듯이, 초보자는 무지의 여정[21]을 감내해야 한다. 초보자는 지식을 모를 뿐 아니라 자신이 무엇을 모르는지조차 모른다. 사람들이 모두 자기만 쳐다보면서 실수하기만을 기다리고 있는 것처럼 느껴진다. 크게 '초보운전'이라고 붙여 놓은 자동차가 된 것 같다. 이마에 '초보자'라는 낙인이 찍힌 것만 같다.

하지만 새로운 것을 배우면 자기 자신에 대해서도 배우게 된다. 금세 실력이 일취월장하는 것처럼 느껴진다. 어디가 어떻게 발전하고 있는지 정확하게 느낄 수 있다. 소설가 노먼 러시Norman Rush는 사랑이란 연속해서 새로운 방에 들어가는 것과 같으며, 처음 해보는 일이 아닌데도 매 순간 놀라움이 찾아오는 것이라고 묘사했다. "이 방에 들어갔다가 또 다른 방에 들어간다. 이 일은 결코 의도적으로 일어나지 않는다. 그냥 저절로 그렇게 된다. 문을 발견하고, 그리로 들어가고, 또다시 환희를 느낀다."²² 뭔가를 배울 때도 이런 기분이다. 특히 초보 단계에서 더욱 그렇다.

이 순간을 소중하게 생각해야 한다. 초보 단계에서 얻는 것은 나중에 얻는 것보다 훨씬 더 크다.

사람들은 "가파른 학습곡선"²³이라고 하면 벅찰 정도로 어렵다는 뜻으로 오해하는 일이 많다. 사실 배우기 어려울 수도 있고, 어렵지 않을 수도 있다. 학습곡선의 기울기는 사실 시간에 따른 발전 정도를 그래프로 나타낸 것일 뿐이다. 학습곡선이 가파르면 더 빨리 발전한다는 뜻이다. 그리고 기울기가 가장 큰 구간은 처음 배우자마자 금세 찾아온다.

몇 년 전, 나는 딸을 데리고 스노보드를 타러 갔다. 쉰이 다 된 나도,

어린 딸도 보드는 생전 처음이었다. 차를 타고 스키장으로 가면서 나는 초보자 정신으로 보드를 타겠다고 다짐했다. 나는 보드를 배우는 일에 아무런 기대도 하지 않았다. 싫을 수도 있고, 무척 좋을 수도 있다고 생각했다. 잘하든 못하든 상관없었다. 단순히 경험한다는 데 의미를 둘 생각이었다. 병원 신세 질 일만 없길 바랄 뿐 아무런 목표도 없었다. 그저 새로운 '방'에 들어가고 싶었을 뿐이었다. 딸도 같은 생각이었다. 딸 역시 재미나게 즐길 생각뿐이었다.

미끄러운 슬로프에서 몇 번 넘어지고 몇 군데 멍들며 몇 시간을 보냈더니 일이 벌어졌다. 내가 '보드 타는 사람'이 된 것이었다. 물론 아직 잘 못 타는 사람이고, 보드는 처음에는 쉽지만 갈수록 어려워진다고들 하지만 말이다(스키는 반대다).

하지만 확실히 변화가 일어났다. 보드라곤 생전 타본 적도 없던 내가 보드를 타고 무사히 언덕을 내려온 사람이 되었다. 아직 높은 산에서 내려오진 못했지만, 커다란 언덕에서는 성공한 것이다. 나는 학습곡선을 따라 위로 올라가고 있었고, 앞으로 이렇게 보드 실력이 단숨에 발전할 일은 다시는 없을 확률이 높았다. 나는 이렇게 생각했다. '지금 이 기회를 잘 잡아야 해.'

사람들은 대부분 초보 단계가 최대한 빨리 지나가기를 바란다. 마치 피부에 난 보기 싫은 잡티가 빨리 없어지길 바라는 것과 비슷한 마음이다. 초보 단계란 그저 지나치는 과정일 뿐이지만, 그래도 나는 사람들이 이 시기에 특별히 더 집중했으면 좋겠다. 이 시기는 한번 가버리면 다시 찾아오는 일이 드물기 때문이다.

익숙한 곳을 떠나 모든 것이 낯선 새로운 장소에 처음 방문했을 때를 떠올려보라. 도착한 순간, 주변의 새로움이 온몸으로 감지된다. 거리에서 풍기는 음식 냄새! 신기하게 생긴 신호등! 기도 시간을 알리는 소리! 평소 익숙했던 환경에서 벗어나 새로운 행동을 받아들이고 새로운 의사소통 방식을 배우는 동안 감각이 극도로 예민해진다. 그곳에서 지내려면 무엇을 알아야 하는지조차 감이 잡히지 않아 모든 일에 주의를 기울일 수밖에 없다. 며칠 뒤, 현지 지식을 조금 더 습득한 뒤에는 이상해 보였던 것들이 점차 익숙해진다. 눈에 띄는 것이 점점 적어진다. 쌓은 지식의 깊이만큼 안전함을 느낀다. 행동이 점점 자동으로 나온다. 초기에 경험했던 예민한 감각은 사그라든다.

여행작가로도 활동하는 나는 전략이 하나 있다. 첫날에 가장 많이 기록하는 것이다. 첫날 새로운 발견을 가장 많이 하기 때문이다. 새로운 것을 배우는 초기 단계에는 모든 게 서툴고 주변의 시선이 신경 쓰이기 때문에 발견한 것을 기록으로 남기기가 쉽지 않다. 하지만 발전할 날은 반드시 찾아온다. 그냥 그 순간을 즐겨라. 그 순간에 푹 빠져라.

초보자의 이점

기술이 늘고 지식이 쌓인 뒤에도 초보자의 마음을 잃지 않는다면 그만한 가치가 따른다. 심리학자 데이비드 더닝David Dunning과 저스틴 크루거Justin Kruger는 '더닝-크루거 효과 Dunning-Kruger effect'라는 유명한 이론을 제안했다. 다양한 인지 테스트를 한 결과, 실력이 가장 떨어지는 사람이 자신의 실제 실력을 가장 "터무니없이 과대평가"하는 것으로 드러났다. 이들은 "실력이 부족하며, 자기 실력이 부족하다는 사실을 모른다."[24]

이는 확실히 초보자들에게 걸림돌이 된다. 하지만 나중에 진행된 연구에서는 지식이 아예 없는 것보다 약간 있는 것이 더 나쁘다는 결과가 나왔다.[25] 실제 세상에서도 이러한 패턴이 드러난다. 척추 수술법을 배우는 의사들은 첫 번째나 두 번째가 아닌 열다섯 번째에 실수를 가장 많이 한다. 조종사들은 훈련 초기보다 800시간쯤 비행한 뒤에 실수를 가장 많이 한다.

고수가 초보자를 두려워해야 한다는 말은 아니다. 고수는 보통 "실력이 뛰어나며, 자기 실력이 뛰어나다는 사실을 안다." 이들은 더 효율적으로 문제를 해결하고 행동한다(예를 들어 뛰어난 체스 선수들은 스피드체스도 잘한다[26]). 이들은 경험을 활용할 줄 알고, 순발력이 뛰어나다. 체스 초보는 말을 움직이는 수많은 가능성을 하나하나 고려하느라 시간을 낭비하지만, 그랜드마스터는 그 상황에서 가장 적절한 움직임 몇 가지에만 집중한다(그러고 나서 어떤 움직임이 최선인지 계산하느라 시간을 들이긴 하지만).

그렇다고 하더라도 선불교의 대가 스즈키의 표현을 빌리면, '고수의 습관'은 걸림돌이 될 수 있다. 특히 새로운 해결책이 필요할 때 더욱 그렇다. 고수는 자신이 기대한 대로 바라본다. 체스 고수는 이전

게임에서 놓친 움직임에 과하게 매료되어 다른 쪽에서 나올 수 있는 최적의 움직임을 보지 못하기도 한다.[27]

런던 택시 기사들은 길 찾기 능력이 매우 능숙해 여러 연구의 대상이 되는데, 그 중에는 이런 실험[28]이 있었다. 기사들에게 가상 도시의 지도를 주고 목적지까지 경로를 찾게 했더니, 일반인들보다 훨씬 더 우수한 실력을 보여주었다. 하지만 이들이 잘 아는 런던 지도에 허구의 지역을 추가하고 길을 찾게 했더니, 실력을 제대로 발휘하지 못했다. 이들이 이미 잘 아는 런던 지리, 즉 '과잉 학습overlearning'한 런던 지리에 관한 지식이 오히려 방해가 된 것이다.[29]

이렇게 사람들은 더 나은 해결책이 있을 때도 그 해결책이 익숙하지 않다면 기존의 익숙한 방식으로 사고하는 경향이 있는데, 이를 '아인슈텔룽 효과Einstellung effect'라고 한다('세트'를 뜻하는 독일어 단어에서 유래했다).

'양초 문제'라는 유명한 실험이 있다. 실험 참가자들은 성냥 한 상자와 압정 한 상자만을 가지고 양초를 벽에 붙이라는 과제를 받는다. 사람들은 이를 어려워하며 혼란에 빠진다. 정답은 압정 상자를 비운 뒤 그 상자를 압정으로 벽에 붙이고 상자 안에 양초를 올리는 것이다. 압정 상자를 압정 보관용 '상자'로만 인식하는 '기능적 고착fungtional fixedness(어떤 물체의 용도를 가장 일반적인 한 가지로만 지각해 다른 용도로 사용될 가능성을 인식하지 못하는 경향-옮긴이)'에 빠져 상자 자체를 벽에 붙이고 그 상자를 '선반'으로 사용할 생각은 하지 못한다. 그런데 이 양초 문제의 정답을 잘 찾아내는 집단이 있다. 바로 다섯 살짜리 아이들이다.

왜일까? 이 문제를 고안한 연구자들은 어린아이들이 어른이나 좀 더 큰 어린이들보다도 물체의 기능을 더 유연하게 인식하기 때문이라고 말한다. 어린아이들은 어떤 물체가 특정한 용도로 쓰인다는 인식에 덜 얽매이고, 한 물체를 온갖 다양한 방법으로 사용할 수 있다고 생각한다. 그들이 새로운 기술을 쉽게 정복하는 일은 놀랍지도 않다. 그들에게는 모든 것이 새롭기 때문이다.

아이들은 진짜 초보자의 마음으로 다양한 가능성에 마음을 활짝 열어둔다. 신선한 눈으로 세상을 바라보고,[30] 선입견과 과거 경험으로부터 더 자유롭고, 사실이라고 알고 있는 것들에 영향을 덜 받는다. 어른이라면 무시할 만한 것에서도 세세한 정보를 발견한다.[31] 아이들은 올바르게 행동해야 한다거나 바보처럼 보이면 안 된다는 생각을 덜 하기 때문에 어른이라면 하지 않을 질문을 자주 한다.[32]

〈뉴욕타임스〉에 특이한 일이 보도된 적이 있다.[33] 장례식장에서 실수로 관에 다른 시체를 넣은 것이다.

그날 장례식장을 찾은 고인의 친척들은 관 안에 누워 있는 시체가 자신이 기억하는 고인의 생전 모습과 묘하게 다르다는 것을 느꼈다. 하지만 이들은 암으로 사망한 고인의 모습이 왜 달라 보이는지 오만 가지 이유를 댈 수 있었다. 항암 치료를 받느라 머리가 빠져서 그렇다, 인공호흡기를 오래 달고 있어서 얼굴이 변했다 등. 질서 있고 이성적인 세상에 익숙한 어른들은 그런 엄청난 실수의 가능성을 고려하지 않는다. 어른들은 모든 지식과 지혜를 끌어다 자신을 기만한다. 그러다 열 살짜리 남자아이가 말도 안 되는 가능성을 제기했고,♣ 나중에서야 이 깜짝 놀랄 만한 일이 사실로 드러났다. 그들 앞에 놓인 시체가 그들의 친척이 아니었던 것이다.

영원히 초보자이길 바라는 사람은 없다. 우리는 모두 발전하기를 원한다. 하지만 내가 이 책을 통틀어 바라는 것이 있다면, 우리가 실력이 향상되고 지식과 경험이 쌓인 뒤에도 초보자의 마음을 잃지 않는 것이다. 아니, 오히려 초보자의 마음을 적극적으로 함양했으면 좋겠다. 아무것도 모르는 순진함에서 오는 낙관주의, 처음 도전하는 불안한 마음에서 오는 극도의 예민함, 바보 같아 보여도 괜찮다는 생각, 뻔한 질문을 해도 된다는 당당함. 이것이 바로 어디에도 얽매이지 않는 초보자의 마음이다.

100년 전 체스 마스터 벤저민 블루멘펠드Benjamin Blumenfeld가 한 조언은 체스뿐만 아니라 인생에도 적용된다. "움직이기 전에 초보자의 눈으로 현 상황을 바라보라."[34]

배움에 늦음은 없다

초보자가 되어 새로운 것을 배우는 일은 나이와 상관없이 항상 어렵지만, 나이가 들어갈수록 점점 더 어려워

♣ 안데르센의 유명한 동화 〈벌거벗은 임금님〉이 생각난다.

진다.

아이들에게는 초보자가 되는 일이 사실상 직업이나 다름없다. 아이들의 뇌와 신체는 새로운 일을 시도하고, 실패하고, 다시 시도하기 위해 존재한다. 우리는 아이들이 하는 모든 일에 박수를 쳐준다. 아이들이 배우려고 애쓰는 중이기 때문이다.

부모들은 걸음마를 막 뗀 아기가 '도와준다'는 것이 무슨 뜻인지 잘 안다. 예컨대 아기들은 부엌 '청소'를 돕겠다고 나서지만, 사실 그러고 나면 부모는 오히려 일이 늘어난다. 하지만 아이에게 뭔가를 못하게 하는 것보다는 차라리 청소를 한 번 더 하는 것이 낫기 때문에 아이가 원하는 대로 하게 한다.

어른들은 좀 더 복잡하다. '성인 초보자'라는 말에는 약간 안타까워하는 감정이 들어 있다. 세미나실의 불편한 의자에 앉아 억지로 교육받는 사람이 떠오른다. 이미 배웠어야 하는 것을 이제야 배우는 듯한 느낌이 든다.

우리가 이미 잘하는 것만 계속하면 안전이 보장된다. 몇십 년 만에 하키를 다시 시작한 친구가 이렇게 말했다. "오랫동안 한 일은 못하기 어렵다." 우리는 초보자가 되는 것을 너무나도 꺼리는 탓에 한때 자신이 모든 분야에서 초보자였다는 사실을 잊어버린다.

심지어 아이들도 능력의 테두리 안에서 안전하게 머물고 싶어 한다. 딸의 친구에게 함께 스노보드를 타러 가자고 제안한 적이 있는데, 그 아이의 아빠가 약간 멋쩍은 듯 이렇게 말했다. "아이가 오로지 잘하는 것만 하려고 하네요." 나는 속으로 이렇게 소리쳤다. '아니, 한

번밖에 안 타봤다면서 자기가 잘하는지 못하는지 어떻게 안답니까?'

성인 초보자는 나이가 들수록 새로운 것을 배우기 어려워진다는 고정관념 위협에 맞닥뜨린다. 마치 누군가가 귀에 대고 '너무 늦었어. 이제 와서 굳이 뭘 배워?'와 같은 부정적이고 기분 나쁜 말을 속삭이는 것 같다. 하루는 딸이 수영 강습 시간에 배영으로 레인 끝까지 가서 능숙하게 '플립턴'을 하는 것을 보고 깜짝 놀랐다. 나라면 절대로 못할 것 같았다. 나는 딸에게 물었다. "그거 어떻게 배웠어?" 딸은 무덤덤하게 이렇게 말했다. "어렸을 때 아니면 못 배워."

나는 이러한 생각이 체스에도 깊이 뿌리박혀 있다는 사실을 깨달았다.♣ 체스를 몇 살 때부터 배웠는지에 따라 추후 토너먼트에서 얼마나 성공할 수 있는지가 정해진다는 통념이 있었다. 이런 생각이 하도 널리 퍼져 있는 탓에 현 체스 챔피언 망누스 칼센은 아주 특이한 경우로 여겨지고 있다. 누군가는 이렇게 말했다. "보통 그랜드마스터들은 늦어도 다섯 살이면 체스를 시작하는데, 망누스 칼센은 다섯 살 때 체스에 큰 관심이 없었다."[35]

아이들과 체스판 앞에 마주 앉을 때면 나는 스티븐 모스의 책《루키The Rookie》에 나온 조언을 다시 한번 마음에 새긴다. 그냥 평소대로 다른 사람을 대하듯 하면 된다는 것이다.

쉬운 일은 아니다. 나는 아이들이 플레이하는 방식에 충격을 받

♣ '엘로 레이팅Elo rating'은 모든 체스 선수가 획득하는 실력 측정 단위다. 이는 〈노인학 저널Journal of Gerontology〉에 실린 연구를 토대로 만들어졌는데, 실제로 이 연구는 나이와 실력 사이의 관계를 다룬 것이었다.

은 적이 많다. 아이들은 내가 괴로운 얼굴로 끙끙대고 있더라도 가차 없이 공격을 가한다. 효과적일 때도 있고, 무모할 때도 있다. 영국의 그랜드마스터이자 체스 해설가인 대니얼 킹Daniel King은 내게 이렇게 말했다. "아이들은 그냥 달려듭니다. 아이들과 대적할 때 그런 자신 감 있는 모습을 보면 상대로서는 아주 당황스러울 때가 있죠."

실험해보면, 어린아이들은 "확률적 순서 학습probabilistic sequence learning"[36]을 더 빠르고 정확하게 수행한다는 사실이 드러난다. 특정 조건이 갖춰지면 어떤 결과가 나오는지 추론하는 능력이 뛰어나다는 뜻이다(예를 들어 'A 버튼을 누르면 X 사건이 일어난다'와 같은 형태).

이 능력은 열두 살 이후부터 감소한다. 연구자들에 따르면, 이때 부터는 인지와 추론을 할 때 바로 눈앞에 보이는 것이 아니라 '내적 모형internal models'에 더 의존하기 시작한다. 다시 말해, 생각을 많이 한 다는 뜻이다. 체스를 둘 때도 성인들은 마음속의 보이지 않는 불안감 과 싸우는 듯한 표정으로 고민하지만, 아이들은 말을 과감하게 휙휙 움직인다.

나는 고정관념 위협을 받아들이고 있었다. 성인에게 지면 내가 바보 같은 실수를 저지른 탓이라 여겼고, 어린이에게 지면 그 아이가 천재라서 내가 결코 이길 수 없다고 생각해버렸다.

나는 딸과 나의 체스 선생님인 사이먼에게 성인 체스 초보자를 가르칠 때와 어린이 체스 초보자를 가르칠 때 어떤 차이가 있냐고 물 었다. 그는 잠시 생각하더니 이렇게 대답했다. "어른들은 자신이 왜 이런 방식으로 플레이하는지 이해하고 싶어 합니다. 아이들은 그렇지 않아요. 언어를 배울 때랑 비슷해요. 성인은 문법과 발음을 공부한 뒤 그 지식을 이용해서 문장을 만들지만, 아이들은 말부터 하면서 언어를 배우죠."

이 유사성은 생각보다 크다.

실제로 딸은 체스를 모국어처럼 배웠지만, 나는 외국어처럼 배웠다. 더 중요한 것은 딸의 경우 체스를 어렸을 때부터 배웠다는 것이다. 흔히 언어는 이른바 '민감기sensitive period'에 배웠을 때 가장 효과가 크다고 알려져 있다. (음악도 그렇다. 아마 체스도 그런 것 같다.) 한 연구자는 이렇게 설명했다. "민감기에는 신경계가 적절한 자극에 특히나 활발하게 반응하고 자극을 받았을 때 변화가 일어나기 쉽다."[37]

반면 나는 모국어인 영어를 능숙하게 구사하는 성인으로서 뇌가 모국어에 "맞춰져 있어"[38] 새로운 문법을 배우는 것이 더 어렵다. 내가 이미 알고 있는 것들이 새로운 지식을 쌓는 데 방해가 된다. 하지만 아이들은 아는 것이 적으므로 실제로 더 많이 배울 수 있다(인지과학자 엘리사 뉴포트Elissa Newport는 이를 "'적은 것이 많은 것이다' 가설less is more hypothesis"[39]이라고 불렀다).

어렵다고 해서 불가능한 것은 아니다. '민감기'가 '결정적 시기 critical period'는 아니다. 게다가 과학이 반드시 확실한 것도 아니다. 예를 들어 절대 음감[40]은 어린 시절의 짧은 시기를 지나면 획득하기가 불가능하다고 오랫동안 여겨져왔지만, 시카고대학교에서 이를 뒤집는 연구 결과를 발표했다. 일부 성인들도 '완전한' 절대 음감까지는 아니더라도 훈련을 통해 절대 음감을 획득할 수 있다는 것이다.

아이들은 단지 아이라는 이유만으로 더 큰 발전을 이룬다. 삶 자체가 학습을 중심으로 돌아가는 데다 책임져야 할 일도 거의 없고, 열성적으로 응원해주는 부모도 있다. 또 아이들은 의욕이 넘친다. 당신 역시 아기와 마찬가지로 완전히 새로운 세상에서 말도 통하지 않는 상황에 처한다면 아마 꽤 빠른 속도로 배울 것이다.

딸과 내가 체스판 앞에 마주 앉을 때면, 우리 각자의 뇌에서는 아주 다른 일이 일어난다는 것이 확실히 느껴졌다.

딸의 뇌는 마치 게임이 시작되기 전의 체스판처럼 무한한 가능성으로 가득했다. 아직 '가지치기'가 되지 않은 수없이 많은 시냅스로 가득 차 있었다. 아이들은 일곱 살이 되면 뇌 형성이 거의 완료되는데, 뉴런을 연결하는 '신경회로'의 수를 나타내는 '시냅스 밀도'가 평균적인 성인의 3분의 1 이상 높다.[41] 딸은 어떻게 보면 아직 세상에 적응하는 중이었고, 이 적응이 끝나면 시냅스가 닫힌다. 마치 컴퓨터에서 성능을 최적화하기 위해 자주 사용하지 않는 애플리케이션을 삭제하는 것과 비슷하다.

반면 체스판 앞에 앉았을 때 내 뇌에서 일어나는 일은 체스 게임의 한 장면과 비슷하다. 대단원의 막을 눈앞에 두고 필사적으로 말을 지키려고 애쓰며 비밀스럽고 방어적으로 미들게임 전쟁을 이어나가는 모습이다. 텍사스대학교 건강장수센터Center for Vital Longevity의 데니스 파크Denise Park 연구소장은 무서운 용어를 써가며 이를 설명했다.

어느 날 오후 댈러스에 있는 그녀의 연구실에서 들은 이야기다.

"실제로 나이가 들수록 뇌 기능은 확실하게 저하됩니다. 건강한 사람들도 마찬가지죠. 전전두엽의 크기가 점점 더 작아지고 기억을 관장하는 해마의 크기도 줄어듭니다." 해가 갈수록 내 뇌의 부피가 줄어들고, 피질의 두께가 얇아진다는 것이다.[42] 20세 이후부터는 평생 1초당 뉴런이 하나씩 사라진다.[43] 당신이 지금 이 문장을 읽는 순간에도 이미 2개가 사라졌다!

딸과 체스를 둘 때 내가 딸보다 훨씬 더 많이 생각하고 말을 움직이는 것도 당연한 일이었다. 파크에 따르면, 인지력 테스트를 했을 때 청년은 뇌의 특정 부위만 활성화되는 반면 노인은 여러 부위가 활성화되었다.

아하! 나이 든 사람이 더 좋네! 하지만 잠깐, 뇌의 여러 부위가 활성화된다는 것이 반드시 더 좋은 것은 아니다. 파크의 설명에 따르면, 나이 든 사람들의 뇌는 여러 가지 결점을 '상쇄'하기 위해 뇌의 여러 영역을 연결하는 '통로'를 만든다. 같은 결과를 얻기 위해 뇌의 더 많은 영역을 활성화하는 것으로, 효율성이 떨어진다는 뜻이다. 뇌의 더 많은 영역을 사용하면 각각의 영역이 서로 '겹치며', 이 때문에 '간섭'이 일어날 수 있다.[44] 간단히 말해, 새로운 것을 배우려고 노력하지만 이미 알고 있는 것의 기억이 방해가 된다는 의미다.

또 젊은 사람들은 '조절' 기능이 뛰어나 정신력이 많이 필요한 상황이 되면 재빨리 정신적 에너지를 늘릴 수 있다. 반면 나이 든 사람들은 이러한 조절을 거의 못한다. 파크는 "나이 든 사람은 뇌의 속도를 바꾸지 못한다"라고 말했다.

나이가 들면 전체적인 기능이 떨어지는 것은 당연하다. 심리학자 티머시 솔트하우스Timothy Salthouse가 밝혔듯이, 사람들에게 연산 속도·사고력·기억력을 평가하는 인지력 테스트를 실행해보면 나이가 들수록 모든 부문에서 "상당한 규모로", "선형의" 감소가 나타나며, 안타깝게도 "특히 50세까지 눈에 띄게 뇌 기능이 저하된다."[45]

IQ 테스트를 할 때도 75세 노인은 21세 청년의 반만 풀어도 같은 결과를 받을 수 있다는 사실을 생각해보면 나이 든 뇌가 어떤지 이해가 될 것이다.

딸과 체스를 두는 것 자체가 이미 불리한 게임이었다. 70대 노인인 내 아버지에게는 더욱 불리했다. 아버지는 손녀에게 자극을 받은 데다 손녀와 친해지고 싶은 마음에 수십 년간 관뒀던 체스를 다시 시작했다. 가족 토너먼트를 한다면 씁쓸하지만 결과는 뻔했다. 1등은 딸, 2등은 나, 3등은 아버지.

이러한 일반적인 패턴은 연구 결과에서도 나타난다.[46] 오랫동안 체스와 체스 실력을 연구해온 플로리다주립대학교 심리학과의 닐 차네스Neil Charness 교수는 실력이 각기 다른 체스 선수들이 체스 시합 중 체크check(킹이 공격받는 상태-옮긴이)를 당할 위험에 처했을 때 어떻게 대처하는지를 평가하는 연구를 했다. 실력이 뛰어날수록 위협을 발견하는 속도도 더 빨랐다. 당연한 일이다. 하지만 실력과 상관없이 선수의 나이가 많을수록 위협을 발견하는 속도가 느렸다.

나이가 들수록 체스를 두는 것이 어려워진다면, 체스를 '배우는

'것'은 더 어려울 것이다. 차네스 교수는 다른 연구에서 나이와 경력이 각기 다른 실험 대상자들에게 새로운 문서 편집 프로그램을 배우게 했다. 실험 결과 기존에 문서 편집 프로그램을 다뤄본 경험이 있는 사람들 사이에서는 나이가 큰 영향을 주지 않았다.

반면 경험이 전혀 없는 초보자들은 눈에 띄는 차이를 보였다. 예상대로 이들 모두 경험이 있는 사람들보다 배우는 데 시간이 더 오래 걸렸다. 하지만 나이가 많을수록 시간이 더더욱 오래 걸렸다.

차네스 교수에게 딸과 내가 함께 체스를 배운다면 어떻겠냐고 물었더니, 그는 이렇게 말했다. "둘 다 똑같이 초보자라면 따님이 아빠보다 아마 2배는 빨리 배울 겁니다."

나는 맞서 싸우기로 했다. 아직 할 수 있는 일이 많았다. 통계적으로 보자면 내 뇌 속 백색질, 즉 학습을 가능하게 해주고 학습을 통해 변화하는 신경섬유의 부피가 이제 곧 줄어들 참이었다. 하지만 내게는 '뇌 가소성plasticity'이라는 것이 여전히 남아 있었다. 아직 내 뇌에는 새로운 일에 도전함에 따라 재빨리 스스로 변화시키는 강력한 힘이 있다는 의미다.

40~60세의 성인들에게 30일 동안 골프 스윙을 연습시켰다고 치자.[47] 당연히 이들의 뇌는 과제를 더 효율적으로 수행하는 방향으로 작용할 것이고, 스윙 솜씨가 발전할 것이다. 실제로도 밝혀진 연구 결과다. 우리는 실력을 발전시키는 능력을 잃지 않는다.

나는 내 체스 두뇌를 다시 키워보기로 했다. 우선 체스 퍼즐을 풀었다. '간격 반복spaced repetition(이전 학습과 복습 사이의 간격을 늘려가는 학습 방법-옮긴이)'과 같은 검증된 학습 방법을 사용하는 '체서블Chessable'이라는 웹사이트에서 엔드게임 정보를 찾아보기도 했다. 나자신에게 충격 요법을 쓰기 위해 기물을 임의로 배치하는 '체스960' 게임을 하기도 했다. 30분 게임에서 속도를 더욱 빨리 내고자 5분짜리 '블리츠 체스'를 연습했다. 블리츠 체스에서 속도를 더 높이기 위해 1분짜리 '불렛 체스'를 연습했다. 불렛 체스에서 속도를 내기 위해 고작 15초 안에 모든 것이 끝나는, 끔찍할 정도로 무서운 '하이퍼불렛 체스'를 연습했다. 하이퍼불렛에서 더 속도를 내려면? 양자역학의 힘을 빌려야 할 것이다.

내게는 다른 이점들도 있었다. 노화와 뇌의 관계를 연구하는 학자들은 인지능력에 두 종류가 있다고 설명한다. 바로 '유동성 지능fluid intelligence'과 '결정성 지능crystallized intelligence'이다.[48] 유동성 지능은 신속하게 사고하고 새로운 문제를 해결하는 능력이다. 결정성 지능은 축적된 지식, 기억, 메타인지 등 이미 알고 있는 것을 말한다. 유동성 지능은 보통 젊은 사람들이 더 높지만, 결정성 지능은 나이가 들수록 발달한다고 알려져 있다(물론 여러 가지 예외가 있긴 하다).

실제 인생에서 이 둘은 서로를 보완한다. 그리고 체스와 같은 게임에서는 두 지능이 각각 다른 역할을 맡는다. 기물을 어디로 움직일지 재빨리 계산할 때는 유동성 지능이 사용되고, 지난번 게임에서 썼던 잘못된 전략을 피할 때는 결정성 지능이 사용된다.

딸은 그 나이대 아이들이 대부분 그렇듯 유동성 지능만 있었다. 딸의 머릿속에는 방대한 양의 기보가 들어 있지 않았다. 게다가 딸은 '음, 프렌치디펜스에서 루벤스타인 변형을 써야겠군'과 같은 식으로 수준 높은 전략을 딱히 생각하지도 않았다.

심리학자 다이앤 호건Dianne Horgan이 발견한 바에 따르면, 아이들은 보통 체스를 둘 때 주로 단순한 경험적 지식에 의존하며 '만족화 satisficing(완벽히 합리적인 선택은 사실상 불가능하므로 현실적으로 적당히 만족할 만한 선택을 하는 것-옮긴이)'를 추구한다.[49] 아이들은 눈에 가장 먼저 들어온 방향으로 말을 움직이며, 그 움직임이 좋았는지 그렇지 않았는지를 돌아보는 데 시간을 많이 쏟지 않는다. 초반에 딸은 속사포같이 빨리 말을 움직였고, 그럴 때마다 나는 항상 이렇게 물었다. "좀 더 생각 안 해봐도 돼?" 하지만 딸이 더 생각해보겠다고 하는 일은 거의 없었다.

딸의 머리에는 지금 막 출시된, 번개처럼 빠른 CPU가 장착되어 있었다. 내 머리에는 수십 년간의 오래된 파일로 가득 찬 중고 하드 드라이브가 장착되어 있었다. 누가 더 유리할까? 차네스 교수가 확인해 준 바에 따르면, 내가 지금까지 학습이라는 것 자체를 해본 경험이 많다는 점만큼은 내게 유리하게 작용했다.

하지만 크고 비효율적인 하드 드라이브를 쓰면 파일을 검색하고 불러오는 시간이 오래 걸린다. 내 뇌는 저장 공간이 부족해지고 있었고, 신경 경로는 일부 손상되고 있었다. 나이가 들면 영화 제목이나 사람 이름이 잘 생각나지 않을 때가 있다는 것은 누구라도 잘 알 것이다. 너무나도 당연한 일이다! 그동안 본 영화만 수천 편이고, 만난 사람만 수천 명이기 때문이다. 아이의 뇌에 50년간의 원자료를 심어주고 얼마나 잘하는지 한번 지켜보자.

언어학자 마이클 람스카Michael Ramscar는 실험상에서 인지능력 저하인 듯 보이는 것이 사실은 학습의 기능 중 하나일 뿐이라고 주장한다.**50** 그는 실험에 참가한 젊은 사람들과 나이 든 사람들에게 '아기-울다', '복종하다-독수리' 등과 같은 단어 쌍을 외우게 했는데, 나이 든 사람들이 '복종하다-독수리'와 같은 단어 쌍을 외우는 능력이 떨어진다는 사실을 발견했다. 실험 결과만 고려한다면 좋지 않아 보인다.

하지만 그의 주장에 따르면, 우리는 보통 '아기'라는 단어와 '울다'라는 단어가 같은 문장에서 쓰이는 것을 주로 보며 '복종하다'라는 단어와 '독수리'라는 단어가 가까이에서 쓰이는 일은 거의 보지 못하는데, 나이 든 사람들이 이 사실을 학습한 결과일 뿐이라는 것이다. 우리 뇌는 '복종하다-독수리'라는 단어 쌍이 그다지 중요하지 않다고 생각하고는 이를 굳이 기억 저장소에 넣지 않는다. 이는 인지능력의 감퇴라기보다는 오히려 현명한 행동 같아 보인다.

이 모든 것을 알고 나면 초보자의 마음을 다시 떠올리게 된다. 딸은 '무지'의 여행을 떠난 상태였다. 어떤 단어들이 서로 어울려 다니는지 아직 알지 못했다. 딸의 뇌는 모든 것을 있는 그대로 받아들였지만, 내 뇌는 이미 알고 있는 것들에 방해받고 있었으므로 변화에 더 세게 저항했고 마음은 더 굳게 닫혀 있었다.

나는 이미 알고 있는 것들이 많았기 때문에 체스를 배울 때 '전이 transfer' 학습이 나타날 확률이 낮았다.[51] 아이들은 자신이 배우는 기술이나 지식이 어디에 쓰일 것이라는 고정된 생각이 아직 없으므로 새로운 기술이나 지식을 더욱 폭넓게 적용할 수 있다.

딸의 뇌는 폭발적으로 새로운 신경을 연결하고 있었지만, 내 뇌는 아마 몇 개 연결하는 데서 그쳤을 것이다. 파크는 이렇게 말했다. "우리는 가지치기보다는 성장시키기를 원한다." 딸의 뇌는 혼란을 효율적으로 해결하기 위해 애쓰고 있었다. 하지만 파크는 "나이 든 성인의 뇌에는 혼란이 거의 없다"라고 덧붙였다.

그렇다면 이런 상황에서 내가 무엇을 할 수 있을지 궁금해졌다.

전문가도 가끔은 초보자가 되어야 한다

지금쯤이면 당신은 여러 가지 질문을 하고 싶을 것이다. 나는 아이가 없는데, 아이 없는 사람들은 어떻게 하나? 나는 아직 젊은데, 젊은 사람들은? 나는 이미 노래도 잘하고 그림도 잘 그리는데? 중년의 위기를 겪고 있지 않은 사람은? 게다가 직업과 하나도 관련이 없는 것들을 왜 굳이 배워야 하지? 직장에서 하루가 다르게 새로운 것들을 요구하는 통에 눈코 뜰 새 없이 바쁜데 그깟 취미 활동을 꼭 해야 하나?

우선 첫째로 노래나 그림 등을 배우는 활동이 직업적으로 전혀 도움이 안 되지는 않는다. 직접적인 연관성이 없는 경우에도 그렇다. 새로운 것을 배우면 직업에서 오는 스트레스를 효과적으로 관리할 수 있다는 주장이 많다. 뭔가를 배우는 활동은 자존감을 높이고 새로운 역량을 키워줌으로써 '스트레스 완화제'로 작용한다[52]는 것이다.

영국의 유니버시티 칼리지 런던은 과학과 예술을 함께 공부한 학생이(그런 학생은 드물다) 추후 리더의 자리에 오를 확률이 높다고 분석했는데,[53] 그 이유가 바로 이와 관련 있는 듯하다. 자아를 넓히면 시야도 넓어진다. 작가이자 저널리스트인 데이비드 엡스타인David Epstein도 《늦깎이 천재들의 비밀Range》에서 다음과 같이 설명했다. "노벨상 수상자 가운데 아마추어 배우, 댄서, 마술사 등의 공연가로 활동한 사람의 비율은 다른 과학자들보다 최소 22배 많았다."[54]

이들이 어느 날 갑자기 일어나서 '음, 내가 신경생물학자로서 훌륭한 경력을 쌓으려면 지금 꼭 탱고를 배워야겠군' 하고 생각했을 리는 만무하다. 하지만 이들은 초보자로서 그런 새로운 활동을 배우며 다시 어린이의 사고방식으로 돌아갔을 것이다. 어떤 선입관도 없고 주변의 기대에 짓눌리지도 않으며, 열린 마음으로 상황에 임했을 것이다. 게다가 즐거운 마음으로 배웠을 것이다. 즐거움은 학습과 발견의 과정에서 결코 과소평가할 수 없는 부분이다.

우리가 현재 사는 디지털 세상을 만드는 데 중요한 역할을 한 매사추세츠공과대학교MIT의 빛나는 석학 클로드 섀넌Claude Shannon이 좋은 예다. 그는 저글링이나 문학에서부터 최초의 웨어러블 컴퓨터 설계에 이르기까지 온갖 종류의 일에 뛰어들었다. 그의 전기를 쓴 작가는 다음과 같이 언급했다. "그는 다른 사람들을 당황하게 하는 일을 끊임없이 시도하고, 사소해 보이는 질문을 끌어내고는 그것을 토대로 획기적인 발명을 해냈다."[55]

오늘날과 같이 역사적인 순간에 자신의 안전지대를 주기적으로 벗어나는 일은 인생의 연습처럼 느껴진다. 기술 변화 속도가 빨라진 탓에 우리는 모두 어떤 의미에서는 "영원한 초보자"[56]가 되었다. 학습곡선은 항상 우상향이며, 지식은 마치 스마트폰처럼 정기적으로 업그레이드해야 한다. 평생 단 하나의 기술에만 집중해도 되는 사람은 거의 없다. 직업을 바꾸지 않더라도 계속 새로운 기술이 요구된다. 용감한 초보자가 되겠다는 의지가 강할수록 더 좋다. 거대 IT 기업 인포시스Infosys의 라비 쿠마르Ravi Kumar 부사장은 이렇게 말한다. "우리는 배우는 방법을 배워야 하고, 배운 것을 잊는 방법을 배워야 하고, 다시 배우는 방법을 배워야 한다."[57]

둘째, 배우는 행위는 우리에게 이롭다. 노래나 서핑과 같은 배우려는 대상이 우리에게 이롭다는 뜻만은 아니다. 물론 이러한 활동이 이롭기는 하다. 이는 나중에 다시 설명할 것이다. 하지만 내가 하고 싶은 말은 새로운 기술을 배우는 행위 자체의 이로움이다.

어떤 기술을 배우는지는 사실 상관이 없다. 항해용 로프의 매듭을 짓는 방법이든 도예 기술이든 마찬가지다. 뭔가 새롭고 어려운 일을 배우는 것, 특히 다른 사람들과 함께 배우는 행위는 "새로운 것을 추구하는 기계"[58]와 같은 우리 뇌에 이롭다는 사실이 증명되었다.[59] 새로운 것은 그 자체로 학습을 유도하기 때문에[60] 한 번에 여러 가지 새로운 것을 배우면 더욱 좋다. 한 연구에서 58~86세의 성인들에게 스페인어, 작곡, 미술 등 다양한 수업을 동시에 듣게 했더니, 단 몇 개월 만에 스페인어나 그림 실력이 늘었을 뿐만 아니라 인지력까지 향상되었다.[61] 수업을 전혀 듣지 않은 통제 집단보다 인지력 평가에서 더 좋은 결과를 거뒀고, 이는 뇌가 30년쯤 전으로 돌아간 수준이었다. 다른 변화도 일어났다. 이들은 자신감이 높아졌고 자신이 이뤄낸 성과에 놀라면서도 기뻐했으며, 실험이 끝난 뒤에도 서로 만나는 사이가 되었다.

새로운 기술을 배우면 부가적인 효과가 따른다. 그 기술에만 관련된 이야기가 아니라는 것이다. 한 연구에서 수영 강습을 받는 어린아이들을 관찰했는데, 수영 강습이 수영 실력뿐만 아니라 더 폭넓은 분야에 도움이 되었다는 결과가 나왔다.[62] 수영을 배우는 아이들은 악력이나 '눈-손 협응(시각 자극과 손의 움직임을 연결하는 능력-옮긴이)' 등 여러 가지 신체 능력을 측정하는 테스트에서 더 우수한 결과를 보였다. 그뿐 아니라 독해력과 수학적 추론 능력도 수영을 배우지 않는 아이들보다 뛰어났다. 사회경제적 지위와 같은 다른 요인을 고려해도 마찬가지였다.

이러한 연구나 권장 사항은 대부분 어린이에게 초점이 맞춰져 있다. 예를 들어, 체스는 아이들의 집중력과 문제 해결력, 창의력을 키워준다고 알려져 있다.

하지만 나는 아이들에게 좋다고 알려진 것이라면 성인에게는 더더욱 좋다고 확신하게 되었다. 왜냐하면 성인들은 어떤 활동이 특정

능력을 키우는 데 좋다고 해도 자신은 이제 그 능력을 개발할 필요가 없다고 생각하기 때문이다.

게다가 이 사회에 만연한 '스마트폰 중독'이라는 고질병을 앓는 현대인들에게 64개의 정사각형으로 이뤄진 판 앞에서 2시간 동안 눈을 부릅뜨고 뇌를 불태우며 무한대에 가까운 가능성을 분석하는 일보다 더 나은 치료법이 있을까?

♟ ✏ ╱

여기서 나는 표준화된 시험 점수만 이야기하는 것이 아니다. 새로운 기술을 배워야 하는 이유는 얼마든지 댈 수 있다. 그 기술 자체에서 오는 엄청난 이익을 뛰어넘는 다른 이유가 더 있다.

새로운 기술을 배우면 특유의 성장하는 기분이 든다. 새로운 사람으로 다시 태어나는 기분이 들고, 사람들에게 이야기하고 싶어 입이 근질거린다. (오래된 농담이 하나 떠오른다. 철인 3종 경기를 하는 사람을 알아보는 방법은? 알아볼 필요가 없다. 자기가 먼저 말하니까.) 내가 여러 가지 기술을 배우는 동안 만난 사람 중에는 새로운 기술을 배움으로써 이혼 후 자신의 정체성을 되찾거나 크나큰 좌절을 극복하고 인생을 재정의한 사람들도 있었다.

이와 같은 '자아확장self-expansion'은 커플에게도 적용된다. 커플이 새롭고 어려운 활동을 함께하면 처음 만났을 때의 '짜릿함'을 다시 느낀다는 연구 결과가 있다.**63** 커플이 예컨대 댄스 교실에 다니는 등의 새로운 활동을 함께할 때 느끼는 긍정적인 감정이 관계 개선으로 이어진다고 한다.

새로운 기술을 배우면 새로운 사람들을 만나게 되고, 그 사이에서 자신의 인간관계도 성장한다는 느낌이 든다. 그 중 몇몇과는 친구가 되기도 한다. 나이를 먹을수록 새로운 친구를 사귀기가 쉽지 않은데 말이다. 새로운 것을 배우겠다는 욕구가 있고 바보 같아 보여도 상관없다고 생각한 사람들이 모여 서로 마음이 통하는 사람들을 만나게 된다. 심리학에서는 이를 '경험에 대한 개방성openness to experience'이라고 부른다. 이는 사람들의 성격을 정의하는 이른바 '5대 성격 요인' 중 하나다(나머지 네 요인은 외향성extraversion, 성실성conscientiousness, 신경증neuroticism, 우호성agreeableness이다). 또 개방성이 수명과도 연관이 있다는 의견이 늘어나고 있다. 정확한 근거는 아직 불분명하지만, 심리학자들은 개방성이 "인지 및 행동 유연성"[64]을 수반한다는 가설을 세웠다. 인지 및 행동 유연성은 인생 후반기에 맞닥뜨리는 어려운 일에 대처하는 데 유용한 성질이다.

새로운 기술을 배우면 사고방식이나 세상을 바라보는 관점도 달라진다. 노래를 배우면 음악을 듣는 방식이 달라지고, 그림을 배우면 인간의 시각계를 깊이 이해하게 된다. 용접을 배우면 물리학과 금속학을 집중적으로 공부하게 된다. 서핑을 배우면 갑자기 조석표와 폭풍 전선, 파도의 유체역학에 관심이 생긴다. 새로운 기술을 배움으로써 자신의 세상이 넓어지는 것이다.

마지막으로, 새로운 것에 목말라하며 새로운 것을 배우는 행위가 우리에게 도움이 된다면, 우리는 새로운 것을 배움으로써 미래에 마주할 새로운 것을 더 잘 다룰 수 있게 된다. 심리학자 앨리슨 고프닉 Alison Gopnik은 이렇게 설명한다. "우리 인간은 다른 어떤 동물보다도 학습 능력에 많이 의존한다. 인간의 큰 뇌와 강력한 학습 능력은 무엇보다도 변화에 대처하기 위한 방향으로 진화해왔다."[65] 우리는 항상 무능력과 숙달의 작은 순간들을 넘나든다. 새로운 것을 어떻게 배워야 할지 신중하게 생각하기도 하고, 책을 읽거나 관련 동영상을 찾아보기도 한다. 어떨 때는 그냥 무작정 뛰어들기도 한다.

마스터한다는 것의 어쩔 수 없는 한계

나는 다양한 기술을 습득함으로써 여러 마리의 토끼를 한 번에 잡으려 했고, 그러다 보면 한낱 '딜레탕트 dilettante(특정 주제에 관심은 있으나 깊은 지식은 없는 사람-옮긴이)'에 불과하다는 낙인이 찍힐 위험이 있었다.

그런데 사실 그것이야말로 내가 되고 싶은 모습이었다.

오늘날 딜레탕트는 어떤 일을 취미 삼아 피상적으로만 즐기는 대책 없는 사람을 뜻하며, 항상 멸시적인 의미로 쓰인다. 이는 '기쁘게 하다'라는 뜻의 이탈리아어 단어 'dilettare'에서 유래했다. 역사학자 브루스 레드퍼드 Bruce Redford가 말했듯이,[66] '기쁨을 표현하는 사람'을 뜻하는 딜레탕트라는 단어는 18세기 영국 사람들이 유럽 대륙의 예술과 문화를 향한 넘치는 열정으로 그랜드 투어(17세기 중반부터

19세기 초반까지 유럽 상류층 자제들이 프랑스와 이탈리아를 돌아보며 문물을 익히기 위해 떠났던 여행-옮긴이)를 다녀온 뒤 딜레탕트회Society of Dilettanti 를 결성하면서 영어에 유입된 말이다. 그 후 지식을 습득하는 과정이 점차 전문화되면서 이 단어의 의미가 바뀌었다. 조지 엘리엇George Eliot 이《미들마치Middlemarch》를 썼던 1870년대에 들어서는 모욕적인 말이 되었다.

격차가 크게 벌어지고 있었다. 전문가가 아니라면 한낱 딜레탕 트 혹은 '아마추어'일 뿐이었다. 게다가 이 아마추어라는 단어의 원 래 뜻은 무엇일까? 프랑스어로 '사랑하다'라는 뜻의 'aimer'에서 유 래된 말이다. 지식이 점점 특화되고 일상의 많은 분야가 전문화되면 서 단순히 어떤 일에서 즐거움이나 애정을 느끼는 행동은 왠지 모르 게 부정적인 인상을 주게 되었다.

우리는 높은 성과를 중요시하는 시대에 살고 있다. 모든 사람이 '최선을 다해' 살면서 끊임없이 자신의 잠재력을 극대화해야 한다고 생각하는 세상이다. 소셜 미디어가 퍼지면서 프러포즈부터 오늘 아 침 식사 메뉴에 이르기까지 모든 것이 과하게 연출된 경쟁적인 의식 이 되어버렸다. 일을 향한 사회적 인식, 즉 어느 학자의 표현을 빌리 면 "직업이라는 존재가 뻗치는 힘"[67]이 강해지는 바람에 이제 여가는 아예 누릴 수 없는 지경에 이르렀다.

모든 행동은 반드시 '목적'이 있어야만 하는 것이 되었다. 내가 어떤 사람에게 130킬로미터 자전거 타기에 도전한다고 말하면 상대 방은 이렇게 묻는다. "뭘 목표로 연습하는 거예요?" 그러면 나는 이렇게 대답하고 싶다. "글쎄요……. 인생?" 심리학자 미하이 칙센트미하이[Mihaly Csikszentmihalyi]는 이렇게 썼다. "사람들에게 인정받으려면 뛰어난 경험을 하기보다는 성공, 성취, 성과를 거둬야 한다."[68]

하지만 음악의 대가나 유명한 예술가가 되기를 딱히 원하지 않는다면 어떻게 될까? 그냥 이런 활동을 취미로 즐기며 세상을 바라보는 관점이 조금이라도 달라질지 알아보고 싶은 거라면? 이런 활동을 배우며 자기 자신에게 변화가 일어날지 알아보고 싶은 정도라면? 이런 활동을 단지 즐기고 싶은 것뿐이라면?[69]

오늘날처럼 오로지 최고의 성과만을 목표로 하는 세상에서 앞으로 잘하게 될 가망성이 없는 새로운 일에 뛰어드는 것은 비상식적인 행동으로 보인다. 조지 레너드[George Leonard]는 《달인[Mastery]》에서 어떤 일을 취미로 즐기는 사람들에게 경고를 보낸다. "새로운 일을 시작하는 행위를 좋아하는 사람들은 자신이 모험적이고 고급스러운 취향을 지녔다고 생각할 수도 있지만, 사실 이들은 카를 융이 말한 피터팬 증후군[puer aeternus]을 앓는 사람, 즉 영원한 어린아이에 더 가깝다."[70] 맞는 말이다!

심리학자들은 사람들 사이에서 지나치게 혹독한 자기평가가 이루어지고 최상의 모습을 보여야 한다는 사회적 압박이 이어진 탓에 지난 수십 년간 자신이 완벽주의자라고 말하는 사람들이 많아졌다는 데 주목했다.[71] 사회가 더욱 개인주의적으로 변하고 경쟁이 심화되면서 이렇게 잠재적으로 해로운 현상이 발생했다는 것이다. 한 심리학자의 말대로, 우리는 "성과를 과대평가하며 자아를 과소평가한다."[72]

우리는 모든 면에서 그냥 괜찮은 수준에 머물기를 두려워한다.[73]

이는 함정이다. 법학자 팀 우Tim Wu는 이렇게 썼다. "잘하는 일만 하는 사람은 철창이 아닌 자기비판이라는 창살 안에 갇히는 것과 같다."

조지 오웰George Orwell은 우리에게 다음과 같이 상기시킨다. "자유란 남는 시간에 자신이 좋아하는 일을 할 권리라고도 볼 수 있다. 자신이 좋아하는 일을 스스로 선택할 수 있어야 한다. 위에서 정해주도록 해서는 안 된다."[74] 높은 성과를 추구하는 다른 사람들의 생각을 받아들여 새로운 일에 도전하는 일을 그만두는 것은 자신의 자유를 포기한다는 뜻이다.

사람들은 전문성과 성과만을 높이 사며 숭배하는 현상 때문에 자신감을 크게 잃은 나머지 자신이 어떤 분야에 능숙하지 않으면 해당 분야의 전문가에게 '외주'를 줘야 한다고 생각할 정도다.

체스 같은 분야라면 이러한 생각이 나쁘지만은 않다. 하지만 어떻게 하는지 이미 아는 일 혹은 혼자서도 쉽게 익힐 수 있는 일까지도 다른 사람에게 맡겨야 한다고 생각하는 경우도 있다. 한동안 내 이메일 수신함은 딸을 겨냥한 각종 강습을 알리는 광고로 꽉 차 있었다. '전문 강사'가 아이들에게 '타는 법'을 가르친다는 수업도 있었다. 뭘 타는 방법이냐고? 바로 자전거 타는 방법이었다. 이걸 보자 딸의 자전거를 밀어주며 "페달 밟아!"라고 외친 나의 교습법이 혹시 잘못된 것이었는지 갑자기 의구심이 들기 시작했다. 한 백화점에서는 '전문가에게 맡겨주세요'라고 하며 '신발 끈 묶기 교실'을 광고하기도 했다. 나는 전문가의 가르침이 꼭 필요하다고 믿는 사람이지만, 그래도 신발 끈은 좀 너무하지 않은가! 그리고 심지어 이런 광고만 봐도 불안감이 엄습한다. 언제나 그렇듯 인터넷은 우리의 권위를 떨어뜨린다. '당신은 지금까지 평생 신발 끈을 잘못 묶어왔다.' 이런 식의 기사는 쌔고 쌨다.

어떤 일을 마스터하는 것을 반대하지는 않는다. 어느 분야에서 가장 뛰어난 사람이 되는 것을 마다할 사람이 어디 있겠는가.

하지만 뭔가를 마스터하는 일은 닫힌계closed system(주위와 에너지를 교환할 수 있지만 물질은 교환할 수 없는 계-옮긴이)가 될 수 있다. 약 10년 전, 나는 로드 사이클링을 시작했다. 그냥 당시에는 그게 하고 싶었다. 사이클링을 하면서 체력도 좋아졌고 모험심도 생겼으며, 일과 관련 없는 사람들을 새로 만나기도 했다.

성인이 된 이후에 자전거를 배우면 학습곡선 효과가 나타나지 않을 거라고 생각할 수도 있다. 하지만 막상 배우기 시작하면 어느새 앞 자전거와 불과 몇 센티미터 간격으로 다닥다닥 붙어 여러 명과 함께 한 무리로 자전거를 타거나 잠옷과 다를 바 없는 바지를 입고 플라스틱 자전거에 타서는 시속 80킬로미터로 언덕을 내려오게 된다. 나는 초보자가 저지를 만한 실수란 실수는 모조리 저질렀고, 다행히 심하게 다치지는 않았다.

하지만 실수가 점차 줄어들기 시작했다. 실력이 나아졌다. 속도도 빨라졌다. 경주에도 나가기 시작했다. 한 단계 업그레이드되었다. '프로'같이 행동하기 시작했다. 기분이 정말 좋았다. 사이클링은 내 '최애'로 자리 잡았고, 정체성을 구성하는 중요한 요소가 되었다. 5000시간 이상 자전거를 주행하면서 어느 정도 마스터한 경지에 올랐다.

그러나 사이클링에 더 많은 것을 쏟아부을수록 요구되는 것 또한 많아졌다. 더 많이 연습해야 했고, 더 열심히 노력해야 했고, 더 비싼 장비를 갖춰야 했다. 내 삶을 풍요롭게 만들어주던 운동이 이제는 시간만 엄청나게 잡아먹는 일이 되었다. 자전거를 탈 때도 전보다 재미가 덜했다. 나와 함께 자전거를 탄 숙련자들은 커피나 간식도 즐기지 않고 휴식 없이 사이클링만 하는 것에서 자학적인 쾌락을 느꼈다. 이들은 입만 열면 당시 유행하던 엄격한 식단 관리 이야기뿐이었다. 자전거를 타며 주변의 풍경을 즐기는 시간보다 자전거 핸들에 놓인 자전거 컴퓨터를 보는 시간이 더 긴 듯했다. 어느 순간 그것이 일처럼 느껴졌다. 성과 측정, 동료들이 주는 압박, 마감 기한, 결과에만 집중하는 편협한 시각. 하나의 정체성, 일련의 기대 속에 갇혔다는 느낌이 들기 시작했다.

결국 새로운 일을 찾아 나서자 해방감 비슷한 감정이 들었다. (하지만 나는 아직도 사이클링을 사랑한다. 그저 서로의 행복을 위해 헤어진 것일 뿐.) 스티브 잡스Steve Jobs는 애플에서 해고된 뒤 이렇게 썼다. "성공의 무거움은 사라지고 모든 것이 불확실한 초보자로 돌아왔다는 가벼움만 남았다."[75] 곧 그는 극도로 창의력 넘치는 시간을 만끽했다.

직업을 바꿔야 한다는 말은 아니다. 내가 하고 싶은 말은 좋아하는 일조차도 속박이 될 수 있다는 것이다.

내가 새로운 것을 배우려 한 이유는 직업에서 만족감을 느끼지 못하거나 '직업상의 재충전'을 원해서가 아니었다(보통 여가 활동에 이 두 가지 기능이 있다고 알려져 있다). 사실 나는 내 직업을 사랑한다. 그 사랑이 어찌나 깊은지 일 말고 다른 취미를 즐길 필요성도 못 느낀다.

윈스턴 처칠Winston Churchill은 자신이 지은 작지만 멋진 책《취미로서의 그림Painting as a Pastime》에 이렇게 썼다. "좋아하는 일을 직업으로 하는 사람이야말로 때때로 그 일을 자신의 마음속에서 떨쳐버릴 수단이 꼭 필요하다."[76]

우리는 '열정을 추구한다'는 마음으로 하나에 집중하는 것이 좋다고 생각한다. 하지만 그 열정이 꼭 하나여야 한다는 법이 있는가? 아직 발견하지 못하지 못한 새로운 열정이 있을 수도 있지 않을까?[77]

♟ 🎤 ✎

보통 우리는 어릴 때 무슨 일을 하더라도 잘하든 못하든 걱정하지 않고 몇 번이고 자유롭게 도전한다. 누구나 학교 합창단에 들어갈 수 있고, 누구나 그림을 그리며, 놀라우리만큼 다양한 스포츠에 도전한다. 하지만 시간이 지나면서(어느 때보다도 더 빨리) 전문화라는 개념이 서서히 형성되며, 아이들은 갑자기 예술가를 목표로 하는 '미술 하는 아이', 배우가 꿈인 '연기하는 아이', 수학자가 되기로 한 '수학 잘하는 아이'가 된다.

우리는 타고난 영재가 있다고 믿는다. 성공한 피아니스트들을 다룬 어느 연구 논문의 저자에 따르면, 성공한 피아니스트들이 어렸을 때부터 실력을 키운 것은 사실이지만 "이들이 최종적으로 얼마나 성공할지 예측하는 것은 불가능했다."[78] 학습자는 올바른 방법인지 아닌지 신경 쓰지 않고 일단 도전해보며 "성장의 작은 신호들"을 인식할 시간과 공간이 필요하다고 저자는 주장한다. 만약 이들 피아니스트나 부모가 처음부터 완벽해야 한다는 압박을 받았더라면 그만큼 성공하지 못했을 것이다.

우리는 아이가 조금만 크면 '너는 이런 거 못해'라고 이야기하기 시작하며, 아이들 역시 자기 자신에게 그렇게 말한다. 스포츠에 참여하는 아이들이 줄어들고 있다[79]는 사실도 이와 관련이 있다. 자기는 실력이 부족해서 스포츠를 하지 못한다고 말하는 아이들이 많다. 연습 일정이 너무 빡빡하다거나 경쟁에서 오는 스트레스가 심하다며 재미가 없다고 말하는 아이들도 있다(재미란 이런 활동을 하는 주된 이유인데 말이다). 한번 이러한 태도가 굳어지면 마치 덜 굳은 시멘트 바닥에 찍힌 발자국처럼 방향성을 바꾸기가 어려워진다.

하지만 어렸을 때 여러 가지 일에 도전한 경험이 있다면, 실력을 제대로 키우지 못했더라도 그 도전 자체는 마치 환각지(사지가 절단된 이후에도 그 부위에서 감각을 느끼는 현상-옮긴이)처럼 우리 안에 남아 있는 것 같다. 사람들은 대부분 노래 실력이 뛰어나지 않더라도 매일 샤워하거나 운전할 때 조금씩은 노래를 부른다. 나는 누가 시킨다면 어렸을 때 스프링노트에 그리던 탱크와 요새와 수많은 군인이 등장하는 복잡한 전쟁 장면을 종이 한 장에 그대로 재현할 수 있다. 그림을 그리고 싶다는 욕망은 아직 남아 있다. 어쩌면 실력도 약간은 남아 있을지도 모르겠다.

하지만 이는 우리가 받아들일 의향이 있는 경우에만 해당된다. 물론 우리도 노래나 그림을 배울 수는 있다. 하지만 그럴 시간이 어디 있나? 왜 굳이 창피함을 무릅쓰고 은근히 잘난 척하는 사람들의 태도를 감수한단 말인가? 우리가 이미 잘하는 일을 더 열심히 하는 편이 낫지 않은가? 우리는 마치 자녀가 '예술'을 전공하겠다고 했을 때 현실적인 부모가 할 만한 말을 자기 자신에게 한다. '그걸 해서 뭐에 써먹을 건데?'

그 대답은 바로 이것이다. 당신은 아직 모른다. 모르는 것이 당연하다.

초보자를 위한 가장 멋진 시대

우리는 배움의 황금기라고 해도 손색이 없는 시대에 살고 있다. 누구나 방대한 양의 기록 정보를 손쉽게 얻을 수 있다. 인터넷이 부상하면서 학습 기회도 엄청나게 늘어났다. '칸 아카데미Khan Academy'와 같은 온라인 교육기관을 이용하면 "거의 모든 것을 무료로 배울" 수 있다. 온라인 공개강좌 사이트 '코세라Coursera'의 스마트폰 앱 덕분에 "통근 시간이나 쉬는 시간, 혹은 하루 중 여유 있는 시간에 짬짬이 학습할" 수 있게 되었다. '스킬셰어Skillshare'에서는 "어디에서든 배우세요. 손쉽게 내일을 준비하세요"라고 말한다.

효과적인 학습 방법이 새로 등장하면서 '듀오링고Duolingo' 같은 프로그램은 온라인상에서 34시간을 공부하면 외국어 수업을 한 학기 들은 수준을 달성할 수 있다고 말한다. 체스에서는 플레이어들의 체스 레이팅이 전체적으로 올라갔다.[80] 온라인상에서 실력이 뛰어난 사람이나 기계와 대전하며 그들에게 배울 수 있게 되고, 세계 각국의 마스터들에게 스카이프로 수업을 받을 수 있게 된 덕분이다.

유튜브는 방대한 양의 교육용 영상이 모인 집합체다. 직접 칼을 만드는 방법에서부터 물개 고기를 요리하는 방법에 이르기까지 모든 주제를 가르치는 영상이 1억 3500만 개(마지막으로 확인한 수치를 기준으로)가 넘는다. 백텀블링을 하는 방법이나 747기를 조종하는 방법도 배울 수 있다. 물 끓이는 방법이나 화장실 휴지를 교환하는 방법도 배울 수 있다(이런 것들은 좀 뻔뻔하다). 사람들, 특히 아이들이 단순히 유튜브 영상을 보고 따라 했을 뿐인데 성악이나 덥스텝 댄스, 혹은 올림픽 스포츠 등 수많은 분야에서 수준급의 실력을 달성했다는 이야기는 넘쳐난다. 불법 성형 수술을 해 체포된 사람은 이렇게 말했다. "배우고 싶은 것이 무엇이든 전부 유튜브에서 공짜로 배울 수 있다."[81]

유튜브 교수법은 루빅큐브 대회와 같은 분야에서 빠른 속도로 퍼졌다(사실상 그런 대회가 만들어진 데도 유튜브의 공이 컸다). 큐브 맞추기 기술이 널리 퍼진 덕분에 큐브를 맞추는 시간이 엄청나게 단축되었다.[82] 전 세계 어디에서든 누구나 무료로, 어디론가 갈 필요도 없고 사람들 앞에서 창피당할 걱정도 없이 거의 모든 것을 배울 수 있는,

역사상 유례없는 세상이 펼쳐져 있다.

하지만 사람들을 직접 만나서 배우는 방법도 많다. '코스호스CourseHorse'나 '클래스패스ClassPass' 같은 웹사이트에서는 강습을 중개한다(커피숍 게시판에 붙어 있던 기타 레슨 전단지나 스페인어 과외 전단지의 온라인 버전이다). 포틀랜드의 'ADX'나 시카고의 '로스트 아트Lost Arts' 같은 메이커 스페이스에서는 사람들이 기계를 가지고 놀며 서로 조언을 구하기에 적합한 장소와 도구를 제공한다. 크라우드 펀딩 플랫폼 '킥스타터Kickstarter'를 공동 설립한 뒤 로스트 아트를 연 찰스 애들러Charles Adler는 내게 로스트 아트라는 이름이 과거를 돌아본다는 뜻이 아니라 "자아를 발견하는 과정에서 무아지경에 빠질" 기회라는 뜻이라고 설명했다.

그는 디제잉 장비를 보관할 가구 만들기에 도전했던 경험에서 영감을 얻었다. 아이디어는 있었지만, 초보자들이 보통 그렇듯 다음 단계로 나가는 데서 애를 먹었다. 그는 내게 이렇게 말했다. "당시 나는 우선 단기간 도구를 사용할 수 있어야 했고, 조언을 해줄 멘토가 필요했습니다." 하지만 이를 찾을 수 없어서 직접 만들었다.

내가 사는 동네에는 크라우드 소싱으로 저렴한 가격에 밀랍 염색 기초 수업이나 생명공학 단기 속성 강좌 등 여러 가지 수업을 제공하는 '브루클린 브레이너리Brooklyn Brainery'와 같은 단체들이 있다. 영국의 '하우 투 아카데미How To Academy'도 이와 비슷하다. 이들은 다음과 같이 말한다. "어느 날 아침 자전거를 만들고 싶거나 주말 동안 영화를 제작하고 싶거나 온라인 사업을 시작하고 싶다면, 그 꿈을 이루어줄 전문가가 여기에 있습니다."

당신은 어쩌면 '누구나 새로운 것을 배울 만한 돈이나 시간이 있는 것은 아니다'라고 생각할 수도 있다. 실제로 개인 강습을 받거나 수업을 들으면 돈이 많이 들기도 한다. 하지만 한 끼 밥값보다 더 싼 경우도 있다. 온라인 강의 중에는 무료가 많다. 온라인 강의를 듣는 것이 가장 효과적인 학습 방법은 아니겠지만, 비용 측면에서는 따라올 것이 없다.

시간의 경우 내가 장담하는데 넷플릭스 시리즈 하나를 끝낼 정도만 시간을 낸다면 어떤 기술이든 실력을 꽤 키울 수 있을 것이다. 시간 소비를 연구한 자료에 따르면,[83] 사람들은 삶이 점점 더 바빠진다고 주장하지만, 사실 우리의 여가 시간은 예전과 크게 다르지 않다. 하지만 스마트폰 등이 시간을 많이 잡아먹고 있으며, 이 때문에 우리가 스스로 더 바빠졌다고 느끼는 것이다.

일정이 빡빡한 부모라면 아이들을 돌보는 것만으로도 정신이 없어서 새로운 것을 배울 수 없다고 말할 수도 있다. 그렇다면 아이와 함께 배우는 것은 어떨까? 기타 연주, 제빵, 종이접기 등 어른들에게도 아이들에게만큼 새로운 분야가 많다. 새로운 기술을 배우면 다양한 수준을 경험할 수 있으며, 자녀의 성장을 흥미진진하게 지켜볼 수 있다.

그리고 이런 일은 생각지도 못한 분야에서 일어나기도 한다. 딸이 '포트나이트'라는 유명한 게임을 시작했을 때, 나는 본능적으로 냉정하고 조심스러운 아빠가 되어 게임 시간을 엄격하게 지키도록 하겠다는 생각이 가장 먼저 들었다. 하지만 얼마 뒤 게임의 복잡성과 게임에서 뿜어내는 열정에 흥미를 느끼고는 나도 게임을 시작했고, 딸과 딸의 친구들이 갑자기 시작하게 된 폭력적인 스쿼드 캠페인에 참여했다. 나는 '봇(레벨이 낮은 플레이어에게 등장하는 AI 대전 상대-옮긴이)'과 다를 바 없는 초보자로서 배워야 할 것이 많았다. "전설 등급의 돌격소총을 주우세요!" 머리핀을 꽂은 딸의 친구는 이렇게 말하곤 했다. "슬러피 스왐프로 가요!"

게임에 등장하는 자극의 범위 자체가 압도적이었다. 액션 비디오 게임이 지각 능력 개발에 도움이 된다고들[84] 말하는 이유가 다 있었다. 게임을 따라가기가 벅찼던 나는 팀원들에게 기다려달라고 부탁했다. 그런데 그 순간 서로 역할이 바뀌었다는 사실을 깨달았다. 그동안 딸에게 수학 문제집을 풀게 하면서 딸이 너무 당연한 내용을 이해하지 못하더라도 짜증을 내지 않도록 참는 쪽은 보통 나였다. 이제 내가 딸의 입장이 되었다. 이 열 살짜리 어린이는 왜 내가 방호벽을 짓지 않았는지 믿을 수 없다는 반응을 보였다(음, 어떻게 짓는지 몰랐기 때문이다).

자녀는 일시적으로 부모의 선생님이 될 수 있다. 그리고 가르치는 것만큼 효과적인 공부 방법은 없다.

나는 가끔 온라인 체스를 두다가 까다로운 엔드게임에 빠지면 딸에게 도와달라고 요청한다. 그러면 딸은 새로 얻은 권위감에 한껏 부푼 채 성큼성큼 걸어와 체스판을 확인한다. 나는 내가 생각한 방법을 딸에게 설명한다. 그러면 딸은 코웃음을 치며 "그렇게 빨리 기물을 교환하면 안 돼"라고 말하고는 관대한 마음으로 더 나은 방법을 제시한다. 그러고는 약삭빠르게도 이걸 알려줬으니 포트나이트를 더 오래 하게 해달라고 협상을 요구한다.

또 아이와 함께 뭔가를 배우면 바쁜 부모들의 영원한 숙제가 하나 해결된다. 바로 육아다. 내가 아내에게 이 책을 쓰기 위한 작업으로 여러 가지를 배우겠다는 이야기를 처음 꺼냈을 때, 아내가 눈을 동그랗게 뜨고 머리를 굴리는 소리가 진짜로 내 귀에 들렸다. "어, 그럼 당신이 노래 부르고 서핑하는 동안 집에서 애는 누가 보라는 얘기야?" 옳은 지적이었다. 딜레탕트가 되겠다고 의무를 소홀히 할 수는 없는 노릇이었다.

하지만 아내는 이것이 생각지 못한 좋은 일이라는 사실을 금세 깨달았다. 딸과 내가 서핑이나 체스에 공동으로 관심을 보인다는 것은 우리가 바닷가에 나가거나 혹은 체스 토너먼트에 참가하느라 온종일 밖에 나가 있다는 뜻이었기 때문이다. 우리가 이렇게 나갔다 돌아오면 아내는 그동안 편한 잠옷 차림으로 책 한 권을 다 읽었다거나 여유롭게 산책하면서 사색을 즐겼다고 기쁘게 말해주곤 했다. 여러 가지 일로 항상 정신없는 부모에게 이러한 선물은 돈 주고 살 수 있는 어떤 선물보다도 훨씬 값진 것이었다.

이렇게 아이와 함께 뭔가를 배운 덕분에 여가 시간 분배와 같은 가정불화의 불씨가 서로 원원하는 상황으로 승화되었다. 아빠 혼자 집에서 몰래 빠져나가 서핑을 즐기고 오는 시간이 될 뻔했던 것이 갑자기 가족 모두의 소중한 시간이 되었다. 딸이 육상부에 가입했을 때,

딸을 데리고 가서 끝날 때까지 기다리는 시간에 그냥 멍하니 있지 않고 나도 뛰었다. '아이를 데려다줘야 한다면 나도 같이 하자'가 내 철학이었다. 이렇게 함으로써 나는 본의 아니게 수많은 연구에서 좋지 않은 현상이라고 말하는 일을 피하고 있었다. 여기서 말하는 좋지 않은 현상이란 보통 아버지들은 아들보다 딸과 함께하는 시간이 더 짧으며 이는 특히 자녀가 성취를 보이는 시기, 즉 '인적 자본'으로서의 능력을 개발하는 시기에 더욱 두드러진다는 것이다.[85]

♟ 🎤 🖌

혹시 '난 이미 늦었어'라고 생각하는가? 말도 안 된다. 우리는 죽을 때까지 배운다. 학습은 몇 살이든 관계없이 이루어진다. 인지능력이 감소한다는 결과를 예상하는 연구에서조차 연습 효과practice effect로 말미암아 결과가 달라질 수 있다고 경고한다. 연습 효과란 실험 참여자가 같은 테스트를 두 번째 했을 때 더 나은 성과를 기록하는 현상을 말한다. 심리학자들에게는 이 효과가 방법론적 측면에서 문제가 되겠지만, 우리 같은 일반인들에게는 아주 반가운 소식이다. 우리는 계속 발전할 수 있다.

　　2016년, 90세였던 가수 토니 베넷Tony Bennett은 이렇게 말했다. "나는 아직도 내가 발전할 수 있다고 말한다."[86] 가수로서 달성할 수 있는 것은 사실상 모두 달성한 그는 최근 재즈 피아노를 배우기 시작했다(수십 년 전에는 그림을 다시 시작하기도 했다). 재즈 피아노의 감각을 키우고 싶었기 때문이다. 뭔가를 이해하고자 할 때, 처음에는 서툴더라도 직접 배워보는 것보다 더 좋은 방법이 있겠는가.

한때 성인의 뇌는 어떻게 손쓸 방법도 없을 만큼 "굳어버리고 변하지 않는다"[87]고 믿었던 시절도 있었다. 하지만 지금은 과거 어느 때보다도 성인의 뇌 가소성이 크다고 알려져 있다. 게다가 미국을 비롯한 많은 나라에서 기대 수명이 증가하면서 노년층의 "생산적이고 창의적인 잠재력"을 키우기 위한 "창의적 나이듦creative aging" 운동이 진행되고 있다.[88]

댈러스에서 데니스 파크를 만났을 때, 그녀는 '댈러스 수명 뇌 연구Dallas Lifespan Brain Study'라는 장기 프로젝트를 진행하고 있었다. 이 프로젝트에 포함된 한 실험에서는 노인들을 두 집단으로 나눠 한 집단에게는 디지털 사진 촬영이나 퀼트 수업을 듣게 했고, 다른 한 집단에게는 단순히 만나서 사교 활동만 하게 했다. 그 결과 수업을 들은 집단은 일화기억episodic memory(과거에 경험한 사건의 기억-옮긴이)에서부터 처리 속도에 이르기까지 다양한 인지력 분야에서 더 큰 향상을 보였다.

독학하는 것이 나쁘다거나 단순히 사교 활동만 하면 지루해진다는 뜻은 아니다. 하지만 사람들과 함께 배우는 행동 자체가 인간 뇌의 어떤 중요한 부위를 자극하는 듯하다. 파크는 이렇게 설명했다. "사람들과 함께 활동하며 모든 참가자가 각자 자신의 속도대로 진도를 나갔고, 자신이 잘하는지 못하는지 명확하게 드러나지 않았다." 다른 학습자들과 함께 있다는 사실에서 동기부여가 되었고, 강사 덕분에 도전 의식을 느낀 것이다.

파크는 이렇게 말했다. "이들은 자신이 이룰 수 없다고 생각했던 발전을 이루어냈다."

이 책을 읽는다고 어떤 일을 잘하게 된다거나 특정한 기술을 익힐 수 있는 것은 아니다. 하지만 나는 당신이 배움의 과정에서 더 많은 것을 얻기를 바라는 마음으로 내가 직접 평생교육을 연구하는 실험실의 쥐가 되어 경험한 일을 나누는 것에 그치지 않고 뇌과학자, 전문 코치, 운동 기술motor skill(운동 기술이란 특정한 운동이 아니라 근육을 사용해서 행하는 모든 기술을 의미한다. '움직임의 기술'에 가깝다–옮긴이) 습득을 비롯한 여러 분야를 연구하는 학자들의 연구를 소개하고자 한다.

심지어 당신은 내가 어떤 노력을 기울였고 아주 가끔씩 어떤 실패를 했는지 보는 것만으로도 배울 수 있다. 연구에 따르면, 우리는 전문가가 흠결 없이 완벽하게 해내는 모습을 볼 때보다 자신과 수준이 비슷한 사람이 실수하기도 하며 과제를 수행하는 모습을 볼 때 실제로 더 많이 배울 수 있다고 한다. 전문가는 자신이 그 일을 어떻게 하는지 설명하지 못하거나 당신과 비슷한 수준이었을 때 어땠는지를 잊어버린 경우가 많다.

내가 보컬 연습실에서, 서핑장에서, 미술학원에서, 장인들의 작업대에서 시간을 보내며 바란 점은 딱 하나다. 나는 당신이 이 책을 통해 내가 겪은 어려움과 내가 달성한 작은 성취를 지켜보며 그동안 당신이 지나온 여정에서 맞닥뜨렸던 사실을 새로운 시각에서 바라보았으면 좋겠다. 좀 더 욕심을 내자면, 이 책이 계기가 되어 당신이 예전에 그만두고는 오랫동안 생각만 해온 일을 다시 시작했으면 좋겠다.

세상의 모든 초보자들이여, 단결하라! 앞으로는 발전할 일만 남았다.

다시 태어난 것처럼, 배우는 방법 배우기

BEGINNERS

실패하는 방법을 배우지 않으면
배우는 데 실패할 것이다.

-톰 밴더빌트

{ }

아기는 넘어지기 위해
만들어졌다

초보자의 세계에 빠질 준비를 마치고 나자 세상에서 가장 완벽한 초보자에서부터 시작하는 것이 옳다는 생각이 들었다. 바로 아기들이다.

아기는 우렁차게 울며 이 세상에 온다. 밝은 빛이 비치고 여러 가지 소리와 냄새로 가득한 세상에 태어나 갑작스러운 중력의 잡아당김에서 충격을 느낀다. 아기는 어떤 일이든 할 수 있는 날것 그대로의 능력을 갖추고 태어난다. 만약 아기들이 할 수 있다면 나도 할 수 있다고 생각했다. 어느 봄날 아침, 나는 아기의 행동을 이해하기에 가장 좋은 장소로 향했다. 마침 지하철만 타면 바로 갈 수 있는 곳에 있었다. 뉴욕대학교 신경과학센터의 4층에 있는 유아행동실험실이다.

그곳에서 나는 사람들을 잘 따르는 15개월 아기 릴리를 만났다. 릴리는 자신의 몸무게가 15퍼센트 늘어났다는 사실을 용감하게 받아들이는 중이었다. 릴리는 작고 포동포동한 얼굴에 당황스러운 표정을 내비치며 실험용 압력 감지 매트 위에서 엄마를 향해 멈추지 않고 터벅터벅 걷고 있었다. 엄마는 환하게 웃으며 손에 쥔 과자로 릴리를 유인하고 있었다. 이는 과학을 위한 작은 한 걸음이요, 배고픈 아기를 위한 거대한 도약이었다.

릴리가 입은 패딩 우주복은 기존 충전재가 전부 빠지고 무게를 증량하는 충전재로 대체되어 있었다. 무슨 극기 훈련을 받는 것처럼 보일 수도 있지만, 그렇지는 않았다. 실험실 소속 연구원인 제니퍼 라치와니Jennifer Rachwani는 아기가 걸을 때 '비용'이 추가되면 어떻게 반응하는지 알아보는 것이 이 실험의 목적이라고 설명했다. 무게가 늘어나면 아기가 걷는 방식이 어떻게 달라질까? 장난감 혹은 엄마에게 다가가고자 하는 의지가 변화할까?

패딩 우주복은 '골디락스(과하지도 모자라지도 않은 딱 알맞은 상태-옮긴이)' 균형에 맞도록 변형되었다. 아기가 행동을 바꿀 수 있도록 알맞게 옷을 변형했다는 뜻이다. 만약 몸 전체에 고루 무게가 실리지 않고 발목 부분에만 실린다면 아기는 그냥 주저앉을 것이다.

그 이름도 적절한 유아행동실험실은 학문의 전당 속 어린이집이었다. 벽에는 충격 방지 패드가 둘러쳐져 있었고, 방수 카펫이 깔린 바닥에는 장난감 몇 가지가 놓여 있었다. 이곳에서 아기들은 가파른 경사로를 힘겹게 내려가고, 경사면에서 흔들거리고, 이동식 통로의 벌어진 틈 사이로 뒤뚱거리기도 하며 지치지도 않고 쿵쿵 뛰어놀았다. 바로 옆 방에는 연구원들이 있었다. 이들은 책상에 노트북 컴퓨터를 펼쳐 놓고 샐러드 그릇을 옆에 두고는 이런 아기들의 모습을 화면으로 면밀히 지켜보았다.

이렇게 아기에게 극기훈련을 시키는 이유는(다친 아기는 없으니 걱정하지 말라) 아기가 우리 인생에서 손꼽히게 중요한 기술인 '움직임' 을 어떻게 습득하는지 알기 위해서다. 아기들은 기거나 걷는 방법을 언제 배울까? 아기들은 어떻게 기고, 어떻게 걸을까? 기거나 걷게 된 뒤에는 어떤 일을 하고 싶어 할까?

부드러운 목소리에 날카로운 유머 감각을 숨기고 있는 캐런 애 돌프Karen Adolph 연구소장은 다년간 아기들을 관찰하며 이들이 어떻 게 움직이는지를 깊이 있게 연구해왔다. 12~19개월의 아기들은 매 시간 평균 2400보를 걸으며 축구장 길이의 8배만큼 움직인다. 미국 성인들의 평균 걸음 수보다 더 많은 수치다.[1] 아기들은 매시간의 약 30퍼센트를 움직이는 데 쓴다. 한 걸음 혹은 두 걸음 안에 160여 개 의 "개별적인 움직임"이 있다.[2] 아기들은 뒤뚱거리며 걷고, 왔던 길을 다시 돌아오기도 한다. 애돌프에 따르면, 아기들은 가끔씩 "같은 발 로 여러 걸음을 가기도 한다." 안 그래도 걷기 어려운데 한 시간에 약 38번은 손에 물건까지 쥐고 걷는다.[3]

물론 아기들은 걷기 전에도 활발히 움직인다. 애돌프는 아기들이 "자기 몸을 질질 끌고, 당기고, 들어 올리며 앞으로 나아간다고" 설 명한다. 아기들은 갖가지 방법으로 기어간다.[4] 전체 아기의 약 5분의 1은 엉덩이를 끌며 기어다닌다.

아기들은 다정한 보호자나 매력적인 장난감 등 원하는 것이 있 는 곳으로 걸어간다는 이론이 오랫동안 주를 이루었다. 아기들이 이 렇게 행동할 때도 있기는 하다. 하지만 유아행동실험실의 연구원들 이 밝혔듯이, 아기들은 명확한 목적지 없이 움직이는 경우가 훨씬 많은 것으로 보인다. 아기들은 제자리에서 걷고, 아무데서나 멈추고, 우연히 발견한 흥미로운 물건이나 목적지를 향해 비틀거리며 걷는다. 시선을 추적하는 소프트웨어를 사용해보면, 아기들이 걷기 시작할 때 어떤 목표물을 바라보는 일이 거의 없다는 사실이 드러난다.[5]

실험 결과 흥미롭게도 아기들은 빈방에 있을 때도 장난감으로 가득한 방에 있을 때와 마찬가지로 활발하게 걸었다. 움직이는 것 자체가 아기들에게 보상이 되는 듯하다.[6]

애돌프의 추정에 따르면, 아기들은 약 260만 보를 걷거나 6개월쯤 지나면 꽤 능숙하게 걷게 된다('어른만큼' 능숙하게 걸으려면 만 5세에서 7세가 되어야 한다[7]). 그 과정에서 아기들은 넘어진다. 그것도 아주 많이. 아기들은 한 시간에 평균 17번 넘어진다. 마치 프랑켄슈타인처럼 앞뒤보다 양옆으로 더 넓게 걷는 걷기 초보로서 걸음걸음마다 균형을 다시 잡느라 애쓰는 아기들은 한 시간에 30번까지도 넘어진다. 애돌프의 실험에 참여한 어떤 불운한 아기는 한 시간 동안 거의 70번이나 넘어졌다.[8]

이러한 넘어짐은 대부분 '좋은' 넘어짐이다. 아기의 신체는 구조적으로 바닥에 엎어지는 데 적합하다. 애돌프는 이렇게 설명했다. "아기의 근육은 부드럽고 살은 통통해요. 아기의 몸은 탄력적이고 부드럽죠." 아기들의 몸에는 최신 자동차와 마찬가지로 물리적 충격을 줄이기 위한 충격 흡수 공간과 에어백이 있다. 애돌프는 자신의 사무실에서 한껏 신난 목소리로 이렇게 말했다. "아기들이 넘어지는 아주 아름다운 장면을 영상으로 담아났어요. 아기들은 정말 최면에 걸린 것 같아요. 아기들이 넘어지는 장면은 마치 잎사귀가 우아하게 떨어지는 모습 같거든요."

애돌프의 눈에 아기들은 완전한 초보자다. 앉기와 같은 가장 평범한 일조차도 아기들에게는 전혀 새롭고 도전적인 일이 된다. 아기가 앉으려면 몇 주 동안 연습하고 꾸준히 자세를 수정해야 한다.[9] 아기들은 가만히 앉아 있을 때조차 몸이 미세하게 흔들린다. 완벽하게 균형을 잡고자 노력하는 동안 추수감사절 퍼레이드의 대형 풍선처럼 흔들거리는 것이다.

다행히 아기들이 존재하는 환경은 학습하기에 완벽하다. 애돌프는 이렇게 말했다. "모든 것이 아기들에게 유리하게 작용합니다. 아기들은 여러 가지를 학습하고 이 세상에 적응하고자 하는 동기가 아주 강합니다. 이 의지를 꺾을 방법은 거의 없다고 보면 됩니다." 성인과 달리 아기들은 시행착오를 겪더라도 부정적인 피드백을 받지 않는다. 오히려 실수를 하면 부모의 관심을 아낌없이 받는다. 게다가 아기들은 다치는 일도 거의 없다.

못해도 될 권리가 있고 못하더라도 주변의 모든 사람이 괜찮아야 한다는 조건은 아기들의 발전에 매우 중요하다. 아기들은 끈질긴 호기심을 발휘하며 시행착오를 겪도록 만들어진 학습하는 기계다.[10] 이들은 새로운 기술을 배우는 성인 초보자라면 깊이 절망할 만한(심한 경우 파멸적인 결과가 나올 만한) 실패율로 하루에 1만 4000보씩 걷는다.

애돌프는 이렇게 말했다. "우리는 탄력적이지도 않고, 취면에 걸리지도 않았고, 통통하지도 않아요. 성인의 뼈는 부러지기 쉬워요. 넘어지면 훨씬 더 안 좋은 결과가 나오죠."

그렇지만 우리는 넘어진다. 미국 산업안전보건청Occupational Safety and Health Administration에 따르면, 미국에서만 직장 내 낙상 사고로 700억 달러가 들어간다. 이를 막기 위해서는 안전한 환경을 구축하는 것이 하나의 방법이 될 것이다. 하지만 사람들에게 넘어지지 않도록 '가르칠' 수는 없을까?

아기들의 사례에서 알 수 있듯이, 넘어지지 않는 기술을 배우려면 넘어지는 과정이 필요하다. 그렇다면 어떻게 안전하게 넘어질 수 있을까? 글로벌 물류 회사인 UPS 같은 곳에서는 직원들에게 '모의 낙상 연습'을 시킨다. 서 있는 자세로 안전장치에 매달려 있는 교육생들을 무작위로 흔들리는 바닥에 착지시키는 훈련이다. 낙상 사고 예방법 강의를 듣는 것이 아니라 '운동학적으로' 즉 직접 몸으로 연습함으로써 넘어지지 않는 방법을 배운다. 이 회사에서는 이러한 훈련 덕분에 낙상 사고가 상당히 줄었다.

나이가 들고 넘어지는 것이 위험해질 때 발생하는 문제는 우리가 인생에서 가능하면 넘어지지 않으려 한다는 것이다. 그래서 우리는 연습 부족 상태가 된다. 위험이 가장 큰 순간에도 초보자 상태에 머무른다. 그래서 성인을 위한 '극기훈련'과 그 밖의 '낙법'을 가르치는 수업이 필요하다.[11] 넘어짐을 피하는 방법뿐 아니라 가장 잘 넘어지는 방법도 배워야 한다. 이는 마치 우리가 가장 어린 시절로 돌아가 용기를 내려 애쓰는 초보자가 되는 것과 같다.

아기들이 그렇게 많이 넘어지는 것을 감당할 능력이 없다면 걸을 수 있을까? 만약 우리라면 그토록 어려워 보이는 일을 배우기 위해 그만큼 부단히 노력할 수 있을까?

걸음마 자체가
학습이다

걷기 초보자인 아기들의 높은 실패율에서 재미있는 의문점이 하나 생긴다. 애돌프의 말대로 "기는 데 도가 튼 아기들이 왜 몇 달 동안 연습해온 안정적인 네발 자세를 버리고 계속해서 넘어질 수밖에 없는 불안정한 직립 자세를 택하는 것일까?"[12]

애돌프에 따르면, 아기들이 숙련된 기존 기술을 포기하고 어설프게 새로운 기술을 익히는 이유는 사실상 밝혀지지 않았다. 어쩌면 그저 자기 주변의 커다란 사람들이 하는 일을 따라 하고 싶은 것일지도 모른다.

하지만 서투르게 걷더라도 즉각적인 보상이 따른다. 우리가 성인 초보자로서 기존 능력의 편안함을 떠나 새로운 기술의 학습이라는 실패하기 쉬운 일에 도전해야 할지 고민할 때, 이 점에 주목해야 한다.

애돌프는 이렇게 말했다. "아기들은 기어 다니는 21주보다 서투르게 걷기 시작한 첫 주에 더 빠른 속도로 배웁니다." 걷기 시작한 아기들은 기어 다닐 때보다 3배나 먼 거리를 돌아다니게 된다. "어느 날 갑자기 아이가 엄마 시야에서 사라지기 시작합니다. 부엌으로 달려 가기도 하고, 물건을 망가뜨리기도 하죠."

그리고 아기들이 걷기 시작할 때 많이 넘어지긴 하지만, 사실 활 동량을 기준으로 볼 때 이 넘어지는 빈도는 기기 시작할 때와 비슷한 수준이라고 한다.

그럴 거라면 처음부터 걷는 게 낫지 않을까? 걸음이라는 새로운 기술에는 수많은 이익이 따른다. 우선 양손을 자유롭게 쓸 수 있다. 기어 다닐 때는 거의 바닥밖에 못 보는데 걸어 다니면 시야도 넓어진 다.[13] 한 개인으로서 "사회적 주체성social agency"을 얻는다.[14] 환경을 어 느 정도 통제할 수 있게 된다.[15] 심지어 부모도 아기가 걷기 시작하면 기어 다닐 때와 다르게 말한다. 당연히 '안 돼'라고 말하는 일이 더 잦 아진다.[16]

아기들에게 움직임은 단순히 배워야 하는 것 이상이다. 움직이는 것 자체가 학습이다. 항상 안겨 다니는 아기는 스스로 움직이는 아기 만큼 주변 환경을 학습하지 못한다.[17] 애돌프는 이렇게 말했다. "지각 정보는 그냥 얻어지는 것이 아닙니다. 직접 뭔가를 '해야' 얻을 수 있 죠."[18]

걷는 능력은 나이보다는 경험과 더 관련이 깊다고 한다. 더 많이 걸을수록 더 잘 걷게 된다. 많이 움직이는 11개월 아기가 잘 움직이 지 않는 16개월 아기보다 잘 걸을 수 있다. 아기의 발달 과정은 생각 보다 딱 떨어지지 않는다. 어떤 아기들은 훨씬 빨리 걷거나 훨씬 늦게 걷는다. 기는 과정을 건너뛰는 아기들도 있다. 걷기 시작하고는 며칠 뒤에 다시 기어 다니는 경우도 있다.

우리 딸도 태어난 지 17개월이 되도록 걷지 못했다(아내와 나는 너무 놀라 걱정스러운 마음으로 인터넷을 뒤졌다). 딸은 아마도 브루클린의 아늑한 우리 아파트 안에서는 기어 다니기만 해도 충분하다고 생각한 모양이다. 하지만 걱정 많은 부모로서 우리는 딸이 걷기만을 기다리고 있었다.

예전에는 걷기란 하나의 '발육 이정표'이자 마법처럼 일어나는 "근신경계 적응"의 한 단계[19]로 여겨졌다. 하지만 아기는 걷는 방법을 "학습한다."[20] 우리가 '가르치지' 않는다고 해서 아기들이 학습하지 않는 것은 아니다. 애돌프는 어린이집에 다니는 아기들이 더 빨리 걷는 경향이 있다고 말했다("저 장난감을 빨리 손에 넣지 않으면 다른 아이가 먼저 가져갈 거야"). 어떤 문화권에서는 걸음마 배우기를 매우 강조하며 열성적으로 아기들을 걷게 한다(서양 문화권에서 모차르트 음악을 들려주고 낱말 카드를 보여주느라 열을 올리는 것과 비슷하다). 그 결과 아기들이 첫돌도 지나기 전에 걷는다.

아기들에게는 걷고자 하는 욕구가 있다. 아기들은 태어나기 전부터 끊임없이 다리를 움직인다. 아기를 들고 발을 바닥에 닿게 하면 아기들은 약간 우스꽝스러운 자세로 걷는 것처럼 움직인다. 신생아의 이러한 '걷기 반사'는 보통 생후 8주쯤에 사라진다. 아기는 이 원시적 형태의 걷기를 금세 '잊어버린다.' 주요 이론에서는 아기가 급속도로 성장하면서 다리가 너무 무거워지기 때문이라고 설명한다.

1970년대 초, 심리학자 필립 젤라조^{Philip Zelazo}는 반사 반응이 유지될 수 있는지 알아보기 위해 당시 생후 몇 개월쯤 된 아들에게 매일 걷기 반사를 연습시켰다.

젤라조의 보고에 따르면, 그의 아들은 꾸준히 연습한 결과 생후 7개월 반쯤에 걷기 시작했다. 평균보다 아주 빠른 시기다. 그 아들도 커서 발달심리학자가 되었는데, 애돌프는 농담처럼 이렇게 말했다. "학회에서 그를 볼 때마다 그가 어떻게 걷나 확인하게 되더라고요." 천재라서 빨리 걸은 건지 어떤지는 모르지만, 어쨌든 그의 걸음걸이에 특별히 눈에 띄는 점은 없는 듯하다.

파라과이의 아체^{Aché}족처럼 울창하고 위험한 숲속을 뛰어다니며 수렵·채집 생활을 하는 문화에서는 아기들이 거의 항상 안겨 있다. 이런 문화권의 아기들은 전통적으로 23~25개월이 되어야 걷는다.

걸음마가 늦으면 안 좋을까?

애돌프는 이렇게 말했다. "장기적으로는 그렇지 않습니다. 아체족 인디언들은 여덟 살이면 큰 칼을 사용하고 야자나무에도 올라갑니다."

대다수의 연구에서는 발달이 빠른 아이가 발달이 느린 아이보다 나을 것이 없다고 결론짓는다.[21] 걸음이 늦었던 우리 딸도 운동을 무척 잘하는 어린이로 성장했다. 여기서 모든 연령의 초보자들에게 적용되는 교훈이 하나 있다. 사람들은 각자 조금씩 다른 속도로 기술을 습득하지만, 연습량이 동일하다는 가정하에 시간이 지나면 결국 서로 엇비슷한 수준이 된다는 것이다.

아기들은 특정 기술을 배우기도 하지만, 그만큼 "배우는 방법을 배우기도" 한다. 이 표현은 저명한 발달심리학자 해리 할로^{Harry Harlow}가 처음 사용했다. 할로는 원숭이를 데리고 한 실험에서 원숭이가 더 많은 문제를(혹은 '학습 세트^{learning set}'를) 해결할수록 더 좋은 성과를 보여준다는 사실을 발견했다. 원숭이는 새로운 정보를 더 빨리 처리하는 방법을 배운 것이다.

마찬가지로, 유아행동실험실에서 여러 실험에 참여한 아기들도 가파른 비탈길을 내려가야 하는 등의 다양한 새로운 상황에 노출되었다. 그런데 놀라운 패턴이 드러났다. 기는 아기들은 36도 기울어진 무서운 비탈길을 보고는 내려가기를 아예 피하거나 어떻게 내려갈 수 있을지 고민하며 천천히 조심스럽게 다가갔다. 반면 걷는 아기들은 비탈길을 겁도 없이 후다닥 달려 내려가거나 얕은 턱에서 뛰어내려 자신을 구해줄 숙련된 연구원의 품에 안겼다.

애돌프는 이렇게 말했다. "걷는 아기들은 경사가 심한 비탈길에도 도전합니다. 마치 자기 능력에 한계가 없는 것처럼 행동하죠. 비탈길을 못 봤거나 위험성을 모르는 것은 아닙니다. 우리가 실험했을 때, 엄마가 아기에게 '안 돼! 너무 가파르잖아!'라고 말하면 아기는 이런 식으로 생각해요. '엄마가 왜 소리 지르지? 이거 좋은 건가?'" 애돌프는 손뼉을 짝 치며 말했다. "그러고는 '쾅!' 하는 거죠."

애돌프는 이렇게 덧붙였다. "아기들이 생각하지 않는 건 아니에요. 그냥 모르는 거예요."

하지만 아기들이 기어 다녔던 시절에 비탈길을 내려가기란 어렵고 위험하다는 사실을 배우지 않았을까? 배우는 방법을 배운다더니 그건 다 어디로 갔단 말인가? 이 문제는 애돌프에게도 이해하기 어려워 보였다. "그것을 연결 지어 생각할 만큼 인지 발달이 이루어지지 않은 걸까요? 아니면 새로운 걸 배우는 데 너무 열중한 나머지 기존에 쌓은 지식을 백지로 만든 걸까요?"

애돌프에 따르면, 아기는 개별적인 '문제 공간problem space(문제의 해결책을 찾는 과정에 존재하는 모든 요소-옮긴이)'의 범위 안에서 배우는 방법을 배운다. 기는 것은 하나의 문제이고, 걷는 것은 또 다른 문제다. 길 때와 걸을 때는 수집할 수 있는 정보가 다르다(예를 들어, 시야가 갑자기 넓어진다). 쓰이는 근육도 다르고, 움직임도 달라지고, 필요한 균형 감각도 달라진다. 기는 능력이 걷는 능력으로 '전이'된다는 증거는 없다.

그리고 아기들의 신체도 달라진다. 아기들은 폭발적인 속도로 성장한다. 빨리 클 때는 자고 일어나면 키가 3센티미터씩 크기도 한다.[22] 머리둘레도 하룻밤 사이에 1센티미터나 늘어날 수 있다.

걷기 시작하는 순간 기던 시절에 효과가 있었던 것은 아무것도 먹히지 않는다. 애돌프는 이렇게 말했다. "아기는 성장한 신체에 맞게 움직여야 합니다." 그러므로 아기는 처음부터 전부 다시 배워야 한다. 또다시 초보자가 되는 것이다. 그리고 애돌프가 지적했듯이, "두 번째나 세 번째라고 학습 속도가 더 빨라지지도 않는다."[23]

하지만 어렵게 얻은 지식을 보존하는 편이 유용하지 않을까? 애돌프는 고개를 저으며 이렇게 말했다. "아기들은 '고정적 연상fixed association'을 학습하지는 않습니다. 그럴 필요도 없고요. 15센티미터 높이에서 뛰어내리는 것이 위험하다는 사실을 왜 배워야 하겠어요? 다음 주면 더 잘 걷고 키도 더 커질 텐데요." 그 정도 뛰어내리는 일은 이제 위험하지 않은 일이 된다.

다시 말해, 아기들은 오늘의 세상을 배우는 것이지 어제의 세상을 배우는 것이 아니다. 오늘의 세상은 계속해서 바뀌므로 아기들은 이에 맞게 계속해서 새로운 문제 해결법을 떠올려야만 한다.

흥미롭게도 아기들은 실수를 통해 배우지는 않는 듯하다. 일례로 애돌프의 실험에 참가한 한 아기는 집 계단에서 넘어져 응급실에 다녀왔다. 그러고는 며칠 뒤에 실험실에 와서는 바로 가파른 비탈길에 머리를 찧었다.

갑자기 넘어질 수도 있다는 건강한 두려움을 배우는 것이 아기에게 좋지 않을까? 애돌프는 이렇게 설명했다. "아기에게 '이거 하지 마. 하면 넘어질 거야'라고 가르치는 것은 좋지 않습니다. 아기들은 어쨌거나 계속 넘어질 테니까요." 아기는 넘어져도 분석하지 않는다. 그냥 다시 일어난다. 애돌프는 이렇게 물었다. "당신이 만약 아기라면, 이렇게 넘어짐으로써 무엇을 배우겠나요? 아기에게 시도하지 못하게 하는 것은 좋지 않아요."

아기들은 끊임없이 뉴노멀을 직면한다. 어떤 것이 효과가 있고 어떤 것이 효과가 없는지 정하는 엄격한 규칙은 소용이 없다. 애돌프는 이렇게 말했다. "아기들에게는 자신이 하는 일 대부분이 태어나서 처음 해보는 일이에요."

완벽한 초보자인 아기들에게 필요한 학습은 유연한 학습, 탐험하며 실행할 수 있는 학습, 새로운 상황에 적응하는 데 도움이 되는 학습, 풍부한 시행착오를 허용하는 학습, 그리고 그 시행착오가 하나의 과정으로 인정되는 학습이다. 아기가 넘어지고 또 넘어지는 경험을 한 뒤에야 아기의 뇌와 신체는 다양한 상황에서 어떻게 하면 넘어지지 않는지 서서히 깨닫기 시작한다.

아기는 초보자가 지녀야 할 신념대로 살아간다. '실패하는 방법을 배우지 않으면 배우는 데 실패할 것이다.'

같은 초보자로서 우리는 아기에게서 몇 가지 중요한 교훈을 얻을 수 있다(사실 누구나 아기였던 시절이 있었다). 성인 초보자로서 본격적으로 새로운 것을 배우기에 앞서 다음을 고려해보자.

1. 누구에게나 발굴할 수 있는 잠재 능력이 있다. 아기는 생후 8주쯤 되면 태어날 때부터 있었던 걷기 반사가 소실된다. 하지만 정말 그럴까? 아기를 물속에 넣어보면 걷는 듯한 반사 반응을 다시 보인다. 이 반응은 계속 몸에 남아 있었다. 아기들은 그저 이 능력을 사용할지 말지 결정해야 했거나 사용하지 않도록 이끌어진 것뿐이다.

2. 기술을 익히는 데는 시간이 걸린다. 아기들은 꼬박 6개월 동안 하루의 약 3분의 1을 걷기 연습에 쓴다(그리고 완벽히 걷기까지는 7년이 걸린다). 예컨대 당신이 일주일에 몇 시간씩 테니스를 배우거나 그

림을 배우는데 서브 실력이 늘지 않는다거나 여전히 구름을 잘 못 그리겠다고 안달복달하게 된다면, 능숙해질 때까지 시간이 필요하다는 사실을 기억하라. '걸음마 단계'라는 말이 괜히 있는 게 아니다.

3. 실패는 뭔가를 배울 때 꼭 필요한 과정이다. 우리는 이정표적인 일을 달성한 것만 기억하고 그전에 수도 없이 넘어졌다는 사실은 잊어버린다(예를 들어, 아기가 처음 걷기 시작한 날만 기억하는 것이다). 모든 눈부신 장면 뒤에는 수많은 시행착오가 담긴 B컷이 숨어 있다.

4. 연습에 변화를 주어라. 지난 수십 년간 학습 분야에서 발견한 주요 내용 중 하나는 "변화 연습variable practice"[24]이라고 불리는 것의 효과다.

같은 기술을 같은 방식으로 오랫동안 연습하는 것이 아니라 여러 가지 기술을 연습하면, 연습하는 시기에는 같은 기술만 연마하는 사람보다 뒤처질 수 있지만 장기적으로는 더 나은 결과를 얻는다. 여러 가지 문제와 그 문제를 해결한 방법을 전부 기억하려면 더 열심히 노력해야 하므로 실력이 더 좋아진다는 것이다.

의도적인지 아닌지는 모르지만 아기들은 걸음마를 배울 때 이러한 접근 방식을 채택한다. 오랜 기간 같은 훈련을 반복하며 정도를 따르기보다는 완전히 임의로 걷는다. 아주 다양한 지면과 환경에서 아무 때나 걷고 서고, 때마다 다른 양상으로 움직인다. 아기들은 절대 같은 걸음을 두 번 걷지 않는다.[25]

이는 좋은 것이다. 아기에게 딱 하나의 '올바른' 걷는 법을 가르치지 않는 것이 좋다. 한 가지 방법만 가르친다면 그 방법으로만 계속 반복하게 되기 때문이다. 학습에서는 '가변성variability'이 핵심이다.[26] 초보자의 서투르고 아무렇게나 하는 듯한 행동은 사실 가능한 해결책의 범위를 탐색하는 것일 수 있다. 그리고 이 과정은 학습 속도를 높이는 데 도움이 된다.

5. 발전은 직선형으로 이루어지지 않는다. 학습은 계단식으로 이루어진다. 각 단계는 그저 대략적인 기준에 불과하다. 발전이 항상 한 방향으로 일관되게 이루어지는 것은 아니다. 걷기 시작한 아기가 일시적으로 다시 기어 다니기도 한다.

발전은 보통 'U자'로 이루어진다.[27] 즉 아이들은(어른들도 마찬가지로) 발전했다가 다시 나빠지기도 한다는 뜻이다. 예컨대 문법 규칙을 배우기 시작한 아이들은 새로 얻은 불완전한 지식을 '과잉 적용'하는 일이 잦다. 'feet'라고 해야 하는데 'foots'라고 말하는 식이다. 말하자면 아이들은 일시적으로 자신의 발달 상황보다 앞서가기도 하지만, 이 속도는 곧 맞춰진다.

6. 기술 습득에서 '전이'는 거의 일어나지 않는다.[28] 아기들은 자신이 길 때 배운 것을 걸을 때까지 가져가지 않는다. 이런 현상은 그다지 드물지 않다. 나이와 상관없이 새로운 기술을 배우는 것은 매우 고유한 일이다. 언뜻 생각하기에 실험실의 흔들리는 단상 위에서 편안하게 서 있었던 사람이라면 사다리도 잘 탈 것 같다. 두 가지 일 모두 균형 감각과 관련이 있기 때문이다. 하지만 50년이 넘는 세월 동안 발표된 여러 연구에 따르면, 각 기술은 서로 거의 관련이 없다.

한 가지 기술이 뛰어나다고 해서 자동으로 다른 기술을 습득할

수 있는 것은 아니다.[29]

7. 항상 불가능의 경계에 서라. 애돌프에 따르면, 어린아이들은 "현재 보유한 기술 수준에서 한계점에 가까운 지점에 있을 때" 가장 많이 배운다. 아이들은 이러한 '근접 발달 영역zone of proximal development', 즉 현재 할 수 있는 일과 배우려는 일 사이에 있을 때 주변에 도움을 요청할 것이다. 너무 쉽다면 학습이 이루어지지 않는다는 뜻임을 기억하라.

8. 새로운 것을 배우면 새로운 세상이 열린다. 걷기 시작한 아기들은 갑자기 더 많은 장소에 갈 수 있고, 더 많은 일을 할 수 있게 된다. 우리는 이 교훈을 평생 가져가야 한다.

9. 목표를 세우는 것은 좋지만 항상 기회를 바라보아야 한다. 걸음마를 배우는 아기들은 특정한 목표에 동기를 느끼지는 않는 듯하다. 그저 돌아다니다가 우연히 흥미로운 것을 발견한다. 발달심리학자 에스터 틸렌Esther Thelen이 말했듯이, 우리는 "아기들의 즉흥적인 모습"을 배워야 하며 "그럴 때 찾아오는 기회를 인생의 일부로 받아들여야 한다." (에스터 틸렌 자신도 "지겨운 주부의 삶을 살다가 관심사를 '젤로Jell-O' 젤리[30]와 '세서미스트리트' 너머로 넓히기 위해" 우연히 한 수업을 듣게 되었고, 거기서 적성을 발견해 그 분야로 진출했다고 한다.)

새로운 것을 배우는 과정에서 만나는 온갖 흥미로운 곁다리를 놓쳐서는 안 된다. 걸음마를 배우는 것보다는 걸음으로써 온갖 좋은 것들을 얻고, 온갖 좋은 장소에 가는 것이 더 큰 목표가 될 수 있다.

그럼 이제 새로운 것을 배워보자.

3장

음치 탈출을 위해 노래를 배웠더니,
한계를 뛰어넘는 놀라운 경험

BEGINNERS

내가 행복해서 노래하는 것이 아니라
노래하기 때문에 행복한 것이다.

-윌리엄 제임스 William James

{　　}

누구나 노래 실력을
타고난다

　　　　　당신은 언제 마지막으로 노래를 불렀는가? 평범한 사람이라면 아마 얼마 안 되었을 것이다. 여기서 노래란 무슨 카네기홀 무대에서 펼치는 대단한 공연이 아니라 그냥 다른 일을 하다가 흘러나오는 노래를 뜻한다. 아침에 샤워하면서 부르는 노래, 지하철 타러 가는 길에 활기차게 걸으며 흥얼거리는 콧노래, 마트에서 듣고는 머리에 박혀버린 홀앤오츠Hall and Oates의 템포 빠른 노래 같은 것들 말이다.

　　개인 보컬 연습실과 다를 바 없는 자동차도 빼놓을 수 없다.♣ 한 연구자는 이렇게 추정했다. "음악을 틀어놓고 운전하는 것은 역사상 인간이 보유해온 음악 습관 중에 가장 보편적인 것이다."[1]

　　자동차는 사실상 노래하기에 가장 바람직한 장소가 되었다. 특히 혼자 있거나 가족과 함께 있을 때 더욱 그렇다(한 연구에 따르면 부모에

♣ 한 가지 증거를 들자면, 음악 인식 및 검색 앱인 샤잠Shazam이 가장 많이 이용되는 때는 시속 30킬로미터 이상으로 달릴 때다.

게 자동차에서 노래 좀 그만 부르라고 "강력하게 요구하는" 아이들이 많다[2]고 하는데, 내 얘기인 것 같아서 좀 찔렸다). '자동차 노래방'에서 노래하는 이들이 어찌나 많은지 운전 중에 노래하는 행위가 운전 방해 요소가 될 가능성이 있다고 꼽힐 정도다.[3]

《노래하는 네안데르탈인The Singing Neanderthals》의 저자이자 고고학자인 스티븐 미슨Steven Mithen은 진화론적 관점에서 보면 노래를 향한 우리의 열망, 음악을 사랑하는 우리의 마음은 "아주 이상한 것"이라고 말한다. 그는 사람이 "거부하기 힘들 정도로 이끌리는" 대상은 섹스와 음식을 제외하면 음악이 거의 유일하다고 주장한다.[4]

노래 부르기는 우리에게 이롭다.[5] 노래를 부르면 면역 기능이 활성화되고, 엔도르핀과 일명 '사랑의 호르몬'이라고 불리는 옥시토신이 분비된다. 호흡기 기능이 강화되고, 갑작스러운 심장마비에 걸릴 위험이 줄어든다. 심박수, 혈압, 소화를 비롯한 여러 신체 기능을 잘 수행하도록 뇌를 보조하는 미주신경이라는 중요한 신경섬유 뭉치가 활성화됨으로써 우울증이 개선되기도 한다.[6]

우리가 규칙적으로 하는 일이자 우리에게 이토록 큰 즐거움을 주고 몸에도 좋은 것이 특정한 목적 없이 존재하는 것일까?

미슨은 음악 실력이 "인간의 유전자에 깊이 새겨져 있다"라고 주장한다. 언어가 없던 시절, 인간은 목소리의 높낮이와 리듬으로 소통했다. 이런 방법으로 서로 대화하고, 감정을 표현하고, 사회적 유대감을 형성했다(흥미롭게도 노래를 부를 때 활발히 분비되는 옥시토신 역시 서로 유대감을 형성하는 데 도움이 된다). 언어가 발생하면서 일상적인 의사소통을 언어가 담당하게 되자 노래는 좋은 감정과 상호 유대감을 느끼는 데 초점을 맞추게 되었다고 미슨은 주장한다.

우리는 노래할 때 아주 오래된 노래를 부른다. 우리가 처음으로 부모가 되어 아기를 품에 안고 아기의 눈을 바라볼 때, 말로 못다 할 기쁨으로 똘똘 뭉친 이 꼬물거리는 작은 생명체에게 뭘 해줘야 할지 몰라 지금까지는 한 번도 내보지 않은 기분 좋은 음으로 옹알이 소리를 낸다. 아니면 노래를 불러준다.

이는 아기가 처음으로 단어를 말하기 한참 전부터 하는 일이기도 하다.[7] 부모는 아기에게 말도 안 되는 노래 혹은 아무 노래나 불러준다(우리는 딸에게 카우보이 자장가인 〈나의 작은 목동My Little Buckaroo〉을 자주 불러주었다). 그냥 그렇게 해야 할 것 같은 느낌이 든다. 마치 본능의 문이 열린 듯 오랫동안 잊고 지낸 이 언어, 마음을 향한 이 소리, 친구나 배우자에게는 사용하지 않을 이 언어가 다시 살아난다.

누구도 그렇게 하라고 시킨 적이 없는데도 우리는 아기들에게 특별한 방식으로 노래를 불러준다. 본능적으로 따뜻한 느낌이 드는 노래다. "아기를 향한 노래 부르기"를 다룬 한 연구[8]에서는 엄마가 똑같은 노래를 아기에게 불러줄 때와 아기 없이 혼자 부를 때 각각의 노래를 녹음한 다음 사람들에게 들려주었다. 그랬더니 사람들은 외국어 노래였는데도 두 노래를 구분했다.

한 가지 이유는 목소리의 높낮이다. 엄마와 아빠는 아기에게 노래를 불러줄 때 평소보다 높은음으로 부른다. 특히 여성은 목소리를 평소보다 훨씬 더 높이는 경향이 있다. 그리고 그렇게 해주면 아기들이 좋아한다(아마도 덜 무섭기 때문일 것이다). 한 연구에 따르면, 낯선 사람의 목소리를 반 옥타브만 올려도 아기들이 관심을 보였다.[9] 그리고 웃는 표정을 지으면 목소리를 높일 수 있다.[10] 그러면 더 다정해 보이기도 한다.

아기들은 노래를 즐기기만 하는 것이 아니라 사실상 노래해주기를 요구한다. 아기들은 엄마가 말을 걸어줄 때보다 노래를 불러줄 때 더 좋아한다.[11] 아빠가 노래해주는 것 역시 좋아한다. 한 연구에서는 아기들이 아빠의 노래를 더 좋아한다는 결과가 나왔다.[12] 아빠들이 노래를 더 잘해서가 아니라 아기에게 노래해주는 사람이 보통 엄마이기 때문이다. 단지 남성의 노래가 신기하다는 이유로 매력을 느낀 것이다.♣

이해가 된다. 아이가 막 태어났을 때 나는 온갖 신기한 기술을 서둘러 배워야 하는 상황이었고, 나 자신이 다시 여러 분야의 초보자가 되었다는 사실을 발견했다. 노래를 할 줄은 알았다. 못하는 사람이 어디 있는가. 하지만 머릿속을 뒤져 어렴풋이 기억나는 자장가를 부르다 보니 흔적기관처럼 퇴화한 기술을 다시 꺼내는 듯한 기분이었다.

그러나 내가 초보자라는 것은 나에게 어떤 자유가 있다는 뜻이었다. 아직 전문 지식과 기대감이라는 부담을 지고 있지 않았기 때문이다. 4킬로그램밖에 안 나가는 딸에게 노래를 불러주는 아빠라고?

♣ 또한 연구자들은 아빠들이 엄마들보다 노래할 때 남의 시선을 더 의식한다는 사실을 발견하고 다음과 같이 설명했다. "예컨대 아빠들은 마치 아기(또는 자기 자신) 말고 다른 청중이 더 있는 것처럼 마이크 앞에서 과장되게 행동하는 경향이 있었다."

얼마나 멋진가! 가사를 몰라도, 음정을 틀려도 상관없었다. 딸과 나는 두 눈을 감고 넘쳐흐르는 호르몬의 강 위에 동동 떠다니며 노래라는 고대의 언어로 말하는 두 아마추어일 뿐이었다. 우리는 서로에게 세상에서 가장 너그러운 관객이었다.

이렇게 높은음으로 부드러운 노래를 부르다 보니, 갑자기 내게서 무거운 짐이 덜어지는 듯한 느낌이 들었다. 그리고 노래를 좀 더 자주 부르면 좋지 않을까 하고 생각했다.

나는 내가 노래에 소질이 없고 음악과도 거리가 멀다고 생각한다. 어렸을 때 학교에서 배웠던 음악 이론은 대부분 잊어버렸다. 악기 연주도 못한다. 사람들 앞에 나가서 뭔가 보여주는 것을 좋아하지도 않는다. 스마트폰 이전 시대라서 다행히 모두에게서 잊힌 친구의 총각 파티 때를 제외하면 노래방에 가본 적도 없다.

하지만 집에 있을 때, 샤워할 때, 운전할 때는 노래를 즐겨 부른다. 아내는 한 번씩 나더러 목소리가 좋다고 말하기도 했지만, 가끔 음정이 틀릴 때도 있다고 조심스럽게 인정했다. 아내는 내가 남의 시선을 과하게 의식하지 않을 때 더 잘 부른다고 말했다.

하지만 온전히 자기 자신에게서 파생되는 이 행위에서 어떻게 남의 시선을 의식하지 않을 수 있을까? 그것도 아주 강력하게 자신을 표현하는 이 행위에서 말이다. 멀리 떨어져 있는 사람과 통화할 때도 상대방에게 소식을 들어 반갑다는 의미로 "'목소리' 들으니까 너무 반갑다"라고 하지 않는가. 나는 부모가 됨으로써 짧은 시간이나마 노래의 세계에 다시 발을 들였지만, 사실은 내가 사람들 눈에 띄지 않게, 특별한 목적 없이 평생에 걸쳐 노래를 불러왔다는 생각이 갑자기 들었다. 라디오에서 나오는 노래를 따라 불렀고, 콘서트장에서 밴드의 노래를 따라 부르기도 했다.

그런데 만약 목적을 세우고 이 일에 도전한다면 어떻게 될까?

초보자는 언제나 환영

우선 강사에게 직접 수업을 받아야겠다고 생각했다. 발성법을 다룬 책은 셀 수 없고 개중에는 좋은 책도 많지만, 이런 책은 어느 정도 실력이 있는 사람들에게 적합한 듯했다.

인터넷에도 발성을 가르쳐주는 동영상이 아주 많았다. 인터넷에서 헤비메탈 샤우팅 창법이나 브로드웨이 스타일의 벨팅 창법 등을 가르쳐주는 사람은 매우 많지만, 이 방법은 장단점이 확실히 있었다. 책과 마찬가지로 가장 중요한 단점은 바로 자신이 잘하고 있는지를 봐줄 사람이 비전문가인 자기 자신뿐이라는 것이었다.

흔히 "아무도 듣지 않는 것처럼 노래하라"라고 말한다. 이 생각에는 동의하지만, 만약 실력을 기르고 싶다면 자신의 노래를 들어줄 사람이 꼭 필요하다.

뉴욕시에 사는 나는 다행히 음악에 재능이 있는 사람을 많이 만날 수 있었다. 인터넷 검색을 해보니, 브루클린에만 수백 명의 강사가 있었다. 주변의 가게 게시판에는 과감하게도 인생을 바꿔주겠다고 약속하는 보컬 강사들의 전단지가 가득 붙어 있었다. "그동안 모르고 살았던 목소리를 찾아드립니다!"

어느 날 나는 배우 에단 호크Ethan Hawke의 프로필을 읽었다. 그는 우리 동네 근처에 산다. 마침 자신의 새 영화 〈본 투 비 블루Born to Be Blue〉를 홍보하고 있던 때였다. 이 영화는 저명한 재즈 트럼펫 연주가이자 가수인 쳇 베이커Chet Baker의 전기 영화였다. 그런데 그가 영화에 들어가는 노래를 직접 녹음하기 위해 브루클린의 보컬 강사에게서 단기 집중 보컬 레슨을 받았다는 내용을 읽고 흥미가 생겼다.

나는 쳇 베이커의 오랜 팬이었다. 특히 그의 노래를 좋아한다. 브루스 웨버Bruce Weber 감독이 1988년 발표한 쳇 베이커의 다큐멘터리 영화 〈레츠 겟 로스트Let's Get Lost〉를 보기 위해 당시 대학생이었던 나는 재즈를 좋아하지도 않는 친구를 끌고 영화관에 가기도 했다. 아내와 진지하게 만나기 시작했을 때, 아내는 내가 쳇 베이커의 음반 《쳇 베이커 싱스Chet Baker Sings》의 수록곡 〈사랑에 빠진 사람처럼Like Someone in Love〉을 서투른 실력으로 계속 부르는 모습에 반했다(만난 지 얼마 안 된 커플이 으레 그들의 들뜬 마음에 노래를 연결 짓는 것처럼 말이다). 인생에서 각기 다른 시기에 쳇 베이커를 닮았다는 말도 여러 번 들었다. 뭔가 운명처럼 느껴졌다.

베이커는 가히 자신감 없는 가수 지망생의 완벽한 정신적 지주라고 할 수 있다. 그 자신도 기술적으로 수많은 어려움을 겪었기 때문이다. 음정을 맞추느라 힘들어했고, 녹음실에서는 밥 먹듯이 다시 녹음했고, 목소리가 너무 단조롭고 감정이 없다는 말을 들었으며, 그의 전기를 쓴 어느 작가가 말했듯이 "중성적으로 부드러운 테너 톤의 목소리"[13]로 논란에 휩싸인 것으로 유명하다. 비평가들은 심지어 베이커의 영향력과 명성이 정점에 달했을 때조차 그를 가혹하게 비판했다. 한 비평가는 이렇게 말했다. "그 무기력한 목소리는 잔뜩 술에 취해 되지도 않는 고음을 내려고 애쓰는 것처럼 들린다."[14]

나를 비롯해 많은 사람이 그의 불완전하고 단조로운 목소리, 그리고 진짜든 아니든 그가 보여준 애절한 감정에서 지울 수 없는 강렬한 인상을 받았다. 완벽한 실력을 갖추고도 대중에게서 완전히 잊히는 가수도 얼마나 많은가. 한 음성 전문가는 내게 이렇게 말했다. "노래의 8할은 목소리가 얼마나 좋은지가 아니라 어떻게 노래를 파는지에 따라 정해진다."[15]

나는 인터넷을 뒤져 에단 호크에게 보컬을 가르쳤던 강사를 찾아냈다. 대니엘 아메데오Danielle Amedeo였다. '초보자 환영'이라는 마법의 말이 적힌 그녀의 웹사이트에서 그녀가 우리 집 바로 근처에 산다는 것을 알아냈다.

일주일 뒤 우리는 근처 카페에서 만났다. 아메데오는 서른여덟 살이었고 몇 달 뒤면 태어날 첫 아이를 배 속에 품고 있었다(그녀는 내게 출산 직후에는 수업을 잠시 중단해야 할 거라고 말했다). 뉴욕대학교에서 연극영화학과 성악을 전공한 그녀는 9년간 직장 생활을 하다가 그만두고 보컬 강사가 되었다. 그녀에게 레슨을 받는 수강생 중 절반은 브로드웨이 진출을 꿈꾸는 뮤지컬 배우 지망생이었다. 나머지 절반은 각양각색이었다. 발성 및 대사 전달력을 개선하고자 하는 배우나 노래 실력을 다듬고자 하는 가수 지망생도 있었고, 나 같은 초보자도 있었다.

나는 그녀에게 내가 보컬 레슨에서 원하는 바가 무엇인지, 어떤 점이 걱정되는지 긴장된 목소리로 더듬더듬 설명했다. 그녀는 호기심으로 눈을 반짝이며 공연하는 삶을 살아온 배우답게 바른 자세로 앉아서는 공감의 의미로 고개를 끄덕여가며 내 이야기에 귀를 기울였다.

제가 너무 나이가 많나요? 음정을 전혀 못 잡으면 어쩌죠? 그냥 아예 안 좋은 목소리를 타고난 거면 어쩌죠?

그녀는 마지막 질문을 듣고는 이런 질문은 항상 듣는다는 듯이 미소를 지었다. 그러고는 간혹 신체에 문제가 있어서 올바른 음을 내지 못하는 경우도 있다고 말했다. 그런 경우에는 그녀를 찾아올 것이 아니라 의사를 찾아가야 한다고 했다. 다행히 그녀는 내게 걱정할 필요가 없다고 말했다.

하지만 올바른 음을 낼 수는 있는데, 내 목소리가 마음에 안 들면 어떻게 하느냐고 캐물었다.

"사람들이 내게 와서는 이렇게 말해요. '이게 노래할 때 내 목소리예요. 이 목소리로 평생을 살아왔어요. 그런데 난 내 목소리가 싫어요. 나는 이 목소리밖에 낼 수 없나요?'" 그녀에 따르면, 우리는 자신이 낼 수 있는 목소리의 아주 작은 부분만 사용하고 있다. 발성 기관은 신체적으로 주어지지만, 목소리는 모방, 습관, 의도에 따라 결정된다고 한다. 그녀는 이렇게 말했다. "사람들은 목소리가 외모적인 특징이라고 생각해요. 마치 눈동자가 파랗다는 것처럼요. 하지만 목소리는 자신이 어떻게 사용하는지, 또 어떤 습관이 있는지와 훨씬 더 관계가 깊죠. 그리고 노래할 때의 목소리는 배울 수 있는 기술이에요.”

이 기술은 몸 전체에서 학습하는 것이다. 노래는 운동 기술이지만, 몸에서 일어나는 일이 보이지 않는다는 점이 특이하다. 그녀는 이렇게 말했다. “숙련된 운동선수를 보고 있으면, 그들이 몸으로 무엇을 하는지 눈에 보이죠. 하지만 노래하는 사람은 몸에 무슨 일이 일어나는지 보이지 않아요.” 만약 당신이 골프채를 엉망으로 잡는다고 해도, 당신은 최소한 자기 손을 볼 수는 있다. 반면 〈마이 웨이^{My Way}〉를 부르는 동안에는 자신이 윤상갑상근이나 갑상피열근을 어떻게 잘못 움직이고 있는지 볼 수 없다.

우리가 좋은 창법을 구사하는 데 관여하는 여러 근육과 그 밖의 해부학적 부위를 쉽게 조절할 수 없기 때문에 보컬 교육법은 대부분 비유와 상상에 의존한다.[16] 강사는 학생이 특정한 소리를 내게 하려면 새가 나뭇가지에 내려앉는 것을 상상하거나 공이 공중에 떠 있는 것을 상상하라고 말하곤 한다.

아메데오에 따르면, 내 노래 실력이 어떻든 간에 나는 내가 낼 수 있는 소리의 극히 일부만 쓰고 있었다. 그녀는 이렇게 말했다. “숨어 있던 목소리를 찾아서 확장하고 더 풍부하게 만들 수 있어요.” 오십 대를 바라보는 내가 십 대 때만큼 쉽게 해내지는 못하겠지만, 오랫동안 잘못된 습관으로 노래를 불러온 역사만 없다면 나이가 많다는 이유만으로 어렸을 때 배우는 것만큼 실력을 못 쌓는 것은 아니었다.

그녀는 이렇게 말했다. "활짝 열린 마음으로 시작해야 해요. 그리고 노래하는 일을 아주 즐거운 경험이라고 생각하는 게 좋아요." 그녀는 내가 한계가 아니라 모험의 측면에 집중하기를 원했다. "우리는 보통 그렇게 시작하죠. 그리고 우리가 정신적인 한계를 두면 정말로 신체적 한계가 나타나는 경향이 있어요."

♟ 🎤 ✏

내가 아까 했던 질문을 약간 바꿔보겠다. 당신은 언제 마지막으로 다른 사람에게, 혹은 다른 사람 앞에서, 혹은 다른 사람들과 함께 노래를 불렀는가?

　　내가 과감히 추측하자면, 당신이 가수이거나 교회에서 노래하는 사람이 아닌 한 작년에 사람들 앞에서 노래한 일은 한 손에 꼽을 정도일 것이다.

　　아내에게 같은 질문을 했더니, 아내는 잠시 생각하다가 이렇게 말했다. "티나네 파티에서 다 같이 피아노 앞에 모여 크리스마스 캐럴을 불렀는데." 그건 거의 10년 전이었다고 아내에게 말해주었다. 아내는 잘 알려지지 않은 찬송가를 듣고도 즉시 따라 부를 수 있는 사람이다. 그래서 어렸을 때는 일요일이면 항상 교회에서 시간을 보내곤 했다. 이제는 노래를 부를 일이 하도 없다 보니 10년 전에 일어난 일이 마치 최근의 일처럼 느껴지는 것이다.

　　사람들이 함께하는 자리에서 노래하는 일이 크게 줄었다는 느낌을 지우기가 어렵다.

    몇 년 전, 나는 기자로서 구글맵스 팀을 따라 미국령 버진아일랜드의 세인트크로이에 간 적이 있다. 어느 날 밤, 다 같이 현지 레스토랑에서 맥주를 마시던 중에 그곳에 피아노가 놓인 것을 발견했다. 그리고 팀원 중 한 사람이 피아노를 배우고 있다는 이야기가 나왔다. 그는 사람들과 함께 언제든 즉시 즐길 수 있도록 한 곡 전체의 연주법을 익혔다고 했다. 그가 연습한 곡은 저니^{Journey}의 〈믿음을 멈추지 말아요^{Don't Stop Believin'}〉로, 사람들을 즐겁게 해주는 곡이었다.

    아마 당신도 그 곡을 알 것이다. 나도 내가 당연히 그 곡을 안다고 생각했다. 하지만 웃기는 일이 일어났다. 전주가 끝나고 노래가 시작되자 엉망진창이 되었던 것이다. 우리는 모두 더듬더듬 노래하며 누군가 가사를 먼저 불러주기를 바라는 마음으로 정신없이 서로를 쳐다보았다. 우리는 우리가 그 노래를 부를 줄 안다고 생각했는데, 사실 '따라 부를 줄만' 알았던 것이다. 그 둘에는 차이가 있다.

    또 다른 일도 있었다. 가족과 함께 식사하고 있던 한 십 대 여자아이가 테이블에서 일어나더니 우리를 촬영하기 시작했다. 그날 어느 소셜 미디어 피드에 우리가 올라갔을지 누가 알겠는가. 한때는 일상적으로 있었던 일이 이제는 신기한 동물을 발견했을 때처럼 촬영을 해야 하는 일로 바뀐 것이다.

    음반을 끊임없이 재생할 수 있게 되면서 노래는 역사상 그 어느 때보다도 존재감이 커졌다. 하지만 우스개를 목적으로 하는 경우를 제외하면 다른 사람들과 함께하는 일로서 노래하기의 의미는 퇴색했다. 정확히 측정할 수는 없지만, 직감적으로 그렇게 느껴진다.

작가 로널드 블라이드^{Ronald Blythe}가 쓴 《에이켄필드^{Akenfield}》는 책 제목과 이름이 같은 허구의 영국 시골 마을을 배경으로 하는데,♦ 이 책에 등장하는 나이가 지긋한 영국 승마인은 20세기 초반을 돌이켜 보며 이렇게 말했다. "그때는 마을에서 노래할 일이 참 많았지. 남자 아이들은 들판에서 노래했고, 밤에는 대장간에 모두 모여 노래했거든. 교회당에서는 항상 노래가 울려 퍼졌어. 1차 대전이 터졌을 때도 노래가 끊이지 않았지."

하지만 필기체 글씨 쓰기나 지도 읽기처럼 공동체 안에서 노래하는 기술과 그 관습은 서서히, 그리고 확연하게 감소하고 있다.[17]

왜 우리는 예전보다 노래를 덜 부를까? 한 가지 이유는 음반, 라디오, TV가 순서대로 등장하면서 사람들은 이제 혼자서든 집단적으로든 오락적 음악을 스스로 만들 필요가 없어졌다는 것이다. 음악은 "발 벗고 뛰어들어야 할 것"에서 "등을 기대고 듣는 것"으로 바뀌었다.[18]

이제 누구나 자기 집 거실에서 세계적으로 위대한 가수의 노래를 들을 수 있다. 바로 코앞에서 전문가의 음악을 들을 수 있는데 굳이 아마추어들과 어울릴 필요가 있겠는가? 게다가 이렇게 되면서 안타깝게도 누군가 노래를 하면 비교가 되어 상대적으로 초라해지게 되었다. '정말로 노래를 잘하는 게 아니라면 굳이 왜 나서서 노래를 불러?'라고 생각하는 '노래 울렁증'이 전국적으로 퍼진 것이다.

♦ 블라이드의 책은 허구이지만 수많은 사람을 대상으로 진행한 구술 인터뷰를 바탕으로 한다.

노래하는 일이 줄어들게 된 이유는 몇 가지 더 있는데, 그 중 하나는 교회 예배 참석률이 대체로 떨어지고 있다는 것이다. 하지만 여기서도 사람들의 부정적인 생각이 드러난다. '우리는 노래를 잘 못한다'라는 것이다. 번창하는 대형 교회들도 대부분 성가대의 규모가 축소되고 있다. 왜일까? 한 루터교 목사는 이렇게 주장한다. "남들 앞에서 장기를 보여주는 행동과 전문성을 바라보는 문화적 시각 때문이다. 우리는 이제 살면서 예전만큼 노래를 자주 부르지 않는다. 나는 어렸을 때 집에서, 학교에서, 매주 교회에서 노래를 부르며 자랐다. 하지만 요즘은 다들 자기 노래 실력이 부족하다고 생각한다."[19]

노래 부르기는 이제 우리 인생에서 특이한 위치를 차지하고 있다. 누구 앞에서도 자신 있게 할 수 없는 은밀하고 망신스럽기까지 한 활동이 되었다.

캘리포니아대학교 샌프란시스코 캠퍼스의 과학자들은 사람들이 창피함을 느낄 때 뇌의 어느 부위가 활성화되는지 알아내기 위해 누구라도 창피함을 느낄 만한 활동을 찾아야 했다. 그래서 이들은 실험에 참가한 사람들에게 템테이션스The Temptations의 〈마이 걸My Girl〉을 불러달라고 요청했다. 한 연구자는 사람들 대부분이 자기 자신이 노래하는 모습을 바라볼 때 "상당히 창피해하는 반응"[20]을 보였다고 밝혔다. 그러니 남들 앞에서 노래할 수 있는 몇 안 되는 안전한 장소인 노래방을 술을 진탕 마신 뒤에 가게 된다는 사실은 놀랍지도 않다.

우리는 노래를 천상계의 예술 수준으로 격상했다. 노래란 범인이라면 결코 이룰 수 없는 높은 곳에 있는 예술의 한 형태가 되었다. 사람들은 무슨 불치병이라도 걸린 것처럼 '아, 난 노래를 못해'라고 말한다.

뮤지션 트레이시 손Tracey Thorn은 이렇게 말한다. "우리는 노래 부르기를 실제보다 더 어렵고 희귀한 기술로 격상함으로써 노래하는 행위와 노래 잘하는 사람을 신화화하고 이상화한다."[21] 끔찍한 음치와 천부적인 가수만 있을 뿐, 그 사이에 그냥 괜찮은 수준으로 노래하는 중간층은 존재하지 않는다.

그리고 사람들이 노래를 잘 못하는 것이 사실이기도 하다. 일부 학자들은 사람들이 얼마나 노래를 잘하는지 알아봤는데, 결과가 그다지 좋지 않았다. 〈많은 사람이 노래를 부정확하게 부르고 있다 Imprecise Singing Is Widespread〉[22]라는 논문에 이와 관련된 모든 정보가 나온다. 노래 실력을 판단하는 시험곡은 보통 〈생일 축하합니다Happy Birthday〉라는 곡이다. 그도 그럴 것이 기네스 세계 기록에 따르면, 영어권에서 가장 친숙한 노래가 바로 이 노래이기 때문이다.

하지만 우리는 이 노래를 얼마나 잘 알고 있을까? 어떤 두 학자는 짜증스러운 어투로 이렇게 평했다. "어느 집단이든 사람들이 모여 〈생일 축하합니다〉를 부르는 것을 들어보면, 애초에 사람들이 이 노래를 정확하게 배웠는지가 의심스럽다."[23] 사람들은 보통 다른 노래를 부를 때와 마찬가지로 이 노래를 너무 빨리 부른다.[24] 아마 후딱 해치워버리고 싶어서 그런 것 같다.

사실 〈생일 축하합니다〉는 쉬운 노래가 아니라는 사실에서 약간 안도감이 느껴진다. 노스웨스턴대학교 음악대학의 스티븐 데머레스트Steven Demorest 교수는 이렇게 썼다. "이 곡은 딸림음으로 시작히며 한 옥타브에 걸쳐 각기 다른 박자의 급격한 음정 변화가 여러 번 일어난다." 즉 이 노래를 부르는 사람은 가장 낮은음에서부터 가장 높은 음까지 여러 번 도약해야 하며, 낮은음으로 내려올 때 음정을 정확히 맞추기 위해서는 연습이 필요하다는 뜻이다.

우리 모두 불러야만 하는 이 노래, 우리가 마지막으로 다른 사람 앞에서 부른 노래일 확률이 높은 이 노래가 실은 데머레스트의 말대로 '꽤 어려운' 노래라는 사실은 정말 아이러니하다.♣ 19세기 후반, 켄터키주의 학교 선생님 둘이 이 노래를 작곡했을[25] 때만 해도 사람들이 노래를 잘했나 보다.

노래 잘하기가 어려운
진짜 이유

첫 레슨은 아메데오가 사는 브루클린하이츠의 2가구 연립주택 1층에 있는 임시 연습실(실은 침실이었다)에서 했다. 아메데오는 내게 노래 한 곡을 준비해오라고 했다. 나는 여기까지 오게 된 계기를 고려해 새미 칸Sammy Cahn과 줄 스타인Jule Styne이 작곡한 재즈 스탠더드 곡 〈타임 애프터 타임Time After Time〉을 택했다.

♣ 미국인들은 프랜시스 스콧 키Francis Scott Key가 작곡한 미국 국가 역시 스포츠 경기 같은 곳에서 자주 부른다. 이 곡 역시 부르기 어렵기로 유명하다.

1947년 프랭크 시나트라Frank Sinatra가 차트 16위에 올린 곡으로, 그로부터 약 10년 뒤 챗 베이커가 이 곡을 기교 없이 애수에 젖은 느낌으로 불렀다.

나는 챗 베이커의 버전이 가장 익숙했다. 과할 정도로 익숙했다. 레슨에 오기 전 나는 이 곡을 반복해서 들으며 따라 불렀다. 아메데오가 디지털 피아노 앞에 앉아 피아노를 연주하며 몇 소절을 부르기 시작했을 때, 음정은 모두 정확했지만 내 마음속에는 '챗은 저렇게 안 불렀는데'라는 생각뿐이었다.

나는 이 노래를 챗 베이커의 목소리와만 연결 지어 생각해왔던 터라 아메데오의 연주가 귀에 들어오지 않았다. 나는 이렇게 말했다. "소리가 약간…… 제가 익숙한 버전이랑은 좀 다르네요." 그녀는 박자를 맞춰보더니 내게 이렇게 말했다. "우선 노래를 불러보세요. 제가 반주로 따라갈게요."

첫 소절을 부르자마자 쉰 목소리가 나왔고, 이어서 기침이 연달아 나왔다. 노래에 도움이 되지 않는 긴장감이 목에서 존재감을 드러냈다.

"물 좀 드시고 천천히 하셔도 돼요." 그녀가 조언했다.

"처음부터 다시 갈게요!" 나는 이렇게 농담하고는 노래를 시작했다. 나는 그녀가 중간에 피아노 반주를 중단한 것도 모르고(나중에 그녀가 말하길 내가 중간쯤부터 키를 바꿔 부른 탓에 반주를 하면 오히려 내가 헷갈릴까봐 중단했다고 한다) 노래에 푹 빠져서는 마지막에 한 옥타브를 올라가는 '거창한 결말'까지 몰아쳤다. 마치 원곡에서 챗 베이커가 결말 부분에 시간을 좀 끌며 극적인 마무리를 함으로써 가사에 호소력을 더한 것처럼 말이다. "앤 타이아이아이아이아임 애프터 타임 / 유월 히어 미 세이 댓 아임 / 소 러키 투 비 러빙 유(And TIIIIIIMMMME after time / You'll hear me say that I'm / So lucky to be loving you)."

나는 이 부분에서 얼음 위의 뱀을 부리듯 위태롭게 질주했고, '러키' 부분에서는 위태로운 비명이 나왔다.

노래를 끝내자 여러 가지 일이 한번에 일어났다. 아메데오는 손뼉을 치며 감탄한 듯 외쳤다. "그 부분 정말 잘하셨어요!" 나는 땀범벅이 되었다. 그녀는 내게 에어컨 앞에 가서 얼굴을 식히라고 권했다. 그날따라 습한 뉴욕의 날씨를 탓하고 싶었지만, 이건 노래를 시작했을 때 갑자기 멈추지 않았던 기침과 마찬가지로 심리적인 반응이었다. 잘 모르는 사람 앞에서 쳇 베이커의 원곡을 틀어놓지도 않고 오로지 내 목소리만으로 갑자기 노래를 불러야 하는 상황에서 나타난 반응이었다.

초보자가 아닌 사람들에게는 너무도 당연한, 심지어 안일하기까지 한 내용이지만, 노래를 틀어놓거나 다른 사람의 노래를 들으며 따라 부르는 것과 오롯이 혼자 노래하는 것은 전혀 다른 일이다. 내가 부르는 노래이지만 단 한 번도 들어보지 못한 낯선 노래로 들릴 뿐만 아니라, 내가 내는 목소리이지만 단 한 번도 들어보지 못한 낯선 목소리로 들린다.

음반을 틀어놓고 따라 부를 때는 온갖 위장이 가능하다. 연구에 따르면, 사람들은 음반을 틀어놓고 따라 부를 때 그다지 정확하게 부르지 않는다.[26] 그럴 필요가 없기 때문이다. 나 말고 다른 사람이 열심히 부르고 있으니 말이다.

반면 내 목소리로 빈 공간을 가득 채워가며 혼자 노래할 때는 갑자기 내 목소리가 얼마나 이상한지 깨닫게 된다.[27] 내 몸 안에 존재하지만 몸 안을 떠날 때 비로소 생명을 얻는 이 목소리가 이상하게 느껴진다. 그동안 틀어놓은 노래를 따라 부르면서 감췄던 부족한 가창력이 이제 벌거벗고 앞으로 나온다.

하지만 여기서 이보다 더 심오한 일이 일어난다.

마치 감정적으로 상처받기 쉬운 노출된 상태로 앞에 나가는 듯한 기분이 든다. 나는 낯선 방식으로 나 자신을 공개하는 동시에 내 무능력함도 드러내고 있었다. 이 때문에 이 일은 내가 겪은 어떤 일보다도, 예컨대 내가 최근에 처음으로 도전한 스노보드보다도 훨씬 더 강렬한 경험이 되었다.

스키장에서 나는 중력과 미성숙함이라는 줄에 묶인 꼭두각시 인형처럼 초보자 코스에 있던 모든 사람과 부딪혔다. 반면 여기서는 내 감정 또는 노래하는 내 목소리를 자유롭게 전달하는 데 익숙하지 않은 사람으로서 마치 내 주요 장기를 하나 꺼내 피가 뚝뚝 떨어지는 채로 아메데오에게 건네주는 듯한 기분이 들었다.

사람들이 대부분 그렇듯이, 당신도 자신의 목소리를 녹음해서 들었을 때 이상하게 느껴지고 듣기 싫다고 생각한 적이 있을 것이다. 통상적인 설명에 따르면, 우리는 말할 때 자신의 목소리가 들리는데, 이때 입에서 나가는 소리만 들리는 것이 아니다. 뼈의 진동을 통해 전달

되어 몸 안의 공간에서 공명하는 내부의 목소리까지 같이 듣는다.

이러한 고성능 신체 시스템 덕분에 우리는 자기 목소리가 실제보다 더 깊고 풍부하다고 생각한다.♣ 하지만 MIT의 연구원 레베카 클라인베르거Rebecca Kleinberger에 따르면 우리 몸과 뇌의 다양한 여과 장치 덕분에 몸속을 거치는 소리는 거의 걸러진다. 그녀는 이렇게 설명한다. "귀는 우리 목소리를 듣지만, 뇌는 우리 목소리를 한 번도 듣지 못한다."[28]

자기 목소리를 잘 들어보면 정말 다르게 느껴질 수 있는데,[29] 이는 꼭 음성의 특징 때문만은 아니다. 심리학자 필립 홀츠먼Philip Holzman과 클라이드 라우지Clyde Rousey의 표현을 빌리면, 우리는 이러한 "목소리의 충돌"[30]을 느끼면 새삼 우리 목소리가 얼마나 많은 정보를 전달하는지 깨닫게 된다. 다시 말해 나도 모르는 사이에, 심지어 원치 않은 상황에도 내가 나 자신을 얼마나 많이 드러내고 있는지 깨닫게 된다는 뜻이다.

우리 눈에 보이지도 않는, 특별할 것도 없어 보이는 후두는 사실 "근섬유 대비 신경섬유의 비율이 가장 높은 기관"[31]이다. 목소리, 즉 몸속을 순환하다가 바깥세상으로 흘러나가는 공기가 요동치며 만들어내는 파동은 우리가 어떤 사람인지 여실히 보여준다. 목소리는 그 사람의 건강 상태나 신체적 특성에서부터 배우자감으로서의 매력에

♣ 다른 사람에게 당신의 목소리가 어떻게 들리는지 알아보는 간단한 방법이 있다. 보컬 코치 크리스 비티 Chris Beatty가 고안한 방법이다. 서류 파일 두 개 혹은 잡지 두 권을 양손에 각각 하나씩 들고 똑바로 세운 채로 양 귀 앞을 막으면 된다. 파일로 귀를 막을 때와 막지 않을 때 목소리가 어떻게 달라지는지 들어보라.

이르기까지 수많은 정보를 드러낸다.**32** 연구에 따르면, 사람들은 특정 인물의 '안녕하세요'라는 말 한마디만 듣고도 그 사람의 성격이 어떤지 서로 일관된 인상을 받았다고 한다.**33** 한 단어가 이 정도인데 노래 한 곡에서는 얼마나 많은 것이 드러날까.

"목소리가 정말 멋진데요!" 아메데오가 이렇게 말했다. 수업 시간에 녹음한 것을 나중에 들어보니 내게 용기를 주려고 지나치게 과장한 것 같았다. "지금까지 평생 그냥 재미로 노래를 불렀다고 하셨죠. 확실히 도움이 됐네요. 어떤 점이 잘됐는지 말씀해보실래요?"

나는 여전히 긴장한 채로 말을 더듬으며 대답했다. "음, 목소리가 좀 떨렸어요. 박자도 좀 안 맞았던 것 같고요. 좀 더 노래답게 불렀어야 했는데, 그냥 가사에 음만 붙인 것처럼 따라가기 바빴어요."

그녀는 기대에 찬 표정으로 나를 바라보았다. "마음에 든 부분은 없었어요?"

나는 자책을 이어가며 이렇게 말했다. "그리고 그 고음 부분은 정말, 어휴!"

나는 초보자에게 흔한 실수를 하나 저질렀다. '고음'이 진짜 수직적으로 높은 것이라는 생각에 사로잡힌 것이다. 그녀는 이렇게 설명했다. "사람들은 고음을 내려고 물리적으로 온갖 시도를 다 하죠. 고개를 위로 들기도 하고, 어깨와 목에 힘을 잔뜩 주기도 하고, 하늘을 바라보기도 해요. 고음이 진짜로 위에 있고 거기에 올라가야 한다고 상상하는 거죠."

이렇게 한다고 해서 궁극적으로 고음을 내는 데 도움이 되지는 않는다. 이러한 행동은 없애야 할 습관일 뿐이다.

또한 나는 '흉성'으로 고음을 내려고 했다. 흉성은 주로 말할 때 쓰는 낮은 음역의 소리로 가슴에서 나는 소리처럼 느껴진다고 해서 그런 이름이 붙었다. 하지만 실제로는 목 안의 근육에서 만들어지는 소리다.

나는 목소리가 바리톤 음역으로 추정되는 사람으로서 최소한 지금으로서는 흉성을 사용해 문제의 고음을 낼 수 없다는 사실을 알았다. 목의 손상을 피하기 위해서는 더 가벼운 '두성'으로 고음을 내야 했다. 눈치챘겠지만 두성은 머리에서 나는 것처럼 느껴지는 소리다 (팔세토falsetto는 내는 사람에 따라 약한 두성일 수도 있고, 전혀 두성이 아닐 수도 있다). 두성의 가벼움과 흉성의 묵직한 울림을 혼합한 '중성'도 존재한다.

쳇 베이커는 테너 음역의 목소리로 편안하게 두성을 냈다. 남성으로서는 따라 하기 쉽지 않은 목소리다. 아메데오가 가르친 또 다른 쳇 베이커 추종자 에단 호크도 베이커의 목소리를 내느라 애를 먹었다는 사실에 위안이 되었다. 아메데오는 이렇게 말했다. "그는 다른 방식으로 소리 내는 방법을 배워야 했죠."

그녀는 내게 이렇게 말했다. "그런데 이미 그 방법을 약간 알고 있네요. 신기한데요." 나는 귀를 쫑긋 세웠다. "말씀하시는 목소리만 들었더라면 바리톤 음역일 거라고 생각했을 텐데, 그렇지 않네요. 목소리 안에 아주 멋진 고음이 있어요. 남자분들은 보통 그런 소리를 바로 내지는 못하거든요."

묘한 자신감이 차올랐다. 무슨 쳇 베이커 따라잡기 경쟁에 참여한 것 같은 기분이었다. 덤벼라, 에단 호크! 나는 '방법을 아는' 사람이다.

노래 울렁증은 어디에서 왔을까?

(나를 포함해) 사람들은 왜 노래를 잘 못할까? 이 이야기를 하기 전에 혹시 자신의 노래 실력이 어떤지 궁금한 사람들이 있을 것이다. 그렇다면 스티븐 데머레스트가 제작에 참여한 온라인 테스트에 응시해보길 권한다.♣ 이 테스트는 노래 실력의 가장 기본적인 요소이자 가장 측정하기 쉬운 음정 정확도를 기반으로 한다. 점수가 어떻게 나오든 이것만 기억하라. 실력은 나아질 수 있다.

데머레스트는 왜 그토록 많은 사람이 노래를 못하는지 알아냈는데, 그 이유는 타고난 재능과는 거의 관련이 없다. 그는 다양한 연령대의 사람들을 대상으로 노래 실력을 평가했고, 놀라운 패턴을 발견했다. 아이들의 경우 유치원 때부터 6학년 때까지는 확실히 노래 실력이 좋아졌다.

♣ '시애틀 가창 정확도 프로토콜Seattle Singing Accuracy Protocol'이라는 웹사이트로, 주소는 ssap.music. northwestern.edu이다.

하지만 대학생들의 노래 실력을 평가했더니, 사실상 유치원생들과 같은 수준인 것으로 드러났다. 왜 노래 실력이 퇴보했을까?

데머레스트는 이들 대부분이 예전만큼 노래를 많이 부르지 않기 때문이라고 생각한다. 모든 음악 교육이 보통 그렇듯이, 노래는 일반적으로 6학년 이후에는 '선택과목'이 된다. 모든 음악 활동에 참여하는 빈도가 줄어들지만, 노래는 특히 더 그렇다. 아마 부모들이 노래를 바이올린이나 피아노와는 달리 학업적 성취와 동일한 것으로 여기지 않기 때문인 듯하다(참고로 캐나다 왕립음악원의 연구에 따르면, 성악 전공생은 피아노 전공생보다 평균적으로 IQ가 높았다[34]).

아이들은 어렸을 때 항상 노래를 부른다. 아이가 부드러운 목소리로 〈아이 워너 링거I Wanna Linger〉를 부르는 모습을 보고 유아용 매트에 앉아 눈물을 흘려본 적이 없는 부모가 어디 있겠는가. 조회 시간에도 '합창단'이 아니라 전교생이 노래를 부른다(그러면서 울기도 한다). 아이가 있는 집에는 항상 노래가 울려 퍼진다. 나는 아직도 파이스트Feist의 〈1 2 3 4〉를 들으면 자동으로 〈세서미 스트리트Sesame Street〉에 나온 버전을 흥얼거리게 된다. 그리고 내가 초등학교 3학년 때 역사 퍼레이드에 참가해 남북전쟁 당시에 썼던 파란 모자 '유니언 캡'을 쓰고 군가 〈탄약 운반 마차가 굴러갈 때!As the caissons go rolling along!〉를 부르며 무대를 행진했던 기억이 생생하다. 'caisson(탄약 운반 마차)'이라는 단어를 사용한 건 이때가 마지막이었고, 무대에서 노래한 것도 내 기억으로는 이때가 마지막이었다. 어린이 시기에는 미묘하고 중요한 변화가 일어난다. 어린이들은 '음악적 자아상'을 형성하기 시작한다. 음악에 재능이 '있다' 혹은 '없다'라고 생각하는 것이다.

여기서 키워드는 '생각하다'이다.[35] 데머레스트를 비롯한 다른 연구자들에 따르면, 어린이의 자기 노래 실력에 관한 자아상과 실제 노래 실력 사이에는 큰 관계가 없다. 흔히 말하듯이, "된다고 믿고 노력하면 되는" 것이다. 하지만 아이들의 자아상은 앞으로 음악 활동에 참여하는 정도에 큰 영향을 미친다. 심리학자 앨버트 밴두라Albert Bandura는 이렇게 설명한다. "자신의 능력을 향한 불신은 그에 맞는 행동적 타당성을 만든다."[36]

이에 따라 아이들은 음악에 소질 있는 아이와 없는 아이, 노래를 잘하는 아이와 못하는 아이의 두 부류로 나뉜다. 데머레스트는 동료 음악 선생님들을 두고 이렇게 말했다. "그들은 사람들 앞에 나서서 노래할 수준은 안 될 것 같은 사람에게 노래를 가르치는 일을 그릇된 희망을 주는 일 혹은 시간 낭비라고 생각한다. 배우고 싶어 하는 사람을 가르치는 일이라고 보지 않는다."

내가 데머레스트에게 당시 일곱 살이었던 딸이 지역 합창단 오디션에 합격했다고 말했을 때(내게는 자랑스러운 일이었다), 그는 놀란 듯 숨을 크게 들이마셨다. "노래하고 싶다는 일곱 살짜리 아이에게 오디션을 시키는 게 맞는지 의문이 듭니다."

그는 딸이 다니는 초등학교에서 방과 후 합창단을 운영했는데, 거기에 "정말 노래를 정확히 부르지 못하는" 여자아이 둘이 있었다. 그는 그 아이들을 내보내지 않았다. 대신 그 아이들을 가르치며 그들이 주위의 시선을 의식하지 않도록 도왔다. 그는 내게 이렇게 말했다. "둘 다 나중에 중학교, 고등학교에 가서도 합창단 활동을 했어요." 실력이 나아진 것이었다.

우리는 이 기술을 익히는 데 시간이 걸린다는 사실을 잊어버리고는 아직 초보자인 사람들을 방해하는 일이 잦다.

그러다 보니 당연히 아이들은 음악 실력을 운동신경보다도 더 타고나야 하는 재능이라고 생각하게 된다.[37] 우리는 누군가에게 그냥 노래를 잘한다고 하지 열심히 노력해서 노래를 잘하게 되었다고 (그리고 노력으로 그 실력을 유지하고 있다고) 말하지는 않는다.

하지만 우리는 보통 성인이 된 뒤 노래하기를 그만두고 자기 노래 실력이 딱히 자랑스럽지 않다는 사실을 발견하고는 노래를 잘하는 사람들을 존경 어린 눈으로 바라본다. 그러고는 이 엄청난 실력 격차에 놀라 그들의 재능을 천부적인 것으로 여겨버린다. 음악적 재능이란 타고나거나 그렇지 않거나 둘 중 하나라고 단정하면, 자신의 능력이 부족하다고 생각하더라도 기분이 좀 나아진다.[38]

살면서 자신이 음치라고 말하는 사람을 본 적이 있을 것이다(어쩌면 당신 자신이 그렇게 말하고 다녔을 수도 있다). 선천성 실음악증이라고 알려진 이 증상은 사실 극히 드물다.[39] 실음악증을 겪는다고 보고된 사람 중에서도 드물다. 한 실험에서 밝혀냈듯이, 사람들은 대부분 유명한 노래에서 음이 딱 하나만 잘못되더라도 알아차린다.

캐나다 왕립음악원의 연구소장 숀 허친스Sean Hutchins는 '음치'라는 표현이 널리 사용되면서 진정한 문제가 가려졌다고 내게 말했다.

우리는 음정을 들을 때는 극도로 예민한 귀로 정확하게 듣는다. 음정을 올바르게 인식하는 것이 문제가 아니라♣ 올바른 음을 내는 것이 문제라고 허친스는 말한다.[40] 우리는 노래 부르기란 놀랍도록 풍부한 감정의 표현이자 즐거움의 전달인 동시에 하나의 운동 기술이라는 사실을 간과하는 경향이 있다. 노래 부르기는 바람직한 결과를 얻기 위해 근육을 조화롭게 움직이는 일이다. 활을 쏘거나 강속구를 던지는 일과 사실상 다를 바 없다.

노래 부르기는 또한 다른 음악적 기술과 비슷하다.♣♣ 데머레스트는 이렇게 주장한다. "초등학교 5학년 때 트럼펫을 그만둔 사람이 트럼펫을 잘 못 부는 것은 당연하다고 생각해요. 하지만 노래 실력은 '있다' 혹은 '없다'라고만 생각하죠."

우리는 이렇게 악순환에 빠진다. 노래를 잘 못하는 이유는 노래를 자주 부르지 않아서다. 우리가 노래를 자주 부르지 않는 이유는 노래를 잘 못하기 때문이다.

그래서 그 결과 부모와 자녀가 평소에 잘 내지 않는 소리를 사용해 주로 음악적 언어로 소통하는(말할 때보다 노래할 때 사용되는 음역이

♣ 여기서 흥미로운 예외가 바로 〈아메리칸 아이돌American Idol〉 콘테스트에 참가해 유명해진 윌리엄 헝 Willium Hung이다. "음정이 맞지 않고" "듣기 싫은 음색"으로 널리 알려졌지만, 많은 사람이 관찰한 바로는 그의 음정은 사실 정확했다. 사람들이 그의 노래가 아름답지 않다고 느낀 이유는 음정의 문제가 아니었다.

♣♣ 뮤지션과 가수를 구분하는 경우가 많지만 말이다. 예를 들어, 미 노동통계국에서는 "뮤지션과 가수"를 하나의 범주로 본다. 노동통계국의 웹사이트에는 이 둘이 상호 배타적인 것처럼 "뮤지션 또는 가수가 되는 방법"에 관한 정보가 올라와 있다.

훨씬 더 넓다) 마법 같은 생애 초기 시절이 지나면, 한쪽 끝에는 대화가, 다른 한쪽 끝에는 노래가 있는 세상, 한쪽 끝에는 노래하는 사람이, 다른 한쪽 끝에는 노래하지 않는 사람이 확고하게 자리 잡은 세상의 조화롭고 단조로운 생활로 돌아간다.

우리는 노래하는 목소리를 잃는다.[41]

말하는 목소리를
노래하는 목소리로 튜닝하기

본격적으로 노래 수업을 시작하기 전, 나는 앞으로의 노래 수업이 첫날 오후 아메데오의 연습실에서 했던 것과 정확히 같은 방식으로 이루어질 것으로 예상했다. 내가 노래를 부르면 선생님이 듣고 문제점을 지적해주고, 그럼 나는 다시 노래를 부르고 실력이 나아지는 식일 줄 알았다. 나중에 알고 보니 이 방법보다 훨씬 간단하면서도 심오했다.

가장 먼저 해야 할 일은 '악기'를 조율하는 것이었다. 정말 어찌나 악기와 같은지!

말하거나 노래할 때 우리는 공기를 후두로 올려보낸다. 이 공기가 성대에 도달하면 성대가 열리고, 동전 크기에 V자 모양인 성문을 통과한 뒤 성대는 다시 닫힌다. 풍선에서 공기를 뺄 때 소리가 나는 것과 같은 방식이다. 풍선을(혹은 성대를) 늘리면 높은음이 난다.

이 일은 눈을 한 번 깜빡이는 속도보다 더 빨리 일어난다. 남성은

1초에 평균 120번, 여성은 210번 일어난다. 오페라 아리아에서 F6의 어마어마한 고음을 내는 소프라노의 경우 성대가 1초에 약 1400번 진동한다.[42] 이상하게도 말할 때보다 속삭일 때 성대에 더 무리가 간다.[43]

만약 공기의 흐름이 성대에서 끝난다면 오리피리에서 나는 쉰 소리처럼 진동 소리만 났을 것이다. 소리는 후두, 인두, 입을 포함하는 '공명관'인 성도로 공기가 들어갈 때의 특성에 맞게 만들어진다. 진정한 공명이 일어나면 얼굴이 진동한다. 하지만 이 공기 덩어리는 절대 입술에 닿지 않는다.[44] 노래를 잘하는 것은 여기까지 잘 가도록 하는 것이다.

이렇게 복잡한 근육의 조절 과정을 거쳐 우리는 노래 발전소가 된다. 국립음성언어센터National Center for Voice and Speech 잉고 티체Ingo Titze 소장의 설명에 따르면, 인간은 이 작은 두 줄의 '현'으로 피아노 건반 88개에 해당하는 범위의 소리를 낼 수 있다. 게다가 피아노의 범위를 벗어나는 소리를 내는 경우도 있다. 왕립음악원의 허친스는 내게 이렇게 말했다. "생각해보면 우리가 목소리로 얼마나 다양한 소리를 낼 수 있는지 알 수 있습니다. 개나 고양이와 비교해보세요." 우리는 개와 고양이 둘 다 흉내 낼 수 있지만, 개와 고양이는 아무것도 흉내 내지 못한다.

놀랍게도 성대가 존재하는 주목적은 말하거나 노래하는 것이 아니라 음식을 비롯한 다른 물질이 기도를 막는 일을 피하는 것이다. 성대는 마치 바닥에 붙은 두 개의 작은 문처럼 우리가 음식을 삼킬 때

닫힌다. 물질이 '잘못된 관으로' 넘어가서 폐로 들어가는 일을 방지하기 위해서다.

우리는 진화의 막바지 단계에 이르러서야 이 기관을 이용해 노래하는 방법을 '배웠다.' 어느 신경과학자 팀은 어쩌면 그래서 우리가 정확한 음을 내는 일이 어려운 것일지도 모른다고 주장한다. 우리는 후두 신경을 입술만큼 자유자재로 움직이지 못한다. 보통 노래보다[45] 휘파람을[46] 더 정확하게 부는 경우가 많다.

〈타임 애프터 타임〉을 부르느라 애쓰다 보니 음치가 된 것 같은 기분이 들었다. 나는 단순히 정확한 음을 내는 방법만 배울 것이 아니라 또 다른 핵심 가창 기술을 배워야 했다. 바로 듣기였다. 아메데오는 피아노로 C3에서 C4까지 한 옥타브를 지정해 C3를 1로, C4를 8로 정했다. 이는 계명창 혹은 우리가 '도-레-미'라고 알고 있는 것의 간단한 버전이었다.

앞으로 몇 달간 내게 이 여덟 개의 음이 내 장음계(제3음과 제4음, 제7음과 제8음 사이가 반음이며, 그 밖에는 모두 온음으로 이루어진 7음 음계) 안전지대가 될 예정이었다. 그녀가 피아노로 1-2-5 혹은 1-5-1과 같이 간단한 패턴으로 연주하면 내가 따라서 부르는 식이었다. '1…5… 1…1…5…1.' 나는 밤마다 딸의 피아노를 이용해 반복해서 연습했다. 샤워할 때도, 길을 가다가도 마치 어떤 숫자를 잊어버리지 않도록 반복해서 되뇌듯 이 패턴을 소리 내서 연습했다. 나는 그 여덟 개의 숫자가 몸에 배어 '1-5-1'이 본능적이고 자연스럽게 나오도록 해야 했다.

아메데오는 나를 잘게 분해해 다시 조립해야 했다. 내가 수십 년 간 쌓아온 습관을 없애야 했다. W. 티머시 골웨이W. Timothy Gallwey가《테니스의 이너게임The Inner Game of Tennis》에서 설명했듯이, 오래된 습관을 없애는 가장 좋은 방법은 "새로운 습관을 시작하는 것"[47]이다.

〈타임 애프터 타임〉을 부를 때의 어려운 점을 극복하는 가장 좋은 방법은 그저 그 노래를 그만 부르는 것이었다. 그 대신 나는 8개의 음으로 구성된 안전한 공간에 머무른 채 아기가 낼 법한 소리를 연습하기 시작했다. 야유하는 소리와 비슷한 입술 떨기도 있었고, 긴 모음 소리로 연결되는 떨기 연습도 있었다. '랄랄라', '다다다', '마마마'와 같은 소리를 내기도 했다(아기들이 이런 소리를 내면 '음절성 옹알이'라고 부른다). '미-메이-마-모, 미-메이-마-모, 무우우……'와 같은 어구로 통통 튕기며 노래하는 듯한 연습도 있었다. '후' 소리내기, 울음 소리내기, '스' 소리내기, 한숨 쉬기 같은 연습도 했다.

내가 좋아했던 연습은 윗입술에 혀를 살짝 걸쳐두고 턱에 힘을 뺀 다음 '블라 블라 블라'라고 말하는 것이었다. 치과에서 마취했을 때처럼 우물거리는 소리를 내는 게 이상하게 느낌이 좋았다. 일상에서 이 무례한 발화를 마음껏 할 수 있다면 얼마나 만족스러울지 모르겠다는 생각이 들었다.

혀는 소리를 내는 데 방해가 되는 경향이 있어 "노래할 때 최악의 적"[48]이라고 불리는데, 이 혀가 시간을 많이 잡아먹기도 한다. 치과에 갔을 때가 아니고서야 내 입 안이 이렇게까지 자세히 연구해야 할 대상이었던 적은 없었다. 하지만 이는 중요한 문제였다. 혀가 올라가면

콧구멍으로 공기가 빠져나가면서 비음이 난다. 연구에 따르면, 이 소리는 누구라도 듣기 거북하다고 생각한다.[49]

나는 이러한 연습을 하면서 아직 말을 못하던 유아기 시절로 돌아갔다고 상상했다. 단어에서 오는 부담감이 전혀 없던 그때로 말이다. 이것이 연습의 목적이기도 했다. 같은 신체 기관에서 말하고 노래하는 두 가지 일이 모두 가능하지만, 그러한 까닭에 평생 말을 해온 습관이 노래하기에 안 좋은 환경을 만든다.

아메데오는 내게 이렇게 말했다. "우리 몸에는 말할 때의 습관이 깊이 자리 잡고 있어서 원하는 소리를 내는 데 방해가 됩니다." 나는 말할 때 어깨가 구부정해졌고, 턱이 앞으로 돌출되었고, 목 근육이 수축되었고, 이를 악무는 습관이 있었고, 혀가 용수철처럼 경직되었다.

일상적으로 말할 때는 문제가 없었다. 하지만 말하는 목소리를 노래하는 목소리로 바꾸는[50] 일은 마치 저속 주행에 익숙한 오래된 유연 휘발유 자동차를 정비해 유선형의 포뮬러1 경주차로 만드는 것처럼 느껴졌다.

나는 공기를 빠르고 원활하게 움직여야 했다. 그래서 주로 모음 소리를 냈다. 모음은 자음이라는 장애물 없이 성도를 따라 흐르는, 내기 쉬운 소리다.

한 성악학 교육자는 이렇게 썼다. "모음은 목소리이고, 자음은 목소리를 방해하는 소리다."[51] 영어 화자가 모음을 발음하는 시간은 자음을 발음하는 시간보다 5배 길다.[52] 하지만 노래할 때는 200배까지 치솟는다.

가사란 피해야 하는 것이었다. 나쁜 습관이 그 안에서 나오기 때문이다. 그래서 아메데오는 내게 간단한 모음만으로 노래 전체를 부르게 했다. 나는 혼자 자동차 여행을 하는 동안 《쳇 베이커 싱스》의 전체 수록곡을 '우' 소리와 '아' 소리만으로 불렀다. 순수한 소리에 기분이 좋아지는 연습이었다.

노래한다는 생각을 덜 하게 되었을 무렵, 재미있는 일이 일어났다. 아메데오가 피아노로 음이 계속 올라가는 3음계를 연주하면, 이에 맞게 "지금은 안 돼!"라고 외치는 연습이었다. 그녀는 내가 노래하는 게 아니라 마치 진짜로 그렇게 말하는 것처럼 소리내길 원했다.

"지금은 안 돼!"

"제발, 정말 하고 싶어요."

"지금은 안 돼!"

"딸한테 말한다고 상상하세요."

"지금은 안 돼!"

"창문 밖에서도 들리게 소리 내세요!"

"지금은 아아아아아안 돼!"

"길 건너에서도 들리게 소리 내세요!"

의미를 전달하는 데 집중한 나는 그동안 노래하면서 내기 어려워했던 음보다 더 높은 음을 편안하게 내는 데 성공했다. 내 음역이 마법처럼 늘어나서가 아니었다. 음역을 의식하지 않았기 때문이다. 내 목소리가 잘 들리도록 신경 썼을 뿐이었다.

습관이
음치를 만든다

말하는 목소리만큼 습관으로 사용하는 것도 없다. 우리는 자기도 모르게 하루에 약 1만 6000단어를 말한다.[53] 하지만 말하는 것이 목소리에 좋지 않은 영향을 줄 수 있다. 나의 말하는 목소리에 문제가 있는 것 같다고 말하는 사람이 많았다. 말하는 목소리에 문제가 있다면 노래를 어떻게 하겠는가?

그웬 스테파니Gwen Stefani, 존 메이어John Mayer에서부터 제프 브리지스Jeff Bridges에 이르기까지 수많은 명사와 함께한 로스앤젤레스의 보컬 코치 로저 러브Roger Love는 노래할 때 나타나는 문제가 사실 말하는 습관인 경우가 많다며 나를 안심시켰다. 나는 이 신체적 문제에서 많은 것을 배웠다. 러브는 내가 약하게 그르렁거리는 소리인 '보컬 프라이vocal fry'를 가끔 낸다고 말했다. 공기가 충분히 들어오지 않은 상태에서 소리를 내려니 "마치 WD-40 윤활제를 바르지 않은 오래된 문 경첩처럼 성대가 접촉되며" 그런 소리가 난 것이다. 말할 때 "배를 충분히 당기지 않아서" 공기 흐름이 일관적이지 않게 되고, 그로 말미암아 목에 손상이 왔다.

에어로스미스Aerosmith, 에이미 만Aimee Mann과 같은 가수들을 가르친 보스턴의 보컬 코치 마크 백스터Mark Baxter는 나와 통화하다가 이렇게 물었다. "본인이 불규칙적으로 말하는 거 알고 있었나요?" 나는 말할 때 후두를 사용해 공기를 '쥐어짜고' 있었다. 그러면 후두가 붓고 마찰이 일어난다. 그는 이렇게 말했다. "눈밭을 걸을 때와 포장도로를 걸을 때의 차이와 같아요. 저항이 생기면 힘들어집니다."

그리고 나는 말할 때 '같은 톤으로만 이야기하는' 경향이 있었다. 나는 반복적인 '언어적' 부상도 있었다. 백스터는 이렇게 물었다. "목소리가 잘 안 나올 때가 많나요?" 실제로 그랬다. 친구들과 함께 저녁을 먹거나 프레젠테이션을 하고 나면 자주 목이 쉬었다. 그는 이렇게 말했다. "강연하실 때 불안정한 기분을 느끼고, 청중에게 깊은 인상을 주기 위해 애쓰다 보면 무리하게 되죠! 그러면 모든 기능 장애적인 행동이 나타나고 더 심해집니다."

하지만 나는 목에 손상이 왔다는 것에 대해 궁금해졌다. 내가 목을 쓰는 기술이 문제가 아니라 목 자체에 문제가 있는 것은 아닐까?

그래서 어느 날 나는 컬럼비아대학교 어빙 메디컬 센터Irving Medical Center의 음성·연하연구소Voice and Swallowing Institute 마이클 피트먼Michael Pitman 소장의 맨해튼 사무실에 찾아갔다. 그는 바쁜 뉴욕의 의사들이 으레 그렇듯 흰 가운을 입고 미소를 지으며 에너지와 목적의식이 넘치는 모습으로 성큼성큼 걸어 들어왔다. 조금 뒤에 언어병리학자이자 오랜 기간 뮤지션으로 활동해온 칼리 캔터Carly Cantor도 합류했다.

나는 피트먼에게 내가 최근 목소리에 문제가 있다는 진단을 받았다고 말했다. 그는 이렇게 말했다. "확실히 목소리가 최적의 상태는 아니네요." 나는 '이걸 마흔아홉에 발견했다고?'라고 생각했다. 나는 피트먼의 목소리가 디젤차 소리 같은 보컬 프라이가 전혀 없이 청량하다는 사실을 깨달았다.

내 주된 문제는 흔한 증상이었다. "공기를 입술로 충분히 보내지 않고 얼굴 앞쪽에서 충분히 소리를 내지 않은 채 목에서 소리를 내는 사람"은 많았다. 그런데 나는 그런 상황에서 내 목에 무리한 일을 시킨 것이었다. "달리는 것과 비슷합니다. 비효율적인 요소가 있더라도 8킬로미터쯤 달리는 건 괜찮겠죠. 하지만 그 상태로 마라톤을 한다면 다칠 겁니다." 그를 찾는 환자 중에는 교사가 많았다. "그들은 목을 많이 쓰지만 어떻게 써야 하는지 사실상 배우지는 않죠."

아마 내게 좋지 않은 습관이 있을 확률이 높았다. 그래도 그는 후두경 검사를 받으라고 권했다. "코를 통하거나 입을 통해서 볼 수 있는데, 코로 보는 건 괜찮을 겁니다. 구역질도 안 나고요." 그렇게 작고 투명한 관이 내 왼쪽 콧구멍으로 들어갔다.

캔터는 내게 글 한 문단을 읽으라고 했고, 이어 여러 모음 소리를 내게 했다. 둘은 화면을 보며 이야기를 나눴다. "음, 확실히 성문 틈이 약간 있네요." 그녀는 내게 이렇게 말하고는 피트먼에게 다음과 같이 말했다. "그쪽이 얼마나 굳어 있는지 보이죠?" 마침내 관이 빠져나왔고, 우리는 스포츠 해설자 팀처럼 영상을 되돌려보았다.

후두경으로 들여다본 목 안은 심약자라면 보기 어려울 듯한 모습이었다.

당신이 자연 연구자가 되어 열대 우림의 어두침침하고 뿌연 동굴 안으로 발광 카메라가 달린 얇은 케이블을 집어넣는다고 상상해보라. 어둠을 헤치고 나면 혈관이 비치는 울퉁불퉁하고 반짝거리는 벽으로 둘러싸인 뻥 뚫린 공간이 나온다. 그 순간 어떤 무시무시한 생물체가 나타난다. 얼굴에는 눈이 없고 뼈처럼 새하얀 칼날 두 개가 붙은 단두대 같은 이빨이 섬뜩하고 희미한 빛 속에서 열렸다 닫혔다를 반복한다. 두 이빨 사이에는 밧줄처럼 굵은 점액질이 쭉 늘어나 있고, 안쪽으로는 기관지의 얼룩덜룩한 피부가 나타난다. 이 역겨운 신체 기관이 세상에서 가장 아름다운 소리를 낼 수 있다는 사실은 무한한 경이로움이었다.

내 성대가 소리를 내며 천천히 움직이는 모습을 바라보는데 캔터가 내게 말했다. "여기 약간 위축된 부분이 있어요. 성대가 완전히 닫히지 않는다는 거예요." 나는 '성대 마비'를 겪고 있는 듯했다. 주로 질병의 결과로 생기는 드물지 않은 증상이다. 내 성대는 한쪽이 거의 마비된 탓에 제대로 작동하지 않고 있었다. 특히 고주파음을 낼 때 더 심했다.

그렇다고 내가 음정을 정확하게 낼 수 없다는 뜻은 아니었다. 성대가 완전히 대칭인 사람은 없기 때문이다. 하지만 더 노력해야 하는 것은 사실이었다. 그녀는 내게 이렇게 말했다. "창법을 쓸 때 효율성이 떨어질 확률이 높아요. 다른 사람보다 더 정확한 음정을 내셔야 할 거예요."

흉성에서 두성으로 전환되는 성구 전환점인 '파사지오'를 잘 연결해내기가 다른 사람보다 더 어려울 것이었다. 성대 마비를 겪는 사람들은 이를 상쇄하기 위해 순간적으로 근육이나 호흡을 조절하는 일이 계속되는데, 이는 목에 더 큰 무리를 줄 수 있다. 수술을 해도 되지만 음성 치료를 받는 사람이 더 많다. 캔터가 몇 가지 방법을 설명해주었는데, 보컬 수업과 크게 다르지 않다는 사실을 깨달았다.

성대 마비 진단을 받자 열심히 나아가는 도중에 돛에서(아니면 성대에서) 바람이 빠져나가는 것 같은 기분이 들었다. 입을 열기도 전에 입 안에 숨어 있던 장애물을 맞닥뜨렸다.

하지만 희망은 있었다. 목소리를 회복해 힘을 최대한으로 키우는 방법은 바로 노래를 배우는 것이었다.

만약 노래 부르기가 일종의 물리 치료가 될 수 있다면, 분명 다른 형태의 치료도 있을 것 같다는 느낌이 강하게 들었다.

사실 한 시간씩 보컬 레슨을 받으며 내 감정이 어땠는지는 전혀 말하지 않았지만, 그 시간 동안 확실히 내 감정 관련 신경이 자극된 것 같았다. 실제로 노래할 때는 말할 때보다 뇌에서 감정을 관장하는 부위가 더 활성화된다[54]고 알려져 있다.

그리고 수업이 끝나면 항상 흥겨운 마음으로 그때그때 생각나는 노래를 흥얼거리며 집으로 걸어갔다. 간단한 혀 풀기 연습을 한번 하면 배꼽이 빠지도록 웃어댔다. '오 우 블라 블라 블라'처럼 아기의 옹알이 같은 의미 없는 단어로 발성 연습을 할 때면(가끔 진짜 아기처럼 카펫이 깔린 바닥에 누워서 발성 연습을 하기도 했다), 이상하게도 연약한 존재가 되어 벌거벗겨진 듯한 느낌이 들었다. 마치 다른 사람에게 한 번도 보여준 적 없는 내 모습을 아메데오에게 보여주는 듯했다. 아무 말도 하지 않았지만 고백하는 것 같았다.

이런 단순한 연습은 나중에 '중량'을 늘리기 위해 목소리를 가다듬는 '보컬 맨몸 운동'이었다. 하지만 그와 동시에 내 경계심을 늦추는 역할도 했다. 아메데오는 이렇게 말했다. "우리 함께 즐기면서 소리가 자유롭게 나오도록 놔두고 너무 복잡하게 생각하지 말자고요." 어쩌면 목소리를 열기 위한 노력으로 그동안 내가 숨겨온 다른 모든 것들까지 함께 열렸는지도 모른다.

노래란 이런 것이다. 노래할 때는 나 자신이 악기가 된다. 소리란 공학과 물리학만의 문제가 아니라 온갖 복잡한 존재인 한 사람 안에 자리 잡은 모든 것을 다루는 문제다.

아메데오가 출산 휴가 중이었던 어느 날, 나는 전에 전화상으로 이야기를 나눴던 보컬 강사 마크 백스터에게 레슨을 받았다. 그 주 주말, 그는 평소처럼 뉴욕에서 수업을 하고 있었다. 어깨까지 늘어뜨린 록가수 머리에 행동이 진지한 사람이었다. 다정하게 가르쳐주는 아메데오가 따스한 어머니 같았다면, 백스터는 엄격한 아버지 같았다.

"나는 나 자신을 음성 치료사라고 부릅니다." 도심의 보컬 연습실에서 그가 피아노 앞에 걸터앉아 이렇게 말했다. 《로큰롤 가수의 생존 매뉴얼The Rock-n-Roll Singer's Survival Manual》의 저자인 백스터는 수많은 유명 가수의 문제를 해결해왔다. 그는 내게 이렇게 말했다. "자기 목소리에 만족하는 가수는 한 번도 본 적이 없습니다. 가수들은 누구나 자신이 사기꾼같이 느껴진다고 해요. 그리고 자기 정체가 폭로되기를 기다리죠." (예를 들어 U2의 보노Bono는 자신의 목소리가 짜증 난다고 여러 번 이야기했다.)

목소리를 평가하려면 그 사람을 평가해야 한다. "나는 누군가 찾아오면 그 사람이 어떤 상황에 처해 있는지를 봅니다." 이혼 같은 인생에서 새로운 일을 겪는 사람이 흔히 찾아온다. "온갖 일이 다 있죠. 그 모든 일이 합쳐져서 목소리가 됩니다."

'내 속엔 뭐가 숨어 있을까?' 나는 궁금해졌다. 그는 내게 몇 가지 연습을 시켰다. 연습하는 동안 나는 그에게 내 목소리가 '약간 떨린다'고 말했고, 그는 고개를 세게 끄덕였다. "너무 부드럽게 부르는 게 주원인이에요. 자전거 타는 거랑 비슷해요. 너무 천천히 타면 앞바퀴가 흔들리죠."

계속해서 연습하는데, 그가 짜증을 내기 시작했다. "노래하는 목소리가 말할 때 목소리의 반밖에 안 돼요!" 그러고는 내 어린 시절이 어땠는지 물어보았다. 소리를 못 내게 하는 환경에서 자랐느냐고. 그래서 그렇진 않지만 조용하고 부끄럼 많고 책 읽기를 좋아하는 아이였다고 대답했다.

그는 내게 최대한 길게 '스' 소리를 내며 숨을 내뱉으라고 했다. 해보니 15초쯤 됐다. 그가 소리쳤다. "목표는 60초예요!" 내게 사이클을 탔던 사람이니 폐 용량이 크다는 사실을 잊지 말라고 했다. 문제는 공기가 아니라 당황하는 것이었다. 호흡 조절이 필요했다. "사람들에게 숨 쉬는 법부터 다시 가르쳐야 한다니 정말 아이러니한 일이에요. 타고나는 건데요!"

심리적인 문제가 장애물이었다. 나는 "공기의 흐름을 방해하고" 있었다. 숨도 제대로 못 쉬는데 어떻게 노래를 하겠는가? 그는 피아노 뚜껑을 열고 몇 가지 음을 연주했다. "크기는 같은데 소리를 더 많이 나오게 하는 거예요"라고 그가 말했다.♣ 나는 나 자신을 억제하며 소리를 못 나오게 막고 있었던 것이다.

♟ ✏ ⟋

불안감이나 걱정만 장애물이 되는 것은 아니었다. 내 몸이 문제가 되기도 했다. 예컨대 나는 턱 근육이 뭉쳐 있어서 고생했다. 이는 노래하는 사람들에게 나타나는 중요한 문제로 널리 알려져 있다.

우리 턱의 힘은 매우 강한데,[55] 다무는 힘이 벌리는 힘보다 약 4배나 강하다.[56] 그러니 노래하기에 알맞도록 턱에 힘을 빼기가 어려운 것이 당연하다.

아메데오는 내게 바닥에 누워서 집중할 대상을 찾는 연습을 자주 시켰다. 이 '건설적인 휴식'은 평소에 쌓인 긴장을 풀기 위한 행동이었다. 그녀는 "목소리도 몸의 일부입니다"라고 말했다. 근육이 긴장되면 공기를 말 그대로 쥐어짜내게 되고, 공명이 일어나지 않아 최적의 소리를 내는 데 방해가 된다.

우선 나는 근육의 긴장을 최대한 풀어야 했다. 그녀는 내게 최대한 힘을 빼고 작은 소리를 내보라고 했다. 처음에는 '마' 소리와 '아' 소리를 거의 들리지 않을 정도로, 마치 "대나무 잎에 앉은 눈송이가

♣ 우리가 여러 가지 모음을 발음할 때도 비슷한 현상이 일어난다. 동일한 힘을 주고 'food'와 'father'를 발음해보라. 'a' 발음을 낼 때 입을 더 많이 벌려야 하므로 'father'라고 말할 때 더 큰 소리가 난다.

떨어지듯" 작게 내며 시작했다. 그러고는 소리를 키우겠다는 '의도'로, 하지만 끊임없이 '어떻게 하면 힘을 덜 들이고 이 소리를 낼 수 있을까?'라고 생각하며 점점 소리를 키워나갔다.

이렇게 연습하니 거의 필연적으로 소리내기가 더 쉬워졌고, 음정도 더 잘 맞았다. 더 잘하려면 무엇을 해야 하는지가 여기서 다시 증명된다. 바로 '덜' 하는 것이다.

지금으로부터 100년도 더 전에 F. M. 알렉산더 F. M. Alexander라는 호주 배우는 셰익스피어의 시를 낭송하고 나면 목이 쉰다는 사실을 발견했다. 스스로 말하는 모습을 거울로 관찰한 그는 자신이 "머리를 뒤로 젖히고, 후두를 누르고, 입으로 숨을 들이마셔서 헐떡거리는 소리를 낸다"[57]는 것을 깨달았다.

알렉산더는 이 행동을 고치겠다고 마음먹었고, 얼마 지나지 않아 이 오래된 습관이 사라졌다는 것을 깨달았다. 그는 이 비결을 나중에 깨달았는데, 바로 '옳은 행동'을 하는 것이 아니라 기존의 행동을 '그만하는' 것이었다. 최종 목표(예컨대 '정확하게 노래하기')에 초점을 맞추기보다는 그 과정, 혹은 그가 '최종 목표를 이루는 방법'이라고 부른 것에 초점을 맞춘 것이다.

'알렉산더 테크닉'으로 알려진 이 유명한 기술은 배우는 것일 뿐 아니라 배운 것을 '잊어버리는' 일이기도 하다. 하지만 습관을 없애는 일은 습관을 들이는 일보다 훨씬 더 어렵다. 그는 이렇게 썼다. "어떤 일을 하지 않겠다고 결심하는 것이 아니라 그 일을 하지 말라는 요구를 받게 되면, 그 일을 하지 않으려고 노력하게 된다. 하지만 이렇게 하면 그 일을 하겠다고 결심하는 것밖에 되지 않으며, 그러면 그 일을 하지 않기 위해 근육을 긴장시키게 된다."[58]

배운 것을 잊어버리기란 어렵다. 오래된 습관은 결코 완전히 사라지지 않기 때문이다. 애리조나주립대학교 인지행동연구소의 로브 그레이[Rob Gray] 소장은 내게 '행동 실수[action slips]'[59]의 개념을 설명했는데, 이 개념이 바로 이와 관련이 있다. 행동 실수란 예컨대 토요일 날 차를 끌고 마트에 가는데 실수로 출근하는 방향으로 가는 행동을 말한다. 행동 실수는 특히 '압박감이 큰' 상황에서 자주 일어난다. 그레이는 전 NFL 쿼터백 팀 티보[Tim Tebow]를 예로 들었다. 티보는 시합 때 공을 낮게 던지는 습관이 자꾸 나오는 바람에 고생한 것으로 유명하다. 대학 팀에서는 문제가 없었지만, 페이스가 빠른 프로 시합에서는 골칫거리가 되었다.

나는 노래할 때 없애야 할 습관이 너무 많았다. 특히 압박감이 큰 상황에서 더욱 그랬다. 고음을 낼 때, 그 노래의 절정 부분에 오르고자 애쓰는 동안 온몸이 굳었다. 마치 높이 달린 잎을 뜯어 먹으려는 기린처럼 목을 위로 쭉 뺐다. 이는 후두를 올리는 일밖에 되지 않았고, 고음을 내기는 더욱 어려워졌다.

아메데오는 이러한 습관을 억누르기보다는 간단하게 해결하는 방법을 알려주었다.《테니스의 이너게임》에서 힌트를 얻은 방법으로, 고치려는 습관을 다른 습관으로 바꾸는 것이었다.

아메데오는 내게 고음을 낼 때 직관에 어긋나는 방법을 쓰라고 했다. '내려가는' 것이었다. 무릎을 살짝 굽힘으로써 후두가 내려가야 한다는 신체적 신호를 주는 방법이었다. 그러자 갑자기 노래하는 것보다 무릎을 구부리는 것에 더 신경을 쓰게 되었고, 그러다 보니 고음이 더 쉽게 나왔다.

좋은 소리를 내려면
싫은 소리를 내야 한다

왜 샤워할 때 유독 노래가 잘될까?

우선 혼자 있다. 몸도 따뜻하다. 공기가 습해서 목이 촉촉해진다. 게다가 똑바로 서 있는 자세다. 마음이 편안하고 몸이 물에 젖으며 기분 좋은 활기가 느껴진다. 이 단순한 작업을 방해하는 것은 아무것도 없다. 박자와 음정을 내 마음대로 정한다. 그리고 타일 벽에서 일어나는 공명이 아주 훌륭하다.

그렇다면 운전하면서 노래할 때를 상상해보자. 당신은 자동차 좌석에 앉아 있다. 안전벨트가 몸을 누르고 있어 공기가 자유롭게 흐르기 어렵다. 목을 풀 새도 없이 귀에 들어오는 아무 노래나 부르기 시작한다. 공기는 건조하다. 졸음을 방지하고자 커피를 마시는 탓에 탈수 작용이 일어난다. 교통 체증에서 오는 스트레스와 안전을 위한 경계심으로 긴장을 놓을 수가 없다. 주변 환경에 주위가 산만해진 채로 라디오에서 들리는 노래를 따라 부른다. 당신의 목소리는 라디오에서 나오는 노랫소리와 자동차 소음에 묻힌다.

노래 연습을 할 때, 최대한 주의 깊게 집중하는 것뿐만 아니라 적절한 환경을 조성하는 것 역시 얼마나 중요한지 서서히 깨닫기 시작했다. 차선의 기술만 연습하면 차선의 결과가 나온다. 이는 야구에서 경기 전에 타격 연습을 하는 전통[50]에 반대되는 주장이다. 타자는 이 연습을 할 때 공이 좋든 나쁘든, 실제 경기에서보다 훨씬 느린 공이 날아오더라도 배트를 최대한 세게 휘두른다.

나는 내가 어디에 있든 샤워할 때의 기분으로 노래하는 것을 새로운 목표로 삼았다.

'따뜻하게.' 근육을 쓰는 활동이 모두 그렇듯 노래할 때도 부상을 방지하고 성과를 높이기 위해서는 워밍업이 필수다. 입술 떨기를 몇 번 하거나 빨대가 있을 때는 빨대를 물고 발성 연습을 하면('빨대 발성 훈련'으로 알려져 있다[51]) 빠르게 성대근을 푸는 데 도움이 된다.

'편안하게.' 잠깐 바닥에 가만히 누워 턱을 마사지하며 '블라 블라 블라' 소리를 낸다.

'활기차게.' 아메데오는 내게 밝은 표정을 지으라고 말했다. 이렇게 신경근을 약간 조절하면 소리에 '활기'를 더할 수 있다.

'소리가 공명하도록.' 입 안에 '공간'을 만들 목적으로 나는 하품을 하거나(중간에 멈추고 끝까지 다 하지는 않는다) 후두를 내리기 위해 만화 캐릭터인 '요기베어'처럼 말하는 연습을 했다. 또 내려앉은 연구개를 올리고 소리를 더 부드럽게 내고 울림을 키우기 위해 'k' 소리를 내며 공기를 들이마시고 내쉬는 연습도 좋아했다. 당신도 한번 해보라. 우선 숨을 내쉬며 '커-커-커' 소리를 낸 다음, 숨을 들이마시며 '커-커-커' 소리를 내보라. 이때 개구리처럼 입 뒤쪽이 서서히 부풀어 오른다고 상상해보라.

'똑바로 서서.' 내가 주머니에 손을 넣고 구부정하게 서 있으면 아메데오는 늘 자세를 지적하며 콘트라베이스가 온통 찌그러져 있으면 좋은 소리가 나겠냐고 말했다.

그 후 우리는 레슨 장소를 CAP21로 옮겼다. 맨해튼에 있는 연습실로 연기나 뮤지컬을 전공하는, 내 나이의 반도 안 되는 학생들이 주로 찾는 곳이었다.

연습실 복도는 젊은 에너지로 시끌벅적했다. 노래로 곡예를 부리는 소리에 감탄이 절로 나왔다. 놀랍도록 얇은 연습실 벽을 보며 내 힘없는 쉰 목소리가 밖으로 새어 나오지는 않을지 걱정이 되었다. 이들은 이것이 '직업'인 사람들이었다. 내가 여기 있을 자격이 있나?

나는 노래를 배우면서 많은 것을 배웠다. 우선 내 몸을 바르게 움직이는 운동 기술을 배웠다. 효과적으로 워밍업하고 연습하는 방법도 배웠다. 나쁜 습관을 들이지 않도록 주의하는 방법과 고치는 방법을 배웠다. 목소리란 무엇인지, 목소리에 어떤 잠재력과 어떤 한계점이 있는지 배웠고, 그 중에서도 내 목소리는 어떤지, 내 목소리에는 어떤 잠재력과 한계점이 있는지도 알게 되었다.

그리고 음악에 관해서도 배웠다. 나는 이제 개별 곡을 배우고 있었고, 그러면서 한 노래를 구성하는 복잡성을 새로 접했다. 의식적으로 노래를 부르기 시작하니 단순히 듣기만 했던 그동안과는 다른 방식으로 노래를 듣고 이해하게 되었다. 내가 잘 안다고 생각했던 노래들이 갑자기 마치 뒤죽박죽 섞인 퍼즐처럼 낯설게 느껴졌다.

우리는 말할 때 잠깐씩 숨을 참긴 하지만, 문장을 끝까지 말할 만큼 공기가 충분한지는 절대 신경 쓰지 않는다.[62] 페이스를 어떻게 조절해야 하는지 본능적으로 알고 있다.

하지만 노래할 때는 계속 공기가 부족했다. 보통 공기를 너무 빨리 다 써버리는 것이 문제였다. 익숙한 단어가 걸림돌이 되었다. R.E.M.의 〈나이트스위밍Nightswimming〉에 'clearer'라는 단어가 나오는데, 나는 이 부분을 부를 때 말할 때와 같이 '클리어-러'라고 발음하고 싶었다. 하지만 노래할 때는 그렇게 발음하기가 어려웠다. '클리-러'라고 하는 것이 훨씬 나았다. 아메데오는 이렇게 말했다. "노래할 때는 'r', 'g', 'k' 발음이 가장 까다로워요."

노래를 부르니 내 모국어가 다시 새롭게 느껴졌다. 〈음악 교육자 저널Music Educators Journal〉에 나온 대로, "악기를 연주하는 사람은 음악만 마스터하면 되지만 노래하는 사람은 음악과 글이라는 두 가지 언어를 마스터해야 한다."[63]

나는 여전히 성구 전환에 뚜렷한 문제가 있었다. '흉성'을 내는 근육이 한계에 도달한 순간 '두성'을 내는 근육으로 넘어가는 일이 어려웠다는 뜻이다. 아메데오는 "엉성한 기어 변경 같네요"라고 말했다. 내 귀에는 변성기 남자아이가 부르는 요들송 같았다.

나는 '마-오오오-아아아아'와 같은 간단한 음계 연습을 하며 이 두 목소리를 '연결'하는 작업을 했다. 티 나지 않게 연결되도록 노력했지만, 보통 잘 되지 않았다. 그녀는 이렇게 말했다. "아름다운 소리가 나기 전까지는 듣기 싫은 소리가 날 거예요. 하지만 그 듣기 싫은 소리를 내는 과정을 거쳐야 해요."

내 목소리의 상태가 앞으로 어떻게 될지 확실히 알 수 없었다. 제대로 관리되지 않은 오래된 바이올린처럼 작은 충격에도 무너질 수 있었다. 테너 이언 보스트리지Ian Bostridge가 "인생을 지배하는 것은 목에 낀 가래다"[64]라고 한탄한 말에 공감이 갔다. 내가 집에서 '듣기 싫은' 소음을 내고 가래가 낀다고 불평을 늘어놓으니 아내가 버럭 소리쳤다. "노래 말고 모형 배 만들기 같은 걸 하지 그랬어?"

그래도 내 실력은 발전하고 있었다. 음정도 더 정확해졌다. 전보다 고음도 더 잘 내게 되어 차츰 테너 음역을 넘보는 수준에 이르렀다. 갑자기 G4도 낼 수 있게 되었다(아트 가펑클Art Garfunkel의 〈험한 세상 다리가 되어Bridge Over Troubled Water〉에서 'I will ease your mind'의 'mind'가 G4다).

새로운 자신감이 생겼다. 나는 장난치듯 불가능해 보이는 목표를 세웠다. 예컨대 아하A-ha의 〈테이크 온 미Take On Me〉에 나오는 E5('in a day or two'의 'two' 부분)에 도전하는 것이었다. 아트 가펑클은 도대체 이걸 어떻게 했을까? (이 팁을 설명하는 유튜브 영상이 엄청나게 많았다.)

아메데오는 내가 언젠가는 반드시 목에 무리를 주지 않고도 그 음을 낼 수 있을 거라고 장담했다. 더 중요한 것은 이제 내가 스스로 문제점을 진단하고 수정할 수 있게 되었다는 점이었다. 비음이 나오면 스스로 알아차리고 이를 해결하기 위해 공간을 만들었고, 음이 낮게 나올 때도 알아차리고 얼굴을 풀었다.

어느 날, 그녀는 내 실력이 안정기에 접어든 것 같다고 말했다. "정말 엄청나게 발전했어요. 실력이 계속 좋아지는 게 들리네요. 그동안 키워온 실력이 완전히 자기 것이 되는 순간 초보자 딱지를 떼는 거예요." 처음에는 어떻게 하는지도 잘 모르고 그저 배운 연습법을 따라 하다가 집에 와서 그대로 다시 해보는 수준이었다. 이제는 내가 어떤 점을 더 발전시키고 싶은지, 그렇게 하려면 무엇을 해야 하는지를 더 잘 이해하게 되었다.

아직 실력을 더 키워야 했고, 수업도 더 받을 생각이었다. 하지만 이제 연습실의 편안함을 벗어나 더 넓은 세상으로 나갈 때가 되었다는 느낌이 들었다.

{ 4장 }

합창단에 들어가서 공연을 하고,
초보끼리 뭉치는 즐거움

BEGINNERS

어떻게 살아야 하는지 깨닫는 데는 일생이 걸린다.

-세네카Seneca

{   }

코러스
효과

　　　　　매주 월요일 저녁, 나는 브루클린 집에서
출발해 맨해튼 로어이스트사이드 지역으로 간다. 정신없고 요란한
딜런시 가의 찻길과 맞닿은 블록에서 나는 19세기 신고딕 양식의 거
대한 건물로 들어간다.

　한때 160공립학교 건물로 쓰였던 이곳은 이제 클레멘테 소토 벨
레즈 문화교육센터Clemente Soto Vélez Cultural and Educational Center가 된 지 수
십 년에 이른다. 나는 계단을 올라와 극장을 지나고, '마음챙김 카포
에이라(브라질 전통 무술-옮긴이)' 수업(마음챙김을 안 하는 카포에이라도 있
나?)이 한창인 강의실을 지나 의자를 들고 203호로 들어간다. 페인트
칠은 색이 바랬고, 창문은 추위를 막느라 발버둥 치고 있었다. 그 옛
날, 잠시도 가만히 못 앉아 있는 아이들이 책상 밑에서 발을 굴렀는지
오래된 나무 바닥은 곳곳이 움푹 파여 있었다.

　이곳은 '브릿팝 합창단Britpop Choir'의 연습실이다. 이름에서 알 수
있듯이, 주로 가까운 과거 시대의 영국 대중가요를 부르는 합창단이
다(오아시스Oasis, 아델Adele, 데이비드 보위David Bowie, 퀸Queen, 심지어 테이크댓

Take That 같은 '보이밴드'의 노래도 부른다). 합창단원은 모두 50명쯤 되지만, 연습 때는 대체로 30명 정도가 이곳에 모인다. 단원들은 찰리 애덤스Charlie Adams 단장을 중심으로 반원형으로 놓인 의자에 둘러앉는다. 애덤스는 뉴욕에서 태어나 런던에서 자라고 리버풀에 잠깐 살다가 10년 전 미국으로 돌아왔다. 그녀는 항상 깔끔한 옷차림에 체력과 열정이 무한히 샘솟는 사람이었다. 왁자지껄한 합창단원들에게 소리치고 함께 노래하는 데서 그 에너지를 끌어모으는 듯했다.

지금부터 90분 동안 마법 같은 일이 일어난다. 사람들이 어두운 거리에서 몰려온다. 한 주가 시작되는 날의 피곤함으로 어깨는 축 처지고 분위기는 약간 가라앉아 있다. 애덤스는 사람들에게 모두 일어나서 워밍업을 하자고 말한다. 몸을 격렬하게 털기도 하고, 이런저런 스트레칭도 하고, 얼굴을 일그러뜨리고 뭐라 뭐라 중얼거리는 연습도 한다. 입술 떨기도 한다. 마치 별난 참새 떼가 끝없는 불협화음을 내는 듯한 소리가 연습실 안을 가득 채운다. 음계 연습과 화음 연습이 잠깐 이어진다. 그리고 본격적으로 합창이 시작된다. 이렇게 한 시간 반씩 단 열 번 만에 합창단은 매번 달라지는 인원을 데리고 새로운 노래(기존 곡을 편곡한)를 여섯 곡 정도 배운다. 이렇게 연습 주기가 한 번 끝난 뒤에는 주로 맨해튼의 라이브 음악 공연장에서 공연을 한다. 단원들은 이제 목이 풀렸고, 가사가 적힌 종이도 고정시켰다. 그리고 애덤스의 지시에 따라 첫 음을 낸다.

그 한 시간 반 동안 연습실의 에너지는 완전히 달라진다. 시작할 때는 주택소유자협의회 회의 같던 분위기가 시끌벅적한 파티 분위기로 바뀐다. 마치 이 따뜻하고 밀폐된 공간에 바이러스가 퍼져 모두가 감염된 듯한 느낌이었다. 각자의 목소리가 전체를 이뤄 한 박자로 움직인다. 음악적이고 감정적이며 심지어 영적이기까지 한 초월적인 무언가가 된다. 작곡가 앨리스 파커Alice Parker의 말대로 "마치 우리 내부의 모든 이온이 동시에 같은 방향으로 움직이는 것 같다."[1]

가끔 이온들이 너무 시끌벅적해질 때도 있다. 그러면 찰리는 연습을 진행하기 위해 떠들썩한 유치원생에게 하듯 '쉿' 소리를 내며 조용히 시킨다. 오후 9시, 의자를 접어 한쪽으로 가져다 놓아야 하는 시간이 되면 연습실에는 긍정적인 기운이 충전된다. 사람들은 신나는 목소리로 떠들며 1층으로 내려가 유유히 건물을 빠져나온다. 몇 시간이 지나도 가라앉지 않는 에너지 때문에 합창단원들은 오늘 밤 쉽사리 잠들지 못한다.

우리가 떠난 연습실은 고요하다. 그곳에서 무슨 일이 있었는지, 어떤 음악적 조형물이 만들어졌는지를 보여주는 증거는 아무것도 없다(내가 잊지 않고 아이폰으로 연습 내용을 녹음했을 때를 빼면). 하지만 가끔 화음을 놓치거나 가사를 잊어버릴 때면, 우리가 내는 이 소리가 믿기지 않는다는 생각이 든다. 우리가 마치 이 맹렬한 소리의 한가운데에 서 있는 애덤스의 지휘에 따라 웅장한 폭풍을 일으킨 것처럼 느껴진다.

우리는 자신의 소리를 내는 일만 하지는 않는다. 다른 사람들이 그들 자신의 소리를 낼 수 있도록 돕기도 한다. 그저 옆에 존재하는 것만으로도 서로에게 도움이 된다. 연습실은 모든 곳에서 음압이 같은 '확산 음장'이 된다. 우리가 노래를 부르면 각자의 목소리가 가지는 개별적인 영향은 줄어들지만 집단적인 공명은 커진다. 이러한 현상을 '코러스 효과'라고 한다.♣

음향학자 스텐 테른스트뢲Sten Ternström은 이렇게 썼다. "인지적 의미에서 보면, 코러스 효과는 소리를 그 원천으로부터 마법처럼 분리해 그 자체로서 독립적이고 영묘한 존재로 만든다."[2] 노래를 부른다기보다는 공기 중에 가득 퍼져 있는 보이지 않는 초자연적인 존재에 내 숨결을 불어넣는 것 같았다. 몸은 증기로 이루어져 있고 낮은 소리를 내는 잠식성 생명체와 같은 존재에.

모두가 음을 정확하게 내려고 노력하지만, 신기하게도 완벽함으로는 이 소리의 힘을 설명할 수 없다. 코러스 효과란 인간이라면 완벽한 음정에서 아주 약간이라도, 가끔은 그보다 좀 더 많이 이탈할 수밖에 없다는 사실에서 발생한다.

어느 합창단에서든 모두가 정확히 같은, 완벽한 음조로 동시에 노래한다면 결과는 단순히 '더해지는 것'에 그칠 것이다. 음량이 더 커지고, 힘이 더 커지고, 약간 단조로운 소리가 날 것이다.

하지만 모두가 서로 조금씩 다른 음을 낸다면, 음정이 약간 변형되는 '와우·플러터wow and flutter'라는 현상 때문에 매혹적이고 '무작위에 가까운' 음이 만들어져 혼자서는 절대 낼 수 없는 풍부하고 깊

♣ 예를 들어 기타리스트들은 너바나Nirvana의 〈컴 애즈 유 아Come As You Are〉를 연주할 때 소리를 증폭하기 위해 코러스 효과를 사용한다.

은 소리가 난다. 이 '조합'이 잘 이루어진다면(그러려면 지휘자와 합창단원의 연습이 필요하다), 그리고 전체에서 혼자만 튀는 소리가 없다면, 듣는 사람들은 '어디에서나 나지만 어디에서도 나지 않는 듯한' 이 소리에 기분 좋은 놀라움을 느낀다.

이 모든 발견보다도 더 놀라운 사실은 내가 여기에 있다는 것이다. 합창단에 들어오기 전, 나는 내가 '합창할 만한 사람'이 아니라고 생각했다. 가족이나 친구들도 그렇게 생각한 모양이다. 내가 합창단 연습을 나간다고 말했을 때 그들이 치켜올린 눈썹만 봐도 알 수 있었다.

하지만 나는 솔직히 말할 수 있다. 월요일이 일주일 중에 가장 좋아하는 날이 되었다는 사실을. 합창단에 들어간 뒤로 달력을 바라보는 내 마음만 바뀐 것이 아니라 내 인생이 통째로 바뀌었다.

나는 보컬 레슨을 받은 경험을 뛰어넘는 다른 일을 하고 싶었다. 한 사람 앞에서만 노래하는 것이 아니라 더 큰 위험을 감수하고 싶었다. 실험실에서 키운 이 능력을 세상 밖으로 가져나가고 싶었다. 아메데오는 내게 솔로 공연 같은 것을 해보면 어떻겠냐고 했지만, 그건 생각만 해도 두려웠다.

나는 온종일 혼자 동떨어져 글을 쓰는 사람이다. 수백 명 앞에서 강연할 때도 있지만, 사람들로 꽉 찬 회의실 테이블에서 목소리도 제대로 높이지 못하는 사람이다(사실 사람들로 꽉 찬 회의실에 갈 일도 거의 없지만, 만약 간다면 그렇다는 얘기다). 나는 세상과의 상호작용 중에서 힘들게 느껴지는 일이 있으면, 나보다 더 외향적인 아내에게 맡기는 경우가 많았다. 마트 고객 서비스 센터에서도 일 처리를 제대로 못하는 사람이 어떻게 무대에서 노래를 부르겠는가?

그런데 합창이라면 이상적인 절충안이 될 수도 있겠다는 생각이 들었다. 솔직히 여전히 두렵긴 하지만 말이다. 노래를 하긴 하지만 다른 사람들과 함께 노래하는 것이다. 그러니 눈부신 스포트라이트에서 조금은 벗어날 수 있겠다고 생각했다(당연한 말이지만 합창단원이 솔로로 노래하는 사람보다 스트레스를 덜 받는다는 연구 결과가 있다[3]).

당시 나는 합창이 뭔지 잘 몰랐다. 단체로 노래한다는 것 외에 합창이란 무엇을 하는 것인지, 합창에 어떤 의미가 있는지 알지 못했다. 내가 마지막으로 본 합창단은 메트로폴리탄 미술관에서 헨델의 〈메시아Messiah〉를 부른 소규모 합창단이었다. 우아한 예복, 앞에 놓인 악보, 천상의 소리를 내는 소프라노와 우렁찬 베이스. 그들의 노래는 환상적이었지만 나 같은 초보자의 눈에는 그저 다른 행성에서 온 사람들 같았다.

시애틀에서 디자이너로 활동하는 내 친구 캐서린도 우연히 노래할 기회를 찾고 있었다. 그녀는 노래방에 '대단한 열정'을 보이는 사람들을 존중하지만, 자신에게는 노래방이 맞지 않는다고 생각했다. "내게 노래방은 노래를 향한 사랑이 아니라 쇼맨십을 향한 사랑 같아 보여."

하지만 그녀가 알아본 합창단 대부분은 수준이 너무 높거나 어딘지 모르게 '마니아틱'한 느낌이었다. 그런데 친구들이 그녀에게 지역 아마추어 합창단이 있다고 말해주었다. 오케스트라 연주에 맞춰 대중적인 노래를 부르는 공연을 즐겁게 보았다는 것이었다. 하지만 그녀는 내가 그러했듯이 교육을 받아야겠다고 생각하고는 보컬 레슨을 받기 시작했다.

그러던 어느 날, 마침내 그녀는 합창단 리허설에 참여할 용기를 냈다. 그녀는 그때 '잔뜩 긴장했다'고 했다. 수많은 사람 사이에서 보일 듯 말 듯하게 있고 싶었는데, 막상 가보니 단원이 많지 않았다. 그녀는 악보를 볼 줄 몰랐기 때문에 자신이 불러야 할 파트를 배우기가 힘들었다.

그녀는 이렇게 말했다. "중년의 초보자로서 그냥 뒤도 안 보고 돌아 나와 혼자서 끝없이 연습만 하는 편이 훨씬 쉬웠을 거야."

하지만 그녀는 목표를 원했다. 보컬 수업이 어떤 목적을 향해 나아가기를 바랐다. 노래를 배우며(그녀는 음표를 입력하면 그대로 소리를 내주는 노터빌리티Notability라는 프로그램을 사용했다) 그 노래에 주의를 집중했고, 자신의 파트를 잘 불러야 할 필요가 생기니 동기가 부여되었다.

합창단 활동에는 이 외에 다른 장점도 있었다. 여기에는 나도 완전히 공감한다. "집에 있는 작업실에서 혼자 프리랜서로 일하다 보니 인생이 너무 고립되더라고." 그녀의 친구들은 예전에 함께 일했던 사람들 혹은 함께 뭔가를 만들었던 사람들로, 그녀가 지금과 같은 라이프스타일을 시작하기 전에 만났다. "그들도 좋은 친구였지만, 그냥 사람들하고 밥만 먹는 게 아니라 어떤 일을 함께하고 싶었어."

그녀가 합창에 푹 빠졌다는 이야기를 듣고 나니 나도 용기가 생겨 인터넷에서 '뉴욕시 아마추어 합창단'과 같은 키워드로 검색을 했다. 나는 곧 '아마추어'라는 단어에 얼마나 많은 뜻이 있는지 깨달았다. 확실히 '초보자'와 같은 뜻은 아니었다. 음악에 재능 있는 사람으로 가득한 뉴욕 같은 도시에서 '아마추어'라고 하면, '그 일로 돈을 받지 않는 수준에서 최대로 잘하는 사람' 정도의 의미가 될 수도 있었다.

검색 결과에 뜬 합창단은 내 위치보다 한참은 더 위에 있는 듯했다. 오디션도 있었다. 오디션에서 영어가 아닌 외국어 노래를 해야 하는 곳도 있었다. 나는 영어로 노래하는데도 가끔씩 외국어처럼 들리는 사람이었다. 그러니 그 합창단은 제외되었다.

오디션 관련 사항을 안내하며 '오페라 아리아는 금지!'라고 경고하는 합창단도 있었다. 그걸 할 수 있어야 말이지! 그러고는 시창(악보를 처음 보고 바로 노래하는 것-옮긴이)을 아주 잘할 필요는 없다며 안심시키는 듯한 문구를 덧붙였다. 하지만 그 얘기는 결국 실력이 어느 정도 있어야 한다는 뜻이었다. 나는 악보를 보고 노래를 부르기는커녕 제대로 읽지도 못하는 수준이었다. 그리고 오디션이라고? 오디션이야말로 혼자서 노래하는 것 아닌가. 내가 피하려고 했던 바로 그것이었다.

나는 인터넷을 다시 검색했다. '뉴욕시 진짜 진짜 아마추어 합창단'과 같은 식으로 검색하던 중 목록에서 브릿팝 합창단이 눈에 들어왔다.

오아시스, 블러Blur, 펄프Pulp 같은 밴드의 팬으로서 바로 흥미가 생겼다. 그런데 다음과 같은 문구가 눈에 띄었다. "당신이 프로 가수든, 샤워할 때만큼은 비욘세가 된다고 상상하는 사람이든, 입단 오디션은 없습니다." '오, 바로 이거야'라고 생각했다. 그리고 그 문장을 자세히 분석해보았다. 잠깐만, 그렇다면 거기에 프로도 있다는 거야? 그리고 나는 샤워할 때조차 비욘세의 발끝도 못 따라간다고 생각하는데.

샘플 영상 몇 개를 클릭해보니 엄청나게 즐거워하면서도 자신만만해 보이고, 노래도 자신만만하게 하는 사람들로 가득했다. 나는 각 영상을 몇 번씩 다시 보면서 마음속 포토샵으로 그 사람들 사이에 내 모습을 합성해보았다. 상상이 잘 되지 않았다.

그래도 이 책을 쓰며 대담해진 나는 그곳에 연락해보았다. 그렇게 도시 합창단 프로젝트Urban Choir Project라는 단체의 설립자인 찰리 애덤스를 처음 만났다.

나는 전화상으로 그녀에게 내가 무엇을 원하는지 말했고, 경험이 없다고 솔직하게 털어놓았다. 그녀는 이렇게 말했다. "우리가 자부하는 것 중 하나가 바로 실력과 접근성이 만나는 지점에 있다는 거예요."

이런 지점에 존재하기란 쉽지 않다. "'아마추어'란 참 이상한 말이죠. 우리는 '지역 공동체 합창단'이라고 말해요. 그런 성격이 정말 있거든요." 브릿팝 합창단은 악보를 사용하지 않는다. 애덤스는 이렇게 말했다. "우리는 귀로 모든 걸 배워요." 이 얘기를 듣고 안심하는 사람도 있을 수 있고, 이를 경고신호로 받아들이는 사람도 있을 수 있다. "초창기에는 우리를 찾아왔다가 생각했던 수준에 못 미친다며 떠난 사람도 몇몇 있었어요."

나는 아주 특정한 수준을 찾고 있었다. 나 같은 초보자를 받아주는 곳이되 완전히 초보자를 위한 곳은 아니길 바랐다. 내 실력이 발전했기 때문에 수준이 꽤 괜찮은 곳을 원했다.

내가 전폭적으로 지지하는 지역 공동체 합창단이라는 평등한 세계에서는 무해해 보이는 이 개념은 논란의 여지가 약간 있다. 영국 전역에서는 실력보다는 포용력을 중요하게 여기는 '노래 못하는 합창단Can't Sing Choir'이라는 합창단이 수십 년간 인기를 끌고 있는데, 내가 근처에 있는 곳에 연락해서 이 책을 쓰느라 이런 일에 도전하고 있다고 설명하며 방문하고 싶다고 문의했더니 조심스러운 반응이 돌아왔다. 답장에는 이렇게 적혀 있었다. "우리가 '평생 학습'에 알맞은 곳인지는 잘 모르겠습니다. 우리는 그저 사람들에게 실력을 키워야 한다는 압박감 없이 자유롭게 노래할 기회를 주고자 하거든요." 순간, 당연히 부당한 생각이긴 하지만 영화 〈시스터 액트Sister Act〉 속 우피 골드버그가 와서 가다듬기 전의 오합지졸에 불협화음만 내던 합창단에서 끝날 내 운명이 눈앞에 그려졌다. 영원한 '준숙련'의 세계 말이다.

브릿팝 합창단이 그 중간의 적절한 절충안인 듯했다.

애덤스는 내게 이렇게 말했다. "내가 하는 일은 사람들을 스타로 키우는 게 아니에요. 노래라는 수단으로 사람들을 하나로 모으는 것이죠."

한편 그녀는 이렇게도 말했다. "그래도 만약 소리가 좋지 않다면 아무도 재미를 느끼지 못할 거예요." 보컬 기술을 따로 가르치진 않지만, 사람들에게 시간을 충분히 주고 격려해주면 실력이 좋아진다고 했다. 그녀는 몇 년 전 입단한 한 여성을 떠올렸다. "그녀는 실력이 정말 형편없었어요. 화음을 거의 맞추지 못했죠." 그랬던 그녀가 이제는 사실상 자기 파트를 지휘하고 있다. 브릿팝 합창단은 여전히 "사람들을 하나로 모으는 것"에 초점을 맞추고 있지만, 최근에는 더욱 진화하고 있다고 그녀는 말했다. 광고 삽입곡을 부르기도 하고, 무용단과 합작하기도 하고, 유명 작곡가의 녹음에 코러스로 참여하기도 했다. 그녀는 이렇게 말했다. "단원들 실력이 꽤 좋아요. 경험이 필수 자격 요건은 아니지만 대부분 경험이 조금씩 있는 분들이 오십니다." 스튜디오나 무대에서 노래한 경험이 있는 사람도 있었고, 유명한 가수도 한두 명 있었다. 이들은 이런 부수적인 공연으로 바쁜 일정을 보내며 준프로 합창단으로 변모하고 있었다.

나는 갑자기 이러한 운영 방식이 싫어졌다. 게다가 입단 대기자 명단도 있었다. 애덤스는 '브루클린 주민 합창단Brooklynite Choir'이라는 다른 합창단도 운영하고 있다고 내게 말했다. 그는 이곳이 더 '이웃 같은 느낌'이라고 설명했다. 내 귀에는 '초보자 느낌'이라는 말로 들렸다. 이곳이 집에서 더 가까웠다. 내 수준에도 이곳이 더 알맞았다. 지금 당장 가입할 수도 있었다. 마치 그녀가 내게 브릿팝에 들어가지 못하게 경고하는 것처럼 느껴졌다. '나갈 수 있을 때 나가!'

나는 브릿팝에 가입했다. 운명이 나를 그리로 끌어당기는 것처럼 느껴졌다. 제멋대로인 이 여정에서 맨땅에 헤딩하는 것 같기는 해도 이보다 더 나은 길은 없었다.

어느 따뜻한 봄날 저녁, 나는 영상에서 보았던 리빙턴 가의 연습실에 들어갔다. 새로운 연습 주기의 첫 번째 연습이 있는 날이었다. 사람들은 신이 난 듯 서로 껴안으며 그동안 밀린 이야기를 나눴다. 나는 한때 학교 교실이었던 이곳에서 의자에 털썩 주저앉았다. 중학교 2학년 때 새로운 학교로 전학 간 첫날, 아는 사람이 아무도 없었던 그때가 떠올랐다. 합창단 웹사이트의 영상에서 본 얼굴이 몇몇 눈에 띄었다. 갑자기 넋이 나가며 유체 이탈의 기분이 들었다. 내가 정말 여기 있는 건가?

이곳에 모인 사람은 대부분이 여성이었다. 남자는 다들 어디 전쟁이라도 나갔는지 한 손에 꼽을 정도였다. 합창단의 세계에 널리 퍼진 현상이다. 최소한 미국에서는 그렇다. 항상 그랬던 것은 아니다. 역사학자 J. 테리 게이츠J. Terry Gates에 따르면, 식민지 시대 미국에서는 합창이란 거의 남성의 전유물이었다(당시 공적인 활동이 대부분 그랬다). 1930년대에는 고등학교 합창단의 남녀 성비가 거의 반반이었다는 조사 결과가 있다. 이랬던 것이 한 연구에서 최근 고등학교 합창단을 분석한 결과, 여성이 약 70퍼센트, 남성이 약 30퍼센트를 차지하고 있다고 한다.[4] 명확한 이유를 알 수 없는 문화적 변화다.

애덤스는 남성 단원들을 쳐다보며 내게 반농담으로 우리 합창단을 여자친구 만나기 좋은 장소로 싱글 남성들에게 홍보해야겠다고 말했다. 내가 들어오기 전 '영국에서 온 남자'라는 이름 모를 남성이 합창단 내 카사노바였다는 소문도 있었다.

이제 막 출산 휴가에서 돌아온 애덤스가 한가운데로 자리를 옮기자 연습실은 차츰 조용해졌다. "오늘 처음 오신 분들, 브릿팝 합창단에 오신 것을 환영합니다!" 그녀가 내 쪽을 바라보며 말했다. "나는 찰리예요. 합창단 지휘를 맡고 있어요." 그러더니 작은 목소리로 덧붙였다. "아마도요." 하지만 그녀는 겸손함 뒤에 놀라운 실력을 숨기고 있었다. 그녀는 새로 온 사람들을 간략하게 언급했다. 나 말고도 몇 명 더 있었는데, 그 중에 긴장한 사람은 없었다. "앞에 나와서 노래하라고 하지는 않을 거예요. 원한다면 하셔도 되지만." 찰리를 보니 어렸을 때 만난 학교 선생님이 떠올랐다. 멋있고 닮고 싶은 그런 선생님. 나는 그녀보다 훨씬 나이가 많았지만, '선생님-학생'이라는 관계의 신기한 특성상 내가 더 어린 것 같은 기분이 들었다.

그녀는 사람들을 재빠르게 파트별로 분류했다. (그녀는 나와 통화를 하고는 나를 이미 베이스로 못박았다. 여기서 베이스란 클래식 합창단의 베이스가 아니다. 테너보다 낮으면 전부 베이스였다. 사실 남성은 대부분 여기 속했다.)

"톰이 여성들에게 둘러싸여 있네요." 그녀가 농담처럼 말했다. "행크, 톰 좀 도와주세요!" 나는 행크가 찰리의 보좌관 같은 존재라는 사실을 금방 알아차렸다. 배우이자 가수이자 강사인 동시에 음역이 몇 옥타브를 넘나드는 팔방미인으로, 마치 반창고처럼 상처 난 소리

(내 목소리와 같은)를 덮어줄 수 있는 사람이었다. 자기소개도 없이 금세 연습이 시작되었다.

첫 연습이었던 그날 우리는 내내 영국 밴드 코럴Coral의 〈드리밍 오브 유Dreaming of You〉를 연습했다. 나는 쉬는 시간에 베이스 파트의 다른 두 남자와 잠깐 이야기를 나눴다(얼마 지나지 않아 깨달은 사실인데, 합창단에서는 소속 파트가 곧 자기가 속한 세상이다).

그 중에서 로저가 합창단에서 나를 이끌어줄 사람이었다. 그는 키가 크고 목소리의 울림이 깊은 아시아계 미국인이었다(그는 이 목소리 덕분에 웃을 때 이상하게도 정감이 가는 고음의 낄낄 소리를 낸다). 브릿팝 합창단의 창립 초기 시절부터 활동해온 사람으로, 사실상 베이스 파트의 리더였다. 그의 실력이 뛰어나다는 것이 느껴졌고, 그래서 나는 그날(그리고 그 뒤로도) 그의 일거수일투족을 따라 했다.

나는 그날 연습 시간 내내 얼굴에 미소를 지었다. 찰리가 "베이스 분들, 알토 파트에서 한 옥타브 낮게 불러주세요"라고 지시하면, 고개를 끄덕여가며 연습에 참여했다. 나는 그동안 늘 혼자서만 노래해온 데다 음악 이론도 아주 기초적인 것밖에 몰랐기 때문에(최근 피아노를 배우는 딸에게 어깨너머로 배웠다) 무슨 AK-47 소총을 분해하는 법을 배운 것이나 마찬가지였다. 나는 그저 본능적으로 옳은 것 같은 느낌대로 했고, 로저와 비슷한 소리를 내고자 노력했다.

당시에는 깨닫지 못했지만 사실 나는 몰입도가 대단히 높은 학습 환경에 노출된 셈이었다. 만약 배움이란 대부분 관찰을 통해 이루어지는 것이라면, 이제 내게는 관찰할 사람이 수십 명이나 있었다. 만약 배움이 피드백을 통해 이루어지는 것이라면, 나는 내가(혹은 다른 사람들이) 소리를 잘못 냈을 때 주변 사람들의 목소리를 통해 알아차릴 수 있었다. 만약 배움이 동기에 의해 강화되는 것이라면, 나는 나 자신보다 더 큰 존재의 일부라는 느낌에서 원동력을 느꼈다.

100여 년 전, 선구적인 심리학자였던 노먼 트리플렛Norman Triplett은 자전거 경주 기록을 분석해 수행 성과와 관련된 중대한 심리학적 발견을 했다. 바로 사이클 선수들이 경쟁자들 혹은 이른바 '페이스메이커'와 함께 경주할 때 혼자 탈 때보다 더 빨리 달렸다는 것이다.

그가 '사회적 촉진social facilitation'[5]이라고 부른 이 현상은 오늘날 우리가 당연하게 받아들이는 것을 증명해 보였다. 사람들은 다른 사람들이 있을 때 더 좋은 성과를 낸다는 사실이다. 노래 잘하는 사람들에게 둘러싸인 나는 더 좋은 성과를 내도록 떠밀렸다. 하지만 사회적 촉진에는 함정이 하나 있다. 단순한 과제 혹은 이미 잘하는 과제를 수행할 때만 적용되는 듯하다는 사실이다. 내가 배우지 않았거나 연습해오지 않은 부분을 할 때는 다른 사람들이 있어서 더 못한 적도 있기 때문이다. 내 생각에 이 현상은 최대한 빨리 배우겠다는 동기만을 향상하는 것 같다.

첫 번째 연습에서 가장 놀라웠던 사실은 연습 시간에 녹음한 파일을 들었을 때 실제로 내 목소리가 전혀 들리지 않았다는 것이다. 나는 그저 들릴 듯 말 듯한 사소한 소리를 내며 사실상 립싱크를 한 것이나 다름이 없었다. '사회적 태만social loafing'[6]이라고 불리는 이 현상은 사회적 촉진과 반대되는 현상이다. 즉 다른 사람들이 있을 때 노력을 덜 하게 되는 현상이다.

내가 내 소리를 듣기까지는 시간이 더 걸릴 터였다.

노래, 최초의 소셜 네트워크

매주 월요일 밤 203호에서 일어나는 이 일은 전 세계적으로 친숙한 일이다.

2004년의 한 보고서에서는 다음과 같이 설명했다. "미국인은 다른 어떤 형태의 예술보다도 합창 공연에 많이 참여한다. 다른 형태의 예술 공연 중 합창에 대적할 만한 것은 사실상 없다."[7] 영국에서는 현재 '노래 못하는 합창단'이든 '노래 잘하는 합창단'이든 합창단의 수가 '역대 최고' 수준이다.[8] 영국 정부에서는 '싱업Sing Up'이라는 프로그램을 운영하는데, 이는 초등학생이 노래를 더 많이 부르도록 특별히 제정된 교육 프로젝트다. 2000년부터 2012년까지 영국 대성당 미사에 참여하는 사람들이 늘었는데,[9] 이는 17세기 중반 이후의 전통대로 노래로 하는 미사가 진행된 영향이 컸다. 그리고 영국에서 인기 있는 리얼리티 TV 프로그램들은 또 어떤가. 합창단 지휘자 개러스 멀론Gareth Malone이 노래 못하는 직장 동료들, 직업군인 부인들, 심지어 한 마을 주민 모두를 잘 가다듬어진 합창단으로 재탄생시키는 TV 프로

그램 시리즈가 엄청나게 인기를 끌었다. 호주에 있는 합창단들은 입단 대기자 명단이 길게 이어지고 있다고 하며,[10] 사회적 자본 수준이 높은 스웨덴에서는 합창이 "전 국민의 오락"이다.[11]

이렇게 된 데는 그럴 만한 이유가 있다. 앞 장에서 설명했듯이 혼자서 노래하는 것이 기분 좋은 일이라면, 다른 사람들과 함께 노래하는 것은 더욱 기분 좋은 일일 것이다.

합창단에서 노래를 부르면 그저 재미를 느낄 뿐 아니라 실제로 행복감이 커지는 것으로 밝혀졌다. 다른 사람들과 함께 노래하면 혼자 노래할 때보다 두뇌 활동의 범위가 넓어진다.[12] 또한 합창단에서 노래하면 옥시토신 수치가 높아지고, 통증 내성이 커지는 것으로 드러났다. 한 연구에서는 단체로 노래하는 행위가 스트레스 호르몬인 코르티솔의 수치를 낮춰준다는 사실을 밝혀냈다.[13] 흥미롭게도 단체로 '대화하는' 행위는 그런 효과가 없었다. 또 다른 연구에서는 스트레스성 위장 장애가 있는 사람들에게 합창단에 가입하게 하고 1년 뒤에 확인해보니 합창을 한 집단이 하지 않은 집단보다 통증이 적었고, 해당 질병과 관련된 호르몬 수치가 낮은 것으로 나타났다.[14]

함께 노래하는 행위는 어떤 의미에서는 예방적 건강 관리인 셈이다. 신체적 건강만이 아니다. 합창단은 심리 상담을 받는 사람들에게 성공적인 '치료 수단'으로 활용되고 있다. 노숙인으로 구성된 합창단, 사랑하는 사람을 실종으로 잃은 사람들로 구성된 합창단, '불만 합창단(헬싱키의 어느 겨울, 어느 핀란드인 부부가 사람들의 불만 사항을 긍정적인 방향으로 바꿔보고자 시작한 합창단이다)', 교도소 합창단, 말기 질

환 환자의 마음을 안정시켜주는 합창단, 자폐증을 앓는 어린이와 성인으로 구성된 합창단, 심지어 허리케인 카트리나 발생 이후 거처를 옮긴 사람들의 회복을 돕기 위한 "허리케인 합창단"[15]도 있었다.

왜 합창이 사람들에게 도움이 될까? 한 보고서에서는 이렇게 말한다. "노래 부르기는 그 자체로 즐거운 일이다." 하지만 더 중요한 사실은 합창단이 음악의 힘을 이용해 인간의 강력한 욕구를 만족시켜준다는 것이다.[16] 한마디로 노래 부르기는 '사회적 접착제'다. 사람들을 하나로 모은다.

브릿팝 합창단은 인원을 50명으로 제한하고 있는데, 이 숫자는 수렵·채집 시절의 우리 조상들이 선호했던 집단 규모의 상한선과 엇비슷하다. 아마도 사회적 응집력을 끌어내는 최적의 숫자인 것 같다.

인류학자들이 주장하듯이, 인간을 제외한 다른 영장류는 사회적 유대감을 얻기 위해(그리고 엔도르핀 분비를 위해) 일대일로 털고르기를 한다. 하지만 인간 집단은 그 정도 수준의 관심으로는 턱도 없이 크기 때문에 다른 방법이 필요했다. 예컨대 함께 노래를 하거나 음악을 연주하는 것과 같은 원초적 언어를 이용하는 방법 말이다.[17] 어떤 연구자들은 모르는 사람들이 처음 만났을 때 노래를 함께하는 집단이 다른 사회적 여가 활동을 하는 집단보다 유대감을 훨씬 더 빨리 느꼈다는 사실을 발견하고, '아이스브레이커 효과ice-breaker effect'라는 이름을 붙였다.[18]

이러한 현상이 발생하는 한 가지 이유는 동시성이다. 다른 사람들과 함께 동시에 규칙적으로 어떤 일을 해내는 것은 매우 친사회적인 행위라고 알려져 있다. 물론 사회적 결속력을 강화하는 다른 활동도 있다. 브릿팝 합창단 연습실과 같은 건물에서 마음챙김 카포에이라를 하는 사람들 역시 여느 팀 스포츠에 참여하는 사람들과 마찬가지로 함께 활동하며 비슷한 감정을 느낄 것이라고 확신한다. 하지만 함께 노래를 배우고, 함께 숨 쉬고, 말 그대로 서로 화합을 이루며(심지어 합창단원들의 심박도 점점 비슷해진다[19]) 화음을 맞춰 함께 노래하는 행위는 그 중에서도 특히나 효과적이다.

사회학자 로버트 퍼트넘[Robert Putnam]이 지금은 유명해진 한 연구에서 이탈리아의 특정 지역 정부가 다른 곳에 비해 훨씬 더 원활하게 작동하는 이유가 무엇인지 조사했다. 정당정치, 부의 수준 등 몇 가지 쉽게 예측할 수 있는 이유가 영향을 끼친 것으로 드러났다. 특히 '시민 참여의 전통'이 중요한 역할을 했다. 그런데 '합창단 참여'가 바로 그 중 하나였다.♣

브릿팝 합창단 활동을 계속해나가면서 나는 합창이란 잘 작동하는 참여민주주의를 보여주는 작은 모델 같다고 생각했다. 합창이 제대로 이루어지려면 모든 사람이 적극적으로 참여해야 한다. 연습에 나와야 하고, 가사를 외워야 하고, 자기 파트를 연습해야 한다. 이른바 '실천 공동체[community of practice]'에서 함께 배우는 것이다. 사람들과

♣ 나는 합창단을 세상의 병폐를 없애는 마법의 탄환이라고 생각하지는 않는다. 예를 들어, 나치 독일 정권이 '사회적 자본'을 만드는 데 합창단이 이용되었다는 지적이 있다. Shanker Satyanath, Nico Voigtländer, and Hans-Joachim Voth, "Bowling for Fascism: Social Capital and the Rise of the Nazi Party," *Journal of Political Economy* 125, no. 2 (2017).

함께 연습하며 그들의 행동을 예상하고 이에 대비해야 한다. 한 사람이 유독 약한 부분이 있으면 다른 사람이 그를 돕는다. 다음 노래에서는 반대로 그가 도와줄 것이다.

모든 사람이 목소리를 내야 최고의 소리를 만들 수 있으며, 한 사람의 목소리 혹은 한 파트의 목소리가 너무 강해서는 안 된다. 다양한 목소리는 방해물이 아니라 소리의 힘 그 자체다. 연령대와 인종, 문화적 배경, 경험 수준이 각기 다른 사람들이 같은 일을 하기 위해 한데 모인다. 그들은 각자 필수적인 구성 요소이면서 그들 중 누구보다도 더 큰 존재의 일부가 된다. 그들의 목소리가 거대한 물결을 일으켜 커다란 배를 들어 올린다. 일주일에 12달러로 경험하는 유토피아 같았다.

그리고 우리가 내는 소리는 환상적이었다.

♟ ✏ ✒

내가 휴대폰으로 모르는 사람들과 함께 노래를 부르기 시작한 때는 이 무렵이었다.

합창단에서 다른 사람들과 함께 노래할 때 느껴지는 긍정적인 감정이 중독적이기까지 하다는 사실을 발견했다. 합창단 연습이 없는 날에도 노래하고 싶은 욕구를 채울 수 있는 방법은 없는지 알아보기 시작했다. 그러던 어느 날, 인터넷을 뒤지다가 '스뮬Smule'이라는 이상한 이름의 앱을 발견했다.

방법은 간단했다. 휴대폰에 이어폰을 연결하고, 앱의 데이터베이스에서 좋아하는 노래를 검색한 다음 녹음을 시작하고 노래를 부르면 된다. 녹음이 끝나면 다양한 필터와 이펙트를 적용해 녹음된 목소리를 약간 보정할 수도 있다. 노래하는 모습을 영상으로 촬영할 수도 있고 목소리만 녹음할 수도 있다. 나는 솔로 곡 몇 개를 녹음했다. 사용하기도 쉬웠고, 소리도 훌륭했다. 게다가 재미도 있었다. 약간 삭막한 기분이 들긴 했지만.

그러다가 '듀엣'도 가능하다는 사실을 깨닫고는 마법의 문을 해제한 것 같은 기분이 들었다. 내 목소리로 노래를 약 반절쯤 부르고 녹음한 뒤 세상에 공개한 다음 초조한 마음으로 누군가 함께해주길 기다린다. 아니면 다른 사람이 올려놓은 듀엣곡에 참여할 수도 있다. 그들이 내 목소리에 만족하길 바라며.

그러자 갑자기 세상 모든 사람과 함께 노래를 부르는 것 같은 기분이 들었다. 어느 날에는 머리에 스카프를 두른 어떤 인도네시아 여성과 함께 존 레논의 〈이매진Imagine〉을 불렀다. 프로필에 돌격소총을 쏘는 사진을 등록해놓은 버지니아 출신 남성과 함께 R.E.M.의 노래를 부르기도 했다. 중년들과 함께 1970년대 노래를 부르기도 했고, 십대·이십 대들과 함께 최신 곡을 부르기도 했다. 큰 마이크가 달린 준전문가급의 녹음 장비를 사용하는 사람도 있었고, 주차된 차 안에서 노래하는 사람도 꽤 많았다. 운전 중에 노래하는 사람도 있었다(이런 사람은 반드시 피했다). 목청껏 노래하는 사람도 있었고, 속삭이듯 노래하는 사람도 있었다.

나는 스뮬을 모래놀이 장난감처럼 사용했다. 혀가 꼬이는 프리스타일 랩을 하거나 가물가물한 스페인어로 노래하는 등 성대근의 여러 부위를 사용하며 이것저것 시도했다. 딸도 한번 해보더니 이렇게 말했다. "아빠가 방에 틀어박혀서 나오질 않았던 이유가 이거였구나."

스뮬에서는 시공간과 언어, 문화를 초월한 사람들이 동시에 같은 노래를 부르고 있었다. 여기서도 합창과 마찬가지로 유토피아의 향기가 풍겼다. 다른 소셜 앱과 마찬가지로 댓글을 남기거나 '좋아요' 또는 '즐겨찾기'를 누르거나 팔로잉을 할 수 있다. 무례한 사람을 만날까봐 걱정했는데, 나와 함께 노래한 사람들은 전부 예의가 있었다. 풋내기 실력으로 사람들에게 칭찬을 들으면 그렇게 흥분될 수가 없었다. 나는 집에서 쉬지 않고 노래하는 습관이 생겼다. 아내와 딸은 짜증을 냈다(이해한다). 스뮬에서는 사람들이 짜증을 내지 않았다. 그들은 내가 그들과 함께 노래를 불러서 행복해하는 것 같았다. '우와, 정말 잘하시네요'와 같은 댓글에 힘이 났다. 스뮬은 내 비밀스러운 지지 네트워크가 되었다.

앱이 어떻게 탄생했는지 궁금해진 나는 스뮬의 CEO 제프 스미스Jeff Smith에게 연락을 했다. 실리콘밸리 사업가이자 뮤지션으로 오래 활동해온 그는 사람들이 음악을 즐기고, 또 다른 사람들과 함께 즐기는 데 스마트폰과 같은 기술이 유용할 거라고 생각했다.

그는 내게 이렇게 말했다. "음악은 최초의 소셜 네트워크입니다." 스뮬은 초반에는 스마트폰 피아노 같은 서비스를 내놓았다. 하지만 모든 사람에게 있는 악기만큼 표현력이 풍부한 악기는 세상에 없었다. "목소리는 자기 자신 그 자체입니다." 목소리는 표현의 근본적인 형태였다. "블루스 기타리스트들이 기타를 연주할 때 잘 살펴보면 입술을 움직이거든요. 목소리를 흉내 내는 행동이죠." 자신 역시 좌절을 겪은 가수로서 주눅 들지 않고 노래하는 방법을 찾고자 했다. 그렇게 생각해낸 방법은 다른 사람과 함께 노래하는 것이었다. 그는 이렇게 말했다. "아는 사람 앞에 있을 때보다는 지구 반대편에 있는 모르는 사람과 함께 있을 때 노래하기가 더 쉽습니다."

음악에 존재하는 역사적 결속력을 소셜 미디어의 게임화된 세계와 접목했더니 딱 맞아떨어졌다. 대부분 함께 노래하는 데서 끝나지만, 때로는 더 깊은 관계로 이어지기도 한다. 그에 따르면, 함께 듀엣을 부르다가 만난 사람들이 낳은 '스뮬 베이비'가 알려진 것만 해도 100명이 넘는다.

나는 사랑을 찾고 있지도 않았고 딱히 친구를 찾는 것도 아니었지만, 주기적으로 함께 노래하는 파트너들에게 연대감이 들기 시작했다. 우리는 각자 다른 시간에 다른 공간에서 이 신비로운 방법으로 서로 마음을 열고 경험을 공유하고 있었다. 내가 만난 텍사스의 한 여성은 십 대 때 합창단원들과 함께 뉴욕에 공연하러 온 적도 있을 만큼 오랫동안 노래를 불러온 사람인데, 요즘은 퇴근 후 스뮬에서 활동하며 노래하는 즐거움을 다시 찾고 있었다. 나와 함께 주기적으로 노래를 불렀던 영국 남성은 냉소적인 유머 감각을 지닌 뮤지션 출신으로 그 유명한 존 필John Peel 라디오 쇼에서 연주한 적도 있었다. 그는 전혀 예상치 못했지만 스뮬이 우울증 극복에 크게 도움이 되었다고 했다. 그러고는 이렇게 말했다. "노래하면서 우울감도 날려버려요."

목소리가 정말 좋은 어떤 여성과도 잠깐 함께 노래했는데, 그녀가 심장마비로 갑자기 사망했다는 소식을 나중에 들었다. 나는 사람들 몇 명과 함께 그녀를 기억하며 단체 곡으로 노래를 불렀다(모두 스튜에서 만난 사람들이다). 실제로는 한 번도 만난 적이 없는 사람인데도 이상하게 마음이 아팠다.

사랑에 빠지고, 사람을 떠나보내고……. 인생 그 자체였다. 노래 부르기는 음악만이 아니라 훨씬 더 많은 것을 아우르고 있었다. 어떤 감정이든 의미가 더 커졌고, 다른 사람들과 함께하니 더 재미있었다.

그러는 동안 나는 브릿팝 합창단에 있는 동료 몇 명을 알게 되었고, 그들 역시 노래를 향한 사랑 말고도 합창단에 들어온 이유가 다양하다는 사실을 깨달았다. 어느 날 밤, 바에서 한 여성과 이야기를 나눴다. 그녀는 별생각 없이 재미 삼아 합창단에 들어왔다가 그 즉시 '평생 찾아 헤매던 것을 드디어 찾았다'는 생각이 들었다고 했다.

'새로운 시작을 위한 전환의 순간'이 주 테마인 듯했다. 나와 같은 베이스 파트인 로저는 어릴 때부터 합창단 생활을 해왔다고 말했다. 변성기 전에는 뉴욕 교외의 중국어 합창단에서 솔로 파트도 몇 번 맡았다. 그러다 연인과 헤어지고 나서 '자아 탐구 및 쇄신'의 과정을 겪으며 다시 노래를 시작했다고 했다.

그는 몇 년간 고전적인 스타일의 남성 합창단에서 활동하다가 브릿팝으로 옮겨왔다. "남자가 귀한 합창단에 들어오면 얼마나 잘해야 하는지에 대한 기대치가 낮아지죠." 그는 테니스와 그림 그리기 같은 취미도 즐기지만, 그 중에서도 이 합창단 활동이 너무나 중요해서 다른 도시에서 취업 제의를 받는다고 해도 이사 가기가 어려울 정도라고 했다.

알토 파트의 활기 넘치고 외향적인 세라는 나와 금세 친해졌다. 그녀는 평생 음악을 가까이했다. 합창단 활동도 여러 번 했고, 뉴욕의 여러 노래방에서 청중을 놀라게 했으며, 직장 '재능 기부 프로그램'에서 동료들에게 노래 강습을 하기도 했다. 지금은 전담 강사에게 헤비 메탈 샤우팅 창법을 배우고 있다. 지난 10년 동안은 '여성 아코디언 오케스트라'에서 활동했다고 한다. (그녀는 코미디언 존 스튜어트가 자선음악회에서 이 오케스트라단을 소개하며 이렇게 물었다며 웃었다. "이게 도대체 무슨 꿍꿍이인가요?") 하지만 몇 년 전 그녀의 멘토이기도 했던 오케스트라 단장이 세상을 떠난 뒤에는 예전처럼 정기적으로 연주하지 않았다. 그녀는 이렇게 말했다. "정기적으로 리허설하는 게 얼마나 그리웠는지 미처 깨닫지 못하고 있었어요. 뇌에 정말 좋은 영향을 주거든요."

우리 합창단 활동이 사회적인 활동으로 느껴지기는 하지만, 같은 파트에서 노래하는 동료 이상의 사이가 되려면 여전히 노력이 필요하다. 연습 시간은 강도가 높았고, 연습이 끝나면 사람들은 집에 가기 바빴다. 연습 끝나고 술자리를 한두 번 가졌지만, 월요일 밤이라 시간대가 좋지는 않았다.

나는 프랑스 여성인 로랑스와 친해졌다. 전염성 높은 웃음소리에 프랑스 여성 특유의 편한 창법을 구사하는 여성이었다. 우리는 동네에서 자주 마주친 덕분에 이야기를 나누게 되었다. 우리 동네는 한 공립학교의 유명한 프랑스어 몰입 프로그램 덕분에 외국인들이 많다. 우리는 나이도 얼추 비슷했고, 둘 다 지역 학교의 학부모였고, 초보였을 때 합창단에 들어왔다는 점도 같았다. 합창단 소울메이트를 만난 것 같았다.

어느 날 저녁, 그녀와 함께 동네 카페에서 차를 마시며 이야기를 나눴다. 그녀는 아이들을 방과 후 노래 교실에 등록시키면서 찰리를 처음 만났다고 했다. "그때는 아이들이 어려서 연습 시간마다 늘 나도 같이 갔어요. 그때 찰리를 보고 반했달까요, 어찌나 에너지가 넘치는지 보기만 해도 참 좋더라고요."

그러던 어느 날 로랑스는 찰리에게 성인 프로그램은 없냐고 물었다. 그녀는 이렇게 말했다. "나는 노래를 해본 적이 한 번도 없었어요. 노래방에서조차요. 그냥 무턱대고 합창단에 나갔죠. 내가 재미있어 할지, 중간에 그만둘지 전혀 알 수 없었어요." 처음으로 연습에 참석한 그녀는 거의 공황 상태에 빠졌다. "진짜 기겁했죠. 나와는 달리 다들 경험이 많아 보이더군요. 걱정이 되더라고요. 사람들이 '저 프랑스 여자, 노래도 못하면서 여기서 뭐하는 거지?'라고 생각할까봐요."

그녀에게 월요일 밤의 합창단 활동은 가정생활의 일시적인 피난처가 되었다. 당시는 부부 사이가 좋지 않았던 이혼 직전 상황이었고, 월요일이면 늘 긴장감이 더욱 커졌다. 직장에서 한 주를 시작하는 스트레스 때문이었을 것이다. 그녀는 합창단이 점점 편하게 느껴졌고,

매주 합창 시간에 얻는 긍정적인 기분이 점차 소중해졌다. "뭔가 새로운 걸 시작하기에 늦은 때란 없다고 생각하니 기분이 정말 좋아지더군요."

갑자기 그녀에게 노래가 중요한 존재가 되었다. 정체성의 일부가 되었다. 그녀의 변한 모습에 친구들도 약간 놀랐다. 그녀는 이렇게 말했다. "완벽한 시기에 노래가 찾아왔어요." 20년간 이어진 그녀의 결혼 생활은 돌이킬 수 없을 정도로 악화되고 있었다. 그런 상황에 그녀는 노래를 하며 활력을 얻었을 뿐 아니라 자신을 위해 스스로 뭔가를 할 수 있다는 생각까지 하게 되었다. "아이들을 키우다 보면 내게 뭐가 필요한지, 내가 뭘 원하는지는 잊어버릴 수밖에 없어요. 그저 아이들만 쫓아다니게 되죠." 그녀는 남편이 합창단 활동을 반대하지는 않았지만, 공연에는 한 번도 온 적이 없다고 회상했다. 어쩌면 그런 행동에서 남편의 마음이 드러난 것일 수도 있다.

우리가 대화하는 동안 그녀는 갑자기 뭔가를 기억해냈다. 그녀는 결혼 생활이 막바지를 향해 갈 때쯤 남편이 항상 그녀의 목소리에 '불평불만을 늘어놓았다'고 말했다. 어쩌면 스트레스 때문에 그가 전반적으로 '소음에 무척 예민해진 것'일 수도 있다. 하지만 유독 그녀의 목소리에 초점이 맞춰졌다. "나는 원래 목소리가 좀 커요. 이건 어떻게 할 수 없는 일이죠. 내가 큰 목소리로 이야기하거나 웃을 때는 신이 나고 행복해서 그러는 거예요." 그녀는 심지어 목소리 교정 코칭을 받을 생각도 했다. "내가 목소리를 바꿔야 한다면, 그게 해결책이었겠죠." 하지만 비용이 터무니없이 비쌌다. 뉴욕에서 유능한 전문가에게 목소리 교정을 받으려면 한 시간에 100달러가 넘게 든다. 반면 브릿팝 합창단은 연습에 한 번 참여할 때 내는 비용이 영화 한 편 보는 것보다 저렴했다. 그녀는 찰리를 만나 노래한 것이 목소리를 '조절'하는 데 도움이 되었다고 생각한다.

그녀가 남편과 헤어지기로 결정한 주에는 연습 시간 내내 울음이 터져 나왔다.

그녀는 내게 이렇게 말했다. "길거리에서는 울지 않았어요. 하지만 노래를 부르니까 감정이 올라오더라고요. 찰리가 나중에 내게 와서는 '이런 모습은 처음 보네요'라고 말했어요."

그로부터 몇 년이 지난 지금, 로랑스는 이제 찰리가 이끄는 합창단 두 곳에 모두 참여한다. 심지어 최근에는 찰리가 브릿팝 합창단의 핵심 단원들을 대상으로 준비한 비공식 오디션도 보았다. 그녀는 마지막에 기회가 왔을 때 노래를 부를 수 있었다. "찰리는 정말 친절했어요. 내 목소리만 단독으로 들을 수 있어서 행복하다고 말하더군요."

우리는 모두 각기 다른 곳에서, 각기 다른 사연으로, 각기 다른 이유로 합창단에 왔다. 하지만 우리는 모두 똑같이 뭔가 새로운 것을 시작하고, 처음부터 다시 시작하고자 하는 초보자였다. 새로운 길을 찾는 사람도 있었고, 오래된 열정을 재발견하고자 하는 사람도 있었다.

훨씬 더 중대한 목적이 있는 사람도 있었다. 인생을 되찾으려는 사람이었다.

연습 주기가 시작된 초반의 어느 날, 나는 우리 작디작은 베이스 파트에 새로운 단원이 왔다는 사실을 알고 깜짝 놀랐다. 빡빡 민 머리에 아디다스 운동화를 신고, 프레드페리 폴로 티셔츠를 입은 그는 영국 프리미어리그 축구 경기장의 관람석에서 볼 법한 남성 같았다. 알고 보니 에이드리언은 런던 북부 출신의 축구 코치로, 청소년 축구팀인 레드불스 아카데미에서 일하기 위해 미국으로 건너왔다. 일주일 뒤 나는 그가 브릿팝을 향한 자신의 열정을 말해주겠거니 하는 마음으로 그에게 말을 걸었다.

그는 이렇게 말했다. "나는 뇌종양이 있어요. 언어 치료사가 노래하는 게 도움이 될 거라고 해서 찾아왔습니다."

나중에 그와 함께 아침을 먹을 때, 그는 누군가에게 자신의 병 이야기를 하게 될 줄은 전혀 몰랐다고 말했다. 그는 왜 내게 그 이야기를 털어놓았는지 잘 모르겠다고 했다. 내가 남들의 이야기를 아주 잘 들어주는 경청 전문가임을 감지했나 보다. 하지만 그는 이야기를 털어놓은 뒤 마음이 좀 가벼워진 것처럼 보였고, 자신의 이야기를 내게 자세하게 들려주었다.

작년 8월 어느 무더운 오후, 에이드리언은 맨해튼의 그래머시파크에 있는 아파트 근처 수영장에서 집으로 돌아가는 길에 갑자기 발작을 일으켰다.

그가 내게 말했다. "심장이 두근거리기 시작했어요. 심장마비가 온 줄 알았죠." 근처 식료품점에 있던 의사가 뛰어나와 구급차를 불렀다. 응급실 의사들이 곧바로 심장을 검사했지만 아무 이상이 없었다. 그는 금세 괜찮아졌고, 2분 동안 일어난 발작은 벌써 옛날이야기처럼 느껴졌다. 그는 다른 병원으로 가서 뇌 MRI를 찍었다. 몇 시간을 기다린 끝에 마침내 만난 의사는 그에게 입원하라고 했다. "난 그냥 아무 이상이 없다고만 생각했어요."

다음 날 아침, 의사는 그에게 뇌에 혹이 있다고 말했다. 뇌종양이었고, 당장 수술을 받아야 했다. 수술 날짜는 며칠 뒤로 잡혔다. 그는 부모님과 통화하면서 다시 가벼운 발작을 일으켰다. 그의 가족이 수술 일정에 맞춰 뉴욕으로 왔다. 그가 수술을 마치고 깨어났을 때, 의사는 그에게 종양의 90퍼센트가 제거되었다고 말했다(전부 제거하면 '심각한 손상'을 입을 거라고 했다). 그런데 그 말에 대답이 나오지 않았다. "말을 할 수 없었어요. 지금 무슨 일이 벌어지는지 전부 이해는 됐는데, 그저 말이 안 나오더군요."

비유창성 실어증이었다. 수술을 집도한 마운트시나이 병원의 레이먼드 용Raymund Yong은 에이드리언의 좌뇌 전두엽, 즉 브로카 영역이라는 부위 근처에 병변이 있었다고 내게 설명했다. 브로카 영역은 뇌에서 '언어'를 담당하는 부위 중 하나다. 또 다른 부위는 베르니케 영역으로, '언어의 이해'와 관련된 곳이다.

종양이 제거되면서, 수백만 개의 선이 내장된 광섬유 케이블처럼 뇌의 다른 부위를 잇는 연결부가 손상될 수밖에 없었다. 에이드리언은 언어 구사와 관련된 지식은 잃지 않았지만, 실제로 말을 하는 데 필요한 움직임을 실행하는 운동 기능을 잃은 것이다. 다른 운동 기능에도 이상이 생겼다. 그는 부모님과 필담으로 의사소통을 하려고 했지만, 오른손 손가락 대부분을 움직이지 못해서 애를 먹었다. 그는 '평생 이렇게 살아야 하나?'라고 생각했다.

어느 날, 한 친구가 병문안을 와서 그가 가장 좋아하는 밴드인 오아시스의 노래를 틀었다. 갑자기 그의 후두가 살아났다. "큰소리로 노래를 따라 부르는 건 되더라고요. 가사도 전부 생각났고요." 그는 간단한 대화조차 못하는 상황이었다. 그런데 노래는 부를 수 있었다.

노래 부르기는 일반적으로 우뇌에서 일어나는 일이기 때문에 실어증이 발생한 상황에서도 그 능력이 '보존'되는 경우가 많다.[20] 그는 오아시스 노래를 부르면서 언어적 발화를 하는 것이 아니라 멜로디의 형태로 부호화되어 저장되어 있던 언어를 불러온 것이었다. 용이 설명했듯이 우뇌에는 좌뇌와 연결되고 좌뇌를 투영하는 부위가 있으며, 이 부위에서는 '백업'의 형태로 정보를 가져올 수 있다.

어쩌면 노래 부르기가 가교 역할을 했을지도 모른다. 올리버 색스Oliver Sacks가 《뮤지코필리아Musicophilia》에서 주장했듯이,[21] 노래하기는 지나치게 활동적인 우뇌를 "가라앉히고", "억제된" 좌뇌에 불을 붙이는 데 선순환적으로 도움이 되는 것으로 보인다. 에이드리언의 뇌는 양쪽 뇌의 자원을 이용해 서로 보완하고 있었다. 흥미롭게도 이는 우리가 나이 들어가면서 주로 하는 일이다.

에이드리언은 자발적으로 소리를 내며 대답했다. "그건 생명줄이었어요. 갑자기 '그래, 원래대로 돌아갈 수도 있어'라는 생각이 들더군요." 하지만 집중 재활 치료는 이제 막 시작되었다. 인지 치료, 언어 치료, 집단 치료, 물리 치료를 모두 받아야 했다. 그는 "믿을 수 없었어요"라고 말했다.

한때는 간단했던 일도 다시 배워야 했다. 인지적으로 다시 배워야 하는 것은 아니었다. '머릿속으로는' 어떻게 해야 하는지 알고 있었기 때문이다. 하지만 뇌와 신체의 협응에 필수적인 신경회로가 다시 연결되어야 했다. 예를 들어, 그는 시선을 뇌가 원하는 대로 돌리기 어려워했다(안과 의사는 그에게 '눈 푸시업' 연습을 하라고 했다). 냉장고 문을 열고 안을 살펴보는데 찾는 물건을 바로 눈앞에 두고 찾지 못하는 상황을 상상해보라. 에이드리언은 하루에도 몇 번씩 이런 상황에 빠졌다.

그는 초보자의 몸에 갇힌 숙련가였다. 하루는 재활 치료사가 그에게 쇼핑 목록을 주고는 마트에 데리고 갔다. 그의 임무는 간단했다. 장을 보는 것이었다. 그는 통로 사이에서 혼자가 되었다. 북적거리는 좁은 통로를 가득 메운 쇼핑객들, 밝은 빛과 음악 소리, 눈앞에 펼쳐진 수많은 상품 선택지에 그만 압도되고 말았다.

"처음에는 못하겠더라고요. 뇌와 몸의 연결이 끊겼죠. 엉망진창이었어요."

도로에서는 요란한 소음이 울리고, 지하철은 사람들로 만원을 이루는 번잡한 뉴욕시는 받아들이기 벅찬 자극으로 가득했다. 그는 길을 갈 때도 천천히 걸어야 했다. 가끔은 몸도 좋고 젊은 이 남자가 왜 이렇게 느리게 걷는지 도무지 이해하지 못하는 참을성 없는 행인들과 마주치기도 했다. 그는 주로 뇌졸중 환자들로 구성된 지원 단체에 들어갔다. 수십 년 동안 들어온 회원 중 그가 가장 젊었다.

몇 주 뒤, 언어 치료사가 그에게 노래 부르기가 도움이 될 거라고 제안했다. 무엇보다도 노래에는 리듬이 있고, 발음 속도가 느려서 말을 되찾는 데 좋은 시작점이 될 터였다.[22] 그래서 그는 나처럼 인터넷을 검색했고, 브릿팝 합창단을 찾았다. 그는 장차 아내가 될 여성인 신발 디자이너 로즈와 함께 합창단에 가입했다(에이드리언을 도와주기 위해 가입한 로즈는 농담처럼 자신은 노래를 못한다고 말하지만, 그 이후로 아주 열성적인 단원이 되었다).

그는 화학 요법과 그 밖의 여러 치료를 받는 힘든 일정을 소화하는 중에도 사람들과 함께 오아시스의 노래를 불렀다. 말하는 능력도 많이 회복되었다. 하지만 여전히 좀 천천히, 기계적으로 말했고, 가끔 멍한 표정을 지으며 말을 갑자기 멈출 때도 있었다. "그런 현상이 나타나면 제가 말을 잊어버렸다는 뜻이에요." 그는 뇌암 지원 단체에 함께 참석한 사람들에게 노래가 얼마나 좋은지 열정적으로 이야기했다. "그 사람들은 제가 미쳤다고 생각해요." 그는 이렇게 말하곤 웃음을 터뜨렸다.

초여름쯤에는 더 많이 좋아져서 축구로 암 환자 어린이를 도와주는 '우리는 찰 수 있다We Can Kick It'라는 단체를 설립했다. 월드컵이 다가오면서 온라인으로 '아이스 버킷 챌린지(루게릭병을 널리 알리고 기부를 활성화하기 위한 릴레이 캠페인으로 얼음물을 뒤집어쓰는 동영상을 SNS에 올리고 다음 타자를 지목하는 방식으로 이루어졌으며, 세계적으로 큰 인기를 끌었다-옮긴이)'와 비슷하게 '발로 축구공 트래핑 열 번 하기'를 도전 과제로 하는 캠페인을 시작하기도 했다.

예전 같았으면 잠자면서도 할 수 있는 일이었는데, 이제는 완전히 '처음부터 다시' 연습해야 했다. 나는 트래핑을 잘 못하지만 이 과제에 도전하기로 했다. 카메라 앞에서 멋지게 보이고 싶었던 나는 몇 주 동안 열심히 연습했다. 그렇게 우리 둘 다 열 번을 채웠다.

하지만 우리가 이 기술을 습득하는 과정은 각각 달랐다. 나는 내 뇌에서 볼 트래핑이라는 한 번도 가본 적 없는 목적지에 도달하는 새로운 길을 개척해야 했다. 반면 그는 숙련된 볼 트래핑의 땅으로 가는 길을 '알았지만', 그의 뇌에서는 지나칠 수 없는 장애물이 그 길을 가로막고 있었다. 그래서 그는 전에 가봤던 그곳으로 가는 새로운 신경 회로를 찾아야 했다.

초보에서
아마추어로

나는 합창을 즐기고는 있었지만, 그만큼 뭔가 켕기는 듯한 기분이었다. 머지않아 내 부족한 재능이 탄로 날 것 같다는 생각이 들었다. 마치 이상한 신문화에 사로잡힌 인류학자처럼 정확히 무슨 일인지 알지도 못한 채 주변 사람들이 하는 일을 의례적으로 흉내만 내고 있다는 생각이 들기도 했다.

연습 시간에 찰리는 주로 중앙에 서 있었다. 우리가 각 파트를 부르는 동안 그녀는 방 안을 전체적으로 둘러보았다. 나는 마치 답을 모르는 아이가 선생님과 눈을 마주치지 않으려는 것처럼 행동했지만, 그 안에서 키가 제일 큰 사람으로서는 쉽지 않을 때도 있었다. 가끔 그녀가 무표정한 얼굴을 하고 안경 반사광에 가려진 눈으로 집중적으로 특정한 곳을, 특히 내 입을 바라볼 때가 있었다. 그럴 때면 나는 남몰래 겁에 질렸다. 내가 뭔가 잘못하고 있나? 나는 그녀가 이렇게 말하는 악몽에 시달렸다. "좋아요, 톰. 혼자서 한번 불러보실래요? 우리가 다 같이 이렇게 열심히 노력해서 내는 소리를 당신이 망치고 있는지 아닌지 확인 좀 해봅시다."

다행히 그런 일은 한 번도 없었다. 그녀가 지적할 것이 있더라도 파트별로 부드럽게 지적했으므로 우리는 그럭저럭 묻어갈 수 있었다. 하지만 이럴 때조차 주눅이 들었다. 찰리가 베이스 파트만 따로 노래를 시키며 봐줄 때는 1분이 5분같이 느껴졌다(다른 사람들은 대부분 그냥 휴대폰만 보고 있었지만).

어느 날에는 로저가 내게 어느 부분에서 '음정이 약간 낮다'고 지적한 적이 있다(나중에 들었는데, 로저는 신입 단원에게 까다로운 기준을 요구하며 '겁을 주고 쫓아내는' 것으로 악명이 높았다). 물론 프로라면 이를 쉽게 받아들이고 음정을 조절할 것이다. 반면 자존감이 무너지기 쉬운 초심자였던 나는 '내가 여기 있어도 되는지'를 고민했다.

하지만 나는 이 피드백에 감사했다. 합창할 때는 음향 효과에 따라 자기 목소리가 거의 들리지 않을 때도 있다는 분명한 특징이 있다. 노래를 더 크게 부를 수도 있겠지만, 그러면 자기 목소리만 확 튈 수도 있다는 위험을 감수해야 한다. 또한 우리가 시끄러운 곳에서는 그에 따라 목소리를 더 크게 낸다는 '롬바드 효과Lombard effect'[23] 때문에 한 사람이 목소리를 키우면 다른 사람들도 목소리를 더욱 키울 확률이 높다. 풍부한 성량으로 합창할 때는 실수가 있더라도 묻히기 때문에 자기 음정이 틀렸는지 새까맣게 모른 채 신나게 노래할 수도 있다.

내가 받은 보컬 레슨이 합창에도 도움이 될 거라고 생각했지만, 실상은 더 복잡했다. 보컬 레슨의 목적은 각 개인의 목소리를 개발하고 개성 있는 표현력을 키우는 것이다. 반면 합창단 지휘자는 여러 소리를 합쳐 하나의 소리를 완성하기 위해 따뜻한 느낌의 좋은 소리를 내는 집단이 필요하다. 필요 사항과 요구 사항이 서로 다르다. 한 기사에서 묘사한 대로, "합창단 지휘자는 화성에서 왔고, 보컬 강사는 금성에서 왔다."[24]

나는 아메데오와 함께 비브라토를 연습하고 있었다. 하지만 찰리에게는 비브라토가 성가신 존재일 것이다. 합창단에서 노래하는 것이 솔로로 노래하는 사람에게는 해가 될 수도 있다[25]는 오래된 믿음도 있다. 둘은 전혀 비슷하지 않았다. 보컬 레슨은 마치 골키퍼를 향해 끝없이 페널티킥을 차는 것처럼 개별 기술을 익히기 위한 반복 훈련이 대부분을 차지했다. 합창은 갑자기 실황 축구 경기에 참가하는 것과 비슷했다. 게임의 흐름을 읽어야 하고, 자신이 어디에 있어야 하는지 알아야 하고, 다른 선수들의 행동을 예측해야 하며, 이 모든 행동을 관중 앞에서 해야 한다.

합창단에서 노래하는 것과 혼자서 노래하는 것은 아주 다른 기술이라는 사실을 너무 늦게 깨달았다. 합창단에서 크랜베리스

Cranberries의 〈링거Linger〉를 연습할 때, 자꾸 내가 불러야 하는 베이스 파트를 부르는 게 아니라 항상 들어서 익숙했던 주 멜로디를 불렀다. 솔직히 가끔은 내가 베이스 파트라는 사실을 잊을 때도 있었다. 내가 이렇게 '위반'을 저지르면 로저의 귀에도 들어갔다. 로저 역시 그가 내게 말했듯이 주변의 영향을 완전히 뿌리칠 만큼 강하지 않았다. 여러 파트로 나뉘어 화음을 내는데 주변에서 아무리 유혹적인 멜로디가 들려와도 흔들리지 않고 자기 파트를 부르는 능력이야말로 숙련된 합창단원의 특징이다.

나는 숙련된 합창단원이 아니었다. 한쪽 귀에는 베이스인 로저의 목소리가 들렸고, 다른 쪽 귀에는 테너인 행크의 목소리가 들렸다. 그러다 보니 가끔은 음악으로 줄다리기를 하는 것처럼 느껴졌다. 아마 절반쯤은 그들에게 휩쓸렸을 것이다.

찰리가 가끔 우리에게 '즉흥 합창'이라는 활동을 시킬 때가 있었는데, 그럴 때면 평소보다 더욱 못하는 기분이 들었다. 단원들이 모두 어떤 노래의 특정 부분을 부르면서 자유롭게 방 안을 돌아다니는 활동으로, 원한다면 즉석에서 합창을 해도 되었다. 일종의 화음을 만드는 사교 활동으로 즐기는 것 자체가 목적이었지만, 나는 주로 매우 혼란스러웠고 치부를 드러내는 기분이 들었다.

연구 결과로도 밝혀졌는데, 나 같은 초보자는 같은 위치에서, 같은 사람들 옆에서, 그리고 다른 사람들과 가까이 붙어서 노래하는 것을 선호한다(전문 가수들은 정반대를 선호한다).[26] 합창단에서 단원들을 섞고 파트를 섞어서 배치했을 때 최고의 소리가 난다고들 하지만, 아마추어 수준인 사람들은 더 불행해질 수 있다.

우리는 안전지대를 벗어난 뒤에도 여전히 안전지대가 필요하다.

♟ ✐ ✑

10주 뒤, 그리니치빌리지의 유명한 음악 클럽인 르푸아송루즈Le Poisson Rouge에서 공연할 날이 다가오고 있었다. 이 공연은 마치 기말고사처럼, 몇 주 동안 무시무시한 존재로 차츰 다가왔다. 나는 가사를 서둘러 외웠고, 고음을 내려고 애를 썼다.

공연 때 밴드 이름으로 디자인된 티셔츠를 입어야 했는데, 이것조차 문제였다. 나는 대학교 때 밴드 티셔츠가 정말 많았지만 몇십 년이 지나고 나니 다 없어졌다. 그래서 어반아웃피터스 매장 지하층에가 핑크와 닥터드레 티셔츠를 뒤적거렸다. 사람들 눈에 좀 덜 띄려고 딸도 데려갔다. 그러던 중 내 나이에 적당히 어울리는 뉴오더 티셔츠를 찾아서 사왔다.

얼마 지나지 않아 공연 시간이 다가왔다. 무대가 좁아서 로저는 맨 뒷줄에 서고, 나는 거기서 몇 계단 아래로 자리가 정해지는 바람에 평소에는 가장 멀리 떨어져 있는 사람들과 나란히 서게 되었다.

게다가 첫 곡인 토킹 헤즈Talking Heads의 〈로드 투 노웨어Road to Nowhere〉를 부르기 시작했을 때, 연습 때 가끔 들었던 기분과는 전혀 다른 기분이 들었다. 오로지 내 목소리만 들린 것이다. 이 무대에서 나 혼자 부르는 것 같았다. 빌어먹을 음향 상태!

설상가상으로 우리는 브루클린 주민 합창단과 함께 토토Toto의

〈아프리카Africa〉를 공연할 예정이었다. 그런데 두 합창단은 이 노래를 따로 연습했을 뿐 같이 리허설한 적이 한 번도 없었다. 갑자기 우리 사이에 낯선 얼굴과 낯선 목소리가 들어왔다. 우리 수렵·채집 집단에 경쟁 종족이 합류한 것 같은 느낌이었다. 이 사람들은 누구인가?

하지만 나는 그곳에 있었다. 중년의 나이로, 초등학교 3학년 이후 처음으로 무대에서 노래하고 있었다.

마침 당시 일곱 살이었던 딸이 찰리가 운영하는 '브로드웨이 쇼 스톱퍼스'라는 방과 후 프로그램에 가입했다. 몇 주 전, 아내와 나는 다른 학부모들과 함께 그들의 작은 공연을 보러 갔다. 그들의 공연은 어린이들이 하는 공연이 보통 그렇듯 하나의 기적처럼 보였다. 우리는 딸이 무대에 올라간 모습만 보고도 울기 직전의 표정을 지었다. 수많은 실수가 나와도 아이들이기에 모두 용서되었다. 아이들의 미래가 얼마나 창창해 보이고, 아이들의 때 묻지 않은 목소리는 또 얼마나 순수하게 울려 퍼지던지.

이제 그날 밤은 내 차례였다. 공연장은 단원들의 친구들과 가족들로 가득 찼다. 청중은 대부분 열정적으로 반응했다. 딸은 나와 합창단을 보며 거의 스타를 보는 듯한 표정으로 미소를 지었다.

하지만 피할 수 없는 애절한 측면도 있었다. 우리는 삼십 대, 사십 대, 오십 대, 육십 대였다. 이제 우리에게 무한한 발전 가능성은 별로 없었다. 노래를 업으로 삼을 계획인 사람도 없었고, 심지어 그런 꿈을 꾸는 사람도 없었다. 우리의 실수는 아이들의 실수처럼 저돌적인 열정이 아니라 능력 부족으로밖에 보이지 않는다. 청중석에서는 실수를 포용하는 부모의 미소가 사라지고 더 복잡한 감정의 표정이 나온다. 우리가 하는 일을 향한 존중, 우리가 전문가가 아니라는 사실을 받아들이는 아량. 어쩌면 향수를 느낄지도 모른다. 청중 중에서도 한때 우리가 지금 하는 이 일을 하며 무대에 오른 사람이 있을 수도 있으니까.

하지만 청중의 너그러운 기준이 없어도 될 만큼 이 공연은 성공적이었고, 내 안에 있는 무언가가 영원히 바뀐 것 같은 느낌이 들었다. 나는 계속 노래를 했다. 한 번의 공연이 두 번, 세 번, 네 번이 되었다. 나는 공연을 부업으로 하는 소규모 '전문' 합창단에 가입했다. 여기서 우리는 네덜란드와 푸에르토리코 출신의 음악가들이 브롱크스에서 연 콘서트에서 코러스를 맡았다. 또 실제로 음반을 내고 팬까지 거느린 그룹들과도 함께 노래했다. 루스벨트섬의 한 병원에서 노인들을 대상으로 공연하기도 했다. 많은 이가 휠체어에 타고 있었다. 우리가 부르는 노래 중에 그들이 아는 곡이 한 곡이라도 있는지는 알 수 없었지만, 그들은 웃는 표정을 지으며 발로 박자를 맞췄다. 우리가 삭막한 회색빛 공기를 잠시나마 밝힌 것만은 확실했다. 또 우리는 연말의 들뜬 기분을 전하기 위해 뉴욕 포트오소리티 버스터미널 한가운데의 무대에서 지나가는 사람들에게 노래를 불렀다. 공연을 처음부터 끝까지 모두 지켜본 사람은 오봉팽 카페 앞에서 카키색 옷을 입고 자동소총을 움켜쥐고 보초를 서고 있던 해병대원들뿐이었다. 그들은 자리를 이탈하거나 미소를 짓거나 발로 박자를 맞추지 않았지만, 나는 그들이 그러고 싶은 마음이었기를 바랐다.

매장에서 틀어놓은 의미 없는 음악만 끝없이 흐르는 이 세상에서 우리의 숨결로 이 공간을 채우고 있다는 확신이 들었다. 어느 날에는 자매 합창단인 브루클린 주민 합창단과 함께 공연했는데, 공연이 끝나고 그 합창단의 여성 단원이 베이스 파트의 풍성하고 깊은 소리가 '탐난다'고 내게 말했을 때 나는 뿌듯함에 미소를 감출 수 없었다.

나는 몇몇 여성 단원들과 함께 종종 술을 마시는 사이가 되었는데, 한번은 그들과 함께 특이한 합창단원들 이야기를 했다. 실제로는 노래를 안 부르는 것처럼 보이는데 연습에는 절대 빠지지 않는 여성, 연습에는 한 번도 안 왔는데 이상하게도 공연 때는 자신이 뭘 해야 하는지 정확히 알고 있는 사람, 들어온 지 얼마되지 않아 갑자기 사라진 사람. 우리 생각에 그 사람은 아마도 목소리가 합창단에 잘 안 맞았던 것 같다. 신입 단원이 금세 그만두는 일은 아주 흔하지는 않았지만 없지도 않았다.

나는 합창단에 점점 더 애정을 느끼고 있었다. 전에 로저가 말했던 것처럼, 저녁 식사 자리에서 다른 지역으로 이사하는 이야기가 나온다면 내가 가장 먼저 떠올릴 생각은 바로 이것이었다. '합창단 연습에 갈 수 있는 거리인가?'

나도 알아차리지 못했지만, 브릿팝 합창단은 내 인생에서 필요한 수많은 것을 채워주고 있었다. 단순하게는 집에서 나오고, 다른 사람들에 둘러싸이고, 예전에는 못했던 일을 해내는 것이었다. 그리고 연습이 끝나고 돌아갈 때면 반드시, 한 번도 빼놓지 않고 확실히 황홀감을 느꼈다. 또 고강도의 보컬 강습을 받는 셈이기도 했다. 나는 보컬 개인 레슨이 정말 좋았지만 비용이 싸지는 않았다. 그다음으로 좋은 것이 바로 합창단이다. 합창단 활동을 하면 음정 잡는 실력이 좋아지고, 박자 감각이 예리해진다. 그리고 이 모든 일을 흥겨운 분위기에서 할 수 있다(최소한 브릿팝 합창단에서는 그랬다).

언젠가 한 연습 주기가 끝나갈 무렵, 공연을 앞두고 사람들과 함께 술을 마시는데 로저가 내게 다가와 자못 진지하게 말을 꺼냈다. "합창도 기술이에요. 우리 모두 즐기려고 여기 왔지만, 그래도 노래는 노래죠. 연습에 매주 나온다고 상을 받는 것도 아니잖아요. 처음 연습 주기 때부터 지금까지 정말 엄청 많이 발전하셨어요. 감을 완전히 잡으신 것 같아요. 합창단이 당신의 노래 경력에 어떤 의미가 있는지는 잘 모르겠지만, 정말 잘하고 계세요."

오디션을 본 것도 아니었는데, 이제야 통과한 것 같은 기분이 들었다. 이제 거의 아마추어쯤 된 듯한 느낌이었다.

{ 5장 }

인생의 버킷리스트인 서핑을 배우며, 늦게 시작하는 것의 장점

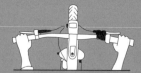

BEGINNERS

서프숍 점원   아저씨 나이대도 서핑 많이들 배워요.
          걱정 마세요. 전혀 문제없어요.
죠니 유타   나 스물다섯인데.
서프숍 점원   괜찮아요. 아직 안 늦었다니까요.

— 영화 〈폭풍 속으로Point Break〉, 1991

{ }

강사의 감독하에
즐기기

나는 서핑을 하느라 결혼반지 두 개를 잃어버렸고, 수천 달러를 썼으며, 허리 디스크가 몇 밀리미터 돌출되었다. 게다가 아직도 그리 잘하지 못한다.

서핑에 이끌린 배경은 평범한 중년 초보자들의 흔한 생각이었다. 오랫동안 멀리서 서핑을 바라보며 매력을 느꼈고, 더 늦기 전에 해보고 싶었다. 나 자신을 시험하는 새로운 방법이 될 수도 있다고 생각했다.

1970년대에 바다와 멀리 떨어진 중서부에서 자란 나는 다른 수많은 것과 마찬가지로 서핑을 TV에서 처음 보았다. TV 프로그램 〈스포츠의 폭넓은 세계Wide World of Sports〉에서 클립 영상을 한두 개 보았고, 시트콤 〈브래디 번치The Brady Bunch〉의 '하와이 여행' 특집 편에서 그레그가 서핑을 하다가 산호 위로 넘어지는 장면을 보았다(금기시되는 티키 우상이 사악한 마법을 부리는 장면에서 나왔던 으스스한 음악이 아직도 생각난다).

나는 이십 대 후반이 되어서야 처음으로 서핑하는 사람을 직접 만났다. 잡지사 일로 오렌지카운티에서 유명 서퍼이자 셰이퍼(서프보드를 만드는 사람-옮긴이)인 도널드 다카야마Donald Takayama를 인터뷰했을 때였다. 내게는 확실히 어려운 일이었다. 그의 셰이핑 작업실에서 그와 함께 아침 시간을 보낸 뒤, 헌팅턴 비치 부둣가에 쭉 늘어선 말뚝 근처에서 아이들 여러 명이 웅성거리며 흥분한 소금쟁이처럼 쇼트보드를 타는 모습을 지켜보았던 기억이 난다.

그 뒤로 몇십 년 동안 서핑은 비밀스러운 짝사랑 같은 존재였다. 대학교 때, 학교 근처 인기 커피숍에서 일했던 연상의 여인을 향해 품었던 마음과 비슷했다. 그녀가 그렇듯 서핑도 신비롭고, 어쩌면 약간 위험하고, 끝내 얻을 수 없는 존재 같았다.

이 세계에서는 딱히 '초보자 환영' 팻말을 내걸지 않는다. '비치그릿Beach Grit' 같은 서퍼들이 모이는 웹사이트에서는 '무방비의 성인 초보자들', 특히 지난주에 처음 파도를 타보고 인생이 바뀌는 경험을 했다고 열광적으로 말하는 사람들을 무자비하게 비웃는다. 호주의 프로 서퍼 바턴 린치Barton Lynch는 이렇게 말했다. "이 세상에서 서퍼들보다 건방지고 남 비난하기를 좋아하는 사람은 없다."[1] 서핑 지역에 사는 현지인이 탐나는 파도를 앞에 두고 화를 내며 초보자들을 위협한다는 이야기는 서핑에 관심이 없는 사람들도 한 번쯤은 들어보았을 것이다. 여러모로 진입 장벽이 높아 보였다.

사방이 물로 둘러싸인 뉴욕시로 이사를 온 데다 이곳에 괜찮은 서프 브레이크surf break(산호초, 암석 등의 장애물에 의해 파도가 깨지는 곳-옮긴이)가 있다고 들었는데도 내 짝사랑은 마음속에만 머물렀다. 뉴욕에서도 시골 생활을 즐길 수 있다. 가까운 로커웨이반도는 마치 다른 나라 같다. 거기 어떻게 가지? 거기서 어디로 가야 하지? 거기서 누가 날 안내해주지? 아는 사람 중에 서핑하는 사람은 한 명도 없는데.

그래서 나는 그냥 마음속으로 한껏 즐기기로 했다. 서핑 관련 책을 탐독하고, 영화를 보고, 생각만 해도 즐거운 서프 브레이크의 이름을 알아보았다. 매버릭스, 조스, 트레슬스, 호스슈즈, 아우터로그캐빈스 등이 있었다. (한 서퍼가 내게 말하길 최고의 서핑 명소는 이름이 's'로 끝난다고 한다. 정확히 입증된 것은 아니지만 재미있는 이론이다.)

나는 철학적이고 수도자적인 방법으로 수상 스포츠를 즐기는 사람이 되어 새벽녘에 일어나 부표를 확인하는 모습을 상상했다. 온몸으로 햇볕을 받는 쾌락주의적인 측면보다는 서핑의 금욕주의적인 면에 끌렸다. 자신의 온 관심과 열정을 쏟는 목적의식, 진지한 일과 계획, 끈기 있게 노력하는 모습 등이 더 좋았다.

나는 서퍼가 된 내 모습을 상상하며 언젠가는 서핑을 할 거라고 생각했다. 마음속에 간직한 이 생각은 고된 인생을 잊게 해주는 환상 속의 피난처였다. 내 마음속에서 나는 항상 현재의 삶을 그만두고 작은 해변 마을로 이사 가서 아침에는 서핑을 하고, 오후에는 글을 쓰고, 저녁에는 책을 읽는 삶을 꿈꿨다. 하지만 '언젠가는'이라는 시간은 끝없이 미뤄질 수 있었다. 현실이 서핑이라는 꿈에 끊임없이 훼방을 놓았다. 아니면 서핑이 정말 꿈이었기 때문에 현실로 만들 필요가 없었는지도 모른다.

그렇게 몇십 년이 지난 뒤 11월 말의 어느 추운 오후, 나는 로커웨이에 있는 황량하고 바람 많은 해변에 왔다. 약 3미터 높이의 푸른 거품 위에 엎드릴 참이었다. 저 멀리 진회색의 바다에서는 0.6미터에서 1미터쯤 되는 파도가 부서지고 있었다. 뒤죽박죽 늘어진 바위 방파제 위에는 시끄러운 재갈매기들이 앉아 있었다. 머리 위로는 대형 비행기가 줄을 지어 JFK 공항 활주로로 강하하고 있었다.

　나는 로커웨이의 작은 서프스쿨인 로컬스 서프스쿨Locals Surf School 소속 강사 딜런 오툴Dillon O'Toole과 함께였다. 그는 마치 안개 속에서 나온 것처럼 갑자기 나타났다. 등에는 '버니' 배지가 달린 사막 위장 무늬의 작은 백팩을 메고, 손에는 서프보드 두 대를 들고 있었다. 큰 키에 까맣게 그을린 피부, 길게 기른 수염, 깊고 편안한 목소리의 이십 대 청년 딜런은 로컬스 서프스쿨 강사가 대부분 그렇듯 로커웨이 지역에서 자랐으며, 어릴 때부터 서핑을 해왔다. 그는 내 아들뻘이었지만 그의 권위 앞에서 나는 어린아이가 된 것 같은 느낌이 들었다.

　내가 서프보드 위에 엎드리자 와이키키 해변이나 본디 해변의 초보자 서핑 포인트에서 흔히 보이는 사람들의 모습이 연출되었다. 당신도 이런 광경을 본 적이 있을 것이다. 검은 웨트슈트를 입은 사람들이 동그랗게 모여 모래사장에 서프보드를 깔고 엎드리고는 고개를 불편하게 젖히고 공중에서 패들링paddling(양팔로 물을 젓는 동작-옮긴이) 하는 모습. 이는 마치 육지에 좌초한 바다표범이 사지를 마구 흔드는 것처럼 보인다. 그리고 코에 징크(서핑용 자외선 차단제-옮긴이)를 바른 감독관 같은 사람이 지루한 표정으로 이 모습을 지켜보고 있다. 이렇게 하는 이유는 간단하다. 물에서는 서프보드가 불안정하고 계속 움직이기 때문에 물에 들어가기 전에 땅에서 먼저 기본적인 연습을 해야 한다. 어느 자리에 있어야 하는지, 어떻게 돌아야 하는지, 올바른 자세는 무엇인지 익히는 것이다. 물론 '팝업pop-up'도 연습한다. 팝업이란 서프보드에 엎드려 패들링하다가 단박에 일어나 웅크린 자세를 취하는 동작을 말한다. 이때 무릎을 살짝 굽히고 양팔은 균형을 잡기 위해 쫙 펼친다. 딜런은 내게 이렇게 말했다. "궁수가 활시위를 당긴다고 생각하고 자세를 취해보세요."

팝업은 재미있는 동작이었다. 팝업은 서핑 초보자에게 가장 중요한 동작이다. 강사가 파도를 골라 그 파도 쪽으로 당신을 밀어주면, 당신은 몸을 일으키고 그에 따른 흔들림을 견뎌내기만 하면 사실상 할 일이 끝난다. 소프트탑 보드라고 불리는 크고 넓은 초보자용 보드에서 떨어지지 않는다면, 최소한 사전적 의미로는 서핑을 하고 있는 것이다. 1908년 파도를 타고 있는 하와이 원주민을 숨어서 지켜보던 작가 잭 런던Jack London은 완전히 마음을 빼앗기고는 이렇게 썼다. "그는 해안으로 직진해 나아가더니 발에 날개를 달고 하얗게 부서지는 파도 위를 날아다녔다." 이제 당신도 이 마법에 빠진 것이다.

한참 뒤 실제로 서핑다운 서핑을 할 때쯤이면 팝업을 그다지 생각하지 않게 된다. 그냥 본능적으로 일어난다. 그때는 다른 것에 더 신경 쓸 것이다. 하지만 초보 단계에서는 팝업이 전부다. 나는 팝업 장면을 시각화하며 연습하곤 했다. 우리 집 거실 러그 위에서도 연습했다.

로커웨이는 서핑 용어로 말하면 레프트핸디드 비치 브레이크left-handed beach break(좌편에서 파도가 부서지고 해저가 모래인 곳-옮긴이) 또는 제티 브레이크jetty break(파도가 해안 둑에 맞아 부서지는 곳-옮긴이)다. 어떤 의미에서 이곳은 서핑을 배우기에 완벽한 곳이다. 우선 바닥이 모래라서 산호초나 암석 등 위험한 장애물이 없다. 다행히 상어도 출몰하지 않는다. 파도가 가까워 패들링을 많이 하지 않아도 된다.

하지만 어려운 점도 있다. 이곳은 해저 지형 특성상 파도가 가파르게 부서지는 경향이 있다. 딜런은 이렇게 말했다. "파도가 커지고 끝이 말리면, 거의 직각이 돼요." 그래서 말리부 같은 포인트 브레이크point break(지형 특성상 파도가 일정한 지점에서 무너지는 곳-옮긴이)에서보다 훨씬 더 빠르게 팝업을 해야 한다. 그리고 부서지는 파도를 만드는 모래 자체가 마치 사막의 모래처럼 계속 움직이기 때문에 어떤 파도가 들어올지 전혀 알 수 없다.

해변에서 팝업 연습을 완벽히 끝낸 뒤 우리는 바다로 나갔다. 후드가 달린 겨울용 네오프렌 수트를 입은 나는 딜런에게 이렇게 말했다. "나쁘지 않네요." 그 순간 예상치 못한 큰 파도가 나를 덮치면서 '물싸대기'를 맞았다. 얼굴에 작은 바늘이 1000개쯤 꽂히는 기분이었다.

딜런은 내 서프보드의 앞부분 옆에서 나를 끌고 그의 목이 잠기는 지점까지 파도를 헤치며 들어갔다. 그러고는 고개를 돌려 이마에 손을 올리고 수평선 쪽을 바라보았다. 내 눈앞에는 소용돌이치는 파랗고 그늘진 평원이 끝없이 펼쳐졌다. 그는 마음에 드는 파도를 발견하고는 이렇게 말했다. "좋아요, 준비하세요."

나는 등을 구부리고 서프보드에 발을 수직으로 세우고 앞을 바라보았다. "처어어어언천히 패들링하세요." 그가 낮고 부드러운 소리로 말했다. "빠르게!" 나는 더 세게 패들링했다. 발꿈치에서 거품이 느껴졌고 보드가 약간 치우치는 게 느껴졌다. "팝업!" 그가 소리쳤다. 땅에서 닌자 같았던 내 모습은 온데간데없었다. 손으로는 여전히 레일(서프보드의 측면-옮긴이)을 움켜쥐고 술 취한 듯 힘겹게 일어서기 시작했다. 나는 옆으로 쓰러졌고, 무슨 악마의 코 세척인 듯 얼음처럼 차가운 물이 내 비강을 강타했다.

두 번째로 시도했을 때는 잠깐 일어섰지만, 일어서면서 실수로 발을 쳐다보고 말았다. 서핑에서는 오토바이나 경주용 자동차를 타고 코너를 돌 때처럼 '가고자 하는 곳을 바라본다'가 핵심이다. 하지만 기술을 배우는 사람들에게 나타나는 흔한 현상이 있다. 초보자들은 항상 '자기 자신'을 바라본다는 것이다. 처음 자전거를 배우는 사람은 핸들을 잡은 자기 손을 쳐다본다. 처음 운전을 배우는 사람은 보닛을 본다. 실력이 좋아질수록 더 멀리 바라보기 시작한다. 서핑할 때 아래를 내려다보면 무의식적으로 아래쪽 근육을 움직이라는 명령을 내리는 것과 같다. 서핑에서는 이렇게 말한다. "아래를 보면 아래로 내려간다."

딱 그렇게 되었다. 체중이 앞으로 실리면서 서프보드와 함께 곤두박질쳤다. 이를 펄링 혹은 노즈다이빙이라고 한다. 이런 일을 겪으면 여기에 더욱 집착하게 되고, 그럴수록 상황은 더 나빠진다.

스포츠 심리학자 가브리엘레 불프Gabriele Wulf의 이론에 따르면, 우리가 어떤 활동을 할 때 자기 자신에 집중하는 것이 아니라 '외부' 대상에 집중할 때 더 좋은 성과가 나온다. 이런 주장은 거의 모든 스포츠에서 나타난다. 다트 선수는 자기 팔이 아니라 다트판에 집중할 때 더 잘한다. 골프 선수는 자기 팔꿈치가 아니라 홀에 집중할 때 더 좋은 성과가 나온다. 심지어 뮤지션도 악기를 연주하는 자기 손가락에 초점을 맞출 때보다 전체적인 소리에 초점을 맞출 때 더 좋은 연주를 펼친다. 이 이론이 180건의 연구에서 다시 도출되었다고 말하는 불프는 우리가 자기 자신에게 초점을 맞추면 자동적인 움직임을 방해하는 '약한 목조르기micro-choking'를 하게 된다고 생각한다. 여기서 자동적인 움직임이란 우리가 숙련된 행동을 할 때 나타나는 현상을 뜻한다.

그래서 로커웨이에서 딜런은 내가 서프보드 앞쪽이 아니라 육지에 있는 건물에 초점을 맞추길 원했다. 이론상으로는 저기만 바라보면 나머지는 알아서 해결될 것이었다.

하지만 나는 팝업하다가 계속 떨어졌다. 팝업하려는데 팔을 너무 앞으로 뻗어서 앞쪽에 무게가 과도하게 실리기도 했고, 너무 늦게 팝업하는 바람에 지나가는 파도의 파동을 고스란히 느끼기도 했다. 몸을 너무 쫙 펴거나 무릎 대신 허리를 굽히고 균형을 잃기도 했다. 가끔은 크고 강한 파도에 주의가 산만해져 아예 일어서지 못하고 해변까지 길게 물썰매를 타고 나오기도 했다. 다른 상황이었다면, 이 자체만으로도 정말 재미있었을 것이다. 하지만 여기서는 그저 쓰디쓴 실패에 불과했다.

나는 마치 머릿속에 체크리스트가 들어 있는 것처럼 초 단위로 미친 듯이 하나하나 지워가며 찰나의 순간에 모든 항목을 다 해내려고 용을 썼다. 서프보드 위치 맞췄나? 맞췄고. 시선은 해변 쪽으로 고정했나? 고정했고. 궁수 자세 취했나? 취했고. 그러고는 서프보드 위치에 너무 신경 쓰느라 해변을 바라보는 것을 잊어버린다. 하나를 지키면 반드시 다른 하나가 틀어졌다.

이것이 바로 전형적인 초보자의 행동이다. 수십 년 전, 캘리포니아대학교 교수인 스튜어트 드라이퍼스Stuart Dreyfus와 허버트 드라이퍼스Hubert Dreyfus 형제는 미 공군 과학연구소U.S. Air Force's Office of Scientific Research를 대신해 복잡한 기술 습득이 어떻게 이루어지는지를 연구했다. 비행기 조종사와 외국어를 배우는 사람들, 체스 선수들을 조사한 결과 이들은 '성인 기술 습득의 5단계 모델five-stage model of adult skill acquisition'을 도출했는데, 이 모델은 지금도 널리 영향력을 행사하고 있다. 아무것도 모르는 '초보자novice'에서 시작해 '초중급자advanced beginner'가 되고, 중간쯤 되는 '능숙자competence'를 거쳐 '숙련자proficiency'가 된 뒤 마침내 '전문가expertise'의 고지에 오른다. 이들에 따르면 전문가들에게서는 그 기술과 자신이 하나가 되는 현상이 나타난다. 전문가가 된 조종사들은 더는 비행기를 조종한다고 생각하지 않는다. 그냥 날고 있다고 생각한다. 걷기 전문가인 우리는 2장에서 살펴본 아기들처럼 도로를 걸어 다니며 몸을 '어떻게' 움직여야 하는지 생각하지 않는다. 그냥 한다.

초보자 단계에서 학습자는 '상황에 상관없이' 엄격하게 규칙을 고수한다.[2] 초보 운전자는 빨간불에 정지하라고 배운다. 체스 초보는 '항상' 이렇게 혹은 저렇게 하라고 배운다(예컨대, 나이트를 가장자리로 움직이지 말라). 하지만 신호등이 고장 난 교차로에서는 어떻게 해야 할까? (자율주행차량이 초보 단계였을 때 대표적인 문제가 바로 이것이었다.) 교과서적으로 체스를 두고 있는데 상대가 비정통적인 플레이로 응수한다면 어떻게 해야 할까? 드라이퍼스 형제에 따르면, 초보자는 규칙을 얼마나 잘 따랐는지를 기준으로 자신의 성과를 평가한다.

서프보드 위에서 나는 현 상황에서 어떤 일이 일어나는지에 집중하기보다는 기본 규칙만 따르고 있었다. 단순히 기본 사항을 따르는 것만으로도 모든 정신력이 다 소모되었기 때문이다. 한번은 비교적 성공을 거두다가도 다음번 파도에 딜런이 밀어줄 때는 완전히 실패하기도 했다. 그럴 때면 딜런은 이렇게 말하곤 했다. "그럴 때는 좀 더 비스듬히 테이크오프(팝업의 동의어-옮긴이) 해야 해요." 혹은 "이번 파도는 놓쳤네요."

다음 단계인 초중급자가 되기 위해서는 서핑할 때 '상황적 측면'도 고려해야 했다. 상황에 따라 규칙을 언제, 어떻게 적용해야 하는지 알아야 했다. 어떤 활동에서든 이렇게 변화하기란 꽤 어렵다. 하지만 서핑에서 특히나 어려운 이유는 그 상황이라는 것이 늘 바뀌기 때문이다.

서핑이 스노보드와 비슷하다고 생각하는 사람도 있을 것이다. 보드 위에서 경사면을 내려가며 균형을 유지해야 한다는 측면만 고려하면 비슷하기도 하다. 하지만 보드가 하강하는 와중에 엎드려 있다가 벌떡 일어나서 올바른 자세로 서야 한다고 상상해보라. 거의 움직이지 않는 산비탈을 내려오는 것이 아니라 끊임없이 흔들리고 모양이 바뀌는 거대한 젤리 위에서 내려온다고 상상해보라. 올바르게 탈기회가 딱 한 번뿐이고 똑같은 기회는 영원히 다시 오지 않는다고 상상해보라. 만약 넘어진다면 보드가 치명적인 미사일이 될 수도 있다고 상상해보라. 다시 나갈 때는 리프트를 타고 편안하게 올라가는 것이 아니라 파도가 몰아치고 다른 서퍼들로 북적이는 '임팩트존'을 헤쳐나가야 한다. 가벼운 눈사태가 난 곳에서 스노보드를 타는 경우와 비교하는 편이 좀 더 타당할 것이다. 피터 헬러Peter Heller는 《쿡Kook》에서 서핑계의 한 현자에게 "서핑을 배우는 것은 1년이 아니라 '평생의 여정'"[3]이라는 이야기를 들었다고 말한다.

내 평생의 여정은 이제 겨우 몇 걸음 나아간 상태였다. 쉽지 않으리라는 것을 알았다. 잭 런던은 서핑을 배운 첫날, 물에서 네 시간을 보내고 이렇게 말했다. "내일은 반드시 일어설 거라고 다짐했다."

나는 두 번째 레슨 때 마침내 해냈고, 그날 저녁 아내와 딸에게 자랑스럽게 말했다. "나 서핑 성공했다! 진짜 재밌었어!"

그때만 해도 내가 해낸 일이 얼마나 별거 아니었는지, 앞으로 얼마나 어려워질지, 실력이 좋아지기 전에 퇴보하는 것이 얼마나 실망스러운 일인지 잘 몰랐다.

곧 로커웨이에 가는 이 일정이 소중하게 느껴졌다. 나는 일주일에 한 번쯤 딸을 학교에 내려주고는 도심에 들어오는 차량으로 혼잡한 길과 반대 방향으로 바다에 갔다. 그러면서 일은 안 하고 뭐 하는 짓인지 흔들리는 내 마음에 대고 이것도 '엄연한' 일이라고 말하고는, 또 완전히 그렇다고 생각하지는 않았다. 나는 바다에 가는 45분 동안 주로 《챗 베이커 싱스》 음반을 틀어놓고 노래 연습을 했다.

파도타기가 짜릿하긴 했지만, 그만큼 그냥 바다에서 시간을 보내는 것도 좋았다. 나는 안전을 위해, 또 사교 활동을 위해서도 서핑 친구를 만들려고 노력했다. 아이가 우리 딸과 같은 학교에 다니는 다이애나와 좀 친해졌는데, 그녀는 하와이로 이사 갔다. 덴마크 출신의 헨리크는 살아 있는 바이킹 같은 강인한 느낌에 서핑을 무척 잘하는 사람이었다. 너무 잘해서 내가 함께하지 못하는 날도 있을 정도였다. 그런데 그 역시 코펜하겐으로 이사 갔다. 실력이 맞는 사람을 찾기가 어렵다면, 일정까지 맞추는 것은 더욱 어려운 일이었다. 그래서 나는 그냥 혼자 갔다. 보통 혼자 다니지 말라고 하지만, 그 덕에 바다와 단둘이 오붓한 시간을 즐겼다.

로커웨이의 풍경은, 좀 더 정확히 말하자면 로커웨이의 아번 지역은 엽서의 배경 그림 같은 느낌이었다. 뉴욕보다는 플로리다에서 자주 보이는 상류층 계획도시 스타일의 개발 지구 옆 공공 주택 단지가 모여 있는 동네였다. 고급 아파트 분양 광고판이 하나 눈에 띄었는데, 그 광고판에는 양복을 차려입은 남성이 서프보드를 들고 있는 사진이 있었다. 이를 두고 어떤 서퍼가 내게 '잘못된 조합'이라며 낄낄거렸는데, 그 말이 딱 맞았다.

로커웨이에는 특유의 매력이 있었다. 우선 작은 동네 같은 느낌이 있었다. 한번은 헨리크와 함께 서핑을 끝내고 장비를 보관하기 위해 서프숍으로 돌아갔는데, 문이 잠겨 있었다. 그래서 물이 뚝뚝 떨어지는 웨트슈트 차림으로 앞에 서 있었다. 그런데 딜런이 갑자기 자전거를 타고 나타나더니 이렇게 말했다. "길 건너 약국에 열쇠 맡겨놨을 거예요." 그러고는 쌩하고 가버렸다. 우리는 짐을 챙겨 나온 뒤 숍의 문을 잠그고 약국에 열쇠를 다시 돌려주었다.

하지만 보드에 올라 바다 쪽으로 방향을 틀고 멀리서 불어오는 폭풍이 수면에 새긴 자취 같은 파도를 바라볼 때면 갑자기 도시는 녹아 없어진다. 스마트폰에서 해방되어 그날그날 다른 진동수의 리듬에 맞춰 아래위로 움직이는 파도에 몸을 맡기고 고층 건물 스카이라인 없이 무한히 펼쳐지는 수평선을 바라본다. 그리고 그 빈 공간에 내 마음을 가득 채운다.

작가이자 서퍼인 앨런 와이스베커Allan Weisbecker는 서핑을 "바다 재활 치료"[4]라고 불렀다. 서핑을 하면 기분이 나아진다는 사실을 증명하기 위해 과학적인 자료까지 끌어올 필요가 있을지 모르겠지만,[5] 서핑에 몰입하고 기분이 나빠졌다는 연구는 단 한 건도 없다. 합창과 마찬가지로 서핑은 신경 장애 아동에서부터 외상 후 스트레스 장애를 겪는 퇴역 군인에 이르기까지 모든 사람을 위한 치료 수단으로 활용되어왔다.[6]

나는 '왜 진작 서핑을 안 했을까?' 하는 생각이 들었다. 언제든 마음만 먹으면 한 시간 이내에 브루클린의 번잡한 도심에서 사람보다 돌고래와 바닷새가 더 많을 때도 있는 광활한 야생으로 갈 수 있었다. 서핑은 어떻게 보면 명상이기도 했다. 서핑할 때는 생각할 시간이 많았다. 한 연구에서 서핑 대회를 분석한 결과, 한 세션에서 실제로 파도를 타는 시간은 전체의 4퍼센트에 불과했다.[1] 나머지는 반은 패들링하는 시간이었고 반은 기다리는 시간이었다. 여기서 교훈을 또 하나 얻는다. 서핑에서는 인생과 마찬가지로 인내하는 자에게 보상이 따른다.

가끔 강습이 끝날 때쯤 다음 수업을 들으러 온, 나와 비슷한 수준의 초보자를 만나기도 했다. 반쯤은 신나 보이고 반쯤은 망설이는 듯한, 태어나서 눈밭을 처음 걸어보는 강아지 같은 모습이었다. 여름에는 그런 사람이 많아진다. 경쟁이 붙은 서프스쿨들은 해변과 바다를 서로 차지하려고 다툼을 벌인다. 초보자 네댓 명이 같은 파도를 타는 광경도 드물지 않게 보인다. 그렇게 하면 안 되는 곳이 대부분이지만, 여기서는 그런 행동이 용인될 뿐 아니라 권장되기까지 한다. 그럴 때면 사람들은 호탕한 목소리로 "단체 파도타기!"라고 외친다.

마이크 콜로이언Mike Koloyan과 함께 로컬스 서프스쿨을 설립한 마이크 라인하르트Mike Reinhardt가 내게 말했듯이, 이곳이 이렇게 발전한 역사는 그리 오래되지 않았다. 1990년대에 라인하르트가 어린 시절을 보낸 이곳에는 초보자를 가르치는 서프스쿨이 없었다. 당시는 서핑의 인기가 꾸준한 상승 곡선을 그리기 전이었다. 그는 대부분의 동네 아이들처럼 바다로 내려가 혼자 고생해가며 서핑을 배웠다. 그 후 2012년에 두 마이크는(학생들은 둘을 쉽게 구분하기 위해 '금발 마이크'와 '흑발 마이크'라고 불렀다) 첫 번째 서프스쿨을 열었다. 라인하르트는 이렇게 말했다. "당시 입이 거친 동네 사람들이 우리에게 욕을 엄청나게 해댔죠. '서프스쿨이라니, 쓸데없이 초보자들만 잔뜩 늘어나겠구먼'이라면서요."

그는 서프스쿨의 학생 대부분이 '서핑 여행객'이라고 말했다. 이들은 바다에 오래 머무르지 않는다. "대부분 패키지로 5회 강습받는 식인데, 보통 다섯 번 서핑해봤다고 혼자서 안전하게 탈 만큼의 실력은 안 되죠."

라인하르트에 따르면, 이렇게 짧게 배우는 사람들이 누리는 장점은 다른 스포츠나 활동과 달리 실력이 좋지 않더라도 지금 당장 매우 신나게 즐길 수 있다는 것이다. "만약 킥복싱이라면 처음 6개월 동안은 트레이너에게 혼나가며 배워야 할 거예요. 실력이 좋아야 성취감을 느낄 수 있죠."

딜런은 서핑을 배우는 사람들을 부류에 따라 나눴다. 그에 따르면, 나 같은 사람은 '겨울 유형'이었다. "아주 열성적인 사람들이에요. 인생에 무슨 일이 있더라도 서핑을 배우고 싶어 하죠." 그리고 "안전하게 즐거운 시간을 보내고 좋은 파도를 즐기려는" 부류도 있다. 그는 이들을 '여가 유형'이라고 불렀다. 또 보통 여름에 오는 사람들, 주로 관광객인 부류를 그는 '롤러코스터 유형'이라고 불렀다. "이런 사람들은 사실 진지하게 배울 생각이 별로 없어요. 보드에서 잠깐 일어서고, 몸 좀 적시고, 그냥 그게 다예요. 인스타그램에 자랑하려고 강습을 듣는 경우가 많죠."

서퍼이자 작가인 닉 캐럴^{Nick Carroll}은 호주 서프스쿨을 다룬 자신의 연구를 인용하며 서프스쿨을 찾아오는 고객의 5퍼센트만이 다음 수업을 들으러 온다고 말했다. "사람들은 대부분 서핑을 해봤다고 말할 수 있어서 행복하다고 응답했다." 대다수는 몇 년 지나면 배운 것을 잊어버린다.

♟ 🎤 🖌

그 이유를 이해할 수 있었다. 실력을 쌓기가 쉽지 않았기 때문이다. 나이가 들어갈수록 더 어려워지는 듯했다. 라인하르트는 아이들에게 서핑을 가르칠 때는 비이성적인 두려움을 극복하도록 돕는 일이 큰 비중을 차지한다고 말했다. "아이들은 작은 파도만 쳐도 비명을 지르다가도 어느 순간 그 파도를 타고 깔깔거리며 웃어요."

하지만 어른들에게는 '이성적인' 두려움이 있다. "어른들은 만약 손목을 다쳐서 일을 하지 못하게 되거나 병원에 가서 치료비를 내야 한다면 어떤 피해를 볼지 잘 알죠."

또 라인하르트에 따르면, 아이들은 그저 즐거워서 서핑을 하지만 어른들은 명확한 목적을 세우고 찾아오는 경우가 많다. 그는 그래서는 안 된다고 경고한다. "서핑에서 좌절감을 느낄 수 있어요. 너무 스트레스를 받으면 안 돼요. 서핑을 하면서 즐기지 못한다면, 이걸 도대체 왜 하겠습니까?" 그는 여성이 남성보다 더 잘 배우는 경우가 많다고 말했다. "여성들은 좀 더 인내심이 강한 것 같아요. 남성들은 너무 마초 같아요. '내가 저 파도를 부숴버리겠어'와 같은 식이죠."

이는 초보자들이 맞닥뜨리는 전형적인 문제이기도 하다. 바로 비현실적인 기대를 하는 것이다. 어떤 연습을 해야 하는지, 무엇이 필요한지, 어떻게 실력을 키워야 하는지도 모르는 초보자가 미리 엄격한 목표를 세우는 것은 말이 안 된다. 과도한 목표를 세우면 의욕이 불타오르겠지만, 목표를 달성하지 못하면 그만큼 의욕을 더 잃을 수도 있다.

목적은 배우는 것 그 자체가 되어야 한다. 학습 분야의 권위자인 바버라 오클리Barbara Oakley는 "결과가 아니라 과정에 초점을 맞춰라"[8]라고 말한다. 그녀의 주장에 따르면, 우리가 배울 때 느끼는 고통은 대부분 결과에 집착하는 데서 나온다.

서핑을 배우는 데 나이나 체력보다 더 중요한 요소는 일정이다. 라인하르트에 따르면, 사람들은 보통 패키지로 강습을 예약하고 처음 두세 번은 열심히 나온다. 그렇게 감을 좀 잡기 시작할 때쯤 되면 회사 일로 한두 번 빠진다. 그러다 보면 또 날씨가 추워지고 열의가 식는다. "그렇게 겨울을 통째로 날리면 봄에 처음부터 다시 시작해야 하죠." 게다가 개인 일정이 바다 상황과 맞아떨어져야 하는데, 그러기가 쉽지 않고 아예 불가능한 경우도 있다. 로커웨이의 정보를 보여주는 서프 리포트에는 기운 빠지는 수식어로 가득 차는 일이 많았다. 예를 들면 '정말 간절하게 몸을 적시고 싶은 사람이라면 어느 정도 서핑이 가능함'과 같은 식이었다. 그 사람이 바로 나였다.

서핑은 돈이나 시간이 있는 사람이 즐기기 좋다. 그런데 그 외에도 서핑을 배우려면 세 가지가 있어야 한다. 바로 의욕, 연습, 피드백이다. 바닷가 바로 코앞에서 사는 것이 아니라면 서핑 장소에 가는 것만도 일이다. 게다가 몇 주 동안 파도가 없을 때는 반복 연습이 불가능하다.

그리고 강사와 함께하더라도 피드백을 받기 어려울 때가 꽤 많다. 딜런은 파도에 나를 밀어주고는 내가 그 파도 뒤로 멀리 사라져버리면 무슨 일이 일어나는지 잘 안 보인다고 말했다. 그는 수강생의 어깨가 움직이는 모습을 보고 발 모양을 가늠할 수 있게 되기까지 몇 년이 걸렸다고 했다. 그런데도 여전히 내가 파도에 휩쓸렸을 때 왜 그렇게 되었는지 나만큼이나 몰랐던 적이 몇 번 있었다.

어쩌면 이게 좋은 일일지도 모른다. 피드백을 너무 많이 하면 학습을 방해할 수 있다.[9] 피드백이 많으면 학습자는 피드백에 압도되거나 아니면 과도하게 의존할 수 있다. 실패했을 때 적절히 대응하지 못한다. 서퍼들이 말하듯이, 자기 방식대로 스스로 해내야 하고, 이유도 스스로 알아내야 한다.

서핑을 하면 겸손해진다. 예측할 수 없고 멈추지 않는 바다의 운동 에너지와 자유로운 인체가 결합해 매우 불안정한 연금술이 된다. 여기에 내 나이와 높은 무게중심을 고려하면, 나는 그냥 성공할 재능을 타고나지 않았다고 말하는 편이 나을 것 같다.

이 무렵 윌리엄 피네건William Finnegan의 유명한 책《바바리안 데이즈Barbarian Days》가 출간되었다. 나를 비롯해 내가 아는 서퍼들은 모두

이 책을 읽었다(서핑을 안 하는 사람들도 많이 읽었다). 그런데 이 부분을 읽고 나는 얼음이 되었다. "내 경험상 만 14세 이상의 고령에 서핑을 시작한 사람들은 숙련될 가능성이 거의 없으며, 주로 고통과 비애로 괴로워하다가 결국 그만둔다." '14세' 이상? 그는 다음 문장에서 못마땅한 기색으로 다음과 같이 인정했다. "하지만 올바른 조건에서 강사의 감독하에서라면 즐길 수는 있다."[10]

피네건은 마치 왕년에 잘나갔던 사람들이 옛날에는 얼마나 좋았는지 아느냐며 불평하는 식으로 이야기하는 듯했다. 그의 말에도 충분히 일리가 있을 것이다. 서핑을 향한 그의 진정성에 의문을 제기하는 것은 아니다. 게다가 내가 바로 그 '강사의 감독하에 즐기는' 사람이었다. 내가 '숙련된' 서퍼가 되어야 했을까? 숙련자는 드라이퍼스 모델에서 4단계에 해당했다. 나는 3단계인 능숙자 수준에서 충분히 만족할 수 있었다.

나는 곧 강습과 혼자 즐기기를 병행할 수 있을 만큼 자신감이 생겼다. 이 스티로폼 항공모함 같은 서프보드 위에서 해변까지 직선으로 곧장 나아가고는 실력이 꽤 늘었다고 생각했는데, 나중에 알고 보니 초보자들이나 그렇게 한다고 했다. 나는 다른 수강생 한 명과 함께 물속에서 두 마이크 중 한 명을 염탐하면서 마치 백발의 서핑 베테랑이라도 된 양 경건한 표정으로 고개를 끄덕거리기도 했다. 그러다 갑자기 예상치 못한 파도가 내 보드 옆쪽을 강타하는 바람에 휩쓸려 떨어지고 말았다. 대서양 바다 안에서 손가락이 가늘어지기라도 했는지, 그때 결혼반지를 잃어버렸다. 그리고 나중에 다시 산 반지는 운명처럼 태평양에서 잃어버렸다.

그때는 내가 곧 U자형 학습곡선을 따라 아래로 곤두박질칠 거라는 사실을 전혀 몰랐다.

이는 학습 과정의 일부로, 흥미로우면서도 사실상 피할 수 없는 구간이다. 다양한 형태로, 다양한 이유로 나타나는 현상이다.

예를 들어, 체스에서는 플레이어가 체스를 배우고 연습함에 따라 꽤 빠른 속도로 레이팅이 올라간다. 초보 단계의 체스는 주로 누가 실책을 가장 적게 범하느냐의 싸움이며, 전술과 전략을 약간만 알아도 크게 도움이 된다. 하지만 그러다가 그 전술과 전략을 '잘 아는' 사람들과 대전하는 일이 점점 많아지면서 지기 시작한다. 입문 과정을 뗀 초보자는 이제 곧 중급 초보자가 된다.

U자형 발달의 전형적인 예시는 아이들의 문법 학습이다. 말을 처음 시작한 아이들은 대부분 모방하는 방식으로 말하기 때문에 이유를 모르는 채로 동사의 시제를 올바르게 쓰는 일이 많다. 그러다 문법 규칙을 하나둘씩 배우기 시작하면서 자신 있게 규칙을 광범위하게 적용하기 시작한다. '과잉 일반화'하는 것이다. 그래서 'spoke'라고 올바르게 말하다가도 어느 순간 'speaked'라고 틀리게 말하기 시작한다.

한 흥미로운 실험에서 밝혀낸 바에 따르면, 어린아이들은 온도가 10도인 물 한 컵에 10도의 물 한 컵을 더하면 10도의 물 두 컵이 나온다는 사실을 이해했다. 그런데 오히려 이 아이들보다 나이가 많은 6~9세 어린이들은 이 문제를 틀리는 일이 많았다(일곱 살이었던 딸에게 실험해보았더니 정말 그랬다). 이들은 왜 퇴보하는 것처럼 보일까? 이 나이대의 어린이들은 이제 더하기를 할 줄 알며, 이 빛나는 새로운 능력에 용감해진 나머지 순간적으로 물이 20도라고 생각하는 것이다.

드라이퍼스 모델의 관점으로 보면, 초보자들은 규칙을 배우고 그대로 따라 하기만 한다. '초중급자' 단계에 이르기 위해서는 실제로 그 규칙을 '적용'할 줄 알아야 한다. 이는 언제 규칙을 적용하면 '안 되는지', 어떤 규칙도 적용할 수 없을 때는 어떻게 해야 하는지도 알아야 한다는 의미다.

그런데 그것이 말처럼 쉽지 않다. 내가 서핑에서 이 문제를 처음 겪은 것은 포르투갈로 출장을 갔을 때였다. 나는 리스본 남부의 한 서프 브레이크에 가서 1일 강습을 등록했다. 로커웨이가 아닌 다른 서프 브레이크에서 서핑하는 것은 처음이었다. 이곳은 근처의 발전소 때문에 물이 따뜻한 곳이었다.

나는 우선 강사에게 내 서핑 이력을 설명하고 강습을 시작했다. 하지만 시작하자마자 보드에서 아예 일어나지도 못하는 놀라운 능력으로 강사를 놀라게 했다. 브레이크도 낯설었고, 보드도 새로웠고, 파도의 타이밍과 모양이 모두 이상해 보였다.

여기서 귀중한 교훈을 하나 얻었다. 실력이 매우 능숙해지기 전까지는 새로운 서핑 장소에 갈 때마다 다시 초보자가 된다는 것이다. 한곳에서 효과가 좋았던 방법이 다른 장소에서는 그만큼 효과가 없을 수도 있다. 심지어 같은 장소라도 다른 날에 간다면 실력이 퇴보할 수도 있다. 파도에서 나타나는 변치 않는 특징은 끊임없이 변한다는 것 하나뿐이다.

계속 재시도하는 내 모습에 참을성을 잃은 강사는 내 팝업 동작이 완전히 잘못되었다고 말했다. 그가 시범을 보여주었다. 한쪽 무릎을 먼저 일으킨 다음 반대쪽 무릎을 끌어올려서 일어서는 자세였다 (어설퍼 보였다). 나중에 알게 된 사실인데, 이는 '투스텝 팝업'이라는 방법이었다. 그렇게 하니까 좀 더 잘 됐다.

로커웨이에 돌아와서 딜런에게 이 이야기를 했더니, 그는 고개를 가로저으며 이렇게 말했다. "하루짜리 강습에서 사람들을 일으키려고 쓰는 방법이에요. 하지만 장기적으로는 그렇게 하면 안 돼요." 예전에 얻은 교훈을 다시 떠올려보자. 잘하는 것과 제대로 배우는 것은 다르다.

내가 보드를 장만해야겠다고 생각했을 때 더 큰 문제가 생겼다. 서프스쿨의 기본 공식인 소프트탑을 쓰면 왠지 내가 불행한 초보자라고 광고하는 느낌이 들 것 같았다. 이를 그냥 받아들였어야 했다. 딜런은 소프트탑 특유의 재미 요소를 좋아했다. 가끔 중요한 날에도 소프트탑을 가지고 나가 흥겹게 노즈를 밟는 모습, 멋지게 카빙(파도의 면에서 턴하는 것-옮긴이)하는 모습을 보여주었다.

나는 서프숍에 가서 7피트 8인치(약 234센티미터-옮긴이)짜리 보드를 샀다. 미드랭스라고 불리는 이 보드는 민첩한 쇼트보드와 우아하고 편한 롱보드의 중간쯤 되었다.

다음 날, 새로 산 보드를 옆에 끼고 자신 있게 바닷가로 걸어가는데 금발 마이크가 날 발견하고는 보드를 살펴보며 이렇게 말했다. "잘 모르겠네요. 제 생각에는 롱보드와 쇼트보드의 장점을 모두 잃은 것 같은데요."

나는 그의 말을 떨쳐버리려고 애썼다. 그러고는 물에 들어가서 한 시간 내내 단 한 번도 파도에 올라타지 못했다. 보드가 짧아지기만 한 게 아니라 부피도 크게 줄어들었다. 얼음 위에서 탭댄스를 추는 기분이었다. 전형적인 초보의 실수를 또 저지르고 말았다. 보드의 크기를 너무 빨리 줄였다.

서핑을 처음 시작했을 때는 그저 실력이 최소한의 기준에만 도달해도 성공한 기분이었다. 반면 이제 U자 곡선의 올라가는 경사면에 오른 나는 이제 새로운 기준을 달성해야 했다. 이제는 혼자 힘으로 파도를 잡아야 했다. 시간과 경험을 쌓아야만 할 수 있는 일이었다. 초보자들은 보통 호기롭게 모든 파도를 다 잡으려고 애쓰다가 금세 지치는데, 그럴 것이 아니라 파도를 보는 눈을 키워야 했다. 그리고 내가 잡은 파도까지 패들링도 해야 했다. 내 실제 체력보다 더 강한 체력이 필요한 일이었다. 팝업 타이밍도 맞춰야 했고, 올바른 각도도 계산해야 했다.

내 실력은 정체되기만 한 것이 아니라 퇴보한 것 같았다.

나는 메타인지의 창이 활짝 열려 있는 상황이었다. 예전에는 내가 무엇을 모르는지도 몰랐다. 하지만 이제는 서핑이 뭔지 감이 잡히고 있었다. 팝업을 한다는 것은 똑같았지만, 이제 팝업을 언제 해야 할지 스스로 정해야 했다. 쉽지 않았다. 서퍼들은 파도에 올라타는 순간까지 어깨너머로 파도를 바라보고 있어야 한다. 파도는 언제든 바뀔 수 있기 때문이다. 헤라클레이토스의 말을 빌려 표현하자면, 같은 파도를 두 번 타는 사람은 없다. 배운 대로 해서 성공할 수도 있지만, 그러려면 타이밍도 맞아야 하고 파도도 좋아야 한다.

결국에는 더 큰 그림이 필요하다는 생각이 들었다. 현재의 테두리를 뛰어넘어 내가 아는 한계를 벗어나야 했다. 자기 능력의 한계치에 서서(그리고 그 한계치를 훨씬 벗어나서) 용감하게 가파른 경사면에 도전했던 유아행동실험실의 아기들처럼 나 역시 근접 발달 영역에 도달해야 했다.

예전에 친구가 코스타리카에 있는 서프 캠프에 갔다 와서 실력이 정말 많이 늘었다고 말한 적이 있었다. 일주일 집중 과정으로 동영상 촬영 후 분석도 해주고, 한 강사가 가르치는 강습생 수도 적다고 했다. 그리고 열대 지방의 2월이라면 두꺼운 웨트슈트를 안 입어도 된다는 뜻이었다. 도로 한켠의 호기심 많은 비둘기 무리 사이에서 덜덜 떨며 옷을 벗을 필요도 없었다. 즐거운 마음으로 상상의 나래를 펼쳤다. 웃통을 벗고 파도를 따라 멋지게 물살을 가르고, 서핑이 끝난 뒤에는 바닷가 긴 의자에 기대앉아 열대 과일 칵테일을 즐기는 내 모습이 떠올랐다.

12월의 맑고 춥던 어느 오후, 로커웨이에서 강습이 끝나갈 무렵이었다. 파도가 많았고, 썰물이 시작되고 있었다. 나 말고 서퍼가 몇 명 더 있었고, 나는 꽤 괜찮은 파도를 잡고 있었다.

그때 파도가 들어오고 있었다. 나는 패들링을 시작했다. 그런데 예상보다 파도가 높아지고 있었고, 나는 이를 너무 늦게 알아차렸다. 반사적으로 일어서려고 했다. 어떻게 되었는지 정신을 차려보니 얼굴이 모랫바닥에 부딪힌 상황이었다. 둔탁한 소리가 났다. 차갑고 흐릿한, 샌드백만큼 딱딱한 해저 면이 느껴졌다. 냄새까지 느껴지는 것 같았다. 메스꺼움과 현기증이 느껴졌다. 바닥을 몇 번 구르다가 후들거리는 다리로 겨우 일어섰다. 누군가 알아차린 사람이 있었는지는 모르지만, 누구도 어떤 말도 하지 않았다.

♟ ✏ ✒

나중에 MRI를 찍은 뒤, 그날의 고꾸라짐이 어떤 결과를 가져왔는지 들었다. "경추 2번과 3번 사이, 3번과 4번 사이에 2~3밀리미터의 경추 전방 전위. 경추 5번과 6번, 6번과 7번 사이에 경도의 종판 퇴행성 변화, 경도의 추간판 공간 협소, 경중등도의 변연부 골극 형성."

의사는 쾌활한 목소리로 "여러 군데 부딪히고 긁힌 겁니다"라고 말했다. 내 몸속 신경이 계속 짓눌리고 있었다. 목이 거의 안 움직였다. 이런 생각이 들었다. '피네건이 옳았어. 고통과 비애.' 몇 주 동안 물리 치료가 이어졌다.

성인이 새로운 것을 배울 때 나타나는 단점이 바로 이것이었다. 성인의 몸으로 배워야 한다는 사실.

서핑은 위험이 따르는 활동이다. 〈미국 응급 의학 저널The American Journal of Emergency Medicine〉에 따르면, 1200명 이상의 서퍼 중 대다수가 최소한 한 번 이상의 급성 손상을 입었다.[11] 가장 흔한 부위는 머리였고, 자신의 보드에 맞은 경우가 가장 많았다. 손상을 입은 사람들 대부분은 자칭 전문 서퍼였다.

그래도 나는 운이 좋았다고 생각했다. 만약 충격의 각도가 몇 밀리미터만 달랐더라면? 만약 내가 의식을 잃었는데 아무도 못 보거나 아니면 다른 서퍼가 아예 없었더라면?

코스타리카 서프 캠프가 불과 몇 달 뒤였다. 후속 진료가 끝난 뒤 의사는 내게 가도 좋다고 허락했다. 하지만 내 생애 최대의 파도를 만나러 가기 전날 밤, 자신감이 내 몸속에서 썰물처럼 빠져나가는 것을 느꼈다.

실력이
쑥쑥 자란다!

노사라는 코스타리카 니코야반도의 작은 해안 마을들이 모여 있는 도시다. 그 중 하나인 플라야 기오네스는 먼지투성이의 외국인 친화적인 소수민족 거주지다. 이곳은 불가능한 수준으로 몸이 좋고 피부가 햇볕에 그을린 미국인과 유럽인으로 가득하다. 이들은 전지형全地形만능차ATV나 자전거를 타고 거의 비포장도로인 이곳을 활보한다. 해변 느낌의 옷 가게, 생과일주스 판매대,

열대 나무 잎사귀로 둘러싸인 세련된 렌털 하우스 단지가 눈에 띄는 이곳은 정말로 '푸라비다pura vida('즐거운 인생'이라는 뜻으로, 코스타리카에서 자주 쓰는 인사말이다-옮긴이)'를 맛볼 수 있는 휴양지다. 티크나무 기둥에 초가지붕을 얹은 '팔라파' 같은 개방형 건물 안에서 플라잉 요가를 즐기는 사람들의 모습을 흔히 볼 수 있다. 이들은 멕시코 툴룸에서부터 코스타리카 쿠타까지 무한반복으로 재생되는 듯한 부드럽고 특색 없는 음악에 맞춰 요가를 한다. 여기서는 이런 정취가 강하게 느껴진다.

바다도 있다. 해변은 개발되지 않아 자연 그대로를 간직한 활 모양의 모래사장이 펼쳐져 있다. 기오네스는 육지 지형과 해양 지형 특성상 마치 커다란 위성 안테나처럼 태평양에서 끊임없이 전달해오는 파동을 받아들인다. 그 덕에 거의 1년 내내 서핑하기 좋은 곳이 된다. 그러니 울퉁불퉁한 흙길을 뚫고 와야만 도달할 수 있는 이 외딴 마을이 온갖 서퍼들이 모이는 서핑의 메카가 된 것은 놀랄 일도 아니다.

노사라는 또한 서프 심플리Surf Simply의 본거지이기도 하다. 서프 심플리는 내가 실력 향상을 꿈꾸며 예약한 '서프 강습 리조트'다. 이곳에 오려면 2년 가까이 대기해야 할 정도로 대기자 명단이 길지만, 운 좋게도 누군가 취소한 덕에 2월 중 일주일을 이곳에서 보내게 되었다.

나는 이곳에 일요일 오후에 도착했다. 잎이 무성한 산비탈에 있는 방갈로 단지로 구성된 이곳은 조용했다. 방에 가방을 풀고 갓 딴 코코넛에서 코코넛 워터를 따르고 있는데, 대니를 만났다. 그도 나와 함께 한 주를 이곳에서 보낼 예정이었다. 나중에 알았는데, 그는 아이비리그 대학의 기상과학자였다.

대니는 잠깐 서핑하러 가고 있다며, 같이 가지 않겠냐고 물었다.

서프 캠프는 그다음 날 아침이 되어서야 시작될 예정이었다. 나는 비행으로 지친 상태였고 내가 서핑을 한다는 것 자체에서 아직도 엄청난 수줍음을 느끼고 있었다. 거절하고 싶었지만 나도 모르게 고개를 끄덕여버렸다. 우리는 보드를 가지고 나와 자전거 측면 선반에 보드를 묶은 뒤 800미터쯤 페달을 밟아 해변에 도착했다. 가는 길에 대니는 작년에도 여기에 왔다고 말했다. 그때 익힌 실력을 더 가다듬고자 다시 왔다고 했다.

대니도 서핑과 관련된 이유로 다친 적이 있었다. 그는 집 앞에서 처음으로 스케이트보드에 발을 올리는 순간 넘어져서 쇄골이 부러졌다(서핑을 지상에서 연습하는 방법으로 흔히 스케이트보드를 추천한다).

해변에는 사람이 거의 없었다. 물 안에도, 물 밖에도 마찬가지였다. 우리는 함께 패들링을 시작했다. 로커웨이에 비해 파도가 훨씬 멀리서 부서지는 것을 보고 놀랐다. 그리고 두꺼운 웨트슈트 없이 서핑하는 것이 처음이라는 생각도 들었다. 거대한 급류를 지나 잠잠한 바다에 도달했을 때 나는 이미 반쯤 지쳐버렸다.

대니는 저쪽에서 패들링을 하고 있는 서퍼에게 손을 흔들며 인사했다. 그가 지난번에 여기 왔을 때 만난 아시아계 미국인 에디였다. 에디는 원래 뉴욕에 살며 금융계에서 일했는데, 서핑을 하기 위해, 또 '인생의 다음 장은 어떻게 펼쳐질지 알아보기 위해' 노사라로 거처를 옮겼다. 그는 바다에서 살다시피 했다. 삐죽삐죽한 머리에 편안한 느낌을 주는, 특색 있는 그의 외모에서는 전설적인 빅웨이브 서퍼 마크 푸Mark Foo가 떠올랐다.

나는 몇 번 파도를 탔지만, 그다지 열심히 하지는 않았다. 한 번만 더 실수하면 척추에 돌이킬 수 없는 손상을 입을 것 같은 두려움이 아직 있었다. 파도를 쳐다보느라 고개를 돌릴 때 여전히 목이 아팠다. 최근 연습이 부족했다는 대니가 나보다 훨씬 더 잘하는 것 같지는 않은 듯해서 안심했다.

단순히 물에 들어가는 것 자체가 중요했다. 나는 죽음의 공포를 떨쳐야 했다.

♟ 🎤 🖊

그날 저녁, 리조트에서는 그 주의 손님들이 음료를 들고 낮고 긴 의자가 길게 펼쳐진 수영장 근처로 모였다. 서프 심플리의 창립자 중 한 명인 해리 나이트Harry Knight를 소개하고 다 함께 대화를 나누는 자리였다. 그는 키가 크고 호감 가는 인상의 영국인이었다.

습한 밤공기에 은은한 조명이 불을 밝혔고, 배경에는 잔잔한 음악이 흘렀다. 평범하면서도 세련되게 차려입은 사람들의 얼굴은 열대 지방에 왔다는 기쁨으로 빛났다. 이 광경은 마치 리얼리티 TV쇼 같은 느낌이었다. 여성과 남성의 비율이 4대 1 정도였으니, 예전에 방영했던 〈배첼러The Bachelor〉쯤 되려나?

우리는 동그랗게 자리를 옮겨 다녔다. 아까 보았던 대니를 다시 만났다. 그에게는 예민한 기운과(항상 먹을 것을 찾아다니는 듯했다) 천연 덕스럽고 여과 없는 유머 감각이 있었다. 〈쥬라기 공원Jurassic Park〉의 제프 골드브럼이 맡은 배역과 비슷했다.

대니는 서프 심플리의 웹사이트에서 '당신은 어느 수준의 서퍼입니까?'라고 묻는 페이지에 자신의 사진이 올라와 있다는 사실을 보면, 자신이 성인 학습자의 표본이라고 농담했다. 사진 속에서 모자를 쓴 그는 중간 크기 파도의 경사면을 약간 뻣뻣하지만 훌륭한 자세로 가로지르고 있다. 한편 그의 뒤에서는 서프 심플리의 강사가 힘 있는 '컷백cutback(파도의 힘이 센 구간인 파워존으로 돌아가는 기술-옮긴이)'을 해낸 뒤 추진력을 가하고 있다. 그의 보드는 이미 공중에 반쯤 떠오른 상태다.

이 사진은 실력이 다른 두 사람이 같은 파도를 얼마나 다르게 탈 수 있는지를 극적으로 대조해 보여준다. 대니는 이렇게 말했다. "나는 그냥 그 정도 수준으로만 하더라도 충분히 만족하고 살 수 있어요. 하지만 사람들은 항상 더 어려운 기술에 도전하라고 말하더라고요." 그는 아내 엘런과 함께 왔다. 몇 년 전에 서핑을 했던 그녀는 아이들을 낳고 그만두었다가 다시 시작하는 중이었다.

몬태나에서 온 마이클과 샤리 커플도 있었다. 그들은 매년 함께 여행 다니며 각자 원하는 테마를 한 번씩 돌아가며 선택했다. 샤리는 서핑을 주로 택했고, 마이클은 산악자전거를 주로 택했다. 샤리는 노사라에 이미 두 번 왔었고, 마이클은 이번이 처음이었다. 키가 크고 여유로운 성격인 마이클은 캘리포니아에 살 때 7~8년쯤 서핑을 했다. 그는 이렇게 말했다. "항상 느끼는 건데, 서핑은 정말 실력을 키우기가 너무 어려워요. 지금까지 내가 해본 스포츠 중에 난이도가 제일 높더라고요."

샤리는 항상 눈에 잘 띄는 모자를 쓰고 있어서 물속에서도 찾아낼 수 있었다. 그녀는 자신이 몬태나에 살고 있으며 "전혀 서퍼같이 보이지 않는다"라고 말했다. 금발의 날렵한 몸매가 아니라는 뜻이다. 그녀는 어떤 면에서는 나와 비슷하게 두려움을 극복하고자 노력하고 있었다. "살면서 시속 30킬로미터로 쫓아오는 거대한 물 덩어리에 일부러 빠지는 일은 많지 않죠. 무섭더라고요."

같은 방갈로에 묵는 울리케는 독일 출신의 소아과 의사로, 지금은 미국 중서부에 살고 있었다. 그녀는 오랫동안 서핑을 꿈꿔오다가 작년에 처음으로 이 캠프에 왔다고 했다. 그러면서 그때는 보드 위에서 어느 발을 앞으로 놓아야 하는지도 몰랐다고 농담했다. (나이트가 이를 쉽게 알아내는 방법을 알려주었다. "눈을 감고 다른 사람에게 뒤에서 밀어달라고 해보세요. 어느 발이 먼저 나가나요?")

그 주의 캠프에 참가한 서퍼 중 나머지는 뉴욕에서 온 여섯 명의 여성이었다. 이들의 남편은 대부분 서핑을 하지 않는다고 했다. 나는 결국 이들과 가장 친해졌다. 뉴욕이라는 공통점 때문이었던 것 같다. 그들이 사는 곳은 내가 사는 뉴욕과는 달랐다. 그들은 사립학교 출신에 자선 파티에 다니며, 여름에는 햄프턴의 별장에서 긴 여름 휴가를 보내는 사람들의 성역인 어퍼이스트사이드에 살고 있었다. 남편들은 금융계에서 일했다. 그들은 플로리다 팜비치에 가족 별장이 있었고 부티크 와이너리를 가지고 있었다.

그 중 한 사람은 애슐리였다. 친구들은 농담처럼 그녀를 바비라고 불렀다(그녀는 금발에 날렵한 몸매였다.) 그녀는 이렇게 말했다. "나는 초보 중에서도 초보예요. 여기 온 사람 중에 내가 제일 못하는 것 같아서 긴장하고 있어요." 또 다른 사람은 애비였다. 뉴저지 출신으로 자신을 '저지걸'이라고 소개한 그녀는 독특한 유머 감각이 있었다. 나이는 다른 이들보다 약간 어렸고, 신생 패션 회사를 가지고 있었다. 그녀는 이렇게 말했다. "서핑을 주기적으로 한 지는 좀 됐어요. 둘째 날부터는 근육이 예전 기억을 되찾았으면 좋겠어요." 사실 그녀는 나와 실력이 엇비슷했기 때문에 우리는 파트너가 되었다.

그리고 바네사도 있었다. 가끔 서핑을 한다는 그녀는 서프 의류 브랜드 모델을 해도 될 것 같았다. 그녀는 그동안 잃어버린 시간을 만회하고 싶다며 다른 사람들보다 의욕적인 모습을 보였다. "나는 아이들을 낳고 나서 서핑을 시작했어요. 서핑은 내가 지금까지 한 일 중에 최고였어요. 너무 늦게 시작해서 진짜 아쉬워요. 아주 잘하는 수준까지는 못 갈 테니까요."

"쟤 정말 잘해요! 겸손하게 말하는 거예요. 바네사의 패들링은 정말 미친 수준이라니까요." 캐시가 말했다. 나중에 알게 됐는데, 그녀가 여기 온 이유는 사실상 친구들이 왔기 때문이다. 이 무리의 리더 같아 보였던 그녀는 쾌활한 이야기꾼이었고, 서핑이든 (밤에 다 같이 모여 즐겼던) '비인도적 카드 게임Cards Against Humanity(단어나 구절이 빠진 문장을 채우는 카드 게임-옮긴이)'이든 항상 모험을 찾아다니는 듯 보였다.

그녀는 이렇게 말했다. "요즘 화이트워터(파도가 깨지며 발생하는 흰 거품 같은 부분-옮긴이)에 올라가는 걸 연습하고 있어요. 한두 번 성공하긴 했는데, 발을 충분히 움직이지 않았어요." 나는 그녀가 하는 말을 이해하지도 못하고 고개를 끄덕였다. 내게 서핑이란 '죽지 않고 바다에서 보드를 타는 것'으로 바뀌고 있었기 때문이다.

우리는 낯선 사람들과 함께 신체적·정신적 도전을 하는 신기한 경험을 시작할 참이었다. 나는 내가 에르퀼 푸아로(애거서 크리스티의 추리소설에 등장하는 탐정-옮긴이)가 되었다고 상상했다. 바다 주변에서 일어나는 일에 함께하며 사람들 사이에서 일어나는 일과 그들의 관계를 관찰하고, 모든 사람을 알아가기 위해 노력하는 동시에 약간의 거리를 유지하는 사람. 나는 우리가 각자 저마다의 이유로 이곳에 모였다는 것을 느꼈다. 단순히 서핑을 하러 온 사람도 있었고, 그보다 더 심오한 이유로 이곳을 찾은 사람도 있었다.

♟ ✏ ✎

우리가 스트레칭을 하거나 파도 예보 보는 방법을 배우는 장소였던 서프 심플리의 강의실 한곳에 즉시 내 눈을 사로잡은 것이 있었다. '실력의 나무'라는 제목의 아주 큰 순서도가 그려진 벽화였다. 한쪽 끝에서 끝으로 마구 뻗어 나가는 형식의 순서도로 강의실 벽 전체를 거의 다 덮고 있었다.

'실력의 나무'는 서프 심플리에서 가르치는 실력적 측면의 핵심으로, 서핑이라는 스포츠의 DNA 구조를 보여주는 전체적인 청사진이었다. 약간 거창해 보이긴 했지만, 나는 그 안에 들어 있는 생각과 진실한 마음에 감탄했다. 나는 미지의 세계에 선 탐험가가 된 기분으로 그 광활한 순서도를 바라보곤 했다.

이 순서도에는 크게 다섯 개의 항목이 있었다. 드라이퍼스 모델과 비슷하게 각 항목은 실력 레벨을 뜻했고, 각 항목에서는 수십 개의 서핑 스킬이 가지를 뻗고 있었다. 나는 내가 그 중에서 레벨 2에 속한다고 낙관적으로 생각했다. ("레벨 2 서퍼는 보드 위에 편안하게 설 수 있으며, 파도 잡기 연습에 집중합니다.")

기술 습득은 일정하게 이루어지는 것이 아니기 때문에 이 숫자는 대략적인 지표였다. 나도 어떤 날에는 사실상 레벨 3이었지만, 또 어떤 날에는 레벨 1 같았다. 하지만 나는 '서핑'이라는 한 단어 안에 이렇게 넓은 범위의 기술이 포함된다는 사실에 놀랐고, 이 중에서 내가 해본 것이 얼마나 적은지에 다시 놀랐다(화이트워터 플로팅, 페이드 테이크오프, 드롭니턴).

서프 심플리의 또 다른 공동 창립자이자 같은 영국 출신인 루퍼트 힐Rupert Hill을 만났을 때, 나는 캠프에 온 사람들의 서핑 경력이 화려해서 놀랐다고 말했다. 내 속뜻은 내가 서핑을 얼마나 오래 해야 잘하게 되겠냐는 것이었다. "평균적으로 레벨 1이 되려면 서핑을 매일 한다는 가정하에 일주일에서 열흘 정도 걸립니다. 레벨 2는 한 달 정도고, 레벨 3은 1년쯤 걸립니다. 그리고 레벨 4는……." 그는 말을 멈추고 곰곰이 생각했다. "한 10년쯤."

정기적으로 '10년간' 서핑을 해야 한다니. 레벨 5는 물어보고 싶지도 않았다. 여기서 말한 시간은 실제로 서핑한 시간이어야 한다고 강조했다. 서핑을 2년 했다는 사람이 왔는데, 알고 보니 작년에 일주일 하고 올해 일주일 했더라는 일도 있었다고 한다. "이런 경우에는 2년이 아니라 2주를 한 거죠."

힐은 서핑이 "자기가 배운 스포츠 중에서 가장 어려운 스포츠"라고 고백했다. 그는 잠시 뜸을 들이고는 이렇게 말했다. "어쩌면 복싱은 제외해야 할지도 모르겠네요. 복싱에서는 실력 발휘를 하려는 순간 누군가가 와서 얼굴을 때리죠."

그는 내가 다른 기술을 배우는 과정에서 깨달은 사실을 서핑을 하며 깨달았다. 바로 어떤 일을 잘한다는 것이 무엇인지 내가 생각하는 것과 실제는 다르다는 것이었다. 이 사실은 그 자리에 올라서서 알게 된다.

그는 이렇게 말했다. "배우면 배울수록 모르는 게 많다는 걸 깨달아요. 새로 알아야 할 것이 점점 많아지면서 결승선이 점점 더 멀어집니다."

힐과 나이트는 몇 년 전 영국의 서핑 명소인 콘월에서 서핑을 배우다가 만났다. 2007년 힐이 노사라에 처음 왔을 때, 그는 자동차 위에 서프보드를 묶고 다니는 아주 전형적인 서프 강사였다. 나이트가 곧 합류했고, 그들은 마을에 서프숍을 열었다. 그곳에서 그들은 예약 없이 그날그날 들어오는 손님들을 가르쳤다.

하지만 그들은 휴가지의 일회성 서핑 강습에만 만족하지 않았다. 제대로 된 서핑 교육을 해야겠다고 생각한 것이다. 그들은 그동안 다수의 초보자들을 가르쳤고, 서핑 선수들을 코칭하기도 했다. 하지만 이상하게도 그 중간에 있는, '전체 서퍼의 99퍼센트를 차지하는' 사람들을 대상으로 하는 교육은 찾아볼 수 없었다. 역사적으로 남성 중심이었던 서핑의 세계는 폐쇄적이었고, 조합 단체 같은 성격으로 돌아갔던 터라 서핑 기술이란 어린 '그롬grom(서퍼들은 아이들을 이렇게 부른다)' 시절에 물속에서 시간을 보내며 수염에 해초가 묻은 신령에게 마법처럼 배우는 것으로 여겨졌다.

힐과 나이트는 서핑을 쉽게 가르치고 싶었다. 힐은 이렇게 말했다. "서핑에는 신비로운 이미지가 있지만, 너무 부풀려졌어요." 그는 서핑계의 '잘난 아이'는 아니었다. "잘난 아이들만 한다는 이 일을 제가 해내는 걸 보여주고 이렇게 말하고 싶었어요. '너도 할 수 있어.'"

그들은 서핑의 신화를 쌓고 싶은 것이 아니라 무너뜨리고 싶었다. 힐은 이렇게 말했다. "서핑을 스포츠라고 생각하지 않는 것이 업계 표준이에요." 그 대신 서핑은 '라이프스타일'로 여겨지고 있다. 힐은 서핑을 하면 바다 앞에 앉아 자연의 힘에 압도당하는 경험을 저절로 하게 된다고 생각한다.

그는 서핑 실력을 빨리 늘리려면 모든 수단을 동원해서 배워야 한다고 말했다. 기술을 익히기 위한 엄격하고 자세한 계획을 세워야 하고, 영상을 촬영해 분석하고 피드백을 받아야 하고, 반복 훈련을 해야 한다.

그러한 이유로 그다음 날 아침, 처음 만난 강사 제시 칸즈Jessie Carnes는 애비와 내게 하루 종일 '화이트워터에서' 연습할 것이라고 말했다. 깨진 지 한참 된 파도만 잡을 수 있다는 뜻이었다. 아이들과 관광객이 즐겁게 노는 곳이었다.

나이트는 우리에게 기분 나쁘게 생각하지 말라고 말했다. "화이트워터(파도가 높이 일며 하얗게 뒤쳐지는 거친 바다-옮긴이)에서 연습을 시키는 이유는 초보자니까 여기서 하고 실력을 쌓은 뒤에 '아웃사이드(파도를 탈 수 있는 부분인 라인업의 바깥쪽-옮긴이)'까지 나가라는 게 아니라 반복 연습을 많이 하고 운동 기술을 익히라는 거예요." 아직 부서지지 않은 파도는 잡을 수 있는 횟수가 너무 적었다. 그렇게 연습했다면 우리는 몇 시간 동안 몇 번 정도의 기회밖에 없었을 것이다. 하지만 화이트워터는 피칭머신이 공을 던져주듯 끝없이 파도를 보내주었다.

다른 사람들도 모두 화이트워터에 있는 모습을 보고 우리의 실망감은 한 번 더 누그러졌다. 경력이 꽤 많은 서퍼들은 이 연습에 더 질색했다. 앞에서 소개했던 에디도 서프 심플리 캠프에 왔었는데, 그때 나이트에게 이렇게 물었다고 한다. "나더러 '뭘' 하라고요?"

화이트워터 연습은 도움이 될 뿐 아니라 어렵기도 하다고 나이트는 말했다. "보드가 빨리 움직여야 안정성이 커집니다. 여기서 연습하는 건 자전거를 아주 천천히 타는 것과 비슷해요. 정말 어려워요." 그는 사람들이 화이트워터를 '안전지대'라고 여기는 것을 재미있어했다. "화이트워터에서 잘하는 사람이라면 아웃사이드에 나가서는 파도를 갈기갈기 찢어놓습니다."

준비운동이 끝나고 제시는 우리를 물로 데려갔다. 플로리다 출신의 최상위 프로 선수였던 제시는 밝고 쾌활했다. 하루 종일 미소를 얼마나 짓는지 끝날 때쯤 되면 두꺼운 선크림층에 웃는 모양으로 주름이 생겼다. 그래서 웃지 않고 있을 때도 웃는 얼굴로 보였다. 아침 연습 시간이 시작되면 그녀는 가장 먼저 우리에게 거품이 인 파도 위에서 서프보드 위에 엎드린 채로 간단한 턴 연습을 하게 했다. 그녀는 우리에게 서프보드란 여러 가지 버튼을 눌러서 원하는 대로 할 수 있는 제어판과 같다는 생각을 심어주려고 노력했다.

화이트워터에서 나는 초중급자 단계에서 호되게 혼나고 다시 원점으로 돌아가는 기분이었다. 마치 시작한 지 한참 된 사람처럼 느껴졌다. 하지만 힐은 서핑에서 하는 일은 대부분 무릎을 꿇고도 할 수 있다고 말했다. "우리가 일어서는 이유는 힘과 속도를 늘리는 버튼을 누르기 위해서, 그거 딱 하나예요." 게다가 화이트워터 연습은 재미있었다. 어렸을 때 즐겼던 부기보딩^{boogie boarding}(보드에 엎드려서 파도를 타는 스포츠-옮긴이)과 비슷했다. 마음대로 파도를 잡을 수 있었고, 로커웨이에서보다 더 길게 탈 수 있었다. 우리는 보드에서 일어서서 크게 카빙하기 시작했다. 보드 위에서 등을 뒤로 젖혀 속도를 줄이기도 하고, 몸을 앞으로 숙여 가속하기도 했다. 보드를 올라왔다 내려왔다 하는 크로스스텝과 비슷한 움직임을 레일을 잡고 연습하기도 했다.

나는 이 연습을 받아들이고 화이트워터의 켈리 슬레이터^{Kelly Slater}(미국의 서핑 선수이자 배우-옮긴이)가 될 거라고 마음먹었다. 그리고 내가 새로운 것을 배울 때마다 생각했던 개념을 다시 기억해내고자 했다. 걷기 위해서는 기어야 한다는 것이었다. 나는 노래할 때 음정 매칭 연습을 한 뒤에야 곡 전체를 부를 수 있었다. 체스에서도 실제로 체스판 앞에 앉기 전에 전략과 전술을 먼저 배우는 편이 더 나았다. 만약 내가 바로 바다로 나가 커다란 파도를 제멋대로 탔더라면, 머리로든 몸으로든 감당할 수 없는 처지에 놓였을 것이다.

언젠가는 커다란 파도를 탈 날이 올 것이었다. 그리고 그 주가 끝날 때쯤 커다란 파도가 나를 기다리고 있었다.

우리는 곧 신나는 일과에 푹 빠졌다. 아침에는 다 같이 큰 테이블에 모여 아침 식사를 했다. 테이블에는 탐스럽게 빛나는 열대 과일이 그득했다. 근처에 있는 TV에는 서핑 영상이 끝없이 반복 재생되고 있었다. 광활하고 푸른 수평선과 광범위한 풍경을 담은 항공 촬영 영상이었다. 하나같이 부분 염색한 머리에 코에는 징크를 바른 서퍼들이 인도네시아의 어느 바다에서 서핑하는 모습 혹은 우수에 젖은 표정으로 카메라를 흘끗 바라보는 모습도 나왔다. 힐이 이 영상의 배경음악을 싫어해서 항상 음이 소거된 채로 재생되었다. 그 대신 아스트루드 질베르토Astrud Gilberto와 마일스 데이비스Miles Davis의 감미로운 음악이 흘러나왔다.

아침을 먹은 뒤 서핑을 하고, 점심때 쉬고, 다시 서핑을 했다. 오후에는 서핑 에티켓이나 서핑 예보 보는 법과 같은 주제로 수업을 한두 개 들었다. 이 모든 일정은 공용 공간에 있는 서프보드 모양의 칠판에 자세하게 적혀 있었다.

그곳에 모인 사람들에게서는 장난스럽고 약간 외설적인 분위기가 느껴졌기 때문에 아침에 공용 공간에 내려왔을 때 누군가가 계획표에 장난을 쳐놓은 것을 봐도 그다지 크게 놀라지는 않았다. 오전 10시에 원래 계획이 뭐였는지는 몰라도 지금은 '엿 먹기!' 시간이었다. 나는 아직도 그날 아침 칠판을 본 나이트의 얼굴에 영국인다운 고지식함과 못마땅한 표정이 스쳤던 장면이 생각난다.

저녁에는 리조트로 돌아와서 저녁을 먹거나 동네 레스토랑에 갔다. 그러다 그 여섯 명의 여성들과 함께 술기운이 살짝 오른 분위기에서 비인도적 카드 게임을 즐겼다. 한번은 전갈 때문에 게임이 중단된 적이 있었다. 전갈을 잡는 임무는 내게 주어졌는데, 당황스럽게도 전갈이 전기 콘센트로 들어가 버렸다.

카드 게임을 하지 않을 때는 나만큼이나 노래에 열정이 있었던 캐시와 함께 기타를 치며 노래를 부르기도 했다. 주로 1980년대 얼터너티브 록 장르의 노래였다. 기숙사 같은 숙소, 여러 수업, 유치한 농담과 강사들에 대한 가십. 이 모든 것이 대학교같이 느껴졌다. 대학 졸업 이후로 그렇게 재미있었던 건 처음이었다.

물에 들어가면 내가 그 깊은 바닥까지 떨어졌다는 생각이 자꾸 들었다. 우리는 드디어 화이트워터를 지나 아웃사이드로 나갔다. 거기까지 가는 것만으로도 전혀 새로운 경험이었다. 패들링을 내가 원래 하던 것보다 3배나 더 해야 했다. 그리고 로커웨이에서는 보드에서 몸을 살짝 들어 올려 화이트워터를 통과시키며 들어오는 파도를 헤치고 나갔는데, 여기는 파도가 너무 컸다. 그렇게 했다가는 거의 해변으로 다시 쓸려나갈 정도였다.

그래서 나는 '터틀링'이라는 완전히 새로운 기술을 배워야 했다. 어느 오후에 우리는 제시와 함께 리조트의 수영장에서 터틀링을 연습했다. 터틀링이란 파도가 다가올 때 보드를 측면으로 돌린 뒤 '닻이 떨어지듯이' 재빨리 보드 밑으로 입수하고 레일을 잡는 것이다. 파도가 밀려올 때 보드를 반대 방향으로 밀어낸다는 개념이었다. 이를 제대로 해내면 파도의 충격을 거의 받지 않고 지나갈 수 있다. 제대로 못하면 손에서 보드를 놓칠 수도 있다.

게다가 로커웨이의 조용한 겨울에 서핑을 배운 나는 사람들로 북적대는 서프 브레이크의 대혼란 속에서 어떻게 행동해야 하는지도 몰랐다. 패들링을 하면서 앞으로 나아가는 중에도 들어오는 파도뿐만 아니라 아웃사이드로 가는 서퍼들의 혼잡한 교통 체증도 주시해야 했다.

터틀링을 하고 물속에서 나와 얼굴에서 물을 쓸어내리고 있는데, 갑자기 다른 서퍼가 내게 돌진하는 일도 몇 번 있었다. 그런 식으로 내가 바보같이 다른 사람의 길에 끼어든 상황은 두 가지로 나뉘며, 이에 따라 다른 결과가 나온다. 첫째, 내가 정말 잘하는 사람의 길에 끼어들었을 때다. 그 사람이 화난 듯이 고개를 젓기는 하겠지만, 어쨌든 나를 쉽게 피할 수 있다. 둘째, 완전히 미숙한 초보자의 앞에 있었을 때다. 이때는 이들이 내게 '쿡'이라고 하며 화낼 일은 없었다(이상하게도 나는 쿡이라고 불리는 것에 아주 예민했다). 하지만 이는 이들이 나를 피할 능력이 없다는 뜻이기도 했다. 나는 그저 물 밑으로 뛰어들어 별일 없길 바라는 수밖에 없었다.

평균적인 브레이크에서 한 시간에 수백 개씩 밀려오는 파도 중 하나[12]를 향해 뛰어들기 전, 근처에 있는 수십 명의 서퍼 중에서 같은 파도를 노리고 있는 사람이 더 없는지 확인해야 한다. 같은 파도를 타려는 사람이 있는지 없는지 확실히 알 수 없기 때문에 가끔은 그냥 나아가기도 한다. 만약 다른 사람이 있었다면, 마지막 순간에 옆으로 빠진다.

이 문제는 서퍼의 수가 늘어나면 한정적인 파도의 공급을 어떻게 나눠야 하는지 이야기하는 '서퍼의 딜레마'[13]라는 고위험 게임이론 같아 보이기도 한다. 전략가들에게 서핑은 '혼합 동기 게임mixed-motive game'[14]이다. 하나의 파도를 최소한 한 사람이 잡음으로써 아까운 파도를 버리지 않는 상황이 가장 이상적이지만, 모두가 그 사람이 자신이길 바란다는 것이 문제다. 이로 말미암아 '깨지기 쉬운 평화'의 상황이 되며, 사실상 다른 사람의 길에 끼어드는 일은 거의 피할 수 없다. 대니는 자신이 서핑을 배우면서 가장 싫은 점은 "보통 다른 서퍼들은 내가 그곳에 오지 않길 바란다"는 것이라고 내게 말했다.

나와 애비가 제시와 함께 아웃사이드에 나간 둘째 날, 나는 시작부터 파도가 거대하다는 것을 깨달았다. 로커웨이에서 봤던 익숙한 파도보다 2배는 높았다. 다행히 부서지는 높이는 그보다 낮았다.

우리는 잠시 파도를 읽는 방법을 배웠다. 파도가 어느 방향으로 부서질지 구분하는 법, 파도의 색이 얼마나 짙은지에 따라 경사도와 속도를 알아내는 법 등이었다. 우리가 물 위에 몸을 띄웠을 때, 제시가 갑자기 우리에게 바다에서 독이 있는 바다뱀이 한 번씩 나타난다고 말했다. 그러고는 손가락에 걸려 물리지만 않으면 해롭지 않다고 덧붙였다. 그 말을 듣고 나는 패들링을 하며 물에 손을 넣을 때마다 손가락을 약간 벌렸다. 가끔은 '임팩트존'을 천천히 지나가던 사람들이 마치 겁에 질린 가젤 무리처럼 갑자기 일제히 보드에 딱 붙어 예기치 않게 밀려오는 큰 파도를 피하기 위해 재빨리 패들링해서 바깥 바다로 나가기도 했다.

제시는 내게 구체적인 방법을 설명해주었다. 파도가 접근하고 있을 때, 해변에서 6시 방향의 한 지점을 상상하고 그쪽으로 패들링을 약 다섯 번 한다. 그리고 파도가 바로 가까이 오면 7시(혹은 5시) 방향으로 초점을 돌리고 '터보 패들링'을 세 번 한다. 팝업하기 직전에 서프보드의 오른쪽(혹은 왼쪽, 파도 방향에 따라) 레일을 눌러 파도 경사면의 장력을 이용한다. 그리고 시선은 파도 경사면 방향, 즉 3시(혹은 9시) 방향으로 고정한 채로 팝업한다.

주의를 집중하는 것이 핵심이었다.[15] 한 실험에서는 인공 파도 수영장에서 서퍼들에게 방수 시선 추적 장치를 적용해 그들의 시선을 관찰했다.[16] 그 결과 전문 서퍼들은 즉각적으로 자신이 가고자 하는 방향으로 파도를 바라보았다. 반면 초보 서퍼들은 자기 자신을 바라보았다. 이들은 어디로 가는지를 생각하지 않고, 어떻게 균형을 맞춰야 하는지만 생각한 것이다. 그래서 오히려 균형을 잡기가 더 어려워진다.

강사들의 설명을 들어보면, 항상 숫자로 서핑을 가르치는 것으로 보였다.

정확히 그것이 핵심이다. 힐은 보통 강사들이 그냥 "더 힘차게 턴 하라"와 같은 식으로만 조언할 뿐, 실제로 그렇게 하려면 어떤 기본적인 단계를 거쳐야 하는지를 설명하지 않는다고 했다. "그건 마치 코미디언이 되려는 사람에게 더 웃겨야 한다고 말하는 것과 같아요." 힐은 단순히 "파도의 리듬을 잘 타야 한다"라고 말하기보다는 강습생과 함께 영상 촬영본을 분석함으로써 동작의 타이밍을 더 잘 잡도록 돕는다. 서프 심플리에서는 가끔 학생에게 오리발과 스노클링 마스크만 착용하고 물에 들어가게 하고는 '파도 아래에 들어가 보라'고 한다. 나이트가 말했듯이, 학생들이 직접 파도를 느껴보게 하는 것이다.

나는 그곳에서 처음 파도 잡기를 몇 번 시도했을 때 전혀 해내지 못했다. 그 이유를 이내 깨달았다. 보드의 노즈가 수면 아래로 곤두박질치고 나는 바다 바닥으로 추락할 것 같다는 두려움에 사로잡혀 있었기 때문이다. 하지만 노즈다이빙을 두려워하는 마음 자체가 노즈다이빙이 일어날 확률을 높이고 있었다.

새로운 기술을 배울 때 불안의 순간이 찾아오면, 본능적인 행동과 올바른 기술 사이에 흔히 괴리가 발생한다. 노래할 때 고음을 내야 하면 나도 모르게 몸을 위로 쭉 빼게 되지만, 사실 무릎을 구부리고 머리를 숙이는 게 더 도움이 된다. 스키를 탈 때도 초보자들은 넘어지지 않으려고 몸을 뒤로 젖히지만, 사실 그럴 때는 몸을 앞으로 기울여야 한다. 서핑에서도 머릿속으로는 브레이크를 잡아야 할 것 같을 때 액셀을 밟아야 한다.

힐은 이렇게 말했다. "노즈다이빙을 두려워하는 사람들은 패들링을 느리게 하고 보드의 무게중심을 뒤로 보내서 노즈 부분이 올라오게 하는데요, 사실 정반대로 해야 합니다." 파도가 가파를 때는 패들링 속도를 높이고 무게를 앞으로 보내도록 노력해야 경사면을 더 빠르게 내려올 수 있다.

곧 애비와 나 둘 다 제시가 밀어준 덕분에 파도타기에 성공했다. 강사가 밀어주는 행동은 서핑 강습의 전형적인 특징이다. 패들링을 잘하려면 패들링을 통해서만 발달되는 특정한 근육의 힘이 필요하기 때문이다. 나는 강사가 밀어주는 것을 부끄럽게 생각했다. 하지만 나이트는 내게 호주 특공대원들이 왔을 때의 이야기를 해주었다. 나이트가 "그렇게 몸 좋은 남자들은 처음 보았다"라고 말할 정도였지만, 그들 역시 강사가 밀어주어야 했다.

내가 코스타리카에서 처음으로 제대로 탄 파도는 약 2미터 높이의 라이트핸더right-hander(서퍼가 볼 때 오른쪽으로 부서지는 파도-옮긴이)였다. 10초였지만 10분처럼 느껴졌다. 해변에서 누군가가 나를 봤더라면 그저 평범한 관광객이 평범한 파도를 탄 것으로 보였을 것이다. 하지만 내게는 달랐다. 저널리스트 맷 조지Matt George가 《서핑의 역사The History of Surfing》에서 인용한 문구를 활용하자면, 마치 내가 바다의 신 넵투누스가 되어 바다 위를 달리는 쌍두마차를 타고 "우리 영혼의 마그마를 어루만지는"[11] 기분이었다.

　모든 것이 약간 정신없게 느껴지기도 했다. 한번은 파도를 타다가 갑자기 보드를 잡고 있었던 울리케에게 돌진한 적도 있다. 우리가 눈을 마주쳤을 때, 내 보드가 그녀 쪽으로 직진하고 있다는 것을 느꼈다. 나이트는 "왼쪽!"이라고 소리쳤고, 나는 카빙을 하면서 피할 수 있었지만 그 과정에서 물에 빠졌다. 그리고 한 번은 제시가 파도를 향해 애비를 밀어주었는데, 사실 쇼트보드를 타고 있던 남자가 이제 막 팝업을 한 상황이었다. 제시와 애비가 결례를 저지른 바람에 그 남자는 비켜줄 수밖에 없었다. 제시는 그에게 진심으로 사과하며 이렇게 말했다. "방금 우리 수강생이 인생 최고의 파도를 탔어요!" 그는 고개를 저으며 미소를 짓더니 엄지손가락을 치켜세웠다.

　그 후 우리는 영상 수업을 받기 위해 TV 모니터가 있는 작은 오두막에 모였다. 해변 쪽에서 바라본 그날의 광경은 아름답지 않을 때가 많았다. 영상 피드백은 정신이 번쩍 드는 현실 확인 시간이었다. 물에서는 괴물의 얼굴 위를 질주하는 느낌이었는데, 영상으로는 어린이용 수영장에서 노는 '우스꽝스러운 아빠' 같았다. 능숙하게 롱보드를 타는 서퍼들이 시크한 표정에 멋진 자세로 서서 파도를 가르는 동안 나는 얼굴을 잔뜩 찌푸리고 볼품없이 가느다란 팔다리에 구부정한 자세로 파도를 타고 있었다. 이 때문에 내게 '검비(몸이 가늘고 길쭉한 클레이 애니메이션 캐릭터-옮긴이)'라는 별명이 붙었다.

　피드백이 귀중하긴 했지만, 정확하지는 않았다. 힐이 말했다. "여러분의 개인적인 기술 수준은 바다에서 얼마나 잘했는지와 일치하지 않습니다. 바다 자체가 통제할 수 없는 엄청난 변수거든요." 바다에 나가 모든 것을 잘했는데도 그저 그런 결과가 나올 수도 있고, 강사의 지시와 약간의 운이 합쳐져 일생일대의 서핑을 경험할 수도 있다.

힐은 이렇게 말했다. "이걸 꼭 기억하라고 말씀드리고 싶어요. 이 번에 좀 못했더라도 너무 자책하지 말고, 이번에 진짜 잘했더라도 너 무 자만하지 마세요."

좋은 마음가짐인 듯했다. 우리가 해야 할 일은 그냥 최선을 다하 는 것뿐이다. 결과는 좋을 수도 있고, 그렇지 않을 수도 있다. 나머지 는 전부 우리 손 밖에 있는 일이다.

나중에 침대에 누웠는데, 여전히 파도를 타고 미끄러져 내려가 는 느낌이 들었다. 등 뒤에서 부서지는 파도의 압력이 느껴지는 듯했 다. 눈을 감으면 물결 모양의 끝없는 수평선에서 어두운 파도가 내게 다가오는 모습이 보였다. 나는 그 생명력의 중심에서 몸을 움직이며 아픈 목을 길게 빼고는 이 파도가 나를 어디로 데려갈지 바라보고 있 었다.

목표는 그저 그런
서퍼입니다

캘리포니아의 전설적인 프로 서퍼 필 에 드워즈Phil Edwards는 한때 "최고의 서퍼는 서핑을 누구보다 즐기는 사 람이다"라고 말했다. 다른 초보자들과 마찬가지로 나는 서핑을 시작한 초기에 이 말을 듣고 사실이 아니라고 생각했다. 내 눈에 최고의 서퍼는 자기 밑에 밀려드는 파도에도 흔들리지 않는 사람 혹은 자신이 잡은 파도에 휩쓸려 거대한 세탁기에 던져지듯 물에 빠져버리지 않는 사람이었다.

나이트는 내게 이 공식을 다음과 같이 뒤집어보라고 제안했다. "서핑 실력이 좋아질수록 더 광범위한 상황에서 더 많이 즐길 수 있다."

그곳에 모인 우리는 확실히 즐기고 있었다. 일주일을 보내는 동안 나는 사십 대의 성인들이 예전에 그만둔 서핑을 다시 시작하거나 현재의 서핑 실력을 연마하며 잔뜩 신난 모습을 몇 번이나 보고 깊은 인상을 받았다.

그들이 학습곡선의 아래쪽에 있을수록 그 효과는 더욱 커졌다. 그들이 서핑 실력을 키운 것은 사실이지만, 그 밖의 다른 면에서도 발전하고 있다는 것이 눈에 보였다. 이들은 성인이 누릴 수 있는 안전지대를 일시적으로 포기한 사람들이었다. 즉 도전적이고 위험하며 심지어는 헛된 노력일지도 모르는 일에 참여하기 위해 돈 되는 직업적 능력, 나이에 걸맞은 익숙한 합리화, 성장이란 아이들의 전유물이라는 생각 등을 포기한 것이다.

힐이 말했다. "사람들은 중년에 접어들면 자신이 잘 못하는 일은 하기 싫어하는 경우가 많습니다. 하지만 자신이 잘 못하는 일에 끊임없이 도전하는 것만으로도 인생의 큰 교훈을 얻을 수 있습니다." 화이트워터에서 연습하다가 아직 깨지지 않은 파도로 옮겨갈 때든, 경사면을 따라 서핑하는 데 능숙해진 뒤 힘찬 컷백에 도전할 때든 사람들의 얼굴에서 변화를 읽을 수 있었다. 캠프가 시작될 무렵의 자신감 없는 얼굴, 두려운 표정은 이제 사라지고 없었다. 그들은 서핑이 무엇인지, 그리고 자신이 누구인지 새로 정의했다.

나는 그들에게 서핑이 어떤 의미가 있는지 느끼기 시작했다. 나와 같은 방갈로에 묵었던 울리케는 친한 친구가 뇌암에 걸려 다섯 달 만에 세상을 떴다고 말했다. 그녀는 파도를 타고 싶다는 오랜 꿈을 더 이상 미뤄서는 안 되겠다고 생각했다.

뉴욕에서 온 도릿은 자신에게 서핑이란 가슴 아픈 이혼을 극복하기 위한 수단이라고 말했다. 그녀는 파도를 탈 수 있다는 자신감이 생기면, 감정적인 힘도 되찾을 수 있다고 생각했다. 바다에서 이는 거친 파도를 다룰 수 있다면, 세상에 헤쳐나가지 못할 일은 없었다.

바다와 마찬가지로 인생에서도 어떤 일이 일어날지는 아무도 모른다. 대니는 코스타리카에서 돌아간 뒤 림프종 진단을 받았다. 그는 여전히 서핑을 했지만, "내 몸을 가지고 하는 일에 좀 더 조심하게 된다"라고 말했다.

내가 비밀리에 뉴욕 여성 그룹의 '여왕벌'이라고 불렀던 캐시는 자신의 카리스마와 에너지를 통해 사람들을 자신의 궤도로 끌어들이는 것처럼 보였다. 그녀는 일주일에 걸쳐 자신이 겪은 광란의 서핑 모험기를 이야기해주었고, 나는 그 이야기를 재미있게 들었다. 그녀의 서프보드에 난 흠집에서 알 수 있듯이, 그녀는 전 세계를 돌아다니며 비체계적으로 여러 강사들과 함께해왔다. 별명은 '하와이 조'인데 실제로는 뉴저지 출신인 강사도 있었고, 비행기 조종사 겸 서퍼였던 강사도 있었다. 그는 작은 비행기를 조종하며 그녀와 함께 인도네시아 군도 위를 비행하면서 그녀에게 "아무 여자나 데려오면 15초 안에 오르가즘에 도달하게 할 수 있다"라고 말했다고 한다. 하지만 웨트슈트를 벗는 데만도 15초가 넘게 걸릴 것이다.

그녀는 같이 온 여성들 중에서 바네사와 함께 서핑을 제일 잘했다. 세 아이의 엄마이기도 한 그녀가 어쩌다가 중년의 나이에 그렇게 열심히 하게 되었는지, 어떻게 그렇게 잘하게 되었는지 궁금했다.

"바다 옆에 살면서 서퍼들을 바라보기만 했어요." 그녀는 몇 년 동안 그렇게 살았다. 나는 당시 그녀가 제인 오스틴Jane Austen 소설의 등장인물 같은 느낌이 않았을까 상상했다. 불안과 사회적 기대감에 휩싸인 모습이 떠올랐다. 어느 날 마침내 그녀는 친구 애슐리, 그리고 다른 엄마들과 함께 서핑에 도전했다. 그녀가 말했다. "한번은 거의 일어설 뻔했어요. 갈비뼈에 멍이 든 느낌이었죠. 우리는 서핑하고 나서 각자 어디가 아픈지 서로 이메일로 얘기하고는 다시는 서핑 이야기를 입 밖에도 내지 않았죠."

하지만 그녀는 손이 안 닿아 긁을 수 없는 부위의 가려움증처럼 서핑을 향한 해소되지 않은 느낌이 계속 들었다. 5년 전, 그녀는 가족과 함께 와이키키에서 휴가를 보냈다. 그런데 그곳에서 아이들이 서핑을 하고 싶다고 말했다(아이들은 늘 성인의 배움을 촉진하는 촉매제로 작용한다). 그리고 그 지역 서핑 '삼촌들' 중 한 명이 그녀도 함께하는 게 어떻겠냐고 제안했다. 남편은 그 친절하고 나이 많은 강사를 빤히 바라보더니 그녀에게 해보라고 했다. 그런데 그녀를 가르쳐줄 강사로 다른 사람이 등장했다. 그녀의 묘사에 따르면, "레어드 해밀턴Laird Hamilton(미국의 서퍼 겸 모델-옮긴이)의 젊고 귀엽고 근육이 좀 덜한 버전"인 트레버라는 사람이었다. 그녀가 말했다. "우리 남편은 그냥 웃더라고요."

그녀는 오전 내내 파도 잡는 연습을 했다. 연습할 때는 마우이의 유명한 브레이크인 조스에서나 볼 법한 집채만 한 크기의 파도로 느껴졌는데, 나중에 사진으로 보니 사실은 '수면이 호수 같았다'는 암울한 현실을 마주해야 했다. 그녀는 '핫한 엄마 사진'을 찾기 위해 사진을 획획 쓸어넘겼다. 하지만 그런 사진은 없고 "호수같이 파도 없는 바다 위에서, 바지는 보기 싫게 반쯤 내려가 엉덩이가 훤히 드러나 있고, 얼굴은 불쌍한 아이 같은 표정"인 사진뿐이었다.

"충격적이었죠." 그녀가 말했다. "그런데 매력에 푹 빠져버렸어요." 그래서 그녀는 긴 시간, 끝없는 반복 연습이 필요하고 발전 속도는 더딘 배움의 여정을 시작했다. 그녀도 초보자의 실수를 저질렀다. 팝업할 때 자꾸 보드를 쳐다보며 한 탓에 강사가 노즈 부분에 '위를 보기'라고 써놓으라고 말했을 정도였다. 그래서 그녀는 진짜 그렇게 했다.

무거운 소프트탑 보드에 맞아 코뼈가 부러지는 바람에 스무 바늘이나 꿰맨 적도 있다. "얼굴 전체에 깁스를 했죠. 그리고 의사가 6주 동안 바다에 나가지 말라고 했어요." 하지만 5주 만에 바다로 돌아왔다.

그녀는 차에 모래가 들어가지 않도록 멀리 주차장에 차를 세우고 그곳에서 덜덜 떨며 옷을 갈아입곤 했다. 그녀는 그 시절을 돌아보며 이렇게 말했다. "나는 그때 내가 서핑을 엄청나게 잘하는 줄 알았어요. 지금 그때 사진을 보면 웃음이 나와요. 실력이 좋아지면 좋아질수록 내가 얼마나 못하는지 점점 깨닫게 되는 것 같아요."

메타인지, 즉 자신이 얼마나 아는가에 대한 지식은 손에 잘 잡히지 않는 존재다. 어느 분야에서든 초보자는 실력만 부족한 것이 아니라 자신이 뭘 모르는지를 인식하는 광범위한 이해도도 부족하다. 그러다 갑자기 더 큰 파도에 휩싸이게 되고, 2장의 아기들처럼 예전에 알았던 지식은 더 이상 통하지 않는 순간이 온다. 캐시는 파도에 휩쓸리는 것이 무서워서 항상 브레이크에 발을 올려놓는 기분이었다고 말했다. 그럴 때면 몸을 허우적거리며 숨을 몰아쉬었다. "어떤 현명한 강사가 내게 이렇게 말했어요. '바다랑 싸우는 건 아무 의미가 없어요. 바다가 항상 이기니까요.'"

그녀가 안전지대에서 나온 뒤 차분해지는 데는 몇 년이 걸렸고, 아직도 '별일 없는 날조차' 마음이 울렁거리기도 한다. 그녀는 하와이에서 상어와 마주칠 뻔한 적이 있었고, 그다음 날에도 여전히 물속에서 부들부들 떨었다. 강사는 계속 "무슨 상어요?"라고 말하며 윙크를 했다.

그녀는 이제 물속에서 거의 평온함을 느낄 정도가 되었다. "물속에는 컴퓨터도 없고, 휴대폰도 없고, 불평하는 아이들도 없잖아요. 지금 하는 일에 온 신경을 집중해야 해요." 이제 그녀가 혼자서 집을 나설 때마다 불안해하는 사람은 남편이다. 한 친구는 이렇게 농담했다. "멋있는 강사랑 3일 동안 토르톨라 섬에 갈 때는 신경도 안 쓰더니 혼자 가는 건 안 된다고?" 그녀의 남편은 그녀가 강사가 아니라 서핑과 바람을 피운다고 농담한다.

그녀가 물에 얼마나 더 오래 있고 싶어 했는지, '한 번만 더'라는 별명까지 생겼다. 그녀는 산호초에 긁힌 상처와 퍼렇게 든 멍을 자랑스럽게 생각했다. 한번은 서핑이 끝나자마자 바로 정장을 차려입고 롱아일랜드에서 열리는 자선 만찬회에 간 적이 있었다. 그런데 그녀가 떨어진 냅킨을 주우려고 고개를 숙이는 순간 코에서 바닷물이 쏟아져 나오는 바람에 테이블에 앉은 사람들이 모두 웃었다.

그녀는 서핑을 처음 시작했을 때만 해도 서핑이란 하와이 반자이 파이프라인 해변의 파도 같은 거대한 파도를 타는 것이라고만 생각했다. "제 현실에서 얼마나 멀게만 생각했는지 몰라요."

이제 경험을 많이 쌓은 그녀는 좀 더 현실적인 목표를 세운다. 늦게 시작했기 때문에 "놓친 부분을 따라잡기 위해 '수년간' 탔어야 했던 파도를 몰아서 타야 한다"면서도 "결국 골프 같은 운동보다는 체력적으로 더 빨리 지칠 것"이라고 말했다. 그녀는 자기보다 여덟 살 어린 바네사를 보며 배울 시간이 한참 더 많다는 점을 항상 부러워했다.

하지만 늦게 시작한 데는 한 가지 엄청난 장점이 있었다. "내가 가진 모든 것에 감사하는 마음이 훨씬 더 커졌다는 것이죠."

만약 당신이 초여름에 69번가 근처의 로커웨이비치에 올 일이 있다면, 화려한 소프트톱 보드를 타는 아이들로 북적대는 바다를 만날 것이다. 좀 더 자세히 살펴보면, 소인국에 간 걸리버 같은 외모에 바보 같은 함박웃음을 짓고 있는 사람이 보일 것이다. 바로 나다.

서핑을 시작한 뒤 처음으로 맞는 여름에 나는 당시 일곱 살이었던 딸을 로컬스 서프캠프에 등록시켰다. 만약 딸이 서핑을 하고 싶어한다면, 은퇴자협회에서 스팸메일을 받을 때까지 기다리지 않았으면 좋겠다는 생각이었다. 체스를 시작할 때처럼 성별이 걸림돌이 되지 않도록 반성적으로 노력하는 듯한 기분이었다. 아버지들은 보통 딸보다는 아들과 함께 더 거칠게 놀아주고, 딸보다는 아들에게 더 큰 위험을 허락하는 경향이 있다. 실제로 아버지들은 아이들을 키우는 과정에서 "성 사회화의 주요 요인"[18]으로 지목받고 있다. 나는 일찍 딸에게 서핑을 시킴으로써 딸의 머릿속에 '내가 할 수 있는 게 또 하나 있다'라는 생각을 심어주고 싶었다.

파도는 훨씬 적어지고 인파는 훨씬 더 많아지는 여름은 로커웨이의 진지한 서퍼들에게는 사실상 비수기다. 하지만 지금까지 이런 일들을 해온 만큼 다른 부모들처럼 해변에 앉아서 구경만 할 수는 없었다. 그래서 나는 마이크 중 한 명에게 남는 소프트탑을 하나 빌려 패들링을 하러 나가곤 했다. 다행히 아직 우리 딸은 아빠가 자기와 함께 물속에서 파도를 타는 것을 부끄러운 일이 아니라 자랑스러운 일로 여기는 나이였다. 딸은(그리고 나는) 구릿빛 피부에 탄탄한 몸매의 젊은 강사가 나를 칭찬할 때면 우쭐해지곤 했다.

내가 딸을 캠프에 등록시킨 데는 숨은 의도가 있었다. 만약 딸이 서핑을 좋아하게 된다면 내게는 미래의 서핑 동지가 생길 것이다. 그렇다면 우리가 가족 휴가지를 정할 때 하는 민주주의 투표에서 마침 근처에 있는 서핑 스폿 쪽으로 투표 결과를 기울이는 데 도움이 될 터였다(지금까지는 아내가 한 번 시험해보았지만 전혀 먹히지 않았다).

그래서 우리는 서핑을 시작했다. 프랑스 보르도 근처의 서핑 스폿에 간 적이 있는데, 마침 바로 옆에 나체주의자를 위한 리조트(이들은 서핑을 하지 않았다)가 있어서 딸이 즐거워했다. 또 포르투갈 리스본의 북적대는 해수욕장에서는 전직 프로 서퍼와 그녀의 아이들과 함께 서핑했고, 끝난 뒤에는 아이스크림을 즐겼다. 페루 리마의 마카하 비치에서는 서핑을 하던 딸이 힘들다고 하는데 브라질 출신의 강인한 강사가 들은 척도 하지 않은 적이 있었다. 만약 딸이 나와 단둘이 있었다면, 딸은 더 빨리 지쳤을 것이고 나는 그걸로 놀렸을 것이다. 선생님의 눈에 무르게 보이고 싶지 않았던 딸은 이를 악물고 버텼고, 결국 역대급 파도를 탔다. 코스타리카 파파가요반도에서도 서핑을 했는데, 그곳에는 특이하게도 작은 바다가 있었다. 하지만 그 덕분에 딸이 처음으로 혼자서 파도를 잡는 데 성공했다.

딸의 실력이 좋아지는 것을 보며, 내가 이제 드라이퍼스 모델의 레벨 3인 '능숙자' 단계에 어느 정도 도달했다는 사실을 깨달았다.

이 단계에서 학습자들은 자신의 학습에 '감정적으로' 관여하기 시작한다. 초보자 또는 초중급자가 규칙을 고수하는 것과 대비된다.

드라이퍼스 형제는 능숙자 단계의 학습자를 이렇게 설명했다. "규칙이 효과를 발휘하지 못하면, 이 학습자는 자신의 실수에 가책을 느끼는 대신 자신이 적절한 규칙을 배우지 못했다고 정당화할 수 있다."

로커웨이에서라면 서핑 중에 파도에 휩쓸렸더라도 그런 특정한 종류의 파도에 어떻게 대응해야 하는지 아직 배우지 못했다고 설명할 수 있었다. 하지만 능숙함의 단계에 이르면 실패 혹은 성공의 부담을 스스로 감수해야 한다. 자신의 실수를 인정해야 하며, 어떤 일을 잘했더라도 단순히 잘했다는 이유로 좋아하는 것이 아니라 성공적인 결과를 끌어낸 옳은 선택을 했다는 이유로 좋아해야 한다. 예전에는 파도를 탔다는 사실에서 전율을 느꼈지만, 이제는 파도를 잡을 수 있는 최고의 지점까지 패들링했다는 사실에서 만족감을 느꼈다.

나는 이 단계에 머무르는 것에 만족한다는 느낌이 들었다. 물론 오늘날의 이 목표중심적이고 성과주도적인 시대에 마스터하는 수준에 이르지 않고도 만족한다는 것이 어불성설 같다는 것을 잘 안다.

데이비드 포스터 월리스David Foster Wallace의 소설 《무한한 재미Infinite Jest》에 등장하는 한 인물은 테니스에서 "안주하는 유형"[19]을 다음과 같이 멸시적으로 묘사했다. "엄청난 발전을 이뤄 실력의 안정권에 올라서고는, 자신이 안정권에 올라서기 위해 엄청난 발전을 이루었다는 사실에 만족하는 사람." 결국 그 사람은 경기에서 지기 시작한다. "그가 참여하는 모든 경기는 이 안정권을 기반으로 하기" 때문이다. 그는 "경기를 향한 사랑"이라고 주장하지만 "수치스러워하는 억지 미소"를 지었다.

하지만 내게 서핑은 경쟁이 아니었다. 달성하고자 하는 마라톤 기록이나 사이클링 PR 같은 건 없었다. 정량화된 성과 측정 기준도 없었다. 서핑에서 '진다'라는 것이 무슨 뜻인지 모르겠다고 생각했다. 서핑에 흥미를 잃는 것 말고 다른 것은 생각할 수 없었다. 그냥 경사면을 따라 평범하게 서핑하는 것이 지겨워지는 날이 온다면, 다른 시도를 할 수도 있다. 새로운 곳에 여행 가서 서핑을 할 수도 있고 새 보드를 마련할 수도 있을 것이다.

지겨움은 전혀 느껴지지 않았다. 파도가 제일 낮은 날에도 서프캠(실시간으로 파도를 확인할 수 있는 CCTV 서비스-옮긴이)으로 해변을 확인하면 신이 났다. 친구가 파도의 상황이 좋지 않다며 불평할 때도 보통 나는 파도가 있다는 사실 자체만으로도 충분하다고 느꼈다. 내게 서핑에서 지겨운 면은 없었다.

실력이 좋아지기를 바랐냐고? 물론이다. 하지만 서핑은 내 직업이 아니었다. 부업도 아니었고, 심지어 내 인생의 열정도 아니었다. 내게 서핑은 작가 제임스 디키James Dickey의 표현을 빌리면, 그저 내 여러 "변덕스럽고도 끈질긴 취미 활동"[20] 중 하나였다. 나는 내가 계속해서 재미를 느낄 수 있을 만큼만 잘하고 싶었다.

결국 그저 그런 서퍼로 끝날 운명이라고 해도, 그것만으로도 괜찮다. '그저 그런mediocre'이라는 단어도 고대 라틴어에서 유래한 것으로 '최고에서 중간쯤'이라는 뜻이다. 그 정도면 백지상태에서 시작한 것치고 꽤 많이 올라간 수준인 듯했다. 내게 서핑 실력의 안정권이란 오랫동안 행복하게 파도를 탈 수 있는 수준으로 느껴진다.

6장

저글링을 몸으로 익히며 깨달은,
생각 끄기의 과학

BEGINNERS

**지식은 그것이 습관으로 바뀔 때만
유용하다.**

-제롬 브루너Jerome Bruner

{　　　}

물건을
공중에 띄우는 마술

　　　　몇 달 동안 여러 가지 기술을 배우느라 고생하고 나니, 이제 한 걸음 뒤로 물러서서 우리가 실제로 어떻게 새로운 기술을 학습하는지 좀 더 깊이 생각해볼 때가 된 것 같았다. 그러나 그저 책으로만 공부하고 싶지는 않았다. 배움에 대해 배우면서 동시에 '뭔가를' 배우고 싶었다.

　　저글링이 딱 좋을 것 같았다. 저글링은 완전한 운동 기술이다. 예컨대 걷기 같은 기술과는 달리 자신이 이런 일을 할 수 있다는 것을 보여주고자 할 때가 아니고서야 다수의 물체를 공중에 띄워야 할 기능적인 이유는 거의 없다.

　　저글링은 인간의 수행 능력을 연구하기에 적합한 방법으로 오랫동안 활용되어 왔다. 심리학 연구 초기부터 등장했다. '학습곡선'[1]의 개념을 대중화한 연구에서도 실험 참가자들은 저글링을 배웠다. 교과서로 널리 쓰이는 책, 리처드 A. 매질Richard A. Magill의 《운동 학습과 제어Motor Learning》 표지에는 무엇이 나올까? 그렇다. 저글링하는 사람이 나온다.

나는 어느 날 오후에 암스테르담 자유대학교에서 운동과학을 연구하는 페터 베이크$^{Peter Beek}$를 만났다. 그는 저글링이 학습을 연구하는 데 특히 유용한 이유로 여러 가지를 들 수 있다고 설명했다.

연구에 활용되는 기술은 실험실에서 쉽게 할 수 있는 일이어야 한다. 또 배우지 않고서는 절대 바로 할 수 없는 일이어야 한다. 즉 배워야만 할 수 있는 기술이어야 한다. 그렇지만 사람들이 바로 포기하지 않도록 너무 어려운 일이면 안 된다. 사람들은 대부분 공 세 개로 하는 저글링은 며칠 안에 배울 수 있다.[*] 저글링의 성공은 측정하기 쉽다. 저글링을 하거나 공을 떨어뜨리거나 둘 중 하나다. 게다가 학습은 동기에 의해 촉진되는데, 보통 연구에서 쓰는 실험 과제들은 조이스틱으로 커서 옮기기, 연속적으로 버튼 누르기 등 이상하고 단조로운 것들이 많다. 반면 저글링은 실제로 재미있다.

내가 배운 다른 기술과 달리, 저글링은 내 일생의 꿈이 아니었다. 학습에 대해 배우기 위해 저글링을 배우고 싶었던 것뿐이다. 그래도 이걸 배워두면 파티에서 유용하게 써먹을 수 있겠다는 생각이 들었다. 실제로 몇 달 뒤, 딸이 초대받은 어느 모임에 내가 함께 갔을 때 저글링이 사실상 아빠를 초능력자로 만들어준다는 사실을 깨달았다.

이런 기술에는 특징이 하나 있다. 저글링 같은 기술은 가장 기초적인 수준만 습득하고 나면, 그것만으로도 이미 인류의 대다수 집단

---

[*] 공 세 개로 하는 저글링은 보통 실제 저글링의 입문이라고 여겨진다. 저글링의 광범위한 정의는 '사람 손의 개수보다 더 많은 물체를 조종하는 능력'이다.

에서 차별화된 사람이 된다. 친구나 동료들에게 공 세 개로 저글링을 할 줄 아느냐고 한번 물어보라. 그런 사람이 있을 확률은 아주 드물다. 네 개는? 더 드물다. 다섯 개는? 이제 당신은 저글링 대화방에 들어가 있는 사람이다.

이는 기술 습득의 비밀스러운 장점 중 하나다. 마스터하기까지는 시간이 오래 걸리겠지만, 약간의 시간과 노력만으로 다른 사람들이 하지 못하는 일을, 조금 전까지는 당신 자신도 하지 못했던 일을 배울 수 있다. 공 세 개로 저글링하는 것은 사소한 목표 같아 보일지 모르지만, 한때 내게 그 기술은 불가능의 영역에 속했다. 그런데 어느 날 갑자기 마법처럼 그 일을 할 수 있게 되었다.

♟ ♪ ✦

가장 먼저 해야 할 일은 가르쳐줄 사람을 찾는 것이었다. 뉴욕시의 지역 게시판은 즉흥 연극, 소시지 만들기, 타로카드 읽기 등 온갖 강습의 광고로 가득 차 있으니 그것은 문제도 아니었다. 나는 금방 '저글핏JuggleFit("건강한 신체와 뇌를 위해 저글링을 배우세요")'이라는 곳을 운영하는 헤더 울프Heather Wolf라는 강사를 찾았다. 그녀는 옆 동네에 살고 있었다.

나는 그녀와 함께 나무가 울창한 근처 공원에서 커피를 마시며 그녀의 이야기를 들었다. 그녀는 캘리포니아대학교 로스앤젤레스 캠퍼스UCLA 사회학과를 졸업한 뒤 원래 열정이 있었던 전기기타로 돌아왔고, 실용음악을 가르치는 LA의 뮤지션스인스티튜트에 등록했다. 어느 날 그녀는 게시판에서 구인 광고를 보았다. '더 링링 브로스 The Ringling Bros'라는 서커스단에서 베이스기타 연주자를 모집하고 있었다.

그녀는 내게 말했다. "서커스에 밴드가 있는 줄은 몰랐어요. 항상 투어를 다니는 게 꿈이었거든요." 그렇게 6년을 서커스단에서 지냈다. 그러던 어느 날, 어느 공연 회차에 뮤지션을 제외한 모든 단원이 저글링을 할 줄 알아야 한다는 통보가 내려왔다. 그녀는 다른 사람들이 모두 배우고 있으니 자신도 배워보겠다고 생각했다. 그렇게 계속해서 배우다가 결국 공 다섯 개로 하는 저글링까지 배웠다. 전문 저글링으로 들어서는 입문 지점이었다.

"제가 이 지역에서 저글링을 제일 잘하지는 않아요." 그녀는 뉴욕시의 당당함이 묻어나는 자세로 이렇게 덧붙였다. "그렇지만 가르치는 것만큼은 제일 잘한다고 확신해요." 그러면서 전문가들은 자신이 맨 처음 배울 때 어땠는지 잊어버렸을 수 있다고 말했다. 운동 기술을 연구하는 여러 연구원들에게 들은 이야기와 같았다. 마이클 조던이나 리오넬 메시가 당신의 아이에게 농구나 축구를 가르친다면 멋진 이야기처럼 들리겠지만, 그렇게 되길 원하지는 않을 것이다. 이들은 자신이 어떻게 하는지 말로 설명하기 어려워할 테고, 아홉 살짜리가 소화할 수 있도록 설명하는 일은 더더욱 어려워할 것이다.

뉴욕의 많은 회사가 그렇듯 울프의 저글링 사업은 부업이다. 들새를 관찰하는 데 큰 열정이 있는 그녀는 코넬대학교 조류학 실험실의 웹사이트 관련 일을 주로 한다. 그녀의 룸메이트는 지금은 사라진 더 링링 브로스 서커스단의 광대였다. "그는 이제 서커스단에 있지는 않지만 브리트니 스피어스 같은 사람들과 여기저기 투어를 다녀요. 뉴욕의 광대들은 사실 일거리가 아주 많거든요."

일주일 뒤, 그녀와 나는 우리 집 거실에 모였다. 그녀는 세 가지 색상의 스카프를 꺼냈다. 내가 '왜 공이 아니지?'라고 생각하며 약간 실망하자 그 기색을 눈치챈 그녀는 '느린 동작의 저글링'을 배우면 공중에서 물체가 움직이는 패턴을 추적할 수 있는 데다 자신감도 키울 수 있다고 설명했다. 처음에는 기술을 쉬워 보이게 하는 것이 학습 효과를 향상하는 방법이라는 연구 결과도 있다.[2]

나는 스카프 두 개를 오른손에 하나, 왼손(내가 주로 쓰는 손)에 하나 들었다. 그녀는 나에게 머리 위에 상자가 하나 있다고 상상하고 각 스카프를 한 번에 하나씩 상자의 양쪽 끝부분을 향해 던지라고 했다. 나는 그렇게 했고, 스카프는 바닥으로 떨어졌다. 아주 쉬웠다. 이번에는 마찬가지로 각 스카프를 한 번씩 던진 뒤 잡으라고 했다. 그렇게 어렵지 않았다. 그다음에는 이 과정을 반복하라고 했다. 그런데 하다보니 금세 어려워졌고 스카프들은 난리가 나서 마치 백화점 세일 매대에서 광적으로 물건을 뒤지는 것처럼 보였다.

울프가 말했다. "나는 저글링을 가르칠 때 사람들의 마음을 약간 읽을 수 있는데, 지금 이걸 패턴이라고 생각하시는 게 눈에 보이네요."

그녀는 내게 그냥 양쪽 끝으로 던지라고 반복해서 말했다. 던질 때 패턴을 생각하지 말고 그냥 던지라고 말했다. 잡는 것도 생각하지 말라고 했다. 그냥 계속 양쪽 끝으로 던지기만 하면 손이 알아서 잡을 거라고 했다. 그녀는 이렇게 말했다. "저글링을 배울 때 핵심은 생각하지 않는 거예요."

생각은 어떻게
학습을 방해하는가

물리학자 데이비드 존스David Jones는 이렇게 설명했다. "사람들은 대부분 자전거를 탈 줄 알지만, 자신이 어떻게 자전거를 타는지 아는 사람은 거의 없다."[3]

자전거를 탈 줄 아는 사람에게 자전거를 타고 가다가 방향을 바꾸려면 어떻게 해야 하느냐고 물어보면, '가고 싶은 방향으로 핸들을 돌린다'라고 대답할 것이다. 하지만 엄밀히 말하면, 이는 사실이 아니다. 윌버 라이트Wilbur Wright(라이트 형제 중 한 명으로 자전거 가게를 운영했다-옮긴이)의 뒤를 이은 자전거광들이 지적했듯이,[4] 왼쪽으로 가려면 먼저 오른쪽으로 돌아야 한다.♣

이를 아는 사람은 거의 없다. 이런 것이 존재한다는 사실을 아는 사람이 거의 없기 때문이다. 그리고 이 사실을 모르는 이유는 이 사실

♣ 물리학자 조엘 파얀스Joel Fajans는 이 '카운터스티어링'을 직접 경험하는 훌륭한 방법을 소개했다. 내리막길로 내려가고 있어 페달을 밟을 필요가 없는 상황에서 왼손을 핸들에서 뗀다. 그리고 오른손을 쫙 펴서 손바닥을 오른쪽 핸들에 올려놓은 뒤 살짝 압력을 가한다. 손바닥이 펴져 있기 때문에 자전거가 왼쪽으로 돌 수밖에 없다. 하지만 몸은 오른쪽으로 가게 된다. Joel Fajans, "Steering in Bicycles and Motorcycles," *American Journal of Physics* 68, no. 7 (July 2000): 654 – 59.

을 알더라도, 아니면 자전거 탈 때 이 사실을 생각한다고 하더라도 자전거 타기에 도움이 안 되기 때문이다.

어떤 기술을 능숙하게 하기 위해서는 자신이 그 일을 어떻게 하는지 몰라야 한다. 그래서 기술을 익힐 때 글로 된 설명이 소용없는 경우가 그렇게 많은 것이다.[5] 심리학자 제롬 브루너는 이렇게 썼다. "지식은 그것이 습관으로 바뀔 때만 유용하다."[6]

초보자의 문제는 그들이 언제나 '그 일을 하는 자신'을 생각한다는 것이다. 우리가 걷기처럼 과잉 학습한 기술에 대해 생각하려고 노력하면 오히려 더 못할 확률이 높다. 운동 학습 전문가 리치 매스터스Rich Masters가 주장하는 '재투자reinvestment' 이론이 이를 뒷받침한다.[7]

예컨대 뇌졸중을 앓았던 사람은 흔히 '비대칭적인 보행', 즉 절뚝거림에 시달리게 된다. 이들은 걷는 방법을 다시 배워야 한다. 하지만 이들은 현재의 걸음걸이를 과도하게 의식하는 탓에 걷는 방법의 기계적인 측면을 생각하게 되는데, 이 때문에 걸음이 더 기계적으로 보인다. 이들이 잘 걷기 위해서는 간접적으로 배워야 한다. 매스터스는 이렇게 설명한다. "여기서 비결은 자신이 움직이는 방법을 배우고 있는지도 모르게 배우도록 하는 것이다."[8]

우리가 어떤 일에 능숙해지면 그 일은 자동으로 일어난다. 특별히 신경 쓸 필요가 없다. 뇌가 사실상 자동조종으로 돌아가면서 끊임없이 예측을 하기 때문이다. 그리고 그 예측은 대부분 사실이다.

존스홉킨스대학교의 인간 두뇌 생리학 및 자극 실험실Human Brain Physiology and Stimulation Lab 연구소장인 아르헨티나 출신의 친절한 의사

파블로 셀닉Pablo Celnik은 어느 오후 내가 그의 사무실에 찾아갔을 때 이렇게 설명했다. 뇌가 이런 방식으로 돌아가는 이유는 효율성을 높이기 위해서이기도 하지만 내재된 시차 때문이기도 하다.

"우리 뇌는 우리가 지금 하는 일의 피드백을 받는데, 이게 시간이 좀 걸립니다. 80에서 100밀리초 정도죠. 우리는 과거에 살고 있는 겁니다. 우리가 지금 보는 것은 사실 전부 운동 영역에서 100밀리초 전에 있었던 일입니다."

이러한 예측은 우리가 일상을 살아가는 데 도움이 된다. 예측에 실패하면 우리는 합당한 설명을 찾아 나선다.[9] 우리가 길을 가다가 넘어지면 뇌는 이 소식을 100밀리초 뒤에 접하고, 우리는 바닥에 튀어나와 있는 돌부리를 원망하며 쳐다본다. 이 뜻밖의 요소 때문에 자동조종 모형이 깨진 것이다. 반면 우리가 자기 몸을 스스로 간지럽히면 아무렇지도 않다. 왜냐하면 그것이 어떤 느낌일지 이미 알고 있기 때문이다. 소뇌는 피부의 감각적인 입력을 취소하고 뉴런을 억제한다.[10] 뜻밖의 일은 없고, 자동조종 모형은 타격을 입지 않는다.

에스컬레이터에 발을 디뎠는데 작동하지 않는다고 하더라도 처음 몇 걸음 정도는 나도 모르게 조심스럽게 걷게 된다. 심지어 에스컬레이터가 움직이는 기분이 들기도 한다. 그 이유는 수많은 반복을 통해 우리 뇌가 스스로 훈련했기 때문이다. 에스컬레이터를 본 뇌는 에스컬레이터를 탈 준비를 했다. 즉 에스컬레이터를 예측했다. 머리로는 에스컬레이터가 고장 났다는 사실을 알지만, 몸에서는 자꾸 작동하는 것 같다고 생각하는 것이다.

로봇 되기, 시간 늦추기,
반복 없이 반복하기

나는 곧 저글링이 내가 생각했던 것과 상당히 다르다는 사실을 깨달았다.

초보자라면 대부분 그렇듯 저글링이라고 하면 떠오르는 이미지는 세 개의 물체를 반원 모양, 시계 방향으로 주고받는 '샤워 패턴'이라는 기술이었다. 하지만 샤워 패턴은 여러 개의 물체를 가지고 하는 가장 흔한 저글링인 '캐스케이드'보다 훨씬 어려운 기술이다. 캐스케이드는 물체가 서로 교차하고 반대편 손으로 떨어진다. 물체의 움직임을 선으로 그리면 8자가 옆으로 기울어진 형태가 된다.

또한 나는 저글링을 하는 사람들이 물체 각각이 공중에서 어떻게 움직이는지 쳐다본다고 생각했는데, 그건 정확히 초보자들이 하는 행동이었다. 딸이 한번 시도해보았는데, 각각의 스카프가 움직이는 경로를 감시하려니 머리가 깨질 지경인 듯했다.

하지만 헤더 울프가 보여주었듯이 저글링은 물체를 던진다기보다는 패턴을 던지는 것이었다. 마치 하늘에 알고리즘을 던지는 것과 비슷하다.♣ 클로드 섀넌에서부터 로널드 그레이엄Ronald Graham에 이르기까지 수많은 유명 수학자가 저글링에 빠진 데는 다 이유가 있었다.

저글링은 대부분의 스포츠와 달리 공에 시선을 집중하지 않는다.

♣ 저명한 수학자이자 저글링광이었던 클로드 섀넌은 심지어 저글링을 $(F+D)H=(V+D)N$이라는 공식으로 표현했다. F는 공이 공중에서 움직이는 시간flight, D는 공이 손에 잡혀 있는 시간dwell time, H는 손의 개수number of hands, V는 손이 비어 있는 시간vacancy, N은 공의 개수number of balls를 의미한다.

저글링하는 사람은 던져진 물체가 도달하는 위치 중 가장 높은 지점을 바라보며(여기서도 역시 외부 대상에 집중한다), 자신이 던지는 모든 물체를 향해서는 부수적인 감각만 유지한다.[11] 이 사실은 저글링하는 사람의 시야를 차단한 여러 실험으로 증명되었다. 저글링하는 사람에게 자신이 던져 올린 물체가 그리는 활 모양 포물선의 윗부분만 보여주고 저글링을 시켰더니 시야가 가려지기 전과 똑같이 잘 해냈다. 실력이 좋은 사람은 눈을 감고도 저글링을 할 수 있다.

다시 우리 집 거실로 돌아가자면, 다행히 내 스카프 저글링의 실력이 나아지고 있었다. 나는 이제 세 개의 스카프를 계속해서 공중에 띄울 수 있었다. 저글링하는 사람들은 이를 '달린다'라고 표현한다. 나는 이제 공으로 넘어갔다. 우선 울프는 내게 공 하나를 한 손에서 다른 손으로, 비교적 높이 활 모양으로 던지라고 했다. 쉬웠다. 다음으로는 세 개의 공을 빠른 속도로 방금처럼 던지되 그냥 바닥으로 떨어지게 내버려두라고 했다.

이렇게 하니까 내가 어떻게 던지는지 진단하는 데 도움이 되었다. 저글링에서는 던지는 것이 전부다. 잘 던지면 잡는 건 사실상 저절로 된다(이 역시 '예측'이다).

모든 것이 얼마나 빨라 보이던지 깜짝 놀랐다. 처음 세 개는 비교적 잘 띄웠지만 곧 흔한 초보자의 실수를 저지르고 말았다. 네 번째 공을 너무 서둘러 던지는 바람에[12] 타이밍이 어긋나버렸다. 울프는 이렇게 말했다. "생각보다 시간 여유가 있어요."

그녀는 시간이 지날수록 저글링이 느리게 보일 것[13]이라고 말했다. 정말 그랬다. 프로 운동선수들이 말하듯이 공을 다룰 시간이 더 많아진 느낌이었다. 패턴은 비행기가 쓴 구름 글씨처럼 선명해 보였고, 공은 공중에 매달려 있는 것 같았다.

사람들이 시간을 어떻게 인식하는지 연구해온 신경과학자 데이비드 이글먼David Eagleman은 내게 이 느려지는 현상을 설득력 있게 설명했다. 그에 따르면, 우리가 초보자로서 저글링 같은 기술을 처음 배우기 시작할 때는 모든 것에 집중한다.[14]

내가 처음 저글링을 시작했을 때는 이런 식이었다. '좋아, 공 하나 던지고. 그다음 하나 더! 잠깐, 하나 더 던져야 한다고? 처음에 던진 건 어떻게 됐지? 아, 여기 오는구나! 또 던져야 한다니 믿을 수 없군. 앗, 두 번째 공이 내려온다! 방금 세 번째 공 제대로 던진 거 맞나? 이거 왼쪽으로 던져야 하나 오른쪽으로 던져야 하나? 잠깐, 왜 한 손에 공이 두 개나 있지? 왜 또 이렇게 됐지?'

신경 쓸 일이 많을수록 시간이 더 빨리 가는 것처럼 느껴진다. 하지만 실력이 좋아지면서 무엇에 집중해야 하는지를 알게 된다. 어떤 일이 벌어질지 예상도 더 잘하게 된다.[15] 그러다 갑자기 공에 전혀 신경 쓰지 않는 순간이 온다. 공중의 패턴만을 추적한다. 집중력이 남아돈다. 저글링하면서 대화도 할 수 있다. 시간에 여유가 생긴 느낌이 들고, 그래서 시간이 느리게 간다.

그러다 다음 묘기를 배우기 시작하고, 그러면 모든 것이 다시 빨라진다.

타이밍을 잘못 맞추는 것 말고도 내가 맞닥뜨린 또 다른 전형적인 초보자의 문제점은 내가 던진 공이 사방팔방으로 튄다는 것이었다. 저글링에서는 작은 실수가 큰 결과로 이어진다. 던질 때 불과 몇 도만 벗어나더라도 떨어질 때가 되면 목표 지점에서 훨씬 벗어날 수 있다.[16]

울프는 "로봇이 됐다고 생각하세요!"라고 자주 말했다. 그녀는 내가 발은 바닥에 딱 붙이고, 공을 던질 때 팔은 몸통 가까이에 두고, 천천히 신중하게 움직이도록 프로그래밍되었다고 상상하라고 했다. 내가 할 일은 오로지 로봇처럼 정확하게 던지는 것뿐이었다. 그녀는 내게 저글링할 때 벽을 보고 하라고 추천했다. 자연스러운 장애물을 만들어 공 던지기 말고는 다른 선택지를 모두 없애라는 것이었다.

저명한 운동과학자 니콜라이 번스타인Nikolai Bernstein이 말했듯이, 기술 학습의 핵심적인 문제 하나는 우리 신체의 '자유도'가 너무 높다는 것이다. 사람의 팔만 해도 어깨 관절부터 손목 관절까지 약 26가지의 자유도를 갖고 있다.[17] 26개의 방향으로 움직일 수 있다는 소리다. 이렇게 하려면 우리는 몸에 있는 약 1000개의 근육과 수천억 개의 뉴런을 효과적으로 조정해야 한다.[18] 이를 고려하면, 공을 던지는 간단한 행동도 마치 분주한 공항 관제탑의 직원들이 한 군단의 노련한 꼭두각시 인형극사와 함께 연락을 주고받으며 정신없이 일하는 모습처럼 보인다.

아이에게 야구 방망이를 휘두르는 방법을 가르친다고 상상해보

라. 방망이를 휘두르는 데는 온갖 방법이 있지만, 야구의 경우 이 중 소수의 몇 가지만 유용하다. 초보자는 몸의 모든 움직임을 지휘해야 한다는 생각에, 번스타인의 표현을 빌리면, 근육을 '얼어붙게' 한다. 자기 몸과 싸우는 것이다.

내가 딸에게 배팅을 가르쳤을 때, 딸은 처음에는 마치 문짝 같았다. 발은 바닥에 딱 달라붙어 있었고, 무릎은 굳었고, 어깨는 뻣뻣했고, 팔뚝은 고정 상태였다. 딸은 균형을 잃지 않기 위해 방망이를 잡은 채로 몸통만 돌렸다. 자유도의 열쇠를 찾지 못하는 모습이었다.

시간이 지나면 결국 우리는 얼어붙었던 몸을 '녹이는' 방법을 배우고, 여러 개의 근육을 함께 사용할 줄 알게 된다. 운동 기술 전문가 리처드 A. 매질은 내게 이렇게 말했다. "사람들은 어떤 기술에 능숙해짐에 따라 자연이 공짜로 선물해준 것을 이용할 수 있게 됩니다."

기술을 배운다는 것은 가장 적게 들여 가장 많이 해내는 방법을 배우는 것이다. 우리는 각 분야의 전문가들을 보며 '식은 죽 먹기처럼 해낸다'라고 말한다. 그래야 하는 타당한 이유가 있다. 내가 뉴욕대학교 스포츠 수행 센터Sports Performance Center에 방문했을 때, 나의 달리는 자세가 얼마나 비효율적이었는지 깨닫고 깜짝 놀랐다. 예컨대 나는 어깨에 불필요하게 힘을 주고 있었다. 사소해 보이지만, 그 상태로 42.195킬로미터를 뛰면 에너지가 더 낭비되고 호흡에 방해가 된다.

첼로 연주에서부터 사이클링에 이르기까지 어떤 기술이든 결과는 같다.[19] 실력이 나아질수록 더 효율적으로 움직이게 된다는 것이다. 이는 필요하지 않은 근육의 움직임을 '억제'하고 필요한 근육의 움직임을 '자극'하는 것이다.[20] 내가 당신에게 주먹을 꽉 쥐라고 하고 새끼손가락만 올리라고 한다면, 당신은 그 한 손가락만 들어 올리고 그와 동시에 다른 손가락에는 움직이지 '말라는' 지시를 내릴 것이다.

울프가 내게 "로봇이 됐다고 생각하라"라고 말했을 때는 말 그대로 뚝뚝 끊어지듯 움직이는 로봇처럼 하라는 뜻은 아니었다(나는 이미 그러고 있었다). 그녀가 진짜 내게 하고 싶었던 말은 나 스스로 내 저글링을 방해하지 말라는 뜻이었다.

그녀는 사람들이 갑자기 "전혀 못하겠어요!"라고 외칠 때가 있다고 말했다. 그럴 때면 그녀는 그들에게 사실을 짚어주었다. "지금 하고 있어요." '로봇'이 해주고 있는 것이다. 저글링에서 요구하는 신체적인 면은 사실 그렇게 힘든 수준은 아니다.[21] 그냥 공을 이쪽에서 저쪽으로 던지는 것뿐이다. 어려운 것은 각 패턴에 맞게 '정신적 모델'을 시행하는 것이다. 공을 제대로 던지지 못했다면 주로 타이밍 실수로 패턴이 흐트러진 경우가 많다.

사람들은 기술에 관해 이야기할 때 '근육이 기억한다'라는 표현을 자주 쓴다. 말 그대로 특정한 움직임을 근육에 입력시켜 근육이 특정한 행동을 기억하도록 한다는 생각인데, 그럴싸해 보인다. 하지만 이는 사실이 아니다. 우리가 서명할 때를 생각해보면, 근육이 종이 위에서 펜을 어떻게 움직일지 반사적으로 '알고 있는' 것처럼 보인다. 하지만 우리는 칠판 위에도 아주 크게 서명할 수 있다.[22] 벽에다가 스프레이로 서명할 수도 있다. 모래밭에서 발로 그릴 수도 있다. 쌓인 눈더미 위에 오줌을 누어 서명할 수도 있다(어렸을 때 과학 실험이라는 핑계로 이런 행동을 했다). 심지어 입에 연필을 물고 서명해도 꽤 잘 될 것이다.

이 중에서 같은 근육을 같은 방식으로 움직이는 경우는 전혀 없다. 뇌 속에 있는 '운동 패턴'을 수행한 것이다. 근육은 단순히 뇌가 하라는 대로 할 뿐이다(심지어 뇌에게 어떤 일을 하라고 말할 때조차 뇌의 명령을 따르고 있다).

또한 근육 기억이라는 개념 안에는 우리가 어떤 기술을 수행할 때 매번 '기억하는' 방식으로만 똑같이 수행한다는 뜻이 내포되어 있다. 하지만 매우 반복적인 운동 기술조차도 항상 미묘하게 달라진다. 우리는 끊임없이 상황에 적응하고 최적화해야 한다. 이러한 이유로 번스타인은 우리가 어떤 기술을 연습할 때, 그냥 단순히 "한 가지 운동 문제의 해결책을 계속해서" 반복해서는 안 된다고 말했다. 다시 말해, 효과가 있어 보이는 한 기법을 같은 조건에서 끝없이 반복해서는 안 된다는 것이다. 너무 융통성 없는 행동이다. 사소한 변수 하나만 생기더라도 그 기법은 연습했던 조건에서만큼 잘 통하지 않을 수 있다.

그 대신 우리는 매번 문제를 '해결하려고' 해야 한다. 다른 기법을 사용할 수도 있다는 말이다. 그는 이를 '반복 없는 반복'이라고 불렀다. 그러므로 단순히 공 세 개짜리 캐스케이드를 반복하며 더 오랜 시간 동안 캐스케이드를 할 수 있도록 연습하는 것은 효과적인 저글링 연습 방법이 아니다. 나는 공 세 개짜리 캐스케이드의 해결책은 이미 알고 있었다. 이제 더 빨리, 더 안정적으로 그 일을 해내야 했다.

실력을 더 키우려면 나 자신에게 해결해야 할 새로운 문제를 주어야 했다. 주로 쓰지 않는 손으로 패턴을 시작하거나(주로 쓰는 손에서 조금은 배운 상태다) 저글링하는 높이를 바꾸는 방법이 있었다. 다른 방에 가서도 해보고, 물체를 바꿔서도 해보았다. 걸어 다니면서 저글링을 하기도 했다. 앉아서도 해보았다. 음악을 들으면서도 해보았고, 대화를 하면서도 해보았다.

상황에 미묘한 차이가 생길 때마다 나도 조금씩 변화를 주어야 했다. 나는 유아행동실험실의 걷기 연습 중인 아기들처럼 행동했다. 아기들은 마구잡이로 아무렇게나 행동하는 것처럼 보이지만, 사실 그들에게 이러한 행동은 가변적인 연습이라는 강력한 학습 전략이다.

저글링 전문가들이라고 절대 실수하지 않는 것은 아니다. 하지만 그들은 끊임없이 문제를 해결해왔기 때문에 가지고 있는 해결책도 매우 많다. 체스 그랜드마스터 조너선 로슨Jonathan Rowson은 전문가가 된다는 것은 익숙하지 않은 실수가 점점 없어진다는 의미라고 말했다.[23] 저글링 전문가들은 공을 던지는 순간 그 공을 잘못 던졌다는 사실을 알 뿐만 아니라 그 공이 손으로 다시 떨어지기 전에 이를 어떻게 수정해야 하는지도 안다.

울프는 이렇게 말했다. "공을 잘못 던졌다면 바로잡으세요. 로봇이 되었다고 생각하세요." 그러면서 "핵심은 내가 공을 통제하는 것이지 공이 나를 통제하는 것이 아니에요"라고 덧붙였다.

유튜브로
모든 것을 배울 수 있을까?

내가 저글링을 배우는 데 선생님이 필요했을까? 그냥 유튜브를 보면 되지 않았을까?

짧게 말하자면, 그렇다. 유튜브에는 저글링하는 방법을 알려주는 동영상이 수없이 많은 데다 괜찮은 영상도 제법 있다. 다른 사람을 보고 따라 하는 것은 인간이 학습하는 가장 기본적인 방법인 듯하다.

몬트리올대학교 운동과학과 루크 프로토Luc Proteau 교수가 내게 말했듯이, "우리는 관찰하는 존재다." 우리의 뇌에는 '동작 관찰 네트워크action-observation network'[24]라는 부위가 있는데, 인간에게 내재된 '운동성 기술'[25]을 다른 사람이 수행하는 것을 관찰할 때 이 부위가 자극을 받는다(예를 들어, 개가 짖는 행위는 인간의 특성이 아니므로 이를 관찰하더라도 동작 관찰 네트워크가 가동되지 않는다[26]).

우리는 자신이 하고자 하는 행동을 머릿속으로 그려본 다음, 몸으로 직접 행할 때 필요한 신경세포를 준비시킨다. 직접 행동해야 운동피질이 제대로 작동하기 때문에 동작 관찰 네트워크는 행동 자체를 대신할 수는 없지만 리허설을 하는 것과 비슷한 효과가 발생한다.[27]

하지만 배우기를 '원해야' 한다. 뱅거대학교 심리학과의 에밀리 크로스Emily Cross 교수는 내게 이렇게 말했다. "다른 사람이 춤추는 법이나 매듭 매는 법을 배우는 모습을 관찰할 때, 그저 수동적으로 보는 것이 아니라 배우려는 마음으로 볼 때 동작 관찰 네트워크가 더 활발하게 움직입니다. 배움은 뇌가 새로운 정보를 얻도록 준비시키죠."

　　배우고 싶은 마음이 클수록 뇌는 더 철저하게 준비한다. 문제의 답을 알고자 하는 호기심이 클수록 답을 기억할 확률이 더 높아진다.[28] 자기가 배운 것을 남에게 가르쳐야 한다고 생각하는 사람은 그냥 배우는 사람보다 기술을 더 잘 배운다.[29] 신기하게도 우리는 초보자들이 실수하면서 끙끙대는 모습을 보고 더 잘 배우는 것 같다.[30] 전문가가 완벽한 모습으로 시범을 보여주더라도 결국 이 모습은 그 일을 배우는 사람의 모습이 아니다.[31] 오히려 배우는 과정을 보는 것이 우리에게는 실제로 도움이 된다.

　　물론 보는 것만으로는 배울 수 없다. 하지만 관찰하지 않고 배우는 것은 거의 불가능하다. 공 세 개짜리 캐스케이드 저글링을 다룬 연구[32]에서 한 집단에게는 저글링 전문가의 영상을 보여주었고, 다른 집단에게는 방법만 설명해주면서 공 세 개로 저글링하는 최선의 방법을 찾아보라고 했다.

　　세 번째 연습이 끝날 무렵, 영상을 본 그룹은 평균 일곱 번 정도 저글링을 할 수 있었다. 영상을 보지 않은 그룹은 단 한 번도 하지 못했다.

♟ 🖊 🖌

저글링을 배우든 다른 기술을 배우든, 다른 사람을 관찰하는 것만으로는 충분하지 않다. 당신을 관찰해줄 사람이 필요하다. 피드백은 오로지 강사만 해줄 수 있고, 유튜브는 해줄 수 없다. 내 저글링 강습 이야기로 돌아가자면, 울프는 팔의 위치, 공을 던지는 높이, 시선의 방향을 계속 감독했다.

울프는 내가 뭔가를 잘못하면 지적해주었다. 하지만 더 중요한 것은 내가 잘했을 때도 알려주었다는 점이다. 우리는 피드백이 실수를 고치는 진단 도구라고 생각하는 경향이 있지만, 사실은 약간 다르다. 사람들은 새로운 기술에 도전해 실패했을 때보다는 성공했을 때 피드백 받기를 선호할 뿐만 아니라, 긍정적인 피드백을 받았을 때 학습 효과도 더 뛰어나다고 주장하는 연구가 점점 더 많아지고 있다.

사실 우리가 저글링이나 서핑 같은 활동을 배울 때 잘하기보다는 잘못할 일이 더 많은데, 그렇다면 좋은 결과에 집중하는 편이 좋지 않을까? 긍정적인 피드백이 학습자의 자신감과 동기를 고취하기 때문에[33] 계속해서 잘못한 점을 지적함으로써 학습자를 더 불안하게 하고 주변 시선을 의식하게 하는 것보다 긍정적 피드백을 주는 편이 더 도움이 될 수 있다.

하지만 학습자가 피드백을 너무 많이 받는 것도 좋지 않다. 학습자로서 우리는 실수를 해보고 극복할 방법을 모색해야 한다. 제대로 못한다고 제대로 못 배우는 것은 아니라는 사실을 기억해야 한다. 나는 저글링을 할 때마다 조금씩 다르게 했다. 이렇게 시도할 때마다 나타나는 가변성을 과학자들은 '잡음'이라고 부른다.

내 실력은 뒤죽박죽이었다. 어떤 날은 스무 번, 서른 번 저글링을 할 때도 있다가 바로 다음 날은 겨우 몇 번 하는 데 그칠 때도 있었다. 그러다가 갑자기 다시 잘되기도 했다. 이런 현상은 정상이다. MIT에서 진행한 저글링 연구에 따르면, 대부분의 기술 연마 과정에는 성공률이 갑자기 급속도로 치솟는 도약의 단계가 있다고 한다. 이 연구에서는 이와 비슷하게 실수 혹은 '버그'도 한꺼번에 들이닥친다고 설명한다. 나는 첫 번째 공을 너무 늦게 던지는 바람에 다음 공을 급하게 던지고 마지막 공은 던지지도 못하게 되는 실수를 계속했다. 그런데 내가 첫 번째 실수를 어떻게 해서든 고치고 나면 다음은 줄줄이 성공이었다. '초심자의 행운'이라고들 말하듯이, 처음 배울 때는 잘하고 못하고가 운으로 많이 결정된다.

나는 유아행동실험실에서 걸음마를 배우는 아기 같았다. 하루는 엄청나게 잘 걷다가 다음날은 휘청거리며 넘어졌다. 하지만 이런 다양한 일을 겪으며 탄탄한 해결책을 조금씩 쌓아올렸다.

이 해결책은 교육 영상이나 강사의 설명에서 얻을 수 있는 것이 아니다. 올림픽 높이뛰기 선수로 유명한 딕 포스버리Dick Fosbury의 경우를 생각해보자. 그는 오리건주의 젊은 운동선수였을 때 높이뛰기 선수로 고등학교 육상경기 팀에 남아 있기 위해 힘겹게 노력했다. 그의 개인 최고 기록인 1.63미터는 경기에서 보통 다른 선수들이 시작하는 높이였다.

실패가 눈앞에 보이자 그는 높이뛰기의 오래된 기술인 가위뛰기로 전략을 바꿀 것을 진지하게 고려했다. 가위뛰기는 몸통을 꼿꼿하게 유지하면서 양쪽 다리를 하나씩 바 위로 넘기는 기술이다. 당시 이 기술은 배를 밑으로 두고 막대 위로 구르며 뛰어넘는 '스트래들'이라는 기술에 가려져 있었다.

잃을 게 없었던 그는 가위뛰기로 기술을 바꿔서 1.67미터를 겨우 넘었다. 개인 최고 기록을 세우긴 했지만, 다른 방법을 쓰지 않는 이상 더 높이 뛰지 못한다는 사실을 깨달았다. 그러고는 다음 연습 때 문득 이런 생각이 들었다. '상체를 젖혀보자.'

어떤 작가는 이 동작을 '공중 발작'[34]이라고 불렀을 만큼, 상체를 젖힌 동작이 우아해 보이지는 않지만 이 동작은 그가 목표를 달성하는 데 필요했던 수단이 되었다. 포스버리는 이렇게 말했다. "나는 방법을 바꾸지 않았다. 방법이 내 안에서 바뀐 것이다."

포스버리가 즉흥적으로 가위뛰기를 변형한 이 자세는 '포스버리 플롭'이라 불리는 새로운 기술을 탄생시켰고, 높이뛰기의 혁명을 일으켰다. 이 기술을 쓰는 사람이 아무도 없었으니, 모방의 결과는 아니었다. 이 기술을 지도하는 사람도 없었으므로 지도를 받은 결과도 아니었다. 이 기술이 물리적으로 불가능하다는 소문이 나돌면서 불법적인 요소가 있었는지 의심하는 사람들도 있을 정도였다. 포스버리는 팀에 남아 있기 위해 꼭 필요했던 시도를 하며 이를 발견했다. 직접 부딪히며 배운 것이다.

배움은 뇌의 고강도 훈련

일주일 동안 저글링을 배우고 나서 나는 다른 사람이 되었다. 이는 갑자기 자신감이 생겼다거나 삶의 태도가 조금 밝아졌다는 이야기가 아니다. 내가 실제로 바뀌었다는 의미다.

공을 공중에 던지는 이 사소한 행위가 뇌를 바꾼다고 주장하는 연구가 많다. "활성화 의존적 뇌 가소성activation-dependent structural brain plasticity"[35]은 일주일 만에 발현될 수도 있다. 저글링은 뇌의 '처리 센터'인 회백질을 바꿀 뿐만 아니라 뇌를 감싸는[36] 연결망인 백질도 바꾼다.[37]

이런 변화는 운동피질보다 시각피질에서 자주 나타나기 때문에 저글링이 손과 팔을 능숙하게 움직이는 기술이라기보다 공이 어디로 가는지 탐지하고 예상하는 기술이라는 개념이 더욱 강화된다.

뇌는 우리가 이미 할 줄 아는 것을 수행할 때보다 새로운 기술을 배울 때 더욱 강렬하게 반응한다.[38] 그렇다고 많은 사람이 생각하는 것처럼 우리의 뇌가 확장되지는 않는다. 뇌의 크기나 무게에는 변화가 없다.[39] 정확하게는 내부적인 재배치가 일어난다.[40]

"새로운 기술을 배우면 신경조직이 새로운 방법으로 작용해야 합니다." 독일 보훔루르대학교의 신경과학자 토비아스 슈미트빌케Tobias Schmidt-Wilcke가 내게 말했다. (참고로 그도 저글링을 한다!) "더 배운다고 해서 회백질이 커지는 것은 아닙니다. 아주 제한된 공간 안에서 모양을 바꾸고 일을 처리하는 것이 관건입니다."

다시 말해, 우리가 학습할 때마다 회백질이 계속 쌓인다는 의미는 아니다(우리는 끊임없이 무엇인가를 배우기 때문이다[41]). 특정한 기술을 배우면 근육이 더 효율적으로 움직이는 것처럼 뇌도 비슷한 작용을 한다. 새로운 것을 처음 배울 때 회백질은 폭발적으로 반응하다가 밀도가 점점 줄어든다. 우리는 필요한 만큼만 회백질을 사용하므로 기술 수행에 필요한 만큼만 회백질을 유지한다. 기술이 안정되면서 회백질 밀도는 줄어든다.

계속해서 초보자가 되는 것에는 한 가지 큰 장점이 있다. 마라톤처럼 힘들게 몰아 뛰는 것이 아니라 간격을 좀 두고 뇌에 여러 가지 고강도 훈련을 시키는 것이다. 새로운 기술을 배울 때마다 우리는 뇌를 개조한다. 즉 뇌가 더 효율적으로 작동하도록 다시 훈련시킨다.

나는 공 세 개 짜리 저글링을 배울 때 이런 뇌의 작용이 실제로 '느껴지는' 것 같았다. 무엇을 해야 할지 골똘히 생각하는데, 실제로 머리가 아픈 것 같았다. 결국에는 생각하지 않고도 저글링을 할 수 있게 되었다. 그리고 나서 '밀스 메스' 같은 저글링 응용 동작을 배우자 회백질과 백질이 마구 얽히면서 머리가 다시 쿵쿵거리는 것 같았다.

쿵쿵거리는 느낌이 욱신거리는 통증으로 바뀌면, 그 동작을 배우는 것을 멈춰야 할 적절한 시기다. 사실 대부분의 연구에서 잠을 자거나[42] 잠깐이라도 휴식을 취하는 것[43]이 효과적인 학습 도구 중 하나라는 것을 밝혀냈다. 뇌는 휴식을 취하며 끙끙대던 기억을 정리한다. 결국 어떤 기술을 배우든, 핵심은 어떻게 하는지를 '기억하는' 것이다. 스포츠 중계에서와 마찬가지로 휴식을 취하면 뇌는 우리가 마지막으로 연습한 정신없는 활동을 슬로모션으로 분석할 수 있다.

신기하게도 저글링을 배울 때 보이는 뇌 가소성은 우리가 얼마나 잘 배웠는지에 따라 달라지지는 않는다. 한 연구자는 "뇌는 새로운 것을 배우면서 혼란스러워지고 싶어 한다"[44]라고 말했다. 뇌는 그저 배우는 것 자체를 좋아한다.

또 나이가 몇 살이든 상관없는 것으로 보인다. 나이가 많은 피험자들(평균 만 60세)이 저글링을 배우는 것을 관찰한 연구에서는, 그전에 시행된 저글링 연구(평균 만 20세)와 비교했을 때 뇌 가소성 측면에서 차이가 없는 것으로 나타났다.

슈미트빌케가 내게 권고했듯이, "전문가가 될 확률이 거의 없더라도 우리는 새로운 것을 배워야 한다."

♟ ✏ ✐

나는 울프와 함께 그녀가 전에 몇 번 이야기해준 그녀의 제자를 만나러 맨해튼 어퍼웨스트사이드로 가면서 슈미트빌케가 한 이 조언을 마음속에 떠올렸다.

모퉁이에 조명이 가득한 아파트의 고층에서 우리는 스티브 슈레이더Steve Schrader를 만났다. 하얗게 센 머리에 다부진 몸으로 날렵하게 움직이는 슈레이더는 커피를 내어주고는 내게 어디에 사느냐고 물었다. "브루클린이요." 내가 대답했다. 그는 얼굴을 환히 밝히며 외쳤다. "수요일 내 생일날 브루클린에 갔어요!" 슈레이더는 바로 얼마 전에 여든한 살이 되었다. 그랜드 피아노 위에 형형색색의 생일 카드가 놓여 있었다.

슈레이더를 보면 멋지고 고풍스러운 옛날 뉴욕의 모습이 떠올랐다. 그는 어퍼웨스트사이드에서 평생을 살았다. "나는 96번가 밑으로는 안 갑니다." 그가 농담했다. 슈레이더의 아버지 에이브는 폴란드 출신 이민자로 '울트라스웨이드 왕'이라 불렸던 유명한 의류 제작자였다. 에드워드 어빙 코크^{Edward Irving Koch}가 뉴욕의 시장이던 시절에 에이브의 이름을 따서 명명된 기념일도 하루 있었다. 에이브는 나중에 회사를 팔고 아흔 살의 나이에 월스트리트의 단타 매매자가 되었다.

슈레이더는 아버지보다 다양한 길을 경험했다. 그는 평생에 걸친 배움의 롤모델로 보였다. "나는 인생을 딜레탕트같이 살았어요." 그가 말했다. 슈레이더는 밥 딜런이 활동하던 시대에 그리니치빌리지를 드나들었다. 기타를 연주하고 CD도 몇 장 녹음했다. 그림도 그렸다. 옷도 팔았고, 고등학교에서 가르치기도 했으며, 작은 출판사를 경영하기도 했다. "이것저것 다 해보는 데는 한계가 있지요." 진정으로 좋아하는 일은 글쓰기였다. 그는 집필한 책 몇 권을 내게 건네주었다. 그의 인생과 뉴욕을 주제로 한, 재미있으면서도 애수가 느껴지는 에세이였다.

1년 전 슈레이더는 자신의 이력에 저글링도 넣게 되었다. 당시에 그는 몸에 이상이 생겨 쓸개 적출 수술을 받았고, 인공 심박동기를 달아서 기분이 몹시 우울했다. 의사는 그가 즐겨 하던 테니스도 그만두라고 충고했다. 테니스도 마흔 살에 다시 시작한 운동이었다.

그는 동네에 있는 노인센터에 저글링 교실이 있다는 것을 알게 되었다. "저글링은 굉장히 어려웠어요. 사실 선생님도 별로였고요." 혼자 저글링을 해보려고 했지만 뜻대로 되지 않았다. 그러다가 울프를 만났는데, 처음에는 그녀의 단체 수업에 등록했다. "나는 그 수업에 안 맞는다고 느꼈어요. 내가 다른 학생들보다 마흔 살에서 쉰 살은 많았거든요." 그 나이가 되면 누구나 그렇듯이 그는 사람들이 자신을 무시한다고 느꼈다. 그러나 슈레이더는 울프가 마음에 들어서 매주 강습을 받기로 했다. 반농담이긴 했지만, 그의 목표는 기네스북에 공 다섯 개로 저글링하는 최고령자로 오르는 것이다.

공 다섯 개로 저글링하는 것은 쉽지 않다. 그때쯤 나는 세 개로 하는 단계는 어느 정도 완성하고 네 개로 넘어갔다. 이 단계는 엄청 대단해 보이기도 하고, 울프가 말한 것처럼, 이쯤 되면 대부분의 사람은 공 몇 개로 저글링을 하는지 알지도 못한다.

나 역시 수준급 실력의 지표인 공 다섯 개 저글링이 목표였다. 울프는 공 다섯 개로 저글링을 하려면 꾸준히 연습해도 1년, 심지어 2년까지 걸릴 수도 있다고 했다. 슈레이더와 나는 MIT의 천재 클로드 섀넌마저 공 네 개에서 다섯 개로 넘어갈 때 똑같이 실패했다는 사실에 위안을 얻었다. 작가 존 거트너Jon Gertner는 이렇게 썼다. "공 다섯 개 저글링은 섀넌이 뛰어넘지 못한 산이다. 그래서 더 정복하고 싶은 욕구가 생긴다."[45]

저글링을 배우면서 슈레이더는 나와 비슷한 어려움에 자주 부딪혔다. 혼자 연습하며 팔을 너무 높이 드는 등의 부정확한 방법으로 연습하면서 나쁜 습관을 굳혔다. 초반에 힘든 과정을 겪고 나서 그는 기술 향상의 선순환을 깨달았다. 더 많이 배울수록 더 많이 즐길 수 있고, 더 많이 즐길수록 더 열심히 연습하며, 더 열심히 연습할수록 실력이 더 좋아진다는 것이다.

슈레이더는 기술 학습의 다른 측면도 날카롭게 짚어냈다. 바로 '나이가 들수록 더 열심히 연습해야 한다'는 것이다. 나이가 많은 사람도 젊은 사람과 똑같이 회백질 활동이 많아진다는 연구에서는 다른 결과도 함께 도출했다. 석 달간 훈련한 결과, 평균연령 20세인 젊은 집단은 모두가 60초간 저글링을 하는 목표를 달성했다. 하지만 평균연령 60세인 집단은 23퍼센트만이 목표를 달성했다. 이 연구에서는 다음과 같은 결론이 도출된다. "사람들은 나이가 들수록 자신의 능력을 유지하기 위해 더 많이 연습해야 한다."[46] 슈레이더와 그의 아버지가 마음에 새겼던 교훈과 같다.

하지만 여기 반전이 하나 숨어 있다. 나이 든 사람이 배움을 거듭할수록 배우는 속도가 빨라진다.[47] 이것저것 배우는 시도를 많이 할수록 젊은 사람과 비슷해지는 것이다. 배우는 방법을 배우는 것, 이는 평생의 스포츠인 듯하다.

7장

오늘부터는 나도 미대생,
모두 잊어버리는 것의 중요성

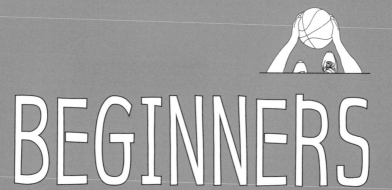

BEGINNERS

모든 사람은 읽기와 쓰기를 배우듯
그림 그리기를 배워야 한다.[1]

-윌리엄 모리스 William Morris

{ }

보이는 대로 그리는 게
왜 어려울까?

2017년, 구글은 사람들이 검색한 '○○ 하는 법' 형태의 키워드 중에서 2004년 이후로 140퍼센트 이상 증가한 키워드의 목록을 발표했다.[2] 인간의 크고 작은 욕구와 소망을 솔직하게 보여주는 키워드들이었다.

1위는 '넥타이 매는 법'이었다. 면접을 앞둔 취업 준비생이 떨리는 손으로 이 키워드를 검색하는 모습이 눈에 선하게 그려진다(또 하나의 인기 키워드인 '자소서 쓰는 법'도 이미 검색했을 확률이 높다). 2위는 사랑으로 가득하면서도 가슴 찢어지게 아픈 '키스하는 법'이었다. 밑으로 쭉 내려가보면 '팬케이크 만드는 법'과 '프렌치토스트 만드는 법'도 있었다. 토요일 아침, 밀가루 묻은 손으로 아이들 아침을 차려주느라 고군분투하는 부모들이 검색했을 법한 키워드다.

그리고 현대인의 영원한 숙제인 4위 '살 빼는 법'과 6위 '돈 버는 법' 사이에 자리 잡은 5위는 고풍스럽게도 '그림 그리는 법'이었다.

좀 이상해 보인다. 인생의 중대한 사건들 혹은 실질적으로 해결해야 하는 크고 작은 일들 사이에, 이제는 그다지 의미가 없어진 기술이 이름을 올렸다는 것이 특이하다. 사진술의 등장 이후 예술의 세계에서도 큰 의미 없는 신세가 되었는데 말이다.

그림 그리기는 노래 부르기와 마찬가지로 사실상 어렸을 때 관뒀지만 살면서 때때로 우리에게 등장하는 환각지 같은 기술인 듯하다. 초등학교 저학년 시절의 몇 안 되는 기억 중 하나가 학교 조회 시간에 노래했던 모습이고, 다른 하나는 내가 겨울 풍경을 그렸는데 선생님이 잘 그렸다며 칠판에 붙여놓았던 일이다.

다른 모든 아이들처럼 나도 특별한 격려나 가르침 없이 그냥 그림을 그렸다. 격려나 가르침이 있어야 했다는 뜻은 아니다. 나는 파란색 볼펜으로 웅장하고 복잡한 액션 장면을 주로 그렸다. 적군들이 산꼭대기의 요새를 공격하는 장면 혹은 심해 다이버들이 백상아리에게 공격당하는 장면이었다. 특별히 잘 그린 그림은 아니었다. 깊이나 차원성을 담으려는 시도도 없었다. 아마 잘 그리려는 생각도 없었을 것이다. 나는 보통 아이들이 그렇듯 그저 재미있기 때문에, 그리고 어떤 이야기나 욕구를 시각적으로 표현하기 위해 그림을 그렸다.

파블로 피카소Pablo Picasso는 이런 유명한 말을 했다. "모든 아이들은 예술가로 태어난다. 문제는 클 때까지 예술가로 남아 있느냐다." 이 문구는 진지한 미술 선생님의 머그컵에 적혀 있을 법한 것이지만, 일리 있는 생각이다.

한 연구에서 아동, 청소년, 노인 등 다양한 실험 참가자에게 '분노'와 같은 개념을 그림으로 표현해달라고 요청했다. 전문가로 구성된 심사의원들은 '표현', '조화', '구성' 등의 기준을 적용해 참여자들의 그림을 평가했다. 말할 것도 없이 최고의 결과를 낸 집단은 자신을 예술가라고 정의한 성인들이었다.

하지만 이 예술가들만큼이나 잘한 집단은 누구였을까? 만 5세 아동 집단이었다. 만 5세가 넘은 어린이 집단에서부터 비예술가 성인 집단까지 전부, 만 5세 어린이들보다 못했다. 이 연구 논문의 저자 제시카 데이비스Jessica Davis는 여기에 U자 곡선이 존재한다고 주장했다(내가 서핑에서 발견한 것과 비슷하다).[3] 예술가와 만 5세 아동이 가장 높은 지점을 기록하고, 나머지는 전부 저점에 위치한다는 것이다.

이 이론은 또한 어린이들이 자랄수록 자신이 '느끼는' 감정을 주제로는 덜 그리고, 눈에 보이는 것을 더 많이 그리게 된다고 설명한다. 그리고 이들은 심리학자 하워드 가드너Howard Gardner가 "사실주의로의 침체" 혹은 "그림의 사진 같은 측면에 얽매이는 집착"[4]이라고 이름 붙인 현상에 빠진다. 이들은 현실을 표현하는 기술적인 실력을 키우고자 하지만 자신에게 그런 능력이 없다는 사실을 깨닫는다.

유아교육학을 연구하는 앤절라 애닝Angela Anning 교수가 설명하듯이, 어린이들은 "공간, 비율, 원근법을 표현하는 기술"[5]을 배운 적이 없는데도 그런 기술을 익히기를 요구받는다. 그들은 현실주의를 시도하느라 다듬어지지 않은 강렬한 감정 표현을 포기하며, 가드너가 설명한 대로 "더 세밀하지만 동시에 더 경직되고 생명력을 잃은"[6] 대상을 주로 떠올린다. '분노'에 대한 그림을 그리게 한 연구에서 성인과 만 5세가 넘은 어린이들은 분노라는 감정 자체를 그리려고 한 반면 만 5세 어린이들은 화가 난 '자신'을 그렸다.

그리고 어린 시절의 나를 포함해 아이들은 대부분 자신이 '미술에 소질이 없다'고 여기게 된다. 우리는 글쓰기나 수학을 배우면 작가나 수학자가 되어야 한다고 생각하지 않지만, 어째서인지 그림은 예술가 지망생만을 위한 철저히 전문적인 연습이라고 여긴다.[7]

나는 내 안에 어렴풋이 남아 있는 예술혼을 살려보려고 노력했다. 노트북과 스마트폰의 시대가 도래하기 전, 나는 공책 한 권을 들고 다니며 거기에 글을 쓰고 때로는 건물과 거리의 풍경을 간단히 스케치했다. 옛날에는, 특히 오스트리아 빈의 카페에서는 이렇게 했다는 로맨틱한 생각이 있었기 때문이다.

그때는 정확히 인지하지 못했지만, 나는 발다사레 카스틸리오네 Baldassare Castiglione 백작의 《궁정론The Book of the Courtier》에 표현된 르네상스적 이상을 동경하고 있었다. 궁정 처세술을 다룬 이 책은 1528년에 쓰여 유명해졌고 여러 언어로 번역되었으며, 흔히 '궁극의 지침서'라고 불린다. 이 책에서 그는 그림 그리기를 '매우 중요한' 기술로 여긴다.[8] 역사학자 앤 버밍엄Ann Bermingham에 따르면, "예의 바르고 유용한" 예술인 그림 그리기는 글쓰기만큼이나 기본적인 의사전달 기술로 오랫동안 여겨졌다. 미학적 행위가 아니라 "사회적 관습"이었다.[9]

나는 수십 년 동안 그림과 관련한 어떤 연습도 하지 않았다. 그러다 딸이 태어났는데, 딸이 우리 집 부엌 벽을 끝없는 낙서와 그림으로 가득한 갤러리 벽으로 바꿔놓는 모습을 보자 잊고 살았던 가려움증이 다시 올라왔다. 나는 딸과 함께 그림을 그리기로 마음먹었다.

그 동기는 명확하지 않았다. 나는 내가 예술적 재능이 있다고 생각한 적도 없고, 그림 그리기가 표현이나 창의성이라는 마법의 길을 열어줄 거라고도 생각하지 않았다. 그림을 그리면 우리 뇌에 부호화된 기억이 한 층 더 쌓이기 때문에 실제로 그림 그리기는 지식을 습득하는 좋은 방법이라고 알려져 있다.[10] 하지만 이 효과를 노린 것도 아니었다. 나는 그저 나처럼 하루 종일 컴퓨터 앞에서 글자만 쳐다보는 사람에게는 이렇게 다른 부위의 근육을 쓰는 활동도 좋겠다 싶었던 것뿐이었다.

열성적인 아마추어 화가였던 윈스턴 처칠의 표현을 빌리면, 독서 같은 일은 아무리 재미를 위해서 한다고 하더라도 "두뇌 노동자의 평범한 일과를 끝낸" 뒤에 하면 일할 때와 같은 능력을 쓰는 피곤한 일이 되었다. 처칠은 이렇게 주장했다. "심리적 균형을 회복하려면 뇌에서 눈과 손의 움직임을 모두 관장하는 부분을 사용해야 한다."[11]

목표가 무엇이든 간에 내가 이렇게 배우기 위해 노력하면서 깨달은 것이 하나 있다면, 배우기 전에는 그 배움의 과정에서 어떤 효과를 얻을지, 내가 어떻게 바뀔지 예측할 수 없다는 것이다. 어떤 일을 배워서 무엇을 '얻을지' 정확히 모른다는 이유로 시작하지 않는 것은 그저 핑계일 뿐이다.

하지만 어디서 배워야 할까? 그리고 어떻게 배워야 할까?

내 오랜 지인은 활발하게 그림을 그리며 레스토랑을 묘사한 자신의 그림을 모아 책으로 출판하기까지 했는데, 그가 내게 베티 에드워즈Betty Edwards의 고전서 《오른쪽 두뇌로 그림 그리기Drawing on the Right Side of the Brain》를 한번 보라고 추천했다. 지난 수십 년간 에드워즈는 미술에 소질이 없다고 생각한 사람들을 포함해 수많은 사람에게 당신도 그림을 그릴 수 있다고 믿게 해준 장본인이었다.

그 책을 산 나는 책에 나온 연습을 몇 개 따라 해보았다. 재미있긴 했지만 그것만으로는 부족하다는 생각이 들었다. 가르쳐주고 피드백을 줄 사람이 있어야 할 것 같았다. 인터넷으로 그 책의 정보를 검색하던 중 우연히 에드워즈의 아들이 뉴욕시에서 워크숍을 연다는 내용을 발견했다. 5일 동안 하루 종일 진행되는 워크숍이었다. 나는 바로 이곳에 등록했다(이 닷새 동안 다섯 살 이후로 인생에서 가장 많은 그림을 그렸다).

♟ 🎤 🖌

수업을 듣는 것은 참 이상한 면이 있다. 커리어를 10년, 20년 쌓은 사람도 곧장 초등학교로 다시 돌아가게 된다. 수업 첫날에는 고유의 풍경이 있다. 낯선 강의실에 들어가고, 들어가서는 어디 앉을지 고민하고, 강의실에 앉은 다른 사람들을 흘끗 쳐다보고, 준비물을 제대로 다 챙겨왔는지 걱정한다. 뭔가 잘못된 행동을 하거나 잘못된 말을 하지는 않을까 하는 두려움. 여기서 내가 제일 못할 것 같은 초조함. 하지만 여기서 내가 해야 하는 일은 오로지 새로운 것을 배우는 일뿐이라는 묘하게 자유로운 기분도 느껴진다.

12월 초의 어느 날 아침, 우리 아홉 명은 살짝 긴장되는 마음으로 트라이베카에 있는 세련된 주거용 로프트에 모였다. 강의실 앞에는 베티 에드워즈의 아들 브라이언 보마이슬러Brian Bomeisler가 있었다. 그는 내게 어머니가 얼마 전 90세가 되었는데, "행동이 약간 느려지셨다"라고 말했다.

그는 우리를 반겨주었고, 우리가 앞으로 일주일 동안 40시간, 즉 한 학기 수업에 해당하는 양을 배울 것이라고 말했다. 그는 자신을 어머니와 같은 화가라고 소개하고는 "고상하긴 하지만 그다지 돈벌이는 안 되는 직업"이라고 덧붙였다. 그는 이 워크숍을 수십 년간 진행해왔다. 구불구불한 흰 머리에 검정 테의 두꺼운 안경을 쓴 그는 성격이 느긋하고 가끔 멍해져서는 향수를 불러일으키는, 그립고도 재미난 기억 속으로 빠져들곤 했다.

보마이슬러는 요즘 시대에는 거의 불가능할 것 같은 자유로운 방식으로 뉴욕에서 도시의 삶을 살아왔다. 그는 프랫 인스티튜트Pratt Institute에서 루돌프 바라닉Rudolf Baranik에게 배웠다. 루돌프 바라닉은 리투아니아 출신의 망명자였다. 유대인이었던 그의 부모님은 제2차 세계대전 때 파시스트에 의해 목숨을 잃었다. 그는 추상적인 표현주의 미술과 정치운동으로 유명했던 사람이다. 보마이슬러는 이렇게 말했다. "그는 검은색과 흰색으로만 그림을 그렸습니다. 그리고 오로지 검은 옷만 입었고요."

그는 코네티컷주의 호화로운 도시인 그리니치에 살았던 다른 강사도 떠올렸다. 그는 이렇게 말했다. "그분은 우아한 시폰 원피스를 입고 당시 좀 허름했던 베드스타이 지역으로 내려오곤 했죠." 그녀는 기억할 만한 이야기를 할 때 "박식한 영국식 영어가 섞인 말투로" 말하는 재주가 있었다. 어느 날, 그는 그녀에게 워싱턴D.C.에서 뉴욕시까지 가을 기차 여행을 다녀왔다고 말했다. 그는 단풍 진 잎들이 얼마나 알록달록하게 여러 가지 색으로 변했는지를 예술적인 관점으로 한껏 들떠서 이야기했다. "그런데 그녀가 반짝이는 눈으로 내게 이렇게 말하더군요. '아, 그래요. 그런데 그 나뭇잎 사이의 색도 봤나요?'"

그는 가수 리처드 헬Richard Hell과 데비 해리Debbie Harry의 전성기 시절, CBGB 클럽이 뉴어크 리버티 국제공항의 테마 레스토랑이 되기 전에 CBGB 클럽의 건너편에 살았다. 그는 소호 지역의 본드 가와 보어리 가의 모퉁이에 있는 로프트로 이사했고(지금 이 워크숍이 열린 로프트로, 보석 디자이너인 그의 친구 소유다), 여기서 수십 년간 살았다. "월드 트레이드센터가 지어지는 것도 보았고, 무너지는 것도 보았죠." 그는 현재 십 대 딸 둘이 있고, 이혼 후 위자료를 정기적으로 내고 있다. 그는 "이크!"라고 말하고는 웃었다.

이 도시에서 그가 갔던 모든 곳에 그의 과거가 남아 있었다. 우리가 앉아 있던 건물 바로 건너편, 창문 밖으로 내다보였던 건물은 배우 로버트 드 니로가 1970년대에 살았던 아파트다. 그는 이렇게 말했다. "그 집 옥상정원 짓는 걸 도왔어요." 보마이슬러는 목수 일도 했다. 뉴욕에 살면서 하기는 쉽지 않은 일이었다. "그때는 트럭이 없었거든요. 장비를 전부 가방에 넣고 지하철을 타고 돌아다녔죠."

그는 잠깐 킥킥 웃으며 과거 회상을 끝내고는 진지한 표정을 지었다.

"그림이란 운동 기술의 문제가 아닙니다. 자기 이름을 쓸 수 있다면 그림도 그릴 수 있습니다." 그에게 수업을 들은 사람 중에는 사지

마비 환자도 있었다. 그는 이로 연필을 물고 그림을 그렸다.

보마이슬러는 그림이란 사실 '생각'의 문제라고 말했다. 그는 우리에게 예술가가 되는 방법을 가르치지는 않을 것이라고 말했다. "그런 거라면 어디서부터 시작해야 할지도 모르겠네요." 그 대신 "우리 주변 세상에서 우리 눈에 보이는 것들을 그리는" 방법을 가르칠 것이라고 말했다. 그리고 또 하나 중요한 것, 우리에게 그림을 못 그린다고 말하는 모든 목소리를 무시하는 법을 다룰 것이라고 말했다. "내가 가르치는 기술은 대부분 자기 자신에게 말하는 방법과 관련이 있어요. 우리는 누구나 머릿속에 자기 자신에게 부정적인 말만 해대는 목소리가 있는데, 어떻게 좀 더 긍정적인 목소리를 들려줄지를 다루죠."

이는 전부 그의 어머니에게서 온 생각이다. 그에 따르면, 그의 어머니는 '불안과 그림 그리기'라는 주제로 UCLA에서 박사 학위를 받았다. 불안을 해소하는 데 그림 그리기가 어떤 효과가 있을지가 아니라(나는 당연히 효과가 있다고 확신한다) 종이 위에 연필을 올려두기만 해도 불안감을 느끼는 사람들이 얼마나 많은지에 관한 연구였다.《오른쪽 두뇌로 그림 그리기》가 놀라운 화제작이 되어 수백만 권이 팔린 이유는 단순히 사람들에게 그림을 따라 그리게 하거나 특정한 그림 기법을 배우도록 떠미는 것이 아니라 보마이슬러가 말했듯이 "그림 그리기를 주로 다루지 않고 생각하기를 주로 다룬 첫 번째 책"이었기 때문이다.

에드워즈는 그림 그리기를 읽기와 "동일하게 중요한" 기술로 보았다. 읽기가 수많은 다른 분야의 통찰력으로 이어지는 기술인 것과 마찬가지로 그림 그리기는 "시각적·언어적 정보의 의미를 이해하는 통찰력을 유도하고 촉진하는"[12] 지각 능력을 훈련하는 데 도움이 된다.

그 책의 제목은 1960년대 로저 W. 스페리Roger W. Sperry가 '분리뇌'♣ 환자의 사례를 분석해 노벨상을 받은 획기적인 연구에서 따왔다. 스페리는 뇌의 좌반구가 언어와 분석적 사고, 연산을 주로 수행한다는 사실을 발견했다. 반면 우반구는 공간 지각 능력, 얼굴 인식, 2차원 혹은 3차원 심상 능력, 즉 정확히 그림 그릴 때 필요한 기능을 주로 담당하는 것으로 보였다.[13]

에드워즈에 따르면, 역사적으로 대부분의 언어 능력을 처리하는 좌반구에 비해 우반구는 열등하고 '하찮은' 반구로 여겨져왔다. 이렇게 언어가 지배적으로 여겨지는 세상에서 에드워즈는 이 약소한 반구의 중요성과 시각적 문해력을 널리 알리는 데 힘썼다.

초보자들은 그림을 그릴 때, 실제로 눈에 보이는 대상이 아니라 자신이 아는 세상, 이름이 있는 대상을 그리려고 한다고 에드워즈는 주장했다. 우리는 단정적인 예시를 그린다. 얼굴을 그리라고 하면 우리는 얼굴 같다고 생각하는 것을 그린다. 그런 그림은 '얼굴 같아' 보이기는 하지만 실제 얼굴과는 그다지 비슷하지 않다.

그 책에 나오는 연습 과제 중에는 파블로 피카소의 작품인 이고

♣ '분리뇌' 환자들은 뇌전증 치료를 위해 지금은 구식이 된 교련절개술이라는 수술을 받아 뇌의 두 반구가 분리되었다.

르 스트라빈스키Igor Stravinsky의 초상화 스케치를 따라 그리는 것이 있다. 에드워즈는 공간적 환상이 다양하게 반영된 이 그림은 초보자들이 따라 그리기 어렵다고 설명했다.

하지만 에드워즈는 간단한 지시를 내린다. 이 그림을 거꾸로 뒤집으라는 것이다. 그렇게 하면 갑자기 따라 그리기가 훨씬 쉬워진다. 이렇게 했을 때 더 나은 결과물이 나오는 비결은 자신이 무엇을 그리는지 모르기 때문이라고 에드워즈는 설명한다. 예컨대 뒤집더라도 무엇인지 인식할 수 있는, 손 같은 부분이 가장 그리기 어렵다. 에드워즈에 따르면, 거꾸로 뒤집힌 그림처럼 무엇을 표현했는지 분석할 수 없는 그림을 마주했을 때, '좌뇌 모드'가 꺼지고 '우뇌 모드'가 켜진다.

뇌 활동을 일시적으로 재구성했다는 이유로 실제로 실력이 나아졌을까? 평론가들은 에드워즈의 책이 신경과학을 확장했다고 주장한다.[14] 유니버시티 칼리지 런던 뇌과학부 크리스 맥매너스Chris McManus 교수는 이렇게 설명한다. "'반구성hemisphericity', 즉 사람들이 보통 문제를 해결할 때 한쪽 뇌만 쓴다는 생각, 그리고 적절한 훈련을 거치면 문제를 해결할 때 자발적으로 다른 쪽 뇌를 쓸 수 있다는 생각은 매우 잘못되었다."[15]

'좌뇌형' 혹은 '우뇌형'이라는 개념은 대중문화에 널리 퍼져 있지만, 이를 강하게 뒷받침하는 과학적 근거는 없다.[16] 우뇌가 더 '창의적'이라는 개념도 마찬가지다.[17] 스페리 역시 "좌우 이분법"은 "걷잡을 수 없이 만연하기"[18] 쉬운 개념이라고 경고했다.

보마이슬러는 좌뇌-우뇌의 개념이 본질적으로 비유적인 표현이라고 주장했다. 하지만 그도 그 비유법을 꽤 많이 사용했다. "좌뇌는 강력합니다. 좌뇌는 가만히 있는 걸 좋아하지 않아요. 우뇌의 시각으로 보았을 때 어려운 일이 일어나면, 좌뇌는 이렇게 말해요. '거봐, 내가 너 그거 못할 거라고 했잖아, 바보야.'" 한 비평가가 제안했듯이, 좌뇌-우뇌 공식은 아무리 비유적으로 사용한다고 하더라도 "뇌 기능을 이분화하는, 시대에 뒤떨어진 생각을 영속화한다."[19]

그렇다고 해서 사람들이 사물을 더 정확하게 그리는 데 에드워즈의 기법이 도움이 되지 않는다거나 그녀의 책에 통찰력이 없다는 뜻은 아니다.

결국 화가들이 사물을 정확하게 묘사하기 위해서는 새로운 방식으로 사물을 바라보아야 한다는 주장이 오랫동안 이어져온 것은 사실이다.[20]

19세기 비평가 존 러스킨[John Ruskin]은 예술에는 "사물이 무엇을 의미하는지 아는 의식적인 지각" 없이 "순수한 눈"[21] 혹은 "아이의 시각"[22]으로 사물을 바라보는 자세가 꼭 필요하다고 주장했다. 클로드 모네[Claude Monet]는 이렇게 조언했다. "밖에 나가 그림을 그릴 때, 눈앞에 있는 사물이 나무인지, 집인지, 들판인지, 무엇인지는 모두 잊어라. 단순히 여기에 파란 네모가 있고, 분홍색 타원이 있고, 노란색 줄이 있다고만 생각하고 그저 눈에 보이는 대로 그림을 그려라."[23]

뇌 연구는 제쳐두고, 우리가 사물을 규정하고 생각하는 방식이 그 사물을 그리는 능력에 영향을 준다는 흥미로운 증거가 얼마나 많은지 살펴보자.

1930년대의 유명한 연구[24]에서는 사람들에게 원 두 개를 하나의 선으로 이은 기호를 보여주었다. 한 집단에게는 이 물체가 안경이라고 말했고 다른 집단에게는 아령이라고 말했다. 그리고 기억에 의존해 이 기호를 그대로 그려달라고 했더니, 양 집단은 서로 다른 그림을 그렸다. 게다가 양쪽 모두 원래 보여주었던 기호와는 다르게 그렸다. (같은 연구 결과가 다른 실험에서도 여러 번 도출되었다.[25])

결과는 명백하다. 사람들이 그림을 그릴 때, 자신이 실제로 본 기호보다는 마음속에 있는 기호에 더 큰 영향을 받는다는 것이다.

♟ ✒ ／

우리 마음속에 있는 가장 강력한 기호는 인간의 머리다. 에드워즈는 이렇게 썼다. "이 기호는 실제로 눈에 보이는 것보다 우선시된다. 그러므로 현실적인 인간의 머리를 그릴 수 있는 사람은 거의 없다. 초상화를 알아볼 수 있게 그리는 사람은 그보다 더 드물다."[26]

그렇게 우리에게 첫 번째 과제가 주어졌다. 보마이슬러가 말했다. "5일 중에 가장 힘든 시간이 찾아왔습니다. 자화상을 그릴 거예요." 이 자화상은 평가받지는 않지만, 이 과정이 끝날 때까지 보관되었다가 일주일 만에 얼마나 발전했는지 측정하기 위한 비교 자료로 쓰일 예정이었다.

먼저 자기소개부터 시작했다. 우선 캘리포니아에서 온 에릭이 있었다. 소프트웨어 엔지니어이자 요가 강사 지망생인 에릭은 《드로잉

Drawing》이라는 책을 읽고 책에 나온 연습을 따라 해보고는 그림을 더 그리고 싶어서 찾아왔다. 그는 그 주를 배움의 휴가로 보낼 계획이었다. 그리스인 금융 전문가 사키는 "그동안 내 마음에서 발견하지 못한 부분을 찾기" 위해 9개월 동안 안식 휴가를 보내고 있었다. 몬트리올에서 온 어설라는 5개 국어를 구사하며 페루 아마존에서 "역류하는 경험"을 겪기도 했다. 아이다호의 실버타운에서 도우미로 일했던 바버라는 그동안 "많은 지역 전문대학 미술 수업"을 들었고, 그 내용을 하나로 정리하기 위해 일주일간 스파르타식으로 집중해서 배우기를 원했다. 머린 카운티에서 온 전직 수학 교사("나는 좌뇌로 평생을 살아왔어요.") 낸시는 은퇴 후 수공예에 빠져서 "손에 풀을 묻히고, 물감도 묻히며 더러운 손으로 인생을 보내고 있다"라고 했다.

각자 살아온 인생을 소개하는 시간이 끝나고 그림 그리기가 시작되었다. 우리는 수업 전에 받은 포트폴리오 가방에 포함되어 있던 '자화상 거울(크게 십자가 모양으로 선이 그어진 거울)'을 꺼냈다. 그러고 나서 그림을 그렸다. 강의실은 쥐 죽은 듯 조용해졌고, 그 상태로 거의 한 시간이 흘렀다.

내 자화상은 마치 용의자 몽타주 같았다. 만약 그 용의자가 실제로 이 행성에 살고 있지 않았다면 말이다. 내 그림을 본 아내는 이렇게 물었다. "이거 비비스야 아니면 버트헤드야(둘 다 미국 코미디 애니메이션 주인공이다-옮긴이)?"

그림 초보자라면 누구나 금세 알게 되겠지만, 사람의 머리에는 통상적으로 전형적인 비율이 있다. 예를 들어 얼굴의 너비는 눈 너비의 5배 정도다.

내 그림은 이 법칙을 거의 다 어겼다. 얼굴은 너무 넓고 길었다. 코와 입술 사이는 파크 애비뉴만큼 넓었다. 입술은 턱 아랫부분에 위태롭게 걸려 있었다. 마치 악의 없는 아기가 예쁘게 붙여준답시고 엉성하게 조립한 미스터 포테이토 헤드 같았다. 눈은 조잡한 상형문자 같았다. 머리카락은 보통 초보자들이 그리는 모양으로 가닥가닥 그려 모아놓은 집합체였다. 머리카락은 실제로는 절대 그렇게 보이지 않는다. 세상에서 가장 안 좋은 빗으로 빗었다면 모를까. 사람의 얼굴에는 근육이 많고, 주름도 많고, 그림자도 많이 지지만, 이 중에서 내가 표현한 것은 하나도 없었다.

이 스케치는 기억을 바탕으로 한 것이 아니었다. 현실보다는 생각에 의존하기 쉬운 상황이 아니었다. 거울에 비친 내 얼굴을 한 시간 동안 뚫어지게 쳐다보았는데도 그림을 완전히 망쳤다.

에드워즈가 책에 쓴 말이 떠올랐다. "강습을 받기 전에 그린 그림"은 마지막으로 그림을 그렸던 나이를 나타낸다는 말이었다. 아니면 사실상 그림 그리기를 멈춘 나이라고 볼 수 있겠다. 정녕 내 그림은 어린 예술가가 그린 초상화였다. 나는 마흔아홉 살을 그리는 아홉 살이었다. 이 현상은 이상해 보였다. 우리가 성인이 된 뒤에도 어렸을 때의 실력에 멈춰 있는 분야는 드물다. 나는 50년 동안 그림 초보였던 것이다.

그다음 날은 접이식 의자를 그려야 했다. 보마이슬러는 그것이 의자라고 생각하지 말라고 강조했다. "의자를 그리지 않는다면 좀 더 복잡한 그림이 나올 거예요."

나는 의자가 아닌 그 물체의 각 부분을 살펴보려고 노력했고, 색상을 잃을 때까지 확대해서 보았다. 마그리트의 유명한 그림[*]을 떠올리며 '이건 의자가 아니야'라고 생각했다. 갑자기 이 물체가 각 모양과 '네거티브 스페이스(이 의자가 아닌 물체의 사이와 주변)'의 집합체로 보이기 시작했다.

보마이슬러가 근처로 와서 내 그림을 보고는 등받이의 크기가 잘못되었다는 것을 눈치챘다. "등받이 길이는 등받이와 좌석 사이의 거리랑 비슷해야 해요."

나는 '그럴 리가'라고 생각했다.

그러고 나서 화가들이 흔히 쓰는 크기 측정 방법을 사용해서 거리를 재보았다. 한쪽 눈은 감고 한쪽 팔을 뻗어 연필을 잡고 비율을 재는, 벅스 버니 만화 같은 데서 나오는 측정법이었다. 그런데 정말 그랬다. 계속 쳐다보는데도, 아무리 오래 쳐다봐도, 실제 크기를 받아들일 수 없었다. 내 바로 코앞에 있는 물체를 어떻게 잘못 그릴 수가 있을까?

♟ ✏ ／

왜 우리는 보이는 것을 제대로 그릴 수 없을까?

보마이슬러에 따르면, 이 의문점을 살펴본 한 연구에서는 이 현

---

[*] 제목도 마침 〈이미지의 배반The Treachery of Images〉이었다.

상이 운동 기술과는 거의 관련이 없다는 사실을 발견했다. 그 대신 연구팀은 "무효성을 입증하는 증거가 있는데도 잘못 믿고 있다"[27]라고, 즉 망상에 시달리고 있다고 주장했다.

다시 말해, 나는 여전히 그 모든 각도, 선, 그림자를 그리려고 하기보다는 '의자'를 그리려고 했던 것이다. 한 연구에서는 아이들에게 꺾인 선을 그리게 했다.[28] 아이들은 이를 잘 해냈다. 반면 테이블 이미지의 윤곽으로 그려진 선을 따라 그리게 했더니(아이들이 방금 그린 꺾인 선과 같은 선이었다) 갑자기 실수하기 시작했다.

나는 며칠 동안 이러한 망상과 싸움을 벌였다. 쉽지 않았다. 보마이슬러는 화가 난 듯 목소리를 깔고 말했다. "나는 마법의 가루를 뿌리지 못하고, 여러분은 미켈란젤로예요." 초반에 수업을 그만둔 몇 안 되는 사람 중 한 명은 이렇게 불평했다. "나는 이걸 휴가로 생각하고 왔다고요. 이 정도로 열심히 해야 하는지 몰랐어요."

한번은 그림 연습 중에 복도가 내다보이는 풍경을 그리기 위해 침실의 구석으로 갔다. 열린 문 같은 물체를 정확하게 표현하려면 '모양 항등성'이라고 하는 지각 현상을 극복해야 한다. 예를 들면, 안쪽으로 열린 문을 보면서 그 모양이 원래의 모양인 직사각형을 그대로 유지하고 있다고 생각하는 현상을 말한다.

하지만 열린 문은 사다리꼴로 보인다. 열린 문을 제대로 그리려면 각도를 제대로 측정해야 했다. 그저 눈에 보이는 대로만 의존할 수는 없다. 실제로 화가들도 다른 사람들과 마찬가지로 이러한 지각적 편견에 빠진 것으로 보인다. 하지만 이들은 종이 위에 표현할 때 이를 어떻게 고쳐야 하는지를 배웠다.

그림을 그리면 "사물을 어떻게 봐야 하는지 배울 수 있다"라고들 말한다. 이 말은 어떤 의미에서는 사실이지만, 진실은 이보다 더 복잡하고 흥미롭다.

에드워즈는 한 가지 예를 든다. 우리가 사람들로 붐비는 방을 바라볼 때, 거리가 가깝든 멀든 우리 눈에는 사람들의 머리 크기가 대부분 비슷해 보인다(이 효과는 '크기 항등성'이라고 한다). 하지만 우리가 그렇게 그림을 그리면 뭔가 이상해 보인다. 만약 올바른 방식으로 머리 크기를 조금씩 다르게 그리면, 우리가 실제로 사람들을 볼 때처럼 그림에서도 사람들의 머리가 전부 같아 보인다.

그림을 그리면 '어떻게 봐야 하는지'보다는 '우리가 어떻게 보고 있는지'를 배운다. 우리 뇌가 외부 세계를 그릴 때 어느 지름길로 가는지, 어떤 방법을 쓰는지를 깨닫게 된다. 우리는 세상을 망막에 맺힌 모습으로 바라보지 않는다. 뇌는 마치 화가처럼 주변 세상을 자신의 해석대로 스케치한다.

또한 그림을 그리면 세상에 볼거리가 얼마나 많은지 알게 된다. 오래 바라볼수록 더 많이 보인다. 천장 구석에 진 그림자는 사실 여러 개의 그림자가 서로의 뒤에 숨어 있는 모습이었다. 마룻바닥의 판자 하나는 아주 약간 세상을 받치고 있었다. 나는 모든 세부적인 모습을 포착하고 싶었지만, 보마이슬러는 몇 가지는 빼놓는 것이 현명하다고(그리고 정신건강에도 좋다고) 조언했다.

나는 침대 시트를 그리기가 특히 어려웠다. 보마이슬러에게 이를 불평했을 때 그는 이렇게 말했다. "침대 시트 전용 연필을 가져올게요." 물론 농담이었다. 주름진 침대 시트를 그리는 것은 주름진 사람 얼굴을 그리는 것과 다를 바 없다는 뜻이었다. 모두 윤곽과 그림자일 뿐이었다. 기하학적으로 접힌 직물이라는 생각은 버려두고 추상적인 풍경이라고 생각해야 했다. 그저 누군가 잠을 잔 흔적대로 그림자 진 지형도일 뿐이었다.

그림 그리기는 내가 지금까지 해본 일 중에 가장 몰두하게 되는 일이었다. 글쓰기보다 훨씬 더했다. 휴대폰을 꺼서 다른 방에 두니 그저 연필과 종이와 나만 있었다. 나도 모르는 사이에 몇 시간씩 흘렀다. '얻어 갈 것이 있는 명상' 같았다. 나는 깊은 집중에 빠졌고, 세상 모든 근심과 걱정은 시간과 함께 모두 날아갔다. 게다가 끝날 때는 집에 가져갈 기념품도 생겼다.

프레더릭 프랑크Frederick Franck는 19세기 선불교의 대가였던 다이에의 말을 다음과 같이 인용했다. "어떤 일을 하는 도중에 하는 명상은 조용히 하는 명상보다 천 배는 심오하다."²⁹ 오늘날 우리는 이것을 몰입flow이라고 한다. 이를 느낀 사람은 나뿐만이 아니었다. 누군가 수업 시간에 이렇게 말했다. "이렇게까지 집중한 건 정말 오랜만이에요." 몬트리올에서 온 어설라는 깊이 몰입한 나머지 "어린 시절의 기억이 올라오는 것 같은 느낌이었다"라고 말했다.

마지막 과제는 일주일간 배운 기술과 경험을 바탕으로 자화상을 다시 그리는 것이었다. 우리는 자화상 거울을 꺼냈다. 몇 명은 복도에 자리를 잡았다. 사키가 내 옆자리였다. 나는 그의 그림에 정신이 팔리지 않도록 귀에 무선 이어폰을 꽂고 피아니스트 글렌 굴드^{Glenn Gould}의 음악 목록을 재생했다. 순식간에 점심시간이 되었다.

나는 30분 뒤에 돌아와서 자화상을 다시 시작했다. 그런데 사키가 점심을 먹으러 갔다가 아직 오지 않았다는 사실을 깨달았다. 그가 지우개로 맹렬하게 지워대던 그림은 완성되려면 한참 남은 듯했다. 내가 대신 초조해지기 시작했지만, 어차피 나도 완성하려면 몇 시간이나 더 그려야 했다. 완성이라는 것이 존재한다면 말이다. 며칠이고 붙잡고 그릴 수 있을 것 같았다. 보마이슬러가 내게 이제 손대면 더 안 좋아질 것이라고 말했을 때 그림 그리기가 끝났다.

나는 복도에서 내 그림을 가져다가 로프트의 벽에 걸었다. 벽은 우리 그림들로 즉흥 갤러리가 되어 있었다. 내 초상화는 어둡고 강렬하고 침울했다. 그림 속 내 눈빛은 실제보다 더 진지해 보였고, 내가 이 그림에 심혈을 기울였다는 사실이 반영되어 있었다. 보마이슬러는 내 그림을 바이마르 거리의 생활상을 표현했던 막스 베크만^{Max Beckmann}의 작품들과 견주었다(그렇게 생각하고 싶었다). 하지만 눈이 문제였다! 눈을 너무 크게 그렸다. 내가 그림을 집에 가져가서 자랑스럽게 거실에 걸어놓으니 아내가 킥킥거리며 이렇게 말했다. "곰 인형 같다."

작가 피터 스타인하트^{Peter Steinhart}는 이렇게 썼다. "대부분의 그림은 실패작이다. 그림이란 거의 모두 습작에 불과하다."[30] 나는 마치 습작이 아닌 그림을 완성할 수 있는 사람인 양 이 말을 내 신조로 삼았다.

그림 수업을 들은 뒤 새로운 일들이 펼쳐졌다. 그림을 배운 사람은 뇌에 평생 지속되는 변화가 온다고 주장했다(그리고 이전 장에서 언급했듯이 내 뇌는 최근 엄청난 변화를 겪었다).

그림 그리기 자체는 그렇게 힘든 일이 아니었지만 '보는' 것이 어려웠다. 새로운 시각으로 주변 세상을 바라보기 시작하면, 초능력이 생겨 원래 잠겨 있던 층을 개방한 것처럼 느껴진다. 길을 걷다가 차의 보닛에 비친 도시 풍경을 자세히 살펴보기 위해 멈춰서기도 했고, 오렌지 껍질의 질감을 자세히 관찰하기도 했다. 나는 병원에서 멍하니 이런저런 물체(탈지면이 담긴 유리병, 천장 타일)를 보고 '저런 건 어떻게 그리지?'라고 생각하며 30분도 앉아 있을 수 있었다.

나는 자화상을 그리면서 얼굴을 사물로 인식하는 데 무척 익숙해졌다. 그 얼굴은 내가 매일 아침 거울 속에서 바라보는 얼굴과 같았지만, 그림으로 그릴 때는 마치 낯선 지역을 계측해 지도를 만드는 것 같은 느낌이었다. 셀카를 1000장 찍었더라도 자화상을 그릴 때만큼 내 얼굴과 깊은 관계를 맺지는 못했을 것이다. 사진에 관한 정보가 범람하고 어디서든 손쉽게 사진을 찍을 수 있는 시대에 그림 그리기는 노력해서 얻어야 하는 지혜 같은 것이 되었다.

보마이슬러는 이 그림 수업을 들은 사람들 중 일부는 "'이제 그림은 배웠으니 됐다' 하고 원래 인생으로 돌아간다"라고 했다.

나는 내가 구석기 시대와 같은 단계에서 원시적으로 동굴 벽을 몇 번 긁었을 뿐이라는 것을 알고 있었다. 화가 존 슬론John Sloan은 이렇게 조언했다. "그림에서 졸업하지 말라."[31] 그림 그리기는 내 안의 뭔가를 깨웠다. 눈에 만져지는 결과물을 만들어내는 일도 즐거웠지만, 사실 완성된 그림 자체는 중요하지 않았다. 나는 그림을 그리는 과정에 푹 빠졌고, 그래서 좀 더 해보기로 했다.

예술학교로
모험을 떠나다

고급 부티크와 스피닝 스튜디오가 모여 있는 트라이베카의 정신없는 거리를 따라 뉴욕예술아카데미New York Academy of Art로 들어가면, 마치 고대 그리스의 아고라(고대 그리스 도시국가에서 회의, 재판 등이 열린 공공의 광장-옮긴이)로 들어가는 기분이 든다. 석고 기둥, 역사 속 조각가의 흉상 복제품, 근육질의 누드 조각상이 눈에 띈다. 로비에서 소크라테스식 대화가 들려올 것만 같다.

19세기에 창고로 쓰였던 이 5층짜리 건물은 한때 제본업자들과 파라솔 제조사들의 본거지였다. 그러다 1982년, 한 무리의 사람들이 이곳에 뉴욕예술아카데미를 설립했다. 이들은 미니멀아트와 개념미술이 확산되고 있는 현실, 그리고 미술대학이 전통적인 그림 실력이 떨어지는 졸업생들을 세상에 배출하고 있는 현실[32]을 걱정하는 마음으로 학교를 설립했다. 아이러니하게도 주로 개념미술가로 여겨지는 앤디 워홀Andy Warhol이 학교 설립자 중 한 사람이었다. 당시에는 원 하나도 제대로 못 그리는 미대생들도 있었다. "그들은 개념미술에 대해서는 얼굴이 새파래질 때까지 이야기할 수 있었죠. 하지만 이젤이나 붓은 다루지 못했어요." 이 학교의 홍보과장인 앙가라드 코츠Angharad Coates가 내게 말했다.

초기에는 이 학교의 접근법이 약간 별나 보였다. 화가 에릭 피슬Eric Fischl은 이를 두고 이렇게 말했다. "많은 학생이 토가(고대 로마 남자 시민의 옷-옮긴이)를 입은 사람들을 그리고 있었고, 이들은 여기에서 아이러니를 느끼지 않았다."[33]

인체 형태를 정확히 묘사하는 일이 미술계의 주요 관심사에서 벗어난 지 오래였지만 아직도 이곳 학생들은 모두 에코르셰écorché 즉 피부가 없는 상태의 인체를 소묘나 회화로 표현하는 방법을 배워야 했다. 고전주의적인 기술에 초점을 맞추고 있었지만, 그렇다고 고전주의로 후퇴하는 것은 아니라고 코츠는 설명했다. "여기 학생들이 모두 고된 훈련을 받아야 한다는 뜻입니다. 하지만 그 과정을 거치고 나면 현대미술가가 될 준비를 마치는 셈이죠."

이 학교는 초기에 재정적·조직적 어려움을 겪었지만, 그 후 뉴욕 미술계의 이색적이고 존경받는 교육기관으로 자리 잡았다. 매년 호화로운 기금 모금 댄스파티가 열렸다. '펑크의 대부'라고 불리는 이기 팝Iggy Pop이 유연하고 탄탄하기로 유명한 근육질 몸매로 소묘 수업의 누드모델이 되어 주러 이곳에 온 적도 있었다. 그는 이렇게 말했다. "이유는 잘 모르겠지만, 사람들 앞에 벌거벗고 서서 교류할 수 있다는 사실이 내게는 중요하게 느껴졌다."[34] 조소과 학생들은 이름이 알려지지 않은 범죄자의 두개골을 얼굴로 표현함으로써 미제 사건의 수사를 도운 적도 있었다. 기업의 고위 간부 출신인 이 학교의 이사장은 회화과 학생으로서 이 학교와 처음 연을 맺었다.

나는 아무리 초보자를 위한 수업이라고 해도 내가 이 학교에서 진행하는 평생교육 수업에 바로 들어간다는 사실이 약간 부담스러웠다. 그래서 소묘과 마이클 그리말디^{Michael Grimaldi} 학장에게서 개인 교습을 몇 번 받기로 했다.

우리는 어느 날 밤 휑뎅그렁한 강의실에서 만났다. 강의실 안에는 이젤이 흩어져 있었고, 바닥은 물감과 테이프 자국으로 얼룩져 있었으며, 난방기가 달그락거리고 있었다. 그리말디는 키가 크고 말투가 부드러웠으며, 제1대학 펜싱 선수 출신답게 몸짓이 아주 우아했다. 그는 여덟 살짜리 딸이 펜싱을 시작했을 때 거의 15년 만에 다시 펜싱을 시작했다. 내가 그러했듯이, 그 역시 '시합 때 나는 소리와 냄새'에 둘러싸이자 관중석에서 지켜보고만 있을 수가 없었다.

맨해튼에서 자란 그는 주변에 현대미술가가 많았다. 로버트 라우션버그^{Robert Rauschenberg}와 줄리언 슈나벨^{Julian Schnabel}과 같은 건물에 살았다. 그는 이렇게 말했다. "그들은 눈에 보이는 것을 그리고자 하는 욕구를 북돋아주었습니다."

내가 그에게 최근 에드워즈의 수업을 들었다고 말하자, 그는 알겠다는 듯이 고개를 끄덕이고는 그동안 내가 들어왔던 내용과 비슷한 이야기를 이어나갔다. "앞으로 몇 주 동안 우리는 시각적 경험을 추상화하는 방법을 알아볼 거예요. 우리가 사물을 바라볼 때 편견이 아주 많은데, 그 편견을 없앨 겁니다."

예를 들어, 우리는 얼굴을 그릴 때 우리에게 중요한 부분을 지나치게 강조해서 그리는 경향이 있다. 눈을 너무 크게 그리고, 이마를 너무 작게 그린다. 왜냐하면 우리가 다른 사람들을 볼 때, 이마보다는 눈을 더 자주 바라보고 눈에 감정을 더 많이 쏟기 때문이다. 우리는 눈을 실제보다 더 높은 위치에 그리는데, 사실 눈은 머리 전체에서 보았을 때 중간쯤에 있다(연구에 따르면, 비예술가 집단의 95퍼센트가량이 이런 실수를 했다[35]). 그리고 초상화를 그릴 때 45도에서 바라본 형태로 그리면서도 눈은 정면을 향하게 그리고 싶어 하는데, 이는 우리가 사람들을 이렇게 바라보기 때문이다. 그에 따르면, 우리가 의미나 감정을 많이 쏟는 대상일수록 그리기가 더 어려워진다. 최소한 처음에는 그렇다. 그에게 딸은 특히 어려운 대상이었다. 그리말디는 이렇게 말했다. "대상을 차갑고 무심하게 바라볼 수 있다면 조금 쉬워집니다."

내가 처음으로 그릴 대상은 속이 꽉 찬 골동품 소파였다. 소파는 바닥보다 약간 높은 곳에 있었고, 위에서는 불빛이 비치고 있었다. 첫 번째 수업의 주제는 물체가 얼마나 밝은지 혹은 얼마나 어두운지를 나타내는 정도인 '명도'였다. 색상이 다양한 회화와 달리 연필 소묘에는 한계가 있었다. 그리말디는 이렇게 말했다. "딱 한 가지 경로로만 표현할 수 있는 겁니다. 명도는 표현하기가 아주 어려운 걸로 유명해요." 인지하기도 어렵다. "우리는 흰 벽 앞에 있는 흰 물체를 보면 둘 다 흰색이라고 생각합니다." 하지만 사실 우리가 그 물체를 '볼' 수 있다는 것, 즉 그 물체가 윤곽선 없이 벽에 완벽히 섞여 들어가지 않았다는 것은 명도가 다른 부분이 있다는 뜻이다. 소묘에서는 무엇이든 추정하는 행동은 위험하다.

연필 한 자루와 종이 한 장을 가지고 가장 어두운 그림자에서부터 가장 밝은 햇빛까지 모든 것을 다 표현해내야 한다. 그리말디는 그림을 그리기 전에 우선 '가장 밝은 빛'과 '가장 어두운 어둠'을 알아내야 한다고 했다. 양극단의 명도를 분류해냄으로써 다른 부분의 명도를 좀 더 쉽게 판단할 수 있다는 설명이었다. 그러면서 흰 종이 위에 표시해보면 실제보다 더 어둡게 느껴질 것이라고 말했다.

어떤 풍경에서든 명도의 범위 자체가 너무 넓어 버겁게 느껴질 수 있다. 그는 눈을 가늘게 뜨고 보면 좋다고 했다. "눈에 있는 색 수용기를 억제하고 명도를 식별하는 간상체에 좀 더 의존하는 거예요. 우리가 어두운 방에 들어가면 색은 하나도 안 보이죠. 그때는 명도만 보입니다."

그다음 주에 우리는 석고상으로 넘어갔다. 카피톨리니 비너스 상의 일부였다. 내가 그것을 그리려면 우선 눈앞에 보이는 윤곽을 충실하게 따라 그리는 것으로 시작하는 수밖에 없다고 상상했다.

충분히 할 수 있을 것이다. 하지만 우선 정밀한 예상도가 있어야 했다. 청사진 없이 집을 짓지 않듯이, 도면을 먼저 설계하지 않고는 그림을 그릴 수 없다. 이렇게 그리는 방식은 건축과 약간 비슷해 보였다. 그리말디가 말했다. "나를 가르친 선생님은 이건 그림이 아니라 그림의 골조라고 했었죠."

첫 단계는 밑그림을 그리는 것이었다. 각 방향에서 대상이 위치하는 가장 끝부분을 선으로 연결하고 비율을 표시해 스케치하는 것으로 기하학적인 형태가 된다. 어렴풋이 사다리꼴 모양으로 보였다.

그다음은 그림에서 가장 높은 부분과 가장 낮은 부분 등 '랜드마크'가 될 만한 부분을 표시하고, 그 사이에 선을 스케치하기 시작한다. 그는 이 작업을 하이킹과 비교했다. 하이킹을 하다가 길을 잃었을 때, 현 위치와 랜드마크로 삼각측량법을 이용해 여기가 어디인지를 알아내는 것과 비슷했다.

그는 내게 세부적으로 그리지 말고 크게 나타내라고 했다. "세부 형태는 나중에 언제든지 잡을 수 있으니까요." 만약 내가 특정 부분에서 시간을 너무 많이 쓰고 있으면(보통 머리 부분에서 그랬다), 다른 곳으로 넘어가야 했다.

모든 것이 추상화되어야 했다. 곡선은 곡선이 아니라 짧은 직선을 연속적으로 그려서 나타내야 했다. 그리말디는 이렇게 말했다. "그게 훨씬 더 빠른 소묘법이거든요. 곡선으로 그린다면 눈으로 보고 손으로 그리는 데 시간이 더 많이 걸립니다."

나는 그가 연필을 글씨 쓸 때처럼 잡지 않고 끝부분을 잡고 있다는 것을 발견했다. 연필은 그의 손가락 사이에서 지진계의 바늘 같이 움직였다. 이 역시 특정한 윤곽이나 형태를 그리는 것을 피하는 방법이었다. 연필은 마치 실시간 기록처럼 그의 눈동자와 동시에 그저 앞뒤로 움직였다.

화가는 일반인보다 훨씬 더 자주 그리는 대상을 바라본다.[36] 한 이론에서는 그들이 이렇게 함으로써 대상의 이미지를 기억해야 하는 필요성이 줄어든다고 주장했다. 기억에 의존하면, 금세 편견과 오해가 생길 확률이 크기 때문이다.

내가 석고상의 팔 한쪽을 나타내는 선을 너무 낮게 그렸다는 사실을 갑자기 깨달았을 때, 그리말디의 표정이 밝아졌다. "그림에서 실수를 찾아내는 건 아주 좋은 일입니다. 그러지 못할 때도 있으니까요." 실수를 수정하지 않은 채로 더 오래 그릴수록 결국 나중에 수정해야 할 부분만 더 커진다.

시간이 지날수록 직선과 각 지점의 표시로 가득 찬 사다리꼴 상자에서 비너스의 형태가 드러나기 시작했다. 내가 그림을 그리는 게 아니라 '그림이 저절로 그려지고 있다는' 느낌이 들었다. 내가 '눈' 혹은 '발'을 생각하기 한참 전부터 각도 계산과 밑그림의 부산물로서 이미 그 자리에 어른거리고 있었다.

그리말디가 말했다. "진짜로 잘하시는데요." 진심으로 보였지만, 나는 진지한 학습자들이 그렇듯 우회적인 격려를 경계했다. 하루는 딸이 초콜릿칩 쿠키를 굽고는 이렇게 말했다. "그냥 맛있다고 말하지 말고 '진짜' 어떤지 말해줘."

♟ 🎤 ✏

뉴욕예술아카데미에서 제공하는 평생교육 수업에 들어가면서 아마추어 화가로서의 내 커리어가 시작되었다. 나는 열성적인 초등학생처럼 달려가 권장 준비물을 구입했다. 완전히 새로운 종류의 '장비'를 갖추는 것은 의심할 여지 없이 초보자들의 크나큰 기쁨 중 하나다. 나는 직업적으로 늘 컴퓨터를 쓰는 사람으로서 그림을 그릴 때 느껴지는 촉감 자체가 좋았다. 면도칼로 연필을 깎고, 밀가루 반죽처럼 주

물러서 쓰는 미술용 지우개를 주무르고, 연필로 그린 부분을 부드럽게 만들기 위해 종이를 말아 문지르는 모든 행동에서 말이다.

포트폴리오 가방을 메고 집을 나서는데, 한 이웃이 놀라서 날 쳐다보는 걸 눈치채고는 은밀한 만족감을 느꼈다. '그럼요, 제가 이런 사람이에요. 미대에 수업 들으러 가는 길이거든요.' 이 활기찬 자신감은 이곳에 들어오는 순간 움츠러든다. 물감이 튄 바지를 입고 재미있는 머리 모양을 한 실제 예술가들로 가득 찬 학교, 여기저기서 눈에 띄는 완성작들에 주눅이 든다.

그래도 어떤 비밀의 세계로 들어가는 것을 허락받은 듯한 느낌이었다. 학생들이 붓을 씻거나 점심시간에 수다를 떠는 모습을 보면 나는 대학에 들어가기 전으로 돌아가 '이 길을 택했다면 어땠을까?'라는 생각이 들었다.

심지어 이곳은 초보자를 위한 평생교육 프로그램도 능력이 뛰어난 사람들로 빼곡히 들어차는 경우가 많았다. 나는 한 수업에서 팻이라는 사람을 만났다. 그는 브루클린에 사는 고등학교 선생님이었는데, 수십 년 동안 그림을 그려왔다고 했다. 그는 자기 집에 자신이 20년 전에 마지막으로 작업한 그림이 있는데 언젠가 그 그림을 완성할 계획이라고 말했다(평생교육에 관한 이야기였다). 하지만 정신적으로 지친 상황이었다. 그가 말했다. "좁은 공간에서 한 시간 동안이나 하고 있는데도 그림이 원하는 대로 나오지 않는군요."

얼마 지나지 않아 나도 곧 그 기분에 공감할 수 있었다. 나는 바르그 기법 수업을 들은 적이 있었다. 바르그 기법은 19세기 프랑스에서 가르쳤던 유명한 소묘 수업으로, 피카소 같은 화가들에게 영향을 주었다. 이 수업을 들었을 때, 나는 내 눈 앞의 이젤에 걸린 석고 귀 모형을 실제와 최대한 비슷하게 표현하기 위해 몇 주를 노력했다. 투광 등의 빛을 받아 반짝였던 그 모형은 소용돌이 같은 모양과 그림자 때문에 흥분되면서도 짜증 나는 물체였다.

나는 이 매력적이면서도 알 수 없는 소용돌이에 빨려 들어간 느낌이었다. 그 수업의 강사였던 아드 버지^{Ard Berge}는 이렇게 말했다. "우리는 지금 3차원의 물체를 연필로 그리고 있어요. 만져질 수 있을 것처럼 표현해야 합니다." 어떻게 보면 손이 아니라 연필로 조각을 하는 셈이었다. 우리는 위에서부터 반사광을 따라 구불거리는 깊은 곳으로 내려간 다음 위쪽의 연골이 접힌 부분으로 되돌아와야 했다. 그는 이를 '굴러가는 모양'이라고 불렀다. "〈황야의 역마차^{Rawhide}〉에 나온 노래 기억하시나요? 그 노래 가사처럼 굴려주세요!"

나는 한 번씩 내 왼쪽에 앉은 동료 수강생 앤드루의 그림을 쳐다 보았는데, 서로 그림이 얼마나 다른지 확인하고는 깜짝 놀랐다. 내 그림은 헐겁고 전반적으로 인상을 중요시한 느낌이었지만, 그의 그림은 매우 정밀하고 정확해서 마치 해부학 그림 같았다. 기법을 배울 수는 있지만, 스타일은 저절로 나오는 듯했다. 그 학기가 끝날 무렵, 각자 그린 그림을 모두 모으자 12개의 귀가 나왔다. 사람마다 서명이 다르듯 각 그림은 모두 고유의 특징이 있었다. 버지는 내 그림을 자세히 보고 칭찬하듯 이렇게 말했다. "소리가 들릴 것 같아요. 이 안에 박동하는 소리가 있는 듯하네요." 초등학교 때 선생님이 내 그림을 콕

집어 칭찬했던 때로 돌아간 느낌이었다. 왜 그런지 모르겠지만, 오랫동안 해온 일이 아니라 새로 시작한 일로 칭찬을 받으면 기분이 더 좋았다.

자신감이 점점 커지면서 누군가가 등 뒤에서 내 그림을 바라볼 때 덜 당황하게 되었다. 나는 집에서 즉흥 소묘 세미나를 열어 부엌 식탁 위에 오렌지 같은 물체를 올려두고 아내와 딸에게 그려보라고 하기도 했다. 아파트 관리인에게 명절 카드를 쓸 때는 내용 옆에 그가 키우는 시베리안허스키 로건을 그려주었다. 그는 그림을 보고 흥분해서 "이거야 원, 당장 팔아도 되겠는데요!"라고 말했다. 그 말을 들으니 힘이 났다. 하지만 그의 모습은 마치 손주가 처음으로 서툴게 피아노를 연주하는 모습을 본 할아버지 할머니가 '얘가 장차 카네기홀에서 독주회를 열겠구나'라고 생각하는 것과 비슷했다.

그 후 나는 처음으로 모델 인체 소묘 수업을 들었다. 무생물을 몇 시간 동안 바라보는 것과 내 눈앞에 앉은 살아 숨 쉬는 사람을 짧은 시간 바라보는 것은 완전히 다른 일이었다. 한번은 모델이 쉬었다가 돌아와서 다시 앉았는데 자세가 약간 달라지는 바람에 드레스의 주름이나 여성 모델의 볼에 비친 빛이 내 그림과 달라져버린 적도 있었다.

나는 그림을 그릴 때 저널리스트의 본능으로 자꾸만 돌아갔다. 이 사람은 누구일까? 이 사람은 모델 일이 즐거울까? 나도 모델이 될 수 있을까? 당연히 수업 시간에 이런 이야기를 할 수는 없었다. 사생활 침해이기도 하고, 그림을 그리는 데 방해가 되는 일이기도 했기 때문이다.

어느 날 오후에 엘리베이터에서 당시 수업에서 모델을 섰던 분과 우연히 마주쳤다. 금발에 마르고 근육질인 몸매의 그 남성은 평상복으로 갈아입은 상태였다. 나는 그에게 말없이 움직이지도 않고 모델을 서는 동안 무슨 생각을 했느냐고 물었다. "오늘은 무슨 주식을 살지 생각했어요." 내가 '인생의 의미'와 같은 대답을 기대했는지는 모르겠지만, 어쨌든 놀라운 대답이었다. 이기 팝은 자기 노래를 생각했다고 말했다. 이 남성은 마음속에서 시장을 좇고 있었다.

내 생각이 그림에 방해가 되기도 했다. 모델 인체 소묘 수업의 강사였던 로버트 아메타Robert Armetta는 꾸짖는 말투로 내게 말했다. "지금 여기 없는 걸 보고 있네요." 그저 어두운 음영만 표현했으면 족했을 속눈썹 부분을 나는 한 가닥씩 그리고 있었다. "강조하면 안 될 부분을 강조하고, 강조해야 할 부분을 강조하지 않았어요." 나는 고개를 끄덕였다. 하지만 여기서 끝이 아니었다. 선을 그을 때 아주 기본적인 실수를 범하고 있었다. "너무 개념적이고 추상적으로 가고 있어요." 그는 내 연필이 너무 무겁다고 말했다. 나는 내 손에 있는 연필을 마치 철로 만든 연필인 양 내려다보았다. 내가 연필 자국을 지우기 어렵게 내놓은 것을 보고 그가 말했다. "모든 걸 가볍게 그려야 합니다. 이것이 잘못되었다고 가정하고 그리는 것이기 때문이에요." 가정이 아니라 정말로 그런 상황이었다. 어디서부턴가 비율 측정이 흐트러졌다. "a, b, c 구간을 확인하고 c, d, e 구간까지도 확인하고서는 a에서 f까지는 확인하지 않았네요. 그게 말이 됩니까?" 말이 안 된다고 생각했지만, 나는 그저 멍한 표정으로 고개를 끄덕였다.

나도 느꼈지만, 새로운 것을 배우면 새로운 것을 더 많이 배우고 싶다는 생각이 든다. 이는 거의 피할 수 없는 파급 효과다.

그래서 얼마 지나지 않아 나는 소묘와 회화를 둘 다 하는 수업을 신청했다. 이 수업을 맡은 애덤 크로스Adam Cross는 수업이 절반가량 진행되었을 때 소묘에서 회화로 넘어간다고 내게 설명했다. "학생들의 75퍼센트 정도는 계속 소묘를 하고 싶어 해요. 이제 잘하게 되어서 신이 나는 거죠."

회화 수업이 시작되자 도구도 새로워지고, 기법도 새로 익혀야 했다. 또다시 초보자로 돌아간 것이다. 로버트 아메타는 내 스케치를 평가하면서, 그림을 그리기 시작했을 때 보는 눈이 가장 정확하다고 말했다. "오늘 하루 중에 가장 신선한 시각으로 그림을 볼 수 있는 때는 바로 지금이에요." 그림을 그리며 시간이 지날수록 "나쁘지 않다는 느낌에 안주하게 된다." 익숙함은 만족을 낳는다.

그림 그리기의 초보 단계는 어느 분야에서든 초보자가 되는 일 자체와 비슷했다. 새로운 경험을 향해 깨어 있는 명확한 정신, 머뭇거리는 움직임, 조금씩 실수를 없애려는 노력, 과거의 경험이나 습관이 없다는 사실에서 오는 자유, 가능성으로 가득하면서도 하얗게 비어 있는 거대한 도화지. 초보자의 모습 그 자체였다.

내 그림의 여정이 어디까지 이어질지는 전혀 몰랐다. 회화를 시도할 생각은 없었는데도 회화 수업을 듣고 있었다. 심지어 조각 수업까지 넘보고 있었다. 나는 노먼 러시가 말한 사랑의 정의를 다시 생각하게 되었다. 그는 사랑이란 이 방에 들어갔다가 나와서 저 방에 들어가는 일의 연속이며, 그때마다 더 커지고 더 나아지는 것이라고 말했다. "이 방에서 나와 저 방으로 들어가겠다고 생각한 적은 한 번도 없지만, 저절로 그렇게 하게 된다. 새로운 문을 발견하고, 그 안에 들어가고, 그 안에서 다시 기쁨을 느낀다."

배움이란 이런 느낌이다. '초보자 환영'이라고 적힌 첫 번째 문을 한번 열고 나면 이렇게 된다.

8장

바다 수영을 하고, 결혼반지를 만들고, 새로 배우기라는 평생의 취미

BEGINNERS

남자[*]가 어느 분야에서든
초보자를 벗어나 달인이 되려면,
자신이 평생 초보자라는 사실을
깨달아야 한다.

—로빈 콜링우드Robin Collingwood

♣ 그렇다. '남자', 또 나왔다. 하지만 원문의 정신을 훼손하고 싶지는 않았다.

{ }

열 살도 일흔 살도
똑같은 곳

그동안 초보자의 여정을 걸어오며 창피하고, 자신감 없고, 다른 사람보다 뒤처지고, 포기하고 싶었던 적이 여러 번 있었다.

그 중에서도 기억에서 지워지지 않는 사건이 있다. 바하마 아바코섬 연안에서 3킬로미터 바다 수영에 도전했을 때였다. 그때, 하루에 한 갑씩 담배를 피우던 습관을 버리고 최근 유튜브로 수영을 배운 일흔 살 프랑스 여성과 아홉 살짜리 딸을 따라잡느라 애를 먹었다.

어쩌다 이렇게 되었을까?

그로부터 1년 전, 딸이 일주일에 한 번 수영 강습을 받아서 나도 수영장에 함께 왔다 갔다 했다. 딸이 수영을 배우는 동안 나는 벤치에 앉아 휴대폰만 쳐다보고 있었고, 한 1000번은 이곳에 온 것처럼 지켜봤다(그 중 딱 한 번 휴대폰을 보지 않은 적이 있었는데, 수영장에 진짜로 휴대폰을 빠뜨렸기 때문이다♣♣). 어느 날 오후에 내 머릿속에 떨쳐버리기 어

♣♣ 고장 난 휴대폰을 쌀자루에 넣어놓았더니 일주일간 버티고 결국 죽어버렸다.

려운 생각이 떠올랐다. 이 책에서 계속 이야기하는 그 생각이다. 내가 방관자처럼 여기 앉아서 얼마나 많은 시간을 버린 걸까? 내가 마지막으로 수영을 한 게 언제였더라?

나는 일 년에 몇 번 호텔 수영장에서 수영을 했고, 처가 식구들과 호수에서 수영할 때도 있었다. 사실 뉴욕시에서는 수영하기가 쉽지 않았다. 수영장은 너무 비싸거나 사람이 바글바글했다. 서핑하느라 바다에 자주 가긴 했지만, 서핑에 필요한 수영이라고는 팔을 몇 번 휘젓는 수준밖에 되지 않았다.

하지만 나는 '야생 수영'을 예찬한 로저 디킨Roger Deakin의 고전적인 저서 《워터로그Waterlog》를 읽고 있었다. 야생 수영은 강, 호수, 바다에서 하는 수영을 뜻했다. 대단히 매력적으로 다가왔다. 디킨의 주장에 따르면, '목적지'를 점점 더 중요하게 여기는 세상에서 야생 수영은 한 세계를 떠나 다른 세계로 가는 과정에서 오는 변화와 자유를 약속한다. 그는 야생 수영이 누구에게나 효과를 발휘하는 마법의 약이라고 말했다. "물에 들어갈 때는 침울한 표정의 우울증 말기 환자 같다가도 나올 때는 휘파람 부는 바보가 되어서 나온다." 한 장 한 장 읽어나갈 때마다 나는 점점 물에 가까워지고 있었다.

나는 딸이 배영으로 레인을 왔다 갔다 하는 모습을 보며 불현듯 우리가 다 함께 '야생 수영 휴가'를 보낼 수도 있겠다는 생각이 들었다. 이는 특히 영국에서 큰 인기를 끌고 있었다. 영국 서점에는 수영으로 인생이 바뀌었다는 내용의 회고록이 책장 가득 진열되어 있었다.

내가 매년 떠나는 사이클 여행은 오랜 기간의 고통과 탄수화물

제한, 남성적인 분위기가 특징이었지만, 이와 달리 야생 수영 휴가는 다 함께 즐길 수 있을 것 같았다. 아내는 나처럼 물놀이광은 아니었지만, 물에 몸을 담글 기회가 찾아오면 나름대로 즐거워하는 듯했다. 딸에게는 지금 배우고 있는 수영을 진짜 세상에서 시험해볼 기회가 될 터였다. 자연(말 그대로 진짜 자연)을 느끼고, 그러면서 몸을 단련하고 마음의 평온을 얻고, 또 가족 간의 유대감도 키울 수 있을 것 같았다 (이 책 앞부분에서 설명했듯이, 사람들과 함께 새로운 것을 배우면 서로 관계도 깊어진다).

게다가 수영은 몸에 무리를 주지 않아 평생 즐길 수 있는 운동이다. 이 말을 여러 번 들었다. 수영하는 사람들은 모두 내게 이렇게 말했다. 딸이 성인이 될 때쯤이면 은퇴할 시기가 되는 다소 늦은 부모로서 이 이야기가 매력적으로 들렸다. 장기간에 걸쳐 진행된 한 연구에 따르면,[1] 수영을 하는 사람들은 주로 앉아서 생활하는 사람들보다 수명이 길었다. 그것은 당연해 보인다. 하지만 놀라운 것은 수영하는 사람들은 이유는 알 수 없지만 걷기나 뛰기 운동을 한 사람들보다도 오래 살았다는 사실이다.

로저 디킨이 그랬듯이, 수영하는 사람이라면 누구나 수영을 하면 기분이 좋아진다고 말할 것이다. 항우울제의 약효를 검증하는 임상 실험에서 주목할 만한 결과가 나왔다.[2] 실험 대상이었던 쥐들은 몇 주 동안 경미한 스트레스 환경에 지속적으로 노출되었다. 우리가 기울어지고, 꼬리를 물리고, 잠자리는 축축했다. 그런 환경은 뉴욕에서라면 아마 집주인이 난방을 틀어주지 않고, 밖에서 자동차 경보음이 멈추지 않고, 이웃이 시도 때도 없이 담배를 피우는 상황과 비슷했을 것이다.

당연히 쥐들은 기분이 우울해지기 시작했고, 연구진은 이 쥐들에게 수영을 시켜주었다(참고로 쥐는 선천적으로 수영을 할 줄 안다). 그랬더니 쥐의 뇌(특히 해마의 단백질)에 중대한 변화가 일어났다. 이를 관찰한 연구진은 쥐들이 수영을 하면서 우울증을 날려버린 것으로 보인다고 결론 내렸다.

아무리 노력해봐도 수영의 단점을 찾을 수 없었다. 그래서 스윔퀘스트라는 몇 안 되는 수영 휴가지 전문 여행사에서 상담을 받았고, 그리스의 바위가 많은 작은 섬 마트라키^{Mathraki}에 가기로 했다. 이오니아해의 바닷물은 따뜻하고 깨끗한 데다 상어나 스피드보트 같은 위험한 요소가 거의 없었다. 지도에서 마트라키를 찾아보니 광활하고 파란 바다에 둘러싸여 있었다. 그리고 오디세우스가 칼립소에 의해 갇혀 있었다는 그리스 신화의 섬이 근처에 있었다.

넓은 바다를 향한 설렘과 그리스 신화만 생각하던 나는 뒤늦게야 현실을 떠올렸다. 나는 비교적 건강한 편이었지만, 수영만큼은 항상 힘들었다. 몇 바퀴만 돌고 나면 쉬어야 했다. 수영장도 힘들어하는 사람이 어쩌자고 통제 불능의 깊은 바다에 가겠다고 무심코 계약해버렸을까?

♟ ✏ ✂

나는 벼락치기 수영 강습을 받아야겠다는 생각으로 근처에 사는 철인 3종 경기 코치인 마티 먼슨Marty Munson에게 연락했다. 그녀는 수영장에서 연습을 시작하자고 했다. 이것 자체가 내게는 엄청난 사실을 폭로한 것이었다. 비약적인 발전을 거듭하던 딸과 달리 내 수영 실력은 YMCA에서 처음 수영을 배웠던 1970년대에 머물러 있었다.

어쩌면 내가 수영을 배웠다고 '생각만 한' 것일 수도 있다. 내가 배운 것은 수영이 아니라 익사하지 않는 법[3]이었다고 몇 사람이 내게 말했다. 둘은 차이가 있다.

내가 몇 바퀴 도는 것을 지켜본 그녀는 왜 내가 수영할 때 그렇게 힘들었는지 금방 눈치챘다. 많은 초보자 혹은 초보 단계에 멈춘 사람들과 마찬가지로, 자유형을 할 때 머리가 물 밖에 나와 있는 동안 들이마시고 내쉬기를 전부 다 하고 있었다. 알고 보니 내쉬기는 공기 방울을 내뿜는 방식으로 물속에서 하는 것이었다. 나는 미친 듯한 들숨과 날숨의 향연으로 과호흡 상태에 빠졌던 것이다.

이 호흡법이 당신에게는 너무나도 당연한 것일 수 있지만, 아무도 내게 이 이야기를 해준 적이 없었다. 자세에도 몇 가지 문제가 있었지만, 호흡 문제를 해결하는 것이 가장 중요했다. 유명한 수영 코치 테리 로플린Terry Laughlin은 이렇게 말했다. "수영과 지상 스포츠의 가장 중요한 차이점은 물속에서 호흡하는 것이 하나의 기술이라는 점이다. 게다가 이는 꽤 고급 기술이다."[4]

바다 수영을 경험하기 위해 우리는 코니아일랜드로 갔다. 날씨가 따뜻할 때는 바다 수영을 하기 좋은 활기찬 장소가 되는 곳이다. 우리는 어느 날 아침 이곳에 갔다. 아직 조금 서늘했고, 바다에는 아무도 없었다. 우리는 웨트슈트를 입고 물속에 뛰어들었다. 저 멀리로 유명한 사이클론의 롤러코스터가 어렴풋이 보였다.

방파제 사이에서 수영을 하는데, 파도가 내게 밀려오자 잠깐 어지러움이 느껴졌다. 바다 위에서가 아니라 바닷물 안에서 뱃멀미를 한다는 것은 어쩐지 이상해 보였다. 숨을 쉬려고 고개를 돌렸다가 얼굴로 파도를 맞고 바닷물을 한입 가득 들이키기도 했다. 바람은 내가 나아가는 속도를 늦췄고, 조류는 내가 나아가는 방향을 바꿨다. 먼슨이 내게 말했다. "바다 수영은 수용하는 법을 연습하는 거예요. 바다가 내게 뭘 주든 다 받아야 해요."

수영뿐 아니라 인생을 사는 데도 좋은 자세였다. 만약 파도가 굽이치는 바다에서 장거리 수영을 해낼 수 있다면, 혼잡한 출퇴근길이나 바쁜 미팅 일정 같은 건 시시해 보일 것이다.

하지만 우리가 마트라키에 도착했을 때는 엄청난 불안감을 느꼈다. 물론 진화론적으로 말하자면 인간은 생명의 근원이라는 바다에서 헤엄쳐 나왔지만, 그 이후로는 쭉 바다와 갈등 관계를 유지해왔다. 나는 왜 나와 우리 가족을 이 광활한 미지의 세계 속 위험에 빠뜨렸을까? 적어도 서핑할 때는 보통 물 '위'에 있는데 말이다.

코르푸Corfu 섬에서 좀 떨어진 디아폰티아제도Diapontia Islands의 작은 섬인 마트라키는 지면이 울퉁불퉁하고 소나무 향기가 나는 노두 (암석이나 지층이 노출된 부분-옮긴이) 지형이었다. 한때 고향을 떠나 퀸스에 살았던 그리스 남성들이 주로 살았을 것 같은 곳이었다. 뉴욕 양키스 모자를 쓰고 미소스 맥주를 마시며 오지랖을 떨고, 지중해식 정원을 가꾸거나 아니면 그냥 노년의 삶을 살았을 사람들 말이다. 우리는 가족이 운영하는 작은 민박에 묵었다. 이곳에 묵는 숙박객보다 닭이 더 많아 보였다.

아침에 우리에게 진한 그리스 커피를 대접한 민박집 주인의 아들 조지도 스윔퀘스트의 구조보트를 몰았다. 첫날 그는 우리를 바다 깊은 곳으로 데리고 나갔다. 다른 사람들은 이미 바다에 들어갔는데, 우리는 보트에 걸터앉아 고민하며 주저하고 있었다.

해변에서 아주 멀리 떨어진 곳이었고, 물의 표면은 안이 보이지 않는 소용돌이치는 거울 같았다. 우리 중 누구도 이렇게까지 깊은 바다에서 수영해본 적이 없었다. 저 암흑같이 깊은 바닷속에 어떤 위험한 존재가 있는 것은 아닐까? 깊은 물에 대한 공포증은 '탈라소포비아thalassophobia'라고 부른다. 얕은 물에 대한 공포증은 없다.

우리는 딸을 시작으로 한 사람씩 물에 들어갔다. 물은 따뜻해서 부드럽기까지 했다. 저 멀리 알바니아 해안 쪽에는 바위투성이의 벽이 보였다. 우리는 본능적으로 서로를 보호하기 위해 가까이에서 수영을 시작했다. 갑자기 온 세상이 내 밑으로 떨어진 느낌이었다. 심연에는 한계가 없어 보였다.

감수성이 예민했던 일곱 살 때 슈퍼마켓 계산대마다 보였던 소설책《조스Jaws》의 표지가 머릿속을 가득 채웠다. 불길한 예감이 들었다. 하지만 구조보트가 항상 우리 근처를 돌아다녔고, 우리 가이드였던 미아 러셀Mia Russell이 위에서 우리를 계속 지켜보고 있었다. 남아공 출신으로 강한 체력과 풍부한 경력을 갖춘 수영 선수이자 서퍼, 프리다이버, 그리고 자칭 '인어'라는 그녀는 자주 물속으로 들어와 우리와 함께 수영했다.

주저하던 마음은 점차 희열로 바뀌고 있었다. 물에 뛰어드는 것은 마치 다른 세계로 들어가는 것 같았다. 그 세계는 밑에서 반사된 투명한 빛이 여러 개의 파란 방을 비추고 있는 것처럼 보였다. 바다는 모든 것이 되었다. 앞길을 가로막는 장애물이 되기도 하고, 부력으로 몸을 받쳐주는 짜디짠 애무가 되기도 했다. 항상 근처에 있었던 보트 덕분에 내 마음은 이 바닷속 세계만큼이나 경계 없이 자유롭게 떠돌아다녔다. 바다를 누비고 다니며 목욕물에서 장난을 치는 고래가 된 것 같았다.

하루하루 시간이 갈수록 우리는 자신을 해변에만 가둔 불안감을 천천히 정복하기 시작했다. 자기도 모르는 사이에 그 어느 때보다도 오래 수영하고 있었다. 미터는 킬로미터가 되었다. 말도 안 되게 멀어 보였던 섬들이 이제 손에 닿을 듯 보였다. 딸은 마지막 날 밤에 일주일 동안 예정되었던 모든 거리를 거의 다 완주한 용기와 결단력을 인정받아 모두가 탐냈던 '황금수영모' 상을 받았다.

우리는 엄청난 일을 겪었다는 느낌이 들었다. 우리는 물에서 온 존재이니까 물에서라면 다시 태어날 수도 있지 않을까? 러셀이 어느 날 오후 내게 이렇게 말했다. "물은 치유의 한 형태예요. 물 안에서는 평화가 우리를 압도하죠. 왜냐하면 일단 물은 조용하고, 우리는 거기에 편안하게 떠 있으니까요. 마치 자궁 같기도 하고요. 이 모든 게 다 물에서 와요." 그녀는 바다에서 공포를 정복하고, 삶을 재정리하고,

개인적인 어려움을 극복하는 등 여러 가지 경험을 하는 사람들을 수도 없이 보아왔다. 이들의 물안경에는 가끔 눈물이 차기도 했다.

우리는 수영의 매력에 푹 빠졌다. 아내와 딸은 내가 느꼈던 불같은 초보자의 열정으로 가득 차 있었다.

1년도 채 되지 않아 우리는 스윔퀘스트에서 주관하는 다른 여행을 또 예약했다. 이번 목적지는 바하마Bahamas였다. 러셀은 아바코스Abacos에 있는 작은 섬 그레이트 구아나 케이Great Guana Cay의 선착장에서 우리를 기다리고 있었다. 마트라키에서 그녀는 우리 딸을 수습 '인어'로 임명했고, 엄숙한 의식을 거쳐 딸에게 인어 모양 펜을 수여했다.

그 주에 함께할 사람은 10명이었는데, 다 같이 오션프론트 빌라에 묵었다. 거의 대부분이 여성이었다. 영국인 수영 코치이자 가이드인 가이 멧캐프Guy Metcalf와 나만 남자였다. 키가 크고 붙임성이 좋은 스윔퀘스트의 설립자 존 코닝엄롤스John Coningham-Rolls는 이런 성비 불균형은 드물지 않다고 내게 말했다. "장거리 수영 기록은 보통 여자들이 세웁니다."

그곳에 모인 사람 중에 영국에서 온 모녀가 있었다. 이들은 다른 야생 수영 여행을 마치고 바하마로 곧장 왔다고 했다. 스웨덴의 겨울 바다 수영이었다. 중년의 영국인 소아과 의사도 있었다. 그녀는 몇 년 전 남편과 사별했다. 그녀는 남편이 항상 가족의 탐험 대장이었다며,

이제는 그녀 자신의 길을 찾아 나서기 위해 바다에 왔다고 했다.

특히 내 관심을 사로잡은 사람은 이제 막 일흔이 넘은 퍼트리샤였다. 그녀는 프랑스 샤모니에 살며 스키와 테니스를 즐겼고, 정원에서 채소를 가꿨다. 그녀는 프랑스의 유명 영화감독 클로드 샤브롤 Claude Chabrol의 영화와 관련된 일을 하는 등 다양한 분야의 경력을 쌓았고, 몇 년 전 은퇴했다. 편안한 매력이 있던 그녀는 비치드레스를 입고 나타나 갑자기 프랑스의 유명 휴양지 생트로페에 온 것 같은 느낌을 우리에게 선사하곤 했다. 직설적이고 약간 진지한 면도 있었다.

어느 날 밤, 저녁 식사 자리에서 아내는 셔츠가 예쁘다고 칭찬을 받았다. 아내는 아무 생각 없이 "H&M에서 산 거예요"라고 말했다. 그때 갑자기 퍼트리샤가 테이블을 쾅 치며 "난 H&M 불매운동을 해요!"라고 소리쳐서 모두가 깜짝 놀랐다. H&M의 전 세계적인 공급망에 관한 불만이었다. 하지만 그녀는 H&M 말고도 많은 회사에 대항해 불매운동을 벌이고 있었고, 우리는 재미 삼아 또 어떤 회사가 그녀의 비판적인 관심을 받고 있는지 추측하곤 했다. 한번은 우리가 선착장에 차를 세우고 바닷가 바로 앞의 해산물 식당에 점심을 먹으러 들어갔는데, 그녀가 레스토랑에서 아주 가까운 곳에서 햇빛에 색이 바랜 조개껍질 더미를 발견했다. 그녀는 프랑스인 특유의 경멸하는 태도로 "조개 공동묘지에 온 것 같군요"라고 말했다(그녀는 채식 메뉴를 주문했다).

그녀는 몇 년 전 이지젯 비행기 안에서 기내지를 읽다가 여행과 스포츠를 결합한 여행 상품을 소개하는 기사를 우연히 발견했다. 그녀는 내게 이렇게 말했다. "숨 막히게 아름답고 환상적인 곳에서 수영하는 사람들의 사진을 봤어요. 그리고 그 자리에서 바로 나도 이걸 해야겠다고 결심했죠."

하지만 그녀는 수영을 그다지 잘하지 못했다. 수영장에서 중간중간 쉬어가며 평영으로 천천히 100미터쯤 가는 수준이었다. 그녀가 가고 싶었던 수영 여행에서는 자유형으로 약 3킬로미터를 쉬지 않고 가야 했다. 그녀는 동네 수영장에 가보았지만 성인을 가르치는 코치가 없었다고 했다. 역시 배움은 어린이를 위한 것이라는 생각이 미묘하게 깔려 있었다.

그러다 그녀는 유튜브에 수영 강습 영상이 많다는 사실을 알게 되었다. 그녀는 특히 '쇼 메소드Shaw method'라는 기법에 관심이 생겼고, 하루 종일 관련 영상을 찾아보았다. 그녀는 아파트를 돌아다닐 때도 자유형 팔 꺾기 동작을 연습했다. 수영장에 가면 손 입수하는 방법 등 몇 가지 세부 사항에 집중했다. 코치가 없었던 그녀는 동생에게 자신이 수영하는 영상을 촬영해달라고 해서 영상을 비교해가며 연습했다. 일주일에 두 번씩 수영을 했고, 조금씩 실력이 늘었다. 6개월 뒤에는 쉬지 않고 1킬로미터를 완주할 수 있게 되었다.

1년 뒤, 그녀는 처음으로 바다 수영 여행을 떠났다. 그녀는 이렇게 말했다. "여태까지 왜 수영을 안 하고 살았나 싶더라고요." 하지만 중요한 사실은 예전에 하지 않은 것이 아니라 지금 하고 있다는 것이다. 철학자 세네카는 질병이 생겼을 때 죽음의 공포를 느끼는 '쇠약한 노인들'에 대해 이렇게 썼다. "그들은 자신이 그동안 제대로 살지 못했다며 스스로를 바보라고 부른다. 그리고 이 병이 나을 수만 있다면 즐겁게 살 것이라고 말한다."[5] 퍼트리샤는 그날까지 기다리지 않았다.

♟ ✒ ✏

그 주가 시작될 때쯤, 나는 주변 사람들을 자세히 살펴보고 있었다. 스윔퀘스트에서는 영국해협 횡단 훈련과 같은 특별 주간 프로그램을 운영했다. 하지만 우리가 참여한 주는 '휴일'로 지정되었다. 원하는 대로 연습할 수 있었고, 정해진 거리나 속도가 있기는 했지만 우리에게 벌을 주려는 의도는 아니었다(라고 그들이 말했다). 트로이가 모는 안전보트에서 언제든 쉴 수 있었다. 트로이는 현지 다이빙숍을 운영하며 바다유리만큼 매끄럽게 농담을 잘하는 사람이었다. 그래도 나는 체력에 자부심이 있는 사람으로서 나와 대항하는 사람들이 어떤 수준인지 알고 싶었다. 그래서 나이와 외모를 바탕으로 대략적인 평가를 해봤더니 걱정할 필요가 없다는 결론이 나왔다.

하지만 그것이 내 실수였다는 사실이 금세 드러났다. 입수하자마자 이 예의 바르고 나이 많은 여성들은 고효율 유체역학적 터보엔진으로 변신했다.

특히 퍼트리샤의 자유형은 대단히 유연했다. 최소한의 힘으로 편안하게 미끄러지듯 푸른 바다 위를 나아갔다. 나는 점점 집단에서 뒤처지기 시작했다. 노력이 부족해서는 아니었다. 게다가 놀랍게도 잘 따라올 수 있을지 걱정스러웠던 딸이 오히려 나를 앞지르고 있었다.

"1번도 기술, 2번도 기술, 3번도 기술입니다." 코닝엄롤스가 내게 말했다. 체력만으로는 물 앞에까지만 갈 수 있다.[6]

　나중에 숙소에서 우리는 캠프파이어를 하듯 노트북 앞에 동그랗게 모여 우리가 수영하는 모습을 담은 영상을 함께 보았다. 영상에는 내 문제가 확실히 드러나 있었다. 코치들은 팔 동작은 나쁘지 않다고 말했다. 팔꿈치 높이도 높았고, 자세도 좋았다. 팔이 멀리까지 나아가는 점도 좋았다. 문제는 발차기였다. 나는 평생 축구로 다져온 다리로 물을 차내면 하면 다른 약점은 다 극복할 수 있을 거라고 생각했다. 하지만 나는 엉덩이가 아니라 무릎으로 발차기를 하고 있었다. 그리스에서도 러셀이 지적했던 부분이었지만, 아직 그 습관이 고쳐지지 않았다. 무릎을 굽히니 다리가 물속에 빠져서 심각한 저항이 생겼다. 게다가 나는 발차기를 격렬하게 하고 있었다. 러셀이 영상의 재생 속도가 빠르게 설정되었다고 착각할 정도였다.

　멧캐프는 그 정신없이 빠른 발차기가 '쓸모없다'고 말했다. 당황스럽게도 황금수영모 상을 받은 딸이 동의하며 고개를 끄덕이고 있었다. 러셀은 내 "발차기가 물을 뒤로 보내는 게" 아니라 아래로 보내고 있다고 말했다. "무릎을 굽히고 발차기를 엄청나게 빠르게 하면 실제로 뒤로 갈 수도 있어요."

　실제로 수영할 때 뒤로 가는 것 같은 느낌이 들 때가 꽤 많았다.

　당시 패턴은 이랬다. 코치들에게 "발차기 힘이 좋고 발목이 유연하다"라고 칭찬을 받은 딸은 주로 빠른 사람들과 함께 맨 앞쪽에서 수영했다. 나는 잠깐 따라가다가 점점 뒤처졌다. 내 짧은 실력을 기사도로 가장하고는 느리게 평영을 하고 있는 아내 곁으로 가서 수영했다.

그날의 수영이 끝나고 사람들이 의자에 털썩 주저앉아 책을 읽고 있을 때, 나는 내 존엄성을 되찾기 위해서 가혹하게도 습한 날씨에 달리기를 했다. 그러다 넷째 날에 역효과가 나타났다. 호프타운의 바다 근처 식당에서 점심을 먹은 뒤부터 현기증이 나기 시작했다. 식중독인 줄 알았는데 사실 일사병이었다. 이 일로 혼난 나는 보트에 누워 트로이가 틀어주는 바하마의 '레이크 앤드 스크레이프rake and scrape' 장르의 노래를 들으며 콜라를 마셨고, 다른 사람들이 수영하는 모습을 지켜보았다. 퍼트리샤가 곧 보트 위로 합류했지만, 그녀는 그저 다음 주도 일주일 내내 바다 수영이 계획되어 있어 페이스를 조절한 것일뿐이었다.

이 모든 것들이 창피하기도 했지만, 또 한편으로는 이상하게 짜릿하기도 했다. 내가 물에서 겪은 힘든 일은 사실 바다 수영을 하며 정말 좋았던 부분 중 하나였다. 나는 바다가 내게 커다란 빈 도화지가 되어주었다는 사실에 감사했다. 자전거를 탈 때는 내 성과를 측정하는 기준을 정확히 알고 있었고, 이 기준을 충족하거나 초과해야 한다는 강박이 있었다. '스포츠 소셜 네트워크' 사이트인 '스트라바Strava' 에 몇 시간이고 접속해 자전거 타기를 공부하거나, 내가 어떤 상상의 트로피를 받을 수 있을지 알아보거나, 내가 아는 사람들과 내가 어떻게 다른지를 비교했다. 반면 수영에서는 수영 기록이 얼마나 되어야 빠른 것인지 알지 못했을 뿐 아니라 전혀 신경도 쓰지 않았다. 좋은 일 아닌가!

실력이 좋아지기를 바라지는 않았느냐고? 물론 좋아지길 바랐다. 하지만 즉시 좋아질 수는 없다는 것을 느꼈다. 테리 로플린이 주장했듯이, "훌륭하고 효율적인 수영법은 이상적인 골프 스윙이나 그림같이 완벽한 테니스 서브보다 훨씬 더 어려운 인생의 복잡한 기술 중 하나다."[1]

이보다 더 시급하게는 아내와 딸과 내가 함께 할 수 있는 일, 나중에 위로가 될 수 있는 일을 하며 나만의 흐름대로 이곳저곳에 가고 싶었다. 아직 기회가 있을 때, 우리 뒤를 쫓아오던 날씬하고 빛나는 물고기 떼와 같은 바다의 아름다움을 보았으면 좋겠다고 생각했다. 아빠를 부끄럽게 만들었던 딸은 미아를 롤모델로 삼았을 뿐 아니라, 국적과 나이를 불문하고 같은 열정으로 모인 여성 모임의 여러 사람들과도 어울리게 되었다.

결국 황금수영모 상을 받은 퍼트리샤는 수영을 계속 즐기는 동시에 그녀의 옛 관심사였던 천문학을 재탐구하게 되었다. 그녀는 양자 이론을 이해하려고 노력하고 있었다. 그리고 '피클볼'이라는 운동을 시작했다. 피클볼은 배드민턴 코트에서 하는, 탁구를 확대한 듯한 운동으로 당신이 들어본 적 없을 '빠르게 성장하는' 스포츠 중 하나다. 워낙 새로운 스포츠이다 보니 코치도 없어서 그녀 혼자 유튜브 '피클볼 채널'을 보며 공부하고 있다.

나는 수영을 하며 몇 가지 교훈을 얻었다.

첫째, 자신이 특정 분야의 기본을 알고 있다고 평생 믿어왔는데 나중에 알고 보니 전혀 아닐 수도 있다는 사실을 깨달았다. 초보자에

는 다양한 형태가 있다. 둘째, 배움이란 어디에서나 이루어질 수 있
다. 나는 좋은 강사들을 만나 피드백을 얻으면서 배우기도 했지만, 주
변의 다른 사람들에게서도 많이 배웠다. 나보다 나이 많은 사람, 어린
사람 할 것 없이 그랬다. 셋째, 뭔가를 배우기 시작해 망설이는 걸음
으로 몇 발짝만 앞으로 나아가고 나면 시야가 급격히 넓어진다는 사
실을 다시 한번 떠올렸다. 예전에는 바다에서 수영한다는 것 자체가
막막하게 느껴졌다. 그랬는데 어느 날 갑자기 아내와 딸을 데리고 장
거리 바다 수영을 가야겠다고 생각했다. "뛰려면 걷는 법부터 배워야
한다"라는 말이 있다. 일단 걷기 시작하면 뛰기 너머에 있는 것까지
보이기 시작한다.

마지막으로 내가 깨달은 사실 중에 가장 중요한 것은 초보자가
되기에 너무 늦은 때란 결코 없다는 것이었다. 퍼트리샤는 경험과 지
혜의 상징으로 여겨지는 나이였고, 사람들은 그 나이대가 되면 과거
를 돌아본다. 하지만 그녀는 미래에 초점을 맞추고 있었다. 다음 수영
여행은 어디로 갈지, 다음에는 무엇을 탐구할지, 다음에는 또 어느 분
야에서 열성적인 초보자가 될지를 생각한다.

세네카의 명언이 다시 떠오른다. "어떻게 살아야 하는지 깨닫는
데는 일생이 걸린다."

직접 만든
세 번째 결혼반지

추운 겨울 말리부에서 서핑하다가 두 번째로 산 결혼반지를 잃어버린 뒤로 반지를 새로 마련해야겠다는 생각이 들었다. 반지 안에 있는 의미를 잃어버려 아쉬웠고, 그 무게가 그리웠다. 세 번째로 똑같은 것을 또 사도 되었지만, 그러고 싶지는 않았다. 친구들은 또 잃어버릴 수도 있지 않겠냐는 눈빛으로 인터넷에서 싸구려 반지를 사라고 말했다. 너무 실용주의적인 행동 같았다. 무슨 우산도 아니고.

이 책의 취지에서 동기부여를 받은 나는 다른 아이디어를 떠올렸다. 내가 직접 '만들면' 어떨까. 아니면 좀 더 현실적으로 나를 도와줄 반지 세공 전문가를 찾는 방법도 있을 듯했다. 인터넷에서 검색을 해보았더니, 뉴욕시에서는 이러한 관행이 큰 인기를 끌고 있었다.

이는 '이케아 효과IKEA effect'[8]라는 현상으로, 사람들은 자신이 제작한 물건에 더 큰 가치를 느꼈다. 직접 낑낑대며 조립한 책장에 더 애착을 느낀다는 것이다. 심미적 아름다움과 감정적 상징이 조합된 결혼반지라는 물건보다 이 정신에 더 어울리는 대상이 있을까? 이케아 현상을 다룬 연구에서 말하는 대로 "사랑이 노동에서 온다면" 결혼반지를 만드는 일은 빈자리를 채우기에 좋은 방법인 듯했다.

그런데 알고 보니 인터넷을 찾을 필요도 없이 구식 소셜 네트워크로 해결할 수 있었다. 이웃에 사는 데이비드 앨런David Alan이 유명한 맞춤 귀금속 세공사였다. 그는 귀금속 가게들이 모여 있는 다이아몬드 디스트릭트 인근 중간 지대의 아틀리에에서 작업을 했다. 나는 지난 몇 년 동안 엘리베이터와 아파트 로비에서 데이비드와 그의 아내 헬레나를 마주칠 때마다 대화를 나눠왔다. 서로의 딸들이 크는 모습도 함께 지켜봐온 사이다. 한번은 합성 다이아몬드를 주제로 그를 인터뷰한 적이 있었는데, 산업 전반에 걸쳐 풍부한 지식을 갖추고 있는 그의 모습에 흥미를 느꼈다. 그는 우아하게 뒤로 빗어 넘긴 머리에 항상 캐주얼하면서도 세련된 옷을 입었으며, 말재간이 좋았다.

유명인 고객들을 주로 상대하는 그가 놀랍게도 내 제안을 받아주었고, 어느 오후에 작업장으로 나를 초대했다. 그는 나를 '맨트랩' 안으로 통과시켜주고는(맨트랩은 보안 목적의 이중문을 말한다. 그 건물에는 수십만 달러어치의 귀금속과 보석이 있었다.) 자신의 책상 자리로 안내했다. 뒤로는 머리에 확대경을 쓴 보석 세공사들이 공구로 금속을 다루고 있었다.

매우 숙련된 남녀 장인들이 거리를 아래에 두고 위쪽에서 힘들게 일하고 있는 이 모습은 마치 옛날 뉴욕의 단면을 보는 듯했다. 내가 이 이야기를 했더니 그는 이렇게 말했다. "보석 세공 업계는 죽어가는 산업이에요. 이제 시간을 들여서 제자를 양성하려는 사람도 없고, 시간을 들여서 제대로 배워보겠다는 수습생도 없거든요." 이 이야기를 증명이라도 하듯 그와 함께 일하는 세공사인 맥스는 내가 태어나기 전부터 귀금속을 만들어왔다. 맥스는 파라과이 출신의 친절한 남성으로 곧 나와 함께 시간을 보낼 사람이었다.

데이비드는 내 책의 주제에 흥미를 느꼈다. 아마 데이비드가 자신의 경력을 초보자들의 서식지인 지역 전문대학의 직장인 대상 수업에서 시작했기 때문인 것 같았다.

그는 어릴 때부터 보석을 봐왔다. 보석 업계에서 일했던 어머니가 동료와 함께 식탁에 앉아 제품 샘플을 훑어보고 있으면, 어린 그도 같이 앉아 구경하곤 했다. 하지만 그 일을 직업으로 삼을 생각은 없었다. 건축 쪽에서 일하고 싶었던 그는 고등학교 때 건축회사에서 인턴으로 일하기도 했다. 대학에서는 철학을 공부하고 싶었다. 하지만 아버지가 "우리에게 계속 지원을 받으려면" 경영 관련 수업을 들으라고 해서 경제학을 택했다. 정확히는 자원경제학이었다. 하지만 결국 오리건주 산림경비원 일에 지원해 부모님의 원망을 사기도 했다.

그렇지만 그의 머릿속에는 여전히 보석이 반짝이고 있었다. 대학 졸업 후 첫 여름, 일이 많지 않아 한가하던 시기에 로스트왁스 캐스팅이라는 분야의 수업을 들었다. 이는 현재까지도 사용되는 고대 귀금속 제조법으로, 왁스로 형상을 만들고 그 형상에 틀을 입혀 금속을 주조하는 기법이다. "우연히 발견한 건데 정말 재미있더라고요."

수업을 몇 번 더 듣고, 이 기술을 마스터하기 위해서는 보석 세공대가 밑에 수습생으로 들어가는 수밖에 없다는 것을 깨달았다. 가족의 인맥으로 장이라는 프랑스인에게 면접을 볼 기회를 얻었다. "48번가로 가서 담배 연기가 자욱한 작고 지저분한 가게에 들어갔어요. 얼마나 더러운지 창문 밖이 보이지 않을 정도였죠. 가게 안에는 화가 잔뜩 난 사람이 앉아 있었어요. 콧수염과 머리카락밖에 안 보이더군요." 이 사람이 장이었다. 데이비드는 내게 물었다. "혹시 '베르비센'

이라는 이디시어 단어 아세요? '열 받다'라는 뜻이에요. 장은 베르비센의 전형이었죠." 그는 여름에 수업을 들으며 만든 작품들을 장에게 보여주었다. "그 작업장을 둘러보는데 정말 멋진 작품으로 가득한 걸 보고 그가 날 받아줄 리 없다고 생각했어요. 그는 찬찬히 바라보더니 이렇게 말하더군요. '월요일부터 시작해라. 일주일에 50달러씩 내.'"

구글 같은 회사에서 인턴을 하면 평범한 회사원들보다 돈을 더 많이 받는 지금 시대의 기준으로 바라보면, 다른 사람을 위해 일해주면서도 돈을 낸다는 것이 이상해 보일 수도 있다. 하지만 이러한 관습은 보석 업계 수습생들 사이에서는 드물지 않았다. 데이비드가 내게 말했다. "90년대에 직업도 없는 애한테 일주일에 50달러라면 큰돈이었어요." 그는 밤에는 바텐더로 일하고, 낮에는 장이 시키는 대로 했다. "3년 동안 하루도 쉬지 않았어요." 초기에는 주로 바닥을 쓸거나 장비를 관리했다.

데이비드는 첫 번째 시험을 치렀다. 나중에 데이비드도 자신의 수습생에게 이 시험을 치르게 했다. "장은 시험 과제로 내게 양은 판을 하나 줬어요. 이름은 은이지만 은이 아니에요. 조잡한 물질로 구성된 합금이고 아주 단단해서 작업하기가 어렵죠. 양은으로 작업을 하면 도구와 칼날이 망가지기 십상이에요."

그는 1밀리미터짜리 양은 판에서 3×3센티미터 정사각형을 완벽하게 잘라내라는 지시를 받았다. 다음 과제는 중앙에 지름 1센티미터 원을 잘라낸 뒤 어느 방향으로든 이 원 안에 딱 맞는 1×1센티미터 정사각형을 잘라내는 것이었다. 장은 그에게 100분의 1밀리미터까지 정확하게 잴 수 있는 디지털 측정기와 도구들을 주었다. 장은 이 일을 아직 이해하지도 못하는 수습생에게 이 정도의 정확성이 필요한 일을 시켰다. 데이비드는 어렵게 고생해가며 자신이 보기에 완벽한 수준으로 정사각형과 원을 잘라냈다.

"엄청나게 뿌듯했어요. 장은 그걸 집어 올려서 빛에 비추며 측정해보더니 '이건 쓰레기야!'라고 말하더군요." 데이비드가 자른 것은 거의 알아차릴 수 없을 만큼 벗어난 정도였다. "그가 준 교훈은 첫 시작이 틀리면 거기서부터 모든 것이 잘못된다는 이야기였죠."

장은 엄격한 감독관이었다. 데이비드가 톱날을 부러뜨리면 장은 톱 프레임을 더 짧게 만들게 하고 머리카락만큼 얇고 톱니가 거의 없는 커팅 도구를 사용하게 했다. "왜 이런 걸 시키십니까? 저게 얼마나 비싸길래요?" 데이비드가 항의하면 장은 이렇게 소리쳤다. "내가 배울 때는 톱날을 내가 직접 만들어 썼다. 더 짧은 걸로 해!" 이렇게 불같이 호통을 치긴 했지만 장은 아주 대단한 장인이었고, 예컨대 도금 거미 장식을 만드는 것처럼 아주 정교한 작업을 다른 세공사들보다 훨씬 더 잘 해냈다. 데이비드는 이렇게 말했다. "그의 손길은 정말이지 섬세했어요."

어느 날 데이비드는 장의 금고에서 뭔가를 가지고 나오다가 우연히 어떤 멋진 것을 발견했다. 아주 복잡하고 환상적인 모양의 에나멜 조각들이었다. 형형색색의 마름모꼴로 이루어진 무늬에 귀금속으로 장식되어 있었다.

데이비드가 말했다. "그 정도면 적어도 10만 달러는 되었을 거예요. 그래서 장에게 '저거 파시지 그러셨어요?'라고 물었죠."

장은 이렇게 대답했다. "그건 파는 거 아냐. 팔면 사람들이 다 따라 할걸."

데이비드가 이 분야에서 경력을 쌓은 지 얼마 되지 않았을 때는 실수를 많이 했다. 귀금속 업계에서는 실수를 하면 보통 비용이 많이 든다. "2만 5000달러짜리" 힘든 나날을 보내던 때도 있었다. 한번은 "어디어디 군 출신이라고 하는 무서운" 사람이 찾아와서 전역 기념 반지의 사이즈를 키워달라고 했다. 데이비드는 반지의 아랫 부분을 자르고, 반지 지름을 늘려주는 강철 조각인 맨드릴을 넣었다. 그리고 반지가 늘어난 부분을 땜질하기 위해 금속 조각을 재단했다. "조각을 반지에 조심스럽게 넣었습니다. 완벽히 맞았어요."

하지만 그는 반지에 열처리하는 것을 잊어버렸다. 그는 이 과정을 "분자를 서로 떨어뜨리고 금속의 장력을 제거하기 위해 전체를 일정한 온도로 가열하는 작업"이라고 설명했다. 이 과정을 거치지 않았더니 더 강한 열기로 인해 분자가 서로 빠르게 분리되어 버렸다. 표면 장력이 너무 컸다. 날카롭고 소름 끼치는 소리와 함께 반지는 두 동강 나고 말았다. "그때 제 얼굴은 아마 백지장처럼 하얗게 질렸을 거예요. 장은 '넌 이제 죽었다. 나 말고 그 사람한테'라고 말했죠." 애송이 보석 세공사였던 데이비드는 오랜 시간 심혈을 기울여 반지를 수리했다. 이렇게 교훈을 하나 얻었다.

데이비드가 도제 생활 3년 동안 1년을 꼬박 채우고 나서야 보석에 손대는 것을 허락받았다는데, 내 손으로 직접 반지를 만들어보겠다고 찾아온 내 꼴이 무척 건방지게 느껴졌다. 그의 작품 컬렉션은 경악할 만큼 섬세한 것들로 가득했다. 세밀하게 짜여 있는 새장 같은 구조물이 반짝이는 보석으로 이루어진 별자리와 서로 정교하게 엮인 모습이었다. 하지만 그는 내게 남자 결혼반지 같은 간단한 것이라면 내 손으로 직접 제작 과정에 참여했다는 느낌이 들 만큼은 가르쳐줄 수 있다며 나를 안심시켰다.

반지를 만든다고 하면 내 마음속에서는 영화 〈반지의 제왕The Lord of the Rings〉 같은 분위기에, 배경에는 바그너의 음악이 웅장하게 울려 퍼지고, 시커멓게 그을린 용해로에서 화려하게 빛나는 반지가 나오는 광경이 상상되었다.

하지만 데이비드가 이 일을 시작했을 때부터 꽤 여러 해가 흐를 때까지 작업했던 방식, 즉 금속을 녹여서 주괴 틀에 붓고 망치로 두드려 모양을 만드는 방식은 컴퓨터로 설계하고 제조하는 시스템이 등장하면서 이제 거의 사라졌다. 최소한 간단한 것들은 거의 다 컴퓨터로 대체되었다. 이제는 주로 컴퓨터 지원 설계, 즉 CAD를 이용해 스크린상에서 도안을 설계해 주조공장으로 보내면, 그곳에서 기계를 이용해 컴퓨터로 100분의 1밀리미터 단위로 정확하게 모사된 부품을 만든다. 그렇게 주조된 제품이 나오면 다시 작업장에서 마무리 작업을 거친다. 이 새로운 기술이 개발되면서 데이비드는 옛날 같으면 하급 세공사가 했을 최초 몇 단계를 건너뛰고 바로 세부 작업부터 시작할 수 있게 되었다. 맥스처럼 구식으로 작업하는 세공사들은 가끔 이 시스템에 불만을 표했다. 그는 어느 오후에 내게 이렇게 말했다.

"그게 보석 업계를 죽이고 있어요."

공감이 갔다. 하지만 전통적인 방식으로 하면 시간도 더 많이 걸리고 비용도 더 많이 들 것이다. 데이비드는 결과물도 전혀 다르지 않다고 했다. 물론 내가 망치지 않는 경우에 그렇다는 얘기다. 그리고 손으로 두들겨서 만드는 경우에 내가 망칠 확률이 더 높다고 했다. 나는 직접 반지를 만들고 싶기는 했지만, 그것이 꼭 내가 만든 것처럼 보이기를 원하지는 않았다.

게다가 나는 내 반지를 백금으로 만들고 싶었다. 초보자가 옛날 방식으로 만들기에는 쉽지 않은 소재였다. 데이비드는 이렇게 말했다. "나는 이 일을 시작한 지 몇 년 동안은 백금을 주괴 틀에 넣어보지도 못했어요." 백금은 용해점이 높기 때문에 보호안경을 착용하지 않으면 망막에 화상을 입을 위험이 있었다. 공장에 맡기는 것이 나아 보였다. 안전 문제는 차치하더라도 옛날 방식을 배우고 싶지는 않았다. 나는 2020년 현재 데이비드가 반지를 만드는 방법을 알고 싶었다.

그런데 무슨 반지여야 할까? 디자인을 의논하는 자리에서 우리는 반지의 대략적인 크기와 모양, 소재를 정했다. 디자인 미팅이 아니라 금속학 세미나 같은 분위기도 종종 연출되었다. 하지만 그는 이게 다가 아니라고 했다. "이 과정은 그냥 물리적인 물체 만드는 법을 배우는 것 이상이 될 수 있고, 또 그래야만 해요." 그는 결혼반지가 "거의 들여다보지도 않는 사진을 제외하고는 결혼식에서 온 유일한 물리적인 물건"이라고 말했다. 그러면서 반지란 원래 중요한 것이고, 중요한 것이 되어야만 한다고 했다. "사람들이 평생을 살며 만나는 수천 명의 사람들에게 이런 의미를 겉으로 드러내주는 이 중요한 반지를 만드는 사람이 되고 싶어요. 좀 느끼하게 들릴 수도 있지만 상관없어요!"

그가 보여준 자신의 반지는 안쪽에 다이아몬드와 가족들의 탄생석이 박혀 있었다. 피부 가까이에 간직하는 비밀의 징표 같았다.

나도 평범하고 단순한 반지를 만들기보다는 뭔가를 더 추가하고 싶다고 생각했다. 의미 있으면서도 너무 튀지 않는 것이 좋을 듯했다. 나는 이 모든 배움의 여정을 걸으며 처음으로 도전했던 것을 떠올렸다. 바로 체스였다. 체스 말에서 나무 조각을 떼어다가 말 모양으로 잘라 반지 안쪽에 엠보싱으로 넣는 건 어떨지 생각했다. 혼자 생각에 아내는 퀸으로, 나는 킹으로 하면 어떨까 싶었다. 그럼 딸은 뭘 해야 하지? 나중에 내가 딸에게 이 생각을 이야기하자 어쩌면 당연하게도 딸은 자신이 퀸을 해야 한다고 했다.

데이비드는 벌떡 일어나며 이야기했다. "결혼한 해에 만들어진 체스 세트가 있다고요? 말에서 조각을 조금 잘라서 상감 세공으로 반지 안쪽에 넣으면 되겠네요. 만약 직접 자르기 어렵다면 우리 반지를 연마해주는 친구가 순식간에 해줄 거예요."

이야기를 계속 해나가는데, 갑자기 그가 내 말을 착각하고 있는 것 같다는 생각이 들었다. 그는 체스 말에서 나무를 잘라다가 반지 안쪽 전체를 동그랗게 나무로 하겠다는 이야기로 생각하는 듯했다. "반지 안쪽 면 전체를 동그랗게 나무로 상감하는 식이죠. 영원을 상징하는 좋은 반지가 될 것 같아요."

나는 그에게 각각의 체스 말 모양을 반지 내부에 새겨넣는 걸 생각했다고 말했다. 그는 눈을 가늘게 뜨며 말했다. "그러면 너무 작아서 아무것도 안 보일걸요. 체스 말을 특별한 모양으로 만든다고 해도 무슨 모양인지 안 보일 거예요."

내 아이디어가 기술적으로 불가능할 수도 있는 데다 어쩌면 그의 눈에는 너무 과하고 심지어 조잡해 보일 수도 있다는 생각이 들었다. 나도 그렇게 생각했는지도 모른다. 하지만 단순히 체스 말의 나무를 용도만 바꿔서 반지에 두르는 것은 너무 추상적으로 느껴졌다. 그리고 체스 말 특유의 조각 같은 우아한 모양을 좋아하기도 했다.

이야기가 진행될수록 그는 내 생각에 점점 마음이 끌리는 듯했다. 우리는 '라이노'라는 CAD 프로그램에서 이리저리 시도해보기 시작했다. 요즘 세공사들이 라이노 3D 프로그램에 크게 의지하게 되면서 컴퓨터가 만든 듯한 보석이 자주 보인다고 그가 말했다. 그는 작업대에서 오랜 세월을 보낸 덕분에 3D 작업을 더욱 깊이 있게 이해하게 되었다고 생각했다. 그래서 그가 만든 보석은 구식 수공예품 느낌을 더 많이 간직하고 있다.

내 제안으로 데이비드는 고전적인 스탠턴 체스의 퀸 이미지를 가져다가 윤곽선을 따고 이것을 복사했다. 이 2D 이미지에서 그는 '레일 회전'이라는 것을 했다. 3D 형태로 만들기 위해 그려진 선을 원 반경으로 회전시키는 작업이다. 그는 이 과정을 어린아이가 비눗방울 봉을 들고 동그랗게 돌며 공중에 거대한 방울을 만드는 것에 비교했다.

데이비드는 3D 퀸을 반지 내부 곡면 위에 평평하게 배치했다. 그는 퀸이 반지 안쪽에 딱 들어맞도록 물리학에 기반한 라이노의 여러 가지 도구를 이용해 퀸을 이리저리 비틀고 회전시켰다. 그의 손가락이 키보드를 가로지르며 춤을 추었고, 마우스를 조작하는 그의 손은 다이아몬드 세공사처럼 치밀하게 움직였다. 끊임없이 조정해야 했다. 퀸이 눈에 잘 띄게 하려면 왕관의 뾰족한 끝부분은 그냥 복사만 해서는 안 되었고 특별한 작도 과정이 필요했다. 반지 안에 말이 들어갈 오목한 부분은 눈에 띌 만큼 깊어야 했지만, 반지의 구조적인 완성도를 해칠 만큼 깊어서는 안 되었다.

이 과정에서 쉬운 일은 하나도 없었다. 나는 데이비드가 그동안 한 번도 해본 적 없는 일에 도전하기를 좋아한다고 생각했다. 그의 아내이자 동업자인 헬레나는 그에게 그가 아는 세공사 중에 가장 뛰어난 사람이 누구냐고 물어본 적이 있다고 했다. 그때 그는 "장"이라고 대답했다. 그녀는 그에게 장의 실력을 뛰어넘었다고 생각하느냐고 물었다. 그는 그렇다고 생각했다. 하지만 그는 여전히 더 배우고 싶었다. 새로운 기술, 새로운 도구, 새로운 요청을 하는 새로운 고객들이 자꾸 나오기 때문이었다.

내가 그에게 세공계의 장인이 되었다고 생각한 시점이 언제였느냐고 물었을 때, 그는 이렇게 대답했다. "예전에 한 번도 해보지 않고도 무슨 일이든 해낼 수 있다는 걸 알게 되었을 때였어요." 해결책을 알아내는 데 다소 노력이 필요할 수는 있지만, 시간이 충분하고 올바른 태도를 유지한다면 못할 것이 없었다.

얼마 뒤, 움푹 파인 공간 또는 '네거티브 스페이스'가 반지 세 개의 안쪽 면에 배치되었다. 킹, 퀸, 비숍이었다(딸은 신중하게 고민한 끝에 비숍을 선택했다).

"내가 보기에는 정말 예쁜데요." 나는 그의 생각은 어떨지 모르지만 일단 이렇게 말했다.

"'진짜로' 예쁘네요." 데이비드가 말했다.

"이 오목한 부분에 나뭇조각을 넣을 수 있을까요?" 내가 조르듯 말했다.

"어려울 것 같습니다." 그가 반박했다.

"쉬운 방법은 없을까요?"

"에나멜요. 에나멜은 액체예요. 오목한 부분에 상감한 다음에 구우면 표면에 붙어 있죠. 유리로 변하거든요."

그가 키보드를 몇 번 두드리더니 화면에 표현해냈다. 갑자기 체스 말 반쪽 모양으로 비어 있던 공간이 반투명한 광택으로 빛났다. 마치 표면이 정교한 곡면으로 된 수영장 같았다. "짠!" 그가 소리쳤다. "멋진데요."

"아까보다 열정이 생기신 것 같아 다행이네요."

"아니에요, 이거 진짜 좋은데요!" 그가 주장했다. "CAD가 없을 때는 이런 건 절대로 못했을 거예요."

나는 내 어수룩한 질문에서 이 모든 것이 시작되었다는 사실에 자부심이 느껴졌다. 초보자의 신기한 힘과 전문성이 결합된 작품이었다. 나는 뭐가 가능하고 뭐가 불가능한지 몰랐다. 데이비드는 처음이 아이디어를 접했을 때는 어떻게 해야 할지 몰랐을 수도 있지만, 이제는 할 수 있다는 것을 알았다.

그가 '전송' 버튼을 눌렀고, 그때까지는 아직 정교한 픽셀의 조합이었던 내 반지는 이제 공장으로 향했다.

♟ ✒ ╱

되돌아온 물체는 보석 같지 않았다. 윤기는 없고, 표면은 거칠고, 가장자리는 뭉툭한 데다 한쪽 끝에는 날카롭고 뭉툭한 덩어리가 튀어나와 있었다. 귀금속이라기보다는 차고에 있는 너트와 볼트가 담긴 깡통에서나 나올 것 같은 물건이었다. 하지만 안쪽에서 바라보면 킹, 퀸, 비숍이 작지만 확실하게 눈에 들어왔다.

반지는 '마무리 작업'을 거쳐야 했다. 다듬기, 연마, 샌딩, 폴리싱 작업이 쭉 이어져야 했다. 이제 내가 수습생이 되어 맥스의 옆자리인 데이비드의 세공 작업대에 붙어 있어야 했다. 작업대는 구식 책상 같아 보였다. 작업대 위에는 이름을 알기 어려운 도구들이 잔뜩 놓여 있었다. 원래는 세공 도구가 아니었지만 개조하거나 용도를 변경해서 사용하는 도구들도 있었다. 예를 들어 캔에 들어 있는 연마기는 원래 치과용 드릴이었다. 이것은 장인정신의 일부였다. 단순히 도구를 마스터하는 것이 아니라 기본적으로 쓰이는 도구가 효과가 없을 때 혁신적인 해결책을 생각해낼 수 있는 능력이었다.

첫 번째 단계는 반지를 '원심 자석 피니셔'에 넣는 것이었다. 이 기계는 커피 그라인더같이 생겼지만 기계의 용기 안은 커피콩이 아니라 탁한 액체로 가득 차 있었다. 바닥에는 철심과 쇠구슬이 안 보이게 깔려 있었다. 반지를 넣고 작동시켰더니 기계가 회전하면서 철 조각들이 반지를 부드럽게 두드렸다. 데이비드는 '사람 손이 닿지 않는 곳'까지 두드려준다고 했다. 이 과정을 거치면 주조 과정에서 같이 구워진 '기포', 즉 공기방울이 제거된다.

그다음 과정은 작업대에서 이루어졌다. 데이비드의 작업대에 앉아 있으니 그의 머릿속에 들어간 듯한 느낌이었다. 그는 부드러운 사포를 써야 할 때 실수로 거친 사포를 쓰지 않도록 색깔로 구별해놓았다. 작업대 구석에는 그가 윤활제로 쓰는 왁스가 있었다. "거의 20년 동안 이 왁스를 책상 위에 올려두고 재사용해왔어요." 베이킹의 발효종 배양처럼 왁스도 그 자리에서 계속 진화하고 있었다. "다이아몬드 세공 작업대에서 절대로, 절대로 손대지 않는 도구입니다."

작업대 앞쪽에 또 이와 비슷하게 개인적인 사연이 있는 물건이 있었다. 문에 괴어두는 스토퍼같이 생긴 작은 나뭇조각으로, 책상 앞에 삐죽 튀어나와 있었다. '태장대'라고 불리는 이 도구는 세공사의 삶에서 가장 중요한 도구다. 일할 때 손을 올려두고 지지하는 용도로 쓰인다. 거의 모든 작업이 이 위에서 일어난다. 데이비드는 지난 세월 동안 자신의 손과 작업하는 일의 특성에 맞게 특별한 모양과 각도로 미세하게 태장대를 다듬어왔다. 내게는 이 태장대가 불편해서 데이비드가 일반적인 것을 가져다주었다.

앞으로 며칠 동안 내 손은 그 태장대에 익숙해질 것이었다. 첫 번째 작업은 스프루 제거하기였다. 스프루는 주조 과정에서 생긴 반지 측면의 돌출부를 뜻한다. 나는 떨리는 손가락으로 반지를 잡았다. 손가락을 떼면서 얇은 쇠톱으로 두꺼운 스프루를 잘라야 했다. 반지를 자르지 않도록 조심하면서 반지의 곡면을 따라 톱질을 했다. 마지막으로 남아 있는 금속을 모두 갈아내야 했다. 표면의 평평한 부분 혹은 반지 자체를 갈아버리지 않도록 주의해야 했다. 데이비드는 이렇게 경고했다. "여기서 조심하지 않으면 반지가 완전히 망가집니다." 나는 톱날을 몇 개 부러뜨리긴 했지만 손을 다치지 않고 무사히 스프루를 제거했다. 다행히 데이비드는 그의 스승인 장보다 관대해서 같은 크기의 톱날로 교체해주었다.

데이비드는 반지에서 몇 가지 경미한 결함을 발견했다. 흠집이 하나 있고, 옴폭 들어간 부분이 하나 있었다. 주조 과정에서 오는 피할 수 없는 부산물이었다. 세공용 확대경으로 들여다봐야 보였다. 이는 작업대 옆에 있는 커다란 기계로 레이저 용접을 해 없앨 수 있었다. 실드 룸 안으로 들어가 한 손으로 반지를 잡고 다른 손으로는 반지의 옴폭 들어간 곳에 백금 철사를 갖다 댄다. 그리고 발로 페달을 밟고 레이저를 쏜다! 이제 구멍은 사라졌다.

마침 나는 그 전 여름에 '메탈 숍 판타지 캠프Metal Shop Fantasy Camp'라는 프로그램에서 용접을 경험했다. 브루클린에 있는 회사 '토털 메탈 리소스Total Metal Resource'의 대표 스콧 베어Scott Behr가 운영하는 프로그램이었다. 토털 메탈 리소스는 고급 소매용 맞춤 금속 제품을 제조한다.

베어는 자신의 일에 큰 흥미를 보이는 사람이 많다는 사실을 깨닫고 조금은 충동적으로 이 수업을 시작했다. 수작업을 요구하는 직업이 거의 없는 도시에서 사람들은 자기 손으로 하는 일에 굶주려 있는 듯했다. 그는 '사람들에게 간단한 철제 정육면체를 만드는 방법을 가르치면 어떨까' 하는 생각이 들었다. 그는 내게 이렇게 말했다. "그게 가장 기본적인 형태입니다. 그것만 만들 수 있으면 프레임이나 창문, 의자도 만들 수 있어요." 그는 여자친구에게 이 계획을 이야기했다. 여자친구는 말도 안 된다며 이렇게 말했다. "그런 거 아무도 안 배우고 싶어 해." 그는 그 이후로 철제 정육면체 만드는 방법을 나를 포함한 수천 명에게 가르쳐왔다.

이 메탈 숍 판타지 캠프는 이제 회사 전체에서 중요한 부분을 차지하고 있다. 하지만 그는 여전히 이 일로 이렇게 성공을 거둔 것을 신기하게 생각한다. 그는 농담으로 이렇게 말했다. "나는 사람들한테 우리 가게로 와서 일해달라고 하고 돈도 내라고 하고 있어요." 가끔 기한이 촉박하고 일손이 달릴 때는(용접을 잘하는 사람은 찾기 어려울 때가 많다) 실력이 좋은 학생들에게 와서 도와달라고 하고 돈을 주기도 한다(나도 끌렸지만, 내 실력은 전혀 누굴 가르칠 실력은 되지 않았다). 그는 이 캠프가 재미를 넘어서 마음속 깊이 존재하는 사람들의 욕구를 자극한다고 말했다. "내 생각에 우리는 도구를 만들거나 사용하는 데 타고난 감각이 있는 것 같아요." "인간은 도구를 만드는 동물"이라고 말했던 벤저민 프랭클린Benjamin Franklin의 생각과 같은 맥락이다. 인간은 도구를 사용함으로써 뇌가 커지고[9] 손이 지금과 같은 모양이 되었다는[10] 연구도 있다.

베어가 휴대폰을 들고 말했다. "사람들은 하루 종일 앉아서 이걸 하는 게 아니라 경험을 하고 싶어 해요." 용접은 마치 관객과 함께하는 감각적인 연극의 한 장면 같았다. 매캐한 연기와 번쩍번쩍 눈부신 빛을 보고 있으면 그렇게 느껴졌다(다음 날까지 그 빛이 내 눈에서 번쩍거렸다). 불과 금속, 원초적인 느낌이었다. "우리는 분자 수준에서 원래의 금속을 분해하고 있습니다." 키가 크고 유쾌한 성격의 알렉스라는 강사가 수업 시간에 이렇게 말했다. 그에 따르면, 제대로만 한다면 우리가 지금 용접하는 부분의 결합력이 금속끼리의 결합력보다 더 강하다.

뇌에서도 어떤 연금술이 일어나고 있는지도 모른다. 리치먼드대학교 신경과학연구소를 이끄는 켈리 램버트Kelly Lambert는 우리가 손을 사용해 육체노동을 하면, 그녀가 정의한 '노력 주도 보상'이 활성화되어 기분이 매우 좋아진다고 주장했다. 램버트에 따르면, "우리는 육체적인 노력을 기울여 눈에 보이는 실질적인 결과물을 만들어낼 때 깊은 만족감과 쾌감을 얻도록 프로그램되어 있다."[11] 무거운 철제 정육면체보다 더 실질적인 결과물이 어디 있겠는가. 베어는 이렇게 말했다. "즉각적인 만족감을 얻는 일입니다. 사람들은 결과물을 완성하고 나면 모두 다 웃는 얼굴이에요." 식재료를 사다가 일일이 손질하고 조리하는 모든 과정과 비교했을 때, 스마트폰 화면에서 터치 몇 번만 하면 점심이 배달되는 세상은 매우 편리하게 느껴진다. 하지만

'노력과 결과' 사이의 오래된 연결은 끊어진 듯하다.

♟ ✒ ✏

다시 데이비드의 작업장으로 돌아가자면, 나는 주조 과정에서 반지 표면에 생긴 지문 같은 선들을 정리하기 시작했다. 그는 내게 '줄질'을 몇 번 보여주었다. 한 손으로는 태장대 위에 반지를 강하게 누르고 다른 손으로는 대각선 방향으로 반지의 표면을 문질렀다. 부드럽고 길고 섬세한 움직임이었다. 한 번 문지를 때마다 다른 쪽 손은 반지를 조금씩 움직였다. 곡면을 따라 골고루 문지를 수 있도록 손가락 사이에서 반지와 줄을 한 번씩 뒤집기도 했다. 각 동작 사이사이에는 줄을 태장대에 기계적으로 두드렸다. 마치 메트로놈처럼 박자가 만들어졌다. "줄질을 일정하게 하면 반지 표면도 일정해집니다."

그는 이 동작을 연습하라고 내게 값싼 황동반지를 하나 주며 이렇게 말했다. "지금 100분의 1밀리미터 수준으로 주의 깊게 작업하고 있어요. 한 번만 줄을 잘못 사용하면 섬세한 보석이 망가질 수도 있죠." 반지와 줄을 손에 쥐고 작업을 하며 나는 내 뇌가 손가락에게 어떻게 하라고 가르치고 있었지만, 내 손 역시 뇌에 무엇을 해야 하는지 가르치려고 한다는 것을 깨달았다.

몇 시간 동안 반지를 갈았다. 손가락이 아팠고, 이제 더는 눈에 띄게 나아지지 않는 지점을 지나치고 있었다. 나는 데이비드가 마지막으로 데리고 있었던 수습생에 대해 해준 이야기를 떠올렸다. 그는 업계를 잘 알고 싶어 하는 '착한 아이'였다고 했다. 그는 데이비드와 같은 디자이너가 되고 싶어 했다. 하지만 영화 〈베스트 키드The Karate Kid〉에서 가라테 마스터인 미야기가 대니얼에게 바로 실제 가라테 동작을 가르치지 않았던 것과 마찬가지로, 데이비드도 수습생에게 줄질을 먼저 마스터해야 한다고 말했다. 외과 의사 같은 정확성, 바이올리니스트 같은 매끄러움으로 줄질을 해야 한다고 가르쳤다. 몇 달이 지난 어느 날, 그의 수습생은 화장실에 가겠다고 했다. "그길로 돌아오지 않았어요." 데이비드가 말했다. "다섯 시간 뒤에 문자가 오더라고요. '줄질은 이제 더 이상 못하겠어요'라고."

그는 여전히 새로운 수습생을 찾고 있다. 하지만 숙련된 기술을 요하는 일이 줄어들고 있는 데다 수습생으로 훈련을 받는 젊은이들이 극히 드문 나라에서 수습생을 구하기란 쉽지 않다.[12]

나는 귀금속 제작이나 용접 같은 기술도 서핑과 같은 운동 기술이라는 새로운 사실을 깨달았다. 어쩌면 그보다 더 운동 기술일 수도 있다. 우리는 손으로 작업하는 일을 할 때 다리나 허리 등 크기가 큰 부위를 움직일 때보다 운동피질을 더 많이 사용한다.[13] 데이비드가 작업할 때는 마치 도구가 손의 일부인 것처럼 보였는데, 내가 작업할 때는 내 손이 이 새로운 부속기관을 받아들이느라 애를 먹었다. "그렇게 세게 잡지 말아요." 데이비드와 함께 일하는 세공사 맥스가 내게 경고했다. "그러면 금방 지치고 도구들이 싸우자고 덤빌 거예요." 하지만 내가 동작을 배우려고 애를 쓸 때면 손보다도 뇌가 먼저 지치는 경우가 많았다.

나는 작업대에서 한참 시간을 보냈다. 끝없이 줄질이나 샌딩을 하다가 한 번씩 어떻게 되어가고 있나 확대경으로 확인했다. 줄질을 너무 같은 방향으로만 하고 찍힌 자국을 남기는 등 실수를 저질렀다. 나는 작업을 하면서 맥스와 대화를 나눴다. 음악 취향이 서로 비슷했던 터라 음악 이야기를 나누기도 하고, 보석 업계에서 일해온 그의 인생 이야기를 듣기도 했다. 나는 손가락이 사포에 베여 피가 났고, 허리도 아팠고, 밤까지도 손에서 쇳내가 났다. 데이비드는 이렇게 농담했다. "세공사 다 됐네요."

가끔은 이제 이 반지를 끼고 다녀도 되겠다 싶을 정도로 좋아 보여서 손가락에 껴보기도 했다. 그러면 데이비드가 나타나서 확대경으로 살펴보고는 "여기 선 보이죠? 샌딩을 더 해야 해요"라고 말했다. 그가 말하길, 그 뭉툭하고 거칠었던 반지가 반짝반짝 빛나는 아름다운 반지로 변하는 과정을 내가 다 지켜보았기 때문에 약간의 흠집은 괜찮다고 생각한다는 것이었다. 하지만 완성된 제품을 고객에게 건네는 상황이라면, 고객은 약간의 흠집도 이해하지 못할 것이었다. 그래서 완벽해야 했다. 하지만 데이비드가 말한 대로 아이러니한 것은 이렇게 공들여 완벽하게 만들더라도 지하철 손잡이를 한번 잡는 순간 바로 흠집이 난다는 것이었다.

데이비드의 피드백과 엄청난 반복 작업 끝에 내 동작은 점점 유연해졌다. 줄질을 한번 할 때마다, 사포질을 한번 할 때마다, 모터로 돌아가는 광택기를 한번 윙 돌릴 때마다 반지는 서서히 모양이 잡혔다. 이제 반지의 표면 광택에 내 모습이 비치기 시작했고, 그것을 바라보며 '내가 이걸 했지'라고 감탄할 수 있게 되었다. 나는 내 반지가,

내가 생각해낸 그 아이디어가 이제 데이비드의 컬렉션에 들어갔다는 사실이 자랑스러웠다.

노력과 결과. 이번 반지는 잃어버리지 않을 것이다.

당신도 일단 시작해볼래요?

이 책은 하루아침의 성공 이야기가 아니다. 나는 큰 체스 토너먼트에서 우승하지도 않았고, 파이프라인에서 켈리 슬레이터와 함께 서핑을 한 적도 없고, '아메리칸 아이돌'로 뽑히지도 않았다(지원하지도 않았으니 당연한 결과이긴 하지만). 나는 그동안 내가 하고 싶었던 여러 일에서 겉으로 보기에 적당한 수준의 실력을 달성했다. 하지만 이런 일들을 하면서 나는 잊을 수 없을 만큼 엄청나게 즐거웠다.

행복 자체를 찾으려고 했던 것은 아니다. 행복 자체를 목적으로 삼으면 행복을 찾을 수 없다는 철학가 존 스튜어트 밀John Stuart Mill의 생각에 동의한다. 그는 행복을 찾으려면 "자신의 행복 이외의 다른 대상에 마음을 집중해야 한다"라고 말했다.

그는 이 대상 중 하나로 '예술 혹은 목적'을 꼽았다. 그는 이렇게 말했다. 자신이 행복한지 아닌지 묻지 말고 자신을 행복하게 하는 일을 하라. 행복을 추구하지 말고 뭔가를 추구하며 그 안에서 행복을 찾으라. 나는 여기에 한마디만 추가하고 싶다. 얼마나 '잘하는지'는 걱정하지 말라.

이 책이 끝난 뒤에도 내 배움은 계속되고 있다. 무한히 계속될 것이다. 그리고 솔직히 말하자면, 이 모든 것에서 다 똑같은 열정을 느끼지는 않았다. 나는 소묘 수업을 정말 좋아했지만, 수업 시간이 아닐 때도 그림을 그리고 싶다는 떨칠 수 없는 욕망을 느끼지는 않았다. 공원 벤치에 앉아서 격렬하게 스케치하는 건 내 모습이 아니다. 내게 그런 욕망이 있었더라면 진작 표출했을 것이다. 그렇다고 가치가 없다는 뜻은 아니다. 그림 그리기는 여전히 내게 매우 즐거운(가끔은 힘든) 연습이다. 수업이라는 참여할 수 있는 형태의 구조화된 환경과 시간 안에서만 주로 즐기기는 하지만 말이다.

내가 그림 그리기에서 '열정'을 느끼고 있을까? 잘 모르겠다. 더 오래 그림을 그리다 보면 그렇게 될 수도 있겠다. 열정이란 이 세상 어딘가에 혹은 자기 마음속에 비밀스럽게 숨어 있는 단 하나의 존재이며, 어느 날 갑자기 나타나 마법처럼 인생을 바꿔준다는 생각은 매우 의심스럽다.

심리학자 캐럴 드웩Carol Dweck의 연구팀이 주장했듯이, 열정이란 세상 어딘가에서 '발견하는' 것이라는 고정관념이 있는 사람들은 그 열정이 "무한한 동기를 주며, 그 열정을 추구하는 것은 힘들지 않을 거라고"[1] 예상한다. 마치 열정만 찾으면 알아서 모든 것이 해결될 거라고 생각한다. 하지만 기술을 학습하는 일은 어려우며, 힘든 상황에 부닥치는 순간 이들은 그것이 결국 자신의 열정이 아니었다고 생각할 수도 있다.

반면 열정이란 '키워나가는 것'이라고 믿는 '성장의 사고방식'을 지닌 사람들은 처음에는(어쩌면 계속) 쉽지 않을 수도 있다는 사실을 잘 안다. 이러한 사람들은 도전적인 상황에 부딪히면 오히려 더 동기를 부여받아 포기하지 않고 그 목적을 추구하려 들 것이다.

당신은 내가 어떻게 이 모든 것을 단 몇 개월 안에 정복했는지 읽고 그 '비밀'을 배워서 자신에게 적용하겠다는 마음으로 이 책을 읽었을 것이다. 우리는 일반적으로 결과만 보이고 과정은 가려지는, 어려움 없는 시대에 살고 있다. 휴대폰으로 버튼 몇 개만 누르면 자동차를 부르거나 저녁을 배달시킬 수 있다. 사람의 노력이 들어간 모든 과정은 가려지고 지도에서 파란 점만 움직인다. 명상 같은 전통적인 활동은 어떻냐고? 그것을 알려주는 앱이 있다! 인터넷 검색창에 '노래 잘하는 법'이라고 치면 자동 완성으로 뭐가 나올까? '5분 안에', '30일 안에'가 나온다. 경두개 직류 자극같이 학습 '속도'를 높일 수 있다는 약물이나 기술을 다룬 숨 막히는 연구 결과들도 나온다. 그리고 나 역시 고음에서 음 이탈이 일어나거나 체크메이트를 당할 때면, 〈매트릭스The Matrix〉의 키아누 리브스처럼 자고 일어나서 눈을 딱 뜨고는 '나 쿵푸를 할 줄 알아'라고 외치고 싶다고 생각했다.

하지만 그보다도 나는 노력을 하고 싶었다. 고군분투해보고 싶었다. 발전도, 좌절도 느껴보고 싶었다. 이 과정은 비행기 여행이 아니라 발로 걷는 여행이었다. 작가 대니얼 부어스틴^{Daniel Boorstin}은 여행가가 되려면 '트라바유^{travail}'가 필요하다고 말했다.[2] 트라바유는 '고통스럽거나 고된 노력'을 뜻하는 프랑스어 단어다. 이것이 없으면 그저 관광객이 된다. 다른 사람이 다리품을 대신 팔아준 것이다. 직접 손을 더럽혀가며 배우지 않고 'ㅇㅇ하는 법' 영상만 보는 것이다.

배움에서도 마찬가지다. "쉽다면 배우는 것이 아니다"라는 말이 있다. 어려움은 어려움대로 다 겪고 있는데도 배우지도 못하는 느낌이 들기도 한다. 서퍼 레어드 해밀턴은 새로운 신체적 기술을 배울 때는 "온몸이 아프다"라고 말했다. 실력이 정말 좋아지면 거의 아무 느낌도 없다. 해밀턴은 이 고통을 피하기 위해 "자신이 잘하는 일에 열중하는 것은 자연스러운 일이다"[3]라고 말했다. 하지만 그가 말했듯이, 자신이 잘하는 일로 돌아가는 것은 언제든지 할 수 있다. 새로운 일을 배우는 것은 구조보트에서 깊이를 가늠할 수 없는 바다로 뛰어드는 것과 같다.

내가 10년 전 로드 사이클링을 본격적으로 시작했을 때는 초보적인 실수를 무지하게 많이 저질렀다. 사이클링이 사이클링이지 실수할 게 뭐가 있냐고 생각할지도 모르겠지만, 사람들과 무리 지어 빠르게 자전거를 타는 것이나 자전거를 타고 산에서 내려오는 일은 기술이 필요하다. 창피함의 향연에는 한도 끝도 없었다. 페달에 발을 붙이는 '클립 인'을 제대로 못해서 넘어진 적이 한두 번이 아니었다. 그것도 꼭 사람이 많은 신호등 앞에서 그랬다. 처음으로 큰 경주에 나갔을 때는 자전거 주행 중에 어떤 사람 뒤에 너무 가까이 붙는 바람에

서로 바퀴가 닿아 수렁에 굴러떨어진 적도 있었다. 그것도 2킬로미터밖에 못 가서 그랬다. 또 한번은 비 오고 쌀쌀한 초봄의 어느 날, 자선 라이드에 참가했을 때였는데 나눠 받은 쇼핑백에서 유리병에 들어있는 '엠브로케이션'이라는 것을 발견했다. 처음 들어보는 말이었다. 호텔 방을 같이 썼던 친구가 젖은 신발에 신문지를 구겨 넣으며 "그거 바르면 다리 따뜻해지는 거야"라고 말했다. 나는 "오, 좋네"라고 말하고 다리에 발랐다. 나중에 알고 보니 이는 조심해서 사용해야 하는 연고로 '맨다리'를 따뜻하게 해주는 것이었다.[4] 나는 바보같이 그 위에 두꺼운 겨울용 9부 라이크라 레깅스를 입었다. 그냥 따뜻한 수준이 아니었다. 여섯 시간 동안 피부가 벗겨질 것같이 불타올랐고, 그 열기는 금세 아랫도리까지 번졌다.

이 모든 일을 겪으며 나는 창피했고, 심지어 고통스럽기까지 했다. 만약 어떤 현자 스승이 내게 어떻게 해야 하는지 자세히 알려주고 이런 모든 실수를 아예 저지르지 않도록 도와주었다면 더 좋았을까? 그럴 수도 있다. 하지만 그랬더라면 내가 일궈낸 모든 성과가 그렇게 달콤하게 느껴지지는 않았을 것 같다.

신기한 것은 실수보다는 발전이 더 중요한 것 같은데, 그 모든 실수를 저질렀던 순간이 실질적인 발전을 이루었던 순간보다 머릿속에 훨씬 더 생생하게 떠오른다는 사실이다. 이 순간은 변곡점이다. 내 지식과 능력의 한계점에 선 때였다. 2장에서 설명한 캐런 애돌프의 실험실에 있었던 아기들처럼 나는 실험을 하고 있었고, 실수를 통해 원석 그대로의 통찰력을 얻은 것이었다. 나는 이 실수를 극복함으로써 미래에 문제가 발생했을 때 그 문제를 좀 더 쉽게 해결할 수 있었을 뿐 아니라 나와 같은 실수를 저지르는 다른 초보자들을 보았을 때 더 깊이 공감할 수 있었다. "나도 초보 때 그랬어요."

또한 나는 이 책을 쓸 때 숨어 있는 재능을 발견하는 이야기를 다룰 의도는 없었다. 적어도 그 발견이 내 인생의 방향성을 바꿀 만큼 중요한 일이 된다는 이야기를 하려는 생각은 아니었다. 나는 그저 지금의 내 수준에서 하는 것이 좋고, 앞으로도 내가 할 수 있는 만큼만 해나갈 것이다. 나를 비롯한 어떤 사람도 내가 숨은 노래 고수라거나 미술계의 다듬어지지 않은 원석 같은 존재라고 생각하지 않았다. 나는 그저 몇 가지를 시도해보고 싶었고, 어떤 결과가 나오는지 보고 싶었다. 부모가 아이들에게 여러 가지 경험을 시켜주어야 한다고 끊임없이 생각하듯이, 나는 나 자신에게 여러 가지 일을 해보도록 허락하고 싶었다. 내가 고군분투하고 성장하는 모습을 딸이 보길 바랐다.

단순히 몇 가지 일의 실력을 키우는 것을 넘어서서 나는 배우고자 하는 욕구를 되살리고 싶었다. 그리고 새로운 일을 배우는 것은 전염성이 있다는 사실을 발견했다.

나는 책에 소개한 일들을 배우는 동안에도 갖가지 별 희한한 일에 첫 도전을 했다. 처음으로 마라톤을 뛰었다. 처음으로 스노보드도 탔다. 요트에도 발만 살짝 담가보았는데, 그 방대한 용어와 장비에 기겁을 했다. 열정적인 딸 덕분에 매주 신기한 일에 처음 도전하는 듯하다(실내 스카이다이빙, 암벽 등반). 몇십 년 만에 처음으로 아이스스케이트와 스케이트보드도 타보았다. 딸이 육상 연습을 할 무렵에는 멀리

뛰기를 하며 오후 시간을 보냈다. 멀리뛰기는 나눗셈을 배우던 시절 이후로는 그다지 생각도 해보지 않았던 것이다(빨리 따라잡아야 할 또 다른 일이었다).

수학자 리처드 해밍Richard Hamming은 과학자와 공학자 사이에서 흥미로운 차이를 끌어냈다. 그는 이렇게 썼다. "과학에서는, 내가 지금 무엇을 하는지 알고 있다면 그 일을 해서는 안 된다."[5] 즉 과학은 우리 지식의 경계선 너머에 있는 것을 탐구한다는 의미다. 과학은 실험과 실패에 관한 것이었다. 입증된 가설에는 손댈 필요가 없었다.

하지만 공학에서는 "내가 지금 무엇을 하는지 모른다면 그 일을 해서는 안 된다." 공학자의 과제는 수량화된 수준의 성과를 보장하며, 그 일이 실패하지 않도록 하는 것이다. 아무도 실험의 다리를 건너려고 하지 않는다.

직업적으로 보면 우리는 대부분 공학자다. 우리는 신뢰할 수 있는 역량을 제공해야 한다. 잡지사에서 내게 글을 써달라고 요청한다면, 이들은 내부에서 쓴 기사와 비슷한 스타일에 길이가 적당한 글을 기대한다. 보통은 급진적이고 실험적인 글이나 제멋대로 상상의 나래를 펼친 글을 원하지 않는다.

하지만 내 생각에 우리는 모두 과학자가 되고 싶어 한다. 우리는 이리저리 시도해보고, 일을 망치기도 하고, 경계선을 더욱 넓히며 어떤 일이 일어날지 보고 싶어 한다. 우리는 결과에 대한 걱정 없이 어려운 일에 도전하고 싶어 한다. 매일 아침 욕실 거울로 바라보는 이 사람 안에 또 어떤 다른 차원이 있을지 알아보고 싶어 한다. 장담하건

대 나이가 들면서 외부 세계와 나 자신이 정의하는 내 모습에 정착할수록 이러한 숨겨진 자아는 훨씬 더 중요해진다. 작가 존 케이시^{John Casey}는 이렇게 썼다. "내 오랜 스승인 커트 보니것^{Kurt Vonnegut}이 내게 말하길, '남에게 아부할 때는 그 사람의 주요한 업적을 칭찬하기보다는 그의 사소하고 비밀스러운 허영심을 칭찬하는 편이 훨씬 더 효과적이다'라고 했다."[6] 우리는 가장 잘 알려진 모습으로만 알려지고 싶지는 않아 한다.

내가 이 책을 쓰면서 시작한 여러 가지 활동과 연습(취미라고 불러도 좋다)은 내게 '과학'이었다. 그림을 그리며 내 눈에 보이는 것을 해석하기 위해 애쓰고, E5 음을 내려고 몸을 쥐어짜고, 파도가 내게 약간 커 보이는 날에도 바다에 뛰어들었던 그 모든 순간은 내가 무엇을 하는지 모르는 순간이었다. 그래도 어쨌든 하고 있었다.

내 뇌가 방해될 때가 많았다. 사람들은 자신이 대화할 때 편안하게 내는 음높이를 노래할 때는 내지 못하는 일이 가끔 있다. 노래하는 것 자체의 기술적인 측면보다도 내가 노래를 하고 있다는 그 '생각'이 발목을 잡는다.

이 모든 자아 탐구에서 자아도취적인 분위기가 있다는 것을 인정한다. 하지만 이 모두가 내면에 집중한 일이었는데도 이러한 활동을 하면서 나는 실제로 '외부로' 나갔다. 알고 보니 초보자가 되는 것의 큰 기쁨 중 하나는 다른 초보자들을 만난다는 것이다. 나는 정말 다양한 사람을 만났다. 내 평범한 일상에서는 만나기 어려울 것 같은 사람들이었다. 우리는 다 같이 실력이 부족하다는 사실, 그리고 실패할 수도 있다는 사실을 서로 기꺼이 공개함으로써 하나가 되었다.

나는 이 과정에서 친구라고 부를 만한 사람들을 만났다. 정말 중요한 사실이다. 우정에는 장점이 많지만, 특히 남자들 사이의 우정은 나이가 들수록 위상이 점점 떨어지는 듯하기 때문이다. 가끔 보면 우정도 노래나 그림과 비슷해 보인다. 어릴 때는 소중히 여겼지만 그 이후로 점점 우선순위에서 밀려나 결국에는 다시 되돌리기 어려운 지점까지 멀어지고 만다.

옥시덴털대학의 사회학자 리사 웨이드Lisa Wade는 남성성의 일부 전형적인 이미지, 즉 강한 경쟁심 및 자립심, 자신감 없는 모습을 드러내지 않으려는 성향이 우정의 형성에 방해가 된다고 주장한다. 초보자가 된다는 것은 여기서 말하는 남성성의 이미지와 정확히 반대다. 자신의 지위를 내려놓고, 다른 사람의 이야기를 듣고 그들로부터 배우고, 자신감 없는 모습을 드러내는 것이다.

아마도 내가 수영하는 사람들과 함께 있을 때 그랬듯이, 주로 여성으로 구성된 집단과 어울리는 일이 많았던 것도 우연이 아닐 것이다. 여성들은 새로운 일을 시도하는 데 마음이 더 열려 있고, 과감하게 앞으로 나아가고, 동료 초보자들을 더 많이 돕는다. 〈긍정심리학 저널The Journal of Positive Psychology〉에서 주장하듯이, "배움에는 배울 것이 있다는 사실을 깨닫는 겸손함이 필요하다." 7

내가 안전지대를 벗어나게 된 계기는 부모가 된 것이었다. 부모가 되면 이상한 위치에 놓인다. 선생님인 동시에 학습자가 된다. 거의 매일, 나는 딸에게 농구공 드리블하는 법, 성냥 켜는 법, 축구공 던지는 법(직관적이지 않은 일이다) 등 뭔가를 가르치는 것처럼 보인다. 당신도 마찬가지이겠지만, 이런 일은 대부분 아주 옛날에 배운 것이고 이제 더는 생각하지 않는다. 그러다 어느 날 딸이 집에 수학 문제를 가지고 오면, 나는 이런 일을 아주 쉽게 할 수 있을 거라는 잘못된 추정을 떨치며 갑자기 다시 배우는 사람이 된다.

우리는 이 모든 경험을 아이의 눈으로 바라볼 수 있지만 '자신의' 눈으로 보기도 한다. 우리 동네 스케이트장은 비슷한 실력으로 스케이트장을 돌아다니는 아이들과 부모로 가득하다(아마 부모들은 자녀의 나이였을 때 이후로 스케이트를 탄 적이 별로 없었을 것이다). 우리가 아주 오래전에 했던 일을 여전히 할 수 있다는 사실을 깨달으면 당신은 아마 깜짝 놀랄 것이다. 기술은 몸에 저장된 기억과 같다.

부모와 자녀가 함께 새로운 것을 배우면 더 좋다. 인공암벽에서 줄을 잡고 내려오기, 쿠키 만들기, 새로운 게임 하기 등 어떤 것이라도 좋다. 그렇게 함으로써 당신과 아이의 성장이 제로섬 게임의 경쟁 상대가 될 필요가 없다는 사실, 아이들의 학습이란 꼭 부모가 멀리 떨어져서 관리해야만 하는 것이 아니라는 사실, 그리고 아이들만의 것이라고 굳게 생각했던 '배움'이 어린 시절에 끝날 필요가 없다는 사실을 깨닫게 될 것이다.

내 실험은 계속되고 있다. 내가 띄운 작은 배들은 계속 앞으로 나아가고 있다. 이 책에서 소개한 일 중에 내가 예전에 배웠던 것은 하나도 없다. 모두 지금 배우고 있는 것이다.

자, 이제 끝났으니 당신이 시작할 시간이다.

프롤로그. 일단 무작정 시작해보기로 했다

1. Larry Evans, "Dick Cavett's View of Bobby Fischer," *Chess Daily News*, Aug. 24, 2008, web.chessdailynews.com.

2. Frank Brady, "The Marshall Chess Club Turns 100," *Chess Life*, Sept. 2015, 2–7.

3. Wolfgang Schneider et al., "Chess Expertise and Memory for Chess Positions in Children and Adults," *Journal of Experimental Child Psychology* 56, no. 3 (1993): 328–49.

4. "What is particularly striking," observes an article in *Applied Cognitive Psychology*, "is that children—not normally known for their rationality—can compete with adults on an even basis in chess tournaments." Dianne D. Horgan and David Morgan, "Chess Expertise in Children," *Applied Cognitive Psychology* 4, no. 2 (1990): 109–28.

5. This point was made by the DeepMind researcher Matthew Lai in Matthew Sadler and Natasha Regan, *Game Changer* (Alkmaar, Neth.: New in Chess, 2019), 92.

6. James Somers, "How Artificial-Intelligence Program AlphaZero Mastered Its Games," *New Yorker*, Dec. 3, 2018.

7. Anders Ericsson and Robert Pool, *Peak: Secrets from the New Science of Expertise* (Boston: Houghton Mifflin Harcourt, 2016).

8. Fernand Gobet and Guillermo Campitelli, "Educational Benefits of Chess Instruction: A Critical Review," in *Chess and Education: Selected Essays from the Koltanowski Conference*, ed. T. Redman (Richardson: Chess Program at the University of Texas at Dallas, 2006), 124–43.

9. Merim Bilalić and Peter McLeod, "How Intellectual Is Chess—a Reply to Howard," *Journal of Biosocial Science* 38, no. 3 (2006): 419–21.

10. 아마도 체스는 가까이에서 지켜보고 있는 어른들에게 자극을 받은 아이들이 다른 활동에서도 얻을 수 있는 이익인, 일종의 플라세보에 불과했을 수도 있다. Giovanni Sala and Fernand Gobet, "Do the Benefits of Chess Instruction Transfer to Academic

and Cognitive Skills? A Meta-analysis," *Educational Research Review* 18 (May 2016): 46-57.

11. Dianne Horgan, "Chess as a Way to Teach Thinking," Article No. 11 (1987), United States Chess Federation Scholastic Department.

12. Lisa Zyga, "Why Men Rank Higher Than Women at Chess (It's Not Biological)," Phys Org.com, Jan. 12, 2009, phys.org.

13. Hank Rothgerber and Katie Wolsiefer, "A Naturalistic Study of Stereotype Threat in Young Female Chess Players," *Group Processes and Intergroup Relations* 17, no. 1 (2014): 79-90.

1장. 딸과의 체스 대전에서 배운, 초보자 되기의 기술

1. L. A. Paul, "What You Can't Expect When You Are Expecting," *Res Philosophica* 92, no. 2 (2015): 149-70.

2. Joanna Gaines and David C. Schwebel, "Recognition of Home Injury Risks by Novice Parents," *Accident Analysis and Prevention* 41, no. 5 (2009): 1070-74.

3. 연구에 따르면, 코치에게 '부모의 언어(아기의 말이 아니라 실제 단어이며 평소보다 더 노력해서 말해야 한다)'를 배운 부모의 아기는 그렇지 않은 부모의 아기보다 언어 능력이 우수했다. Naja Ferjan Ramírez et al., "Parent Coaching at 6 and 10 Months Improves Language Outcomes at 14 Months: A Randomized Controlled Trial," *Developmental Science* (2018): e12762, doi:10.1111/desc/12762.

4. For a good summary, see Janet Metcalfe, "Learning from Errors," *Annual Review of Psychology* 68 (2017): 465-89.

5. Alison Gopnik, Andrew Meltzoff, and Patricia Kuhl, *The Scientist in the Crib* (New York: Harper Perennial, 1996), 196.

6. Robert Twigger, *Micromastery: Learn Small, Learn Fast, and Unlock Your Potential to Achieve Anything* (New York: TarcherPerigree, 2017).

7. Jesse Itzler.

8. Eddie Brummelman, "My Child Redeems My Broken Dreams: On Parents Transferring Their Unfulfilled Ambitions onto Their Child," *PLOS One*, June 19, 2013, doi.org/10.1371/journal.poe.0065360.

9. Julia A. Leonard et al., "Infants Make More Attempts to Achieve a Goal When They See Adults Persist," *Science*, Sept. 22, 2017, 1290-94.

10. "These Archery Mistakes Are Ruining Your Accuracy," Archery Answers,

archeryanswers.com, and "9 Common Archery Mistakes and How to Fix Them," The Archery Guide, Nov. 30, 2018, thearcheryguide.com.

11. "5 Annoying Things Beginner Mechanics Do," Agradetools.com, agradetools. com.

12. This example is taken from Larry MacDonald, "Learn from Others' Boating Mistakes," *Ensign*, theensign.org.

13. R. L. Hughson et al., "Heat Injuries in Canadian Mass Participation Runs," *Canadian Medical Association Journal* 122, no. 1 (1980): 1141 – 42.

14. Christopher Bladin et al., "Australian Snowboard Injury Data Base Study: A Four-Year Prospective Study," *American Journal of Sports Medicine* 21, no. 5 (1993): 701 – 4.

15. John C. Mayberry et al., "Equestrian Injury Prevention Efforts Need More Attention to Novice Riders," *Journal of Trauma: Injury, Infection, and Critical Care* 62, no. 3 (2007): 735 – 39.

16. Anton Westman and Ulf Björnstig, "Injuries in Swedish Skydiving," *British Journal of Sports Medicine* 41, no. 6 (2007): 356 – 64.

17. Krishna G. Seshadri, "The Neuroendocrinology of Love," *Indian Journal of Endocrinology and Metabolism* 20, no. 4 (2016): 558 – 63.

18. Meredith L. Bombar and Lawrence W. Littig Jr., "Babytalk as a Communication of Intimate Attachment: An Initial Study in Adult Romances and Friendships," *Personal Relationships* 3, issue 2 (June 1996): https://onlinelibrary.wiley.com/doi/abs/10.1111/j.1475-6811.1996.tb00108.x.

19. '예측 오류'가 운동 학습의 핵심 요소다. 간단히 말해, 오류를 저지르면 뇌에서 도파민 분비를 잠시 억제한다. 뇌는 잘못한 일에 스스로 보상하지 않는다. 특히 오류는 뇌의 주의를 집중시키며 학습의 중축이 된다. R. D. Seidler et al., "Neurocognitive Mechanisms of Error-Based Motor Learning," in *Progress in Motor Control: Neural, Computational, and Dynamic Approaches*, ed. Michael J. Richardson, Michael A. Riley, and Kevin Shockley (New York: Springer, 2013).

20. Shunryu Suzuki, *Zen Mind, Beginner's Mind: Informal Talks on Zen Meditation and Practice* (Boston: Shambhala, 2011), 1.

21. These thoughts are drawn from an interesting talk, "Cultivate Beginner's Mind," by Myogen Steve Stucky, the former abbot of the San Francisco Zen Center. Talk accessed at sfzc.org.

22. Norman Rush, *Mating* (New York: Vintage Books, 1992), 337.

23. Ben Zimmer, "A Steep 'Learning Curve' for 'Downton Abbey,'" *Vocabulary.com Blog*, Feb. 8, 2013, www.vocabulary.com.

24. J. Kruger and D. Dunning, "Unskilled and Unaware of It," *Journal of Personality and Social Psychology* 77, no. 6 (1999): 1121 – 34.

25. 더닝과 카먼 샌체즈Carmen Sanchez는 사람들에게 좀비병 발병 희생자를 진단하도록 하는 실험을 했다. 그들은 이렇게 썼다. "우리는 모든 참가자가 이런 이야기는 처음 들을 것이라고 확신했다. 즉, 모든 참가자가 완전한 초보자인 상황에서 실험을 시작한 것이다." 이 실험에서 참가자들은 "두 종류의 좀비병" 중 하나를 앓고 있는 가상의 환자를 보고 어느 병을 앓고 있는지 진단을 내렸다. 각 진단 후에는 올바른 선택을 했는지 피드백을 받았다. 연구 기간에 참가자들은 더 많은 환자를 진단하면서 실력이 점점 발전했다. 하지만 성공률보다 더 빠르게 성장한 것은 그들의 성공률 '추정치'였다. 첫 번째에 성공을 많이 거둬 큰 용기를 얻은 이들은 초중급자의 '과잉 자신감의 거품'의 상황에 빠졌다. David Dunning and Carmen Sanchez, "Research: Learning a Little About Something Makes Us Overconfident," *Harvard Business Review*, March 29, 2018.

26. B. D. Burns, "The Effects of Speed on Skilled Chess Performance," *Psychological Science* 15 (July 2004): 442 – 47.

27. 한 연구에서 그랜드마스터들에게 체스 상황을 나타낸 기보를 보여주며 가장 빨리 이기는 방법을 찾아달라고 요청했다. 익숙하고 시간이 더 오래 걸리는 길과 특이하고 빨리 끝나는 길 두 가지가 있었다. 그랜드마스터들은 연구진에게 체스판 전체를 살펴보았다고 말했지만, 시선을 추적하는 소프트웨어에 의해 진실이 밝혀졌다. 이들은 익숙한 움직임에서 눈을 떼지 못했다. M. Bialić et al., "Why Good Thoughts Block Better Ones: The Mechanism of the Pernicious Einstellung (Set) Effect," *Cognition* 108, no. 3 (2008): 652 – 61.

28. Katherine Woollett and Eleanor A. Maguire, "The Effect of Navigational Expertise on Wayfinding in New Environments," *Journal of Environmental Psychology* 30, no. 4 (2010): 565 – 73.

29. 이와 비슷하게 기억 상기를 주제로 한 연구에서 노인들은 '과잉 학습'한 기억과 관련 있는 정보일 경우 새로운 기억과 통합하는 능력이 떨어지는 것으로 드러났다. 이 실험에서는 참가자들에게 동화 〈빨간 모자〉의 새로운 버전을 기억하도록 했는데, 실험 결과 노인 참가자들은 젊은 참가자들보다 원래 동화 내용의 요소대로 '꾸며낼' 확률이 높았다. Gianfranco Dallas Barba et al., "Confabulation in Healthy Aging Is Related to Interference of Overlearned, Semantically Similar Information on Episodic

Memory Recall," *Journal of Clinical and Experimental Neuropsychology* 32, no. 6 (2010): 655–60.

30. 인지실험 결과 노인들이 젊은 성인보다 좋은 성과를 낸 영역은 일반적인 정보 질문의 '의미적 기억'을 떠올리는 영역이었다(예컨대 '공중정원이 있었던 고대 도시는 어디 인가?'). 특히 질문과 답이 새로운 실험적 정보, 즉 연구진이 '관계없는 헛소리'라고 부른 정보였을 때보다 사실에 기반한 정보였을 때 이런 현상이 더 두드러졌다. 연구진은 이렇게 주장했다. "노인의 주의력 자원을 모으는 능력은 젊은 성인보다 뛰어날 때도 있었다. 이들은 사실을 배우기 위해 주의력과 노력을 기울일 것이다." Janet Metcalfe et al., "On Teaching Old Dogs New Tricks," *Psychological Science* 26, no. 12 (2015): 1833–42.

31. J. N. Blanco and V. M. Sloutsky, "Adaptive Flexibility in Category Learning? Young Children Exhibit Smaller Costs of Selective Attention Than Adults," *Developmental Psychology* 55, no. 10 (2019).

32. Christopher G. Lucas et al., "When Children Are Better (or at Least More Open-Minded) Learners Than Adults: Developmental Differences in Learning the Forms of Causal Relationships," *Cognition* 131, no. 2 (2014): 284–99.

33. Michael Wilson, "After a Funeral and Cremation, a Shock: The Woman in the Coffin Wasn't Mom," *New York Times*, March 21, 2016.

34. "Play Like a Beginner!," Chess.com, April 3, 2016, www.chess.com.

35. Adam Thompson, "Magnus Carlsen, an Unlikely Chess Master," *Financial Times*, Nov. 28, 2014.

36. K. Janacsek et al., "The Best Time to Acquire New Skills: Age-Related Differences in Implicit Sequence Learning Across Human Life Span," *Developmental Science* 15, no. 4 (2012): 496–505.

37. Virginia B. Penhune, "Sensitive Periods in Human Development: Evidence from Musical Training," *Cortex* 47, no. 9 (2011): 1126–37.

38. Amy S. Finn et al., "Learning Language with the Wrong Neural Scaffolding: The Cost of Neural Commitment to Sounds," *Frontiers in Systems Neuroscience*, Nov. 12, 2013.

39. J. S. Johnson and E. L. Newport, "Critical Period Effects in Second Language Learning: The Influence of Maturational State on the Acquisition of English as a Second Language," *Cognitive Psychology* 21, no. 1 (1989): 60–99.

40. Stephen C. Van Hedger et al., "Auditory Working Memory Predicts Individual

Differences in Absolute Pitch Learning," *Cognition* 140 (July 2015): 95 – 110.

41. P. R. Huttenlocher, "Synaptic Density in Human Frontal Cortex—Developmental Changes and Effects of Aging," *Brain Research* 162, no. 2 (1979): 195 – 205.

42. Lindsay Oberman and Alvaro Pascual-Leone, "Change in Plasticity Across the Lifespan: Cause of Disease and Target for Intervention," in *Changing Brains: Applying Brain Plasticity to Advance and Recover Human Ability*, ed. Michael M. Merzenich, Mor Nahum, and Thomas M. Van Vleet (Boston: Elsevier, 2013), 92.

43. David A. Drachman, "Do We Have Brain to Spare?," *Neurology* 64, no. 12 (2005): 2004 – 5.

44. Marc Roig et al., "Aging Increases the Susceptibility to Motor Memory Interference and Reduces Off-Line Gains in Motor Skill Learning," *Neurobiology of Aging* 35, no. 8 (2014): 1892 – 900.

45. Timothy Salthouse, "What and When of Cognitive Aging," *Current Directions in Psychological Science* 13, no. 4 (2004): 140 – 44.

46. Tiffany Jastrzembski, Neil Charness, and Catherine Vasyukova, "Expertise and Age Effects on Knowledge Activation in Chess," *Psychology and Aging* 21, no. 2 (2006): 401 – 5.

47. L. Bezzola et al., "The Effect of Leisure Activity Golf Practice on Motor Imagery: An fMRI Study in Middle Adulthood," *Frontiers in Human Neuroscience* 6, no. 67 (2012).

48. Joshua K. Hartshorne and Laura T. Germine, "When Does Cognitive Functioning Peak? The Asynchronous Rise and Fall of Different Cognitive Abilities Across the Life Span," *Psychological Science* 26, no. 4 (2015).

49. 흥미롭게도 전문가도 아이들과 비슷하게 빠르고 직관적인 판단을 내리지만, 이들은 방대한 지식을 활용한다. 예를 들어, 망누스 칼센은 체스를 둘 때 다음 움직임을 머릿속에서 재빠르게 판단하고 그 판단이 옳은지를 검증하는 데 시간을 더 오래 쓴다고 말했다.

50. Michael Ramscar et al., "Learning Is Not Decline," *Mental Lexicon* 8, no. 3 (2013): 450 – 81.

51. Sala and Gobet, "Do the Benefits of Chess Instruction Transfer to Academic and Cognitive Skills?"

52. Chen Zhang, Christopher G. Myers, and David Mayer, "To Cope with Stress, Try Learning Something New," *Harvard Business Review*, Sept. 4, 2018.

53. Carl Gombrich, "Polymathy, New Generalism, and the Future of Work: A Little

Theory and Some Practice from UCL's Arts and Sciences BASc Degree," in *Experiences in Liberal Arts and Science Education from America, Europe, and Asia: A Dialog Across Continents*, ed. William C. Kirby and Marijk van der Wende (London: Palgrave Macmillan, 2016), 75 – 89. 나는 로버트 트위거Robert Twigger가《작은 몰입 Micromastery》에서 수행한 연구에 경각심이 들었다.

54. Robert Root-Bernstein et al. David Epstein, *Range: Why Generalists Triumph in a Specialized World* (New York: Riverhead, 2019), 33.

55. Jimmy Soni, "10,000 Hours with Claude Shannon: How a Genius Thinks, Works, and Lives," *Medium*, July 20, 2017, medium.com.

56. 이 표현은 디네 M. 데이비스Dineh M. Davis의《영원한 초보자The Perpetual Novice》라는 책에서 온 것으로, 저자는 미국 가정의 퍼스널 컴퓨터 도입과 관련해 이 구절을 사용하며 영원한 초보자를 "우리가 초보자와 연관 짓는 특징을 수년간 잃지 않은 채 한 기술에 철저히 정착해온 사람들"이라고 말한다. Dineh M. Davis, "The Perpetual Novice: An Undervalued Resource in the Age of Experts," *Mind, Culture, and Activity* 4, no. 1 (1997): 42 – 52.

57. This comes from an interview between Kumar and Knowledge@Wharton, "Want a Job in the Future? Be a Student for Life," Knowledge@Wharton, July 2, 2019, knowledge.wharton.upenn.edu.

58. Winifred Gallagher, *New: Understanding Our Need for Novelty and Change* (New York: Penguin, 2013).

59. Denise Park et al., "The Impact of Sustained Engagement on Cognitive Function in Older Adults: The Synapse Project," *Psychological Science* 25, no. 1 (2014): 103 – 12. Jan Oltmanns et al., "Don't Lose Your Brain at Work—the Role of Recurrent Novelty at Work in Cognitive and Brain Aging," *Frontiers in Psychology* 8, no. 117 (2017), doi:10.3389/fpsyg.2017.00117.

60. J. Schomaker, "Unexplored Territory: Beneficial Effects of Novelty on Memory," *Neurobiology of Learning and Memory* 161 (May 2019): 46 – 50.

61. 유의해야 할 점은 이 연구의 통제 집단이 매우 작다는 사실이다. Shirley Leanos et al., "The Impact of Learning Multiple Real-World Skills on Cognitive Abilities and Functional Independence in Healthy Older Adults," *Journals of Gerontology: Series B* (2019), doi:10.1093/geronb/gbz084.

62. Robyn Jorgensen, "Early-Years Swimming: Adding Capital to Young Australians," Aug. 2013, docs.wixstatic.com.

63. A. Aron et al., "Couples' Shared Participation in Novel and Arousing Activities and Experienced Relationship Quality," *Journal of Personal and Social Psychology* 78 no. 2 (Feb. 2000): 273–84.

64. Benjamin Chapman et al., "Personality and Longevity: Knowns, Unknowns, and Implications for Public Health and Personalized Medicine," *Journal of Aging Research* (2011), doi:10.4061/2011/759170.

65. Alison Gopnik, "A Manifesto Against 'Parenting,'" *Wall Street Journal*, July 8, 2016.

66. Redford's fascinating study, *Dilettanti: The Antic and the Antique in Eighteenth-Century England* (Los Angeles: Getty Center, 2008).

67. I took the phrase, which comes from Martin Meissner, from Steven M. Gelber's valuable study, *Hobbies: Leisure and the Culture of Work in America* (New York: Columbia University Press, 1999).

68. Mihaly Csikszentmihalyi, *Flow* (New York: Harper Perennial, 2008), 236.

69. 안데르스 에릭슨은《1만 시간의 재발견Peak》에서 프로 합창단원 집단과 아마추어 합창단원 집단을 대상으로 한 연구를 언급한다. 이들 각각을 리허설 전후로 나눠 인터뷰 했더니, 아마추어들은 큰 행복감을 느꼈다고 응답했지만 프로들은 그렇지 않았다. 프로들은 집중적으로 기술을 갈고닦으며 그 일을 해내는 데만 집중했다. 그들에게는 '일'이었기 때문이다. 그들은 최상의 수준을 선보이고 이로써 돈을 받는 사람들이었다. 하지만 누구나 그럴 필요는 없다. 당신이 당장 내일부터 노래를 부른다고 상상해보라. 그 경험에서 큰 기쁨을 누리고 싶은가, 아니면 기술적 완벽을 향해 진지하고 힘겹게 노력하고 싶은가? 실제로 카네기홀 공연을 노리고 있는 게 아니라면 당연히 기쁨을 택할 것이다. Ericsson, *Peak*, 151. 음악 전문가와 아마추어의 차이를 다룬 흥미로운 글을 읽고자 한다면 다음을 참고하라. Susana Juniu et al., "Leisure or Work? Amateur and Professional Musicians' Perception of Rehearsal and Performance," *Journal of Leisure Research* 28, no. 1 (1996): 44–56. 아마추어를 자세히 다룬 글을 읽고 싶다면 다음을 참고하라. Robert A. Stebbins, "The Amateur: Two Sociological Definitions," *Pacific Sociological Review* 20, no. 4 (1977): 582–606.

70. George Leonard, *Mastery* (New York: Plume, 1992), 19–20.

71. Thomas Curran and Andrew P. Hill, "Perfectionism Is Increasing over Time: A Meta-analysis of Birth Cohort Differences from 1989 to 2016," *Psychological Bulletin* 145, no. 4 (2019): 410–29, dx.doi.org/10.1037/bul0000138.

72. D. E. Hamachek, "Psychodynamics of Normal and Neurotic Perfectionism," *Psychology* 15, no. 1 (1978): 27–33.

73. 법학자이자 작가인 팀 우가 주장해온 것처럼, 우리가 "남들 앞에서 보여주는 것과 뛰어난 성과를 극도로 중시하는 시대"를 살며 결과의 중요성을 과도하게 내면화한 탓에 우리의 여가 활동은 "너무 진지하고, 너무 좋은 실력을 요구하고, 너무 특별해진 나머지 자신이 이런 일을 한다고 말할 수 있는지를 지나치게 걱정하는 수준에 이르렀다." 그냥 시도해보는 건 안 되는 세상이다. 온 시간과 정성을 쏟아 '전문가'가 되어야 한다. Tim Wu, "In Praise of Mediocrity," *New York Times*, Sept. 19, 2018.

74. George Orwell, "England Your England," in *The Orwell Reader: Fiction, Essays, and Reportage* (New York: Houghton Mifflin Harcourt, 1956), 256.

75. Shellie Karabell, "Steve Jobs: The Incredible Lightness of Beginning Again," *Forbes*, Dec. 10, 2014, www.forbes.com.

76. Winston S. Churchill, *Painting as a Pastime* (London: Unicorn Press, 2013), 15.

77. 이러한 관점에서는 '열정이란 어디에서 오는가?'라는 의문이 제기된다. 한 흥미로운 연구에 따르면, 열정이 우리 안에 이미 존재하는 것이라고 생각하는 사람들은 일이 어려워지면 포기할 확률이 더 높다. 반면 열정은 발전시키는 것이라고 생각하는 사람들은 포기하지 않을 가능성이 더 크다. Paul O'Keefe et al., "Implicit Theories of Interest: Finding Your Passion or Developing It?," *Association of Psychological Science* 29, no. 10 (2018): 1653–64.

78. Lauren Sosniak, "From Tyro to Virtuoso: A Long-Term Commitment to Learning," in *Music and Child Development: Proceedings of the 1987 Denver Conference*, ed. Frank L. Wilson and Franz L. Roehmann (St. Louis: MMB Music, 1990).

79. Michael S. Rosenwald, "Are Parents Ruining Youth Sports?," *Washington Post*, Oct. 4, 2015; Peter Witt and Tek Dangi, "Why Children/Youth Drop Out of Sports," *Journal of Park and Recreation Administration* 36, no. 3 (2018): 191–99.

80. R. W. Howard, "Searching the Real World for Signs of Rising Population Intelligence," *Personality and Individual Differences* 30, no. 6 (2001): 1039–58.

81. KSNV, "Fake Doctor, Rick Van Thiel, Says He Learned Surgical Procedures on YouTube," News 3 Las Vegas, Oct. 7, 2015, news3lv.com.

82. Maxwell Strachan, "Rubik's Cube Champion on Whether Puzzles and Intelligence Are Linked," *HuffPost*, July 23, 2015, www.huffingtonpost.com.

83. Jonathan Gershuny and Oriel Sullivan, *Where Does It All Go? What We Really Do All Day: Insights from the Center for Time Use Research* (London: Pelican, 2019).

84. The work of Daphné Bavelier and colleagues is most instructive here. See, for example, Daphné Bavelier et al., "Altering Perception: The Case of Action Video

Gaming," *Current Opinion in Psychology* 29 (March 2019): 168–73.

85. Shelly Lundberg, "Sons, Daughters, and Parental Behavior," *Oxford Review of Economic Policy* 21, no. 3 (2005): 340–56; and Kristin Mammen, "Fathers' Time Investments in Children: Do Sons Get More?," *Journal of Population Economics* 24, no. 3 (2011): 839–71.

86. John Marchese, "Tony Bennett at 90: 'I Just Love What I'm Doing,'" *New York Times*, Dec. 14, 2016.

87. Tobias Rees, "Being Neurologically Human Today," *American Ethnologist* 37, no. 1 (2010).

88. "The Summit on Creativity and Aging in America," National Endowment for the Arts, Jan. 2016.

2장. 다시 태어난 것처럼, 배우는 방법 배우기

1. 최근 연구에 따르면, 미국 성인들은 하루 평균 4774보를 걷는다고 한다. Tim Althoff et al., "Large-Scale Physical Activity Data Reveal Worldwide Activity Inequality," *Nature*, July 20, 2017, 336–39.

2. Whitney G. Cole, Scott R. Robinson, and Karen E. Adolph, "Bouts of Steps: The Organization of Infant Exploration," *Developmental Psychobiology* 58, no. 3 (2016): 341–54.

3. Lana B. Karasik et al., "Carry On: Spontaneous Object Carrying in 13-Month-Old Crawling and Walking Infants," *Developmental Psychology* 48, no. 2 (2012): 389–97.

4. 발달심리학자인 머틀 맥그로Myrtle McGraw 박사는 "자라나는 신생아의 근신경계 기능보다 더 다양한 패턴을 보이는 것은 없다"라고 말했다. Myrtle McGraw, *The Neuromuscular Maturation of the Human Infant* (New York: Columbia University Press, 1945).

5. J. Hoch, J. Rachwani, and K. Adolph, "Where Infants Go: Real-Time Dynamics of Locomotor Exploration in Crawling and Walking Infants," *Child Development* (in press).

6. 애돌프는 이렇게 썼다. "아기들은 아직 개척하지 못한 공간을 매우 유혹적으로 보기 때문에 이동 능력을 개발하기 시작한다." 그녀는 이를 '이동 가설peragration hypothesis'이라고 불렀다. 이는 아기들이 특별한 목적지를 향해 움직이기보다는 움직이는 것 자체를 목표로 한다는 것의 또 다른 표현이다. Justine E. Hoch, Sinclaire M. O'Grady, and Karen E. Adolph, "It's the Journey, Not the Destination: Locomotor Exploration in Infants," *Developmental Science*, Aug. 7, 2018, doi:10.1111/desc.12740.

7.   Karen E. Adolph and Scott R. Robinson, "The Road to Walking: What Learning to Walk Tells Us About Development," *The Oxford Handbook of Developmental Psychology*, ed. P. Zelazo (New York: Oxford University Press, 2013), 15.

8.   Karen E. Adolph et al., "How Do You Learn to Walk? Thousands and Steps and Dozens of Falls per Day," *Psychological Science* 23, no. 11 (2012): 1387-94.

9.   이것은 보기보다 어렵다. 애돌프가 지적했듯이 "똑바로 균형을 잡는 것은 몸통 조절, 안정적인 자세 확보, 흔들림 완화, 그리고 가장 중요한 행동 유연성 등 몇 가지 분명하지 않은 요소와 관련이 있다." Jaya Rachwani, Kasey C. Soska, and Karen E. Adolph, "Behavioral Flexibility in Learning to Sit," *Developmental Psychobiology* 59, no. 8 (2017).

10. 아기는 자신에게 "학습 활동을 제공한다고" 생각하는 사람들과 상호작용하기를 선호한다는 연구 결과가 있다. Katarina Begus, Teodora Gliga, and Victoria Southgate, "Infants Choose Optimal Teachers," *Proceedings of the National Academy of Sciences* 113, no. 44 (2016): 12397-402, doi:10.1073/pnas.1603261113.

11. 어떤 강사의 말처럼 넘어지기를 두려워하면 "넘어질 가능성이 더 커진다." Christopher F. Schuetze, "Afraid of Falling? For Older Adults, the Dutch Have a Cure," *New York Times*, Jan. 2, 2018.

12. Adolph et al., "How Do You Learn to Walk?"

13. K. S. Kretch et al., "Crawling and Walking Infants See the World Differently," *Child Development* 85, no. 4 (2014): 1503-18.

14. Adolph and Robinson, "Road to Walking," 23.

15. 애돌프가 말했듯이, 이것은 그 자체로 보상이 된다. Karen E. Adolph et al., "Gibson's Theory of Perceptual Learning," *International Encyclopedia of the Social & Behavioral Sciences*, ed. James D. Wright (Boston: Elsevier, 2015), 10:132.

16. Joseph J. Campos et al., "Travel Broadens the Mind," *Infancy* 1, no. 2 (2000): 149-219.

17. Adolph and Robinson, "Road to Walking," 23.

18. 걷기는 이동하는 방법을 포함한 온갖 방법으로 세상을 배우는 수단이 된다. 저명한 발달심리학자 에스터 틸렌이 말했듯이, "몸은 뇌를 가르쳐야 한다." Esther Thelen, "The Improvising Infant: Learning About Learning to Move," *The Developmental Psychologists: Research Adventures Across the Life Span*, ed. M. R. Merrens and G. G. Brannigan (New York: McGraw-Hill, 1996), 31.

19. 에스터 틸렌은 약간 비꼬는 듯한 태도로 이러한 견해를 "아기 안의 작은 시계"라고 정리했다. 그녀는 발전을 촉진하는 것은 이 '시계'가 아니라 이 과제의 어려움이라고 주장했

다. ibid., 37.

20. Jane Clark, "On Becoming Skillful: Patterns and Constraints," *Research Quarterly for Exercise and Sport* 66, no. 3 (1995): 173–83.

21. Oskar G. Jenni et al., "Infant Motor Milestones: Poor Predictive Value for Outcome of Healthy Children," *Acta Paediatrica* 102, no. 4 (2013): e181, doi:10.1111/apa.12129. Emma Sumner and Elisabeth Hill, "Are Children Who Walk and Talk Early Geniuses in the Making?," *Conversation*, Feb. 4, 2016.

22. Michelle Lampl, "Evidence of Saltatory Growth in Infancy," *American Journal of Human Biology* 5, no. 5 (1993): 641–52.

23. Adolph and Robinson, "Road to Walking," 8.

24. Shailesh S. Kantak et al., "Neural Substrates of Motor Memory Consolidation Depend on Practice Structure," *Nature Neuroscience* 13, no. 8 (2010), doi:10.1038/nn.2596.

25. 애돌프 연구진은 축구하는 로봇들을 아기처럼 다양한 방법으로 걷는 팀과 덜 다양한 방법으로 걷는 팀으로 나눠서 겨루게 했더니 '아기들'이 이겼다. Ori Ossmy et al., "Variety Wins: Soccer-Playing Robots and Infant Walking," *Frontiers in Neurorobotics* 12, no. 19 (2018).

26. Howard G. Wu et al., "Temporal Structure of Motor Variability Is Dynamically Regulated and Predicts Motor Learning Ability," *Nature Neuroscience* 17, no. 2 (2014): 312–21.

27. Lisa Gershkoff-Stowe and Esther Thelen, "U-Shaped Changes in Behavior: A Dynamic Systems Perspective," *Journal of Cognition and Development* 5, no. 1 (2006): 11–36.

28. Richard A. Schmidt and Douglas E. Young, "Transfer of Movement Control in Motor Skill Learning," Research Note 86-37, U.S. Army Research Institute for the Behavioral and Social Sciences, April 1986.

29. 한 연구자가 말했듯이, "가장 숙련된 전문가도 새로운 과제를 수행할 때 역동적 조직화의 필수적인 과정을 생략할 수 없다." Zheng Yan and Kurt Fischer, "Always Under Construction," *Human Development* 45 (2002): 141–60.

30. Thelen, "Improvising Infant," 39.

3장. 음치 탈출을 위해 노래를 배웠더니, 한계를 뛰어넘는 놀라운 경험

1. Warren Brodsky, *Driving with Music* (London: Ashgate, 2015), xiv.

2.   Lisa Huisman Koops, "Songs from the Car Seat: Exploring the Early Childhood Music-Making Place of the Family Vehicle," *Journal of Research in Music Education* 62, no. 1 (2014): 52–65.

3.   관련 연구 결과를 요약하자면, 노래 부르기는 운전을 크게 방해하지는 않는 듯하다. 다만 운전으로 정신없이 바쁠 때 노래를 부르면 노래 실력이 떨어지는 경향이 있다. Warren Brodsky, "A Performance Analysis of In-Car Music Engagement as an Indication of Driver Distraction and Risk," *Transportation Research Part F* 55 (May 2018): 201–18.

4.   Steven Mithen, "The Music Instinct: The Evolutionary Basis of Musicality," *Annals of the New York Academy of Sciences* 1169 (July 2009): 3–12.

5.   Jing Kang et al., "A Review of the Physiological Effects and Mechanisms of Singing," *Journal of Voice* 32, no. 4 (2018): 390–95.

6.   뉴욕대학교 신경학과의 루시 노클리프코프먼Lucy Norcliffe-Kaufmann 교수는 내게 미주 신경이 얼마나 복잡한지 자세히 설명해주었다.

7.   Helmut Moog, *The Musical Experience of the Pre-school Child* (London: Schott, 1976), 62.

8.   Sandra E. Trehub, Anna M. Unyk, and Laurel J. Trainor, "Adults Identify Infant-Directed Music Across Cultures," *Infant Behavior and Development* 16, no. 2 (1993): 193–211. 이와 관련된 또 다른 연구에서는 아기들이 엄마가 실제로 자신이 옆에 있을 때 불렀던 노래의 녹음본을 더 선호했다는 결과가 나왔다. Laurel J. Trainor, "Infant Preferences for Infant-Directed Versus Noninfant-Directed Playsongs and Lullabies," *Infant Behavior and Development* 19, no. 1 (1996): 83–92.

9.   M. Patterson et al., "Infant Sensitivity to Perturbations in Adult Infant-Directed Speech During Social Interactions with Mother and Stranger" (poster presented at the Society for Research in Child Development).

10. John J. Ohala, "The Acoustic Origin of the Smile" (revised version of paper delivered at the hundredth meeting of the Acoustical Society of America, Los Angeles, Nov. 19, 1980). 한 가지 설에 따르면, 웃는 표정은 다른 사람에게 치아를 보이는 방법(공격적이라고 생각될 수 있다)으로 진화한 것이 아니라 더 고음으로 말하도록 진화한 것으로, 이는 일반적으로 친근함과 협동심을 의미한다. V. C. Tartter, "Happy Talk: Perceptual and Acoustic Effects of Smiling on Speech," *Perceptual Psychophysics* 27, no. 1 (1980): 24–27. 음정을 올리는 또 다른 방법으로는 눈썹을 치켜올리는 것이 있다. 눈썹을 치켜올리면 눈이 아기들처럼 크기가 커 보여 더 친근해 보

인다. David Huron and Daniel Shanahan, "Eyebrow Movements and Vocal Pitch Height: Evidence Consistent with an Ethological Signal," *Journal of the Acoustical Society of America* 133, no. 5 (2013): 2947–52. 실제로 사람들은 높은음으로 노래할 때의 얼굴을 낮은음으로 노래할 때의 얼굴보다 더 친근하다고 평가했다. 눈썹을 치켜올리면 눈꺼풀이 수축하며, 상대의 관심을 자신의 눈 쪽으로 집중시킬 수 있다. 머리에서 눈 크기의 비율을 효과적으로 증가시키는 동작이다.

11. Takayuki Nakata and Sandra E. Trehub, "Infants' Responsiveness to Maternal Speech and Singing," *Infant Behavior and Development* 27, no. 4 (2004): 455–64.

12. Colleen T. O'Neill et al., "Infants' Responsiveness to Fathers' Singing," *Music Perception* 18, no. 4 (2001): 409–25.

13. James Gavin's authoritative, if hardly adulatory, biography, *Deep in a Dream: The Long Night of Chet Baker* (New York: Alfred A. Knopf, 2002), 87.

14. Ibid., 85.

15. 이렇게 표현해준 잉고 티체에게 감사를 전한다.

16. 한 연구자는 보컬 강사 여섯 명과의 대화를 통해 가창 기법을 묘사하는 데 사용되는 비유적인 표현이 260여 개에 달한다는 사실을 발견했다. Jennifer Aileen Jestley, "Metaphorical and Non-metaphorical Imagery Use in Vocal Pedagogy: An Investigation of Underlying Cognitive Organisational Constructs" (Ph.D. diss., University of British Columbia, 2011). 보컬 교육에서 상상과 비유적인 표현을 사용하면 안 된다고 비판하는 목소리도 일부 존재한다. 하지만 이와 대조적으로 한 연구에서는, "그러한 표현들은 일시적인 분류 과정을 거친 임의적 혹은 무작위적인 형태가 아니라 구체적인 경험에서 깨달은 내용을 이미지로 도식화한 근본적인 구조로 제한된 형태다"라고 밝혔다. 그러면서 "보컬 수업 시간에 사용되는 비유적이고 상상에 기반한 표현을 두고 말도 안 되고, 과학적 근거가 없고, 난해하고, 지나치게 주관적이라는 비판이 있지만, 나는 이 연구에서 제안하는 이러한 표현들이 전혀 혼란스럽거나 비논리적으로 보이지 않는다"라고 말했다.

17. 몇십 년 전, 캐나다의 연구원은 한 여성 집단을 대상으로 그들의 인생에서 노래가 어떤 역할을 하는지를 주제로 인터뷰한 결과 다음과 같은 사실을 발견했다. "사교 모임 및 가족 모임에서 피아노를 치며 노래하던 관습은 1950년대에 끝났다. 60년대와 70년대에는 사교 모임에서 기타를 치며 노래하는 것이 유행했다. 80년대와 90년대에는 사교 모임에서 노래하는 일 자체가 드물었다." Katharine Smithrim, "Still Singing for Our Lives: Singing in the Everyday Lives of Women Through This Century," *Sharing the Voices: The Phenomenon of Singing*, ed. B. Roberts (St. John's: Memorial University

of Newfoundland, 1998), 224.

18. 이 아이디어를 내준 제프 스미스 스퓰 CEO에게 감사를 전한다.

19. Cathy Lynn Grossman, "Many Church Choirs Are Dying. Here's Why," Religion News Service, Sept. 17, 2014.

20. Jason Bardi, "UCSF Team Describes Neurological Basis for Embarrassment," news release, April 15, 2011, University of California at San Francisco, www.ucsf. edu.

21. Tracey Thorn, *Naked at the Albert Hall* (London: Virago, 2015), vii.

22. 이 연구에서는 '부정확한' 노래와 '불확실한' 노래를 구분했다('부정확'은 '목표 음정과 노래 사이에서 발생하는 차이', '불확실'은 '음정을 내는 반복적인 시도 각각의 일관성'이었다). 논문의 저자는 노래를 못하는 것은 "불확실한 동시에 부정확하게 노래를 부르는 경향과 관련이 있다"라고 썼다. Peter Q. Pfordresher et al., "Imprecise Singing Is Widespread," *Journal of the Acoustical Society of America* 128, no. 4 (2010).

23. Karen J. Wise and John A. Sloboda, "Establishing an Empirical Profile of Self-Defined 'Tone Deafness': Perception, Singing Performance, and Self-Assessment," *Musicae Scientiae* 12, no. 1 (2008): 3–26.

24. Graham Welch brings up this idea in his fascinating lecture, "The Benefits of Singing in a Choir" (delivered July 8, 2015, at Gresham College).

25. 최근에 원곡이 발견되었는데, 흥미롭게도 원곡에서는 음정의 범위가 지금보다 좁았다. Tara Anderson, "An Unnoticed 'Happy Birthday' Draft Gives Singers a Simpler Tune," NPR, Sept. 6, 2015, www.npr.org.

26. Y. Minami, "Some Observations on the Pitch Characteristics of Children's Singing," *Onchi and Singing Development: A Cross-Cultural Perspective*, ed. Graham Welch and Tadahiro Murao (London: David Fulton, 1994), 18–24.

27. Steven Connor, *Dumbstruck: A Cultural History of Ventriloquism* (Oxford: Oxford University Press, 2001).

28. Taken from the transcript of a TEDxBeaconStreet talk, Rébecca Kleinberger, "Why You Don't Like the Sound of Your Own Voice".

29. 스티븐 코너Steven Connor는 매력적인 책《말문이 막히다Dumbstruck》에서 "만약 목소리에 준측각적인 자기 애무가 없었더라면 우리는 목소리를 즐기지 못했을 것이다"라는 흥미로운 발언을 했다. 다시 말해, 자신이 듣는 자기 목소리는 들리기에도 더 좋을 뿐 아니라 '느낌'도 더 좋다는 뜻이다. *Dumbstruck*, 10.

30. Philip S. Holzman and Clyde Rousey, "The Voice as a Percept," *Journal of Person-*

ality and Social Psychology 4, no. 1 (1966): 79 – 86.

31. Ibid., 85.

32. Susan M. Hughes and Marissa A. Harrison, "I Like My Voice Better: Self-Enhancement Bias in Perceptions of Voice Attractiveness," *Perception* 42, no. 9 (2013): 941 – 49.

33. P. McAleer, A. Todorov, and P. Belin, "How Do You Say 'Hello'? Personality Impressions from Brief Novel Voices," *PLOS One* 9, no. 3 (2014), journals.plos. org.

34. E. Glenn Schellenberg, "Music Lessons Enhance IQ," *Psychological Science* 15, no. 8 (2004), doi.org/10.1111/j.0956-7976.2004.00711.x.

35. Steven M. Demorest et al., "Singing Ability, Musical Self-Concept, and Future Music Participation," *Journal of Research in Music Education* 64, no. 4 (2017): 405 – 20.

36. Albert Bandura, "Self-Efficacy," *Encyclopedia of Human Behavior*, ed. V. S. Ramachandran (San Diego: Academic Press, 1998), 71 – 81.

37. S. O'Neill, "The Self-Identity of Young Musicians," *Musical Identities*, ed. R. MacDonald, D. Hargreaves, and D. Miell (New York: Oxford University Press, 2002).

38. This point is helpfully made by Graham Welch, "We Are Musical," *International Journal of Music Education* 23, no. 117 (2005): 117 – 20.

39. Julie Ayotte, Isabelle Peretz, and Krista Hyde, "Congenital Amusia: A Group Study of Adults Afflicted with a Music-Specific Disorder," *Brain* 125 (Feb. 2002): 238 – 51.

40. Vance Lehmkuhl, "The William Hung Challenge," *Philadelphia Inquirer*, May 4, 2011, www.philly.com.

41. 항공우주공학자였던 잉고 티체는 항공우주공학만큼 복잡한 우리 목 안에서의 공기 흐름으로 관심사를 돌리고 국립음성언어센터를 이끌고 있다. 그런 그는 우리가 고음 혹은 큰 소리를 내지 않으면 발성 기능이 수축할 수 있다고 말한다. 그는 이처럼 "사용하지 않으면 없어지는" 현상이 더 광범위한 규모로 발생할 수도 있다고 설명한다. 오늘날 우리는 전자기기가 우리 목소리를 키워주는 덕에 좁은 음역의 저주파음을 압도적으로 많이 내기 때문에 발성기관의 기능을 거의 활용하지 않는다. "의사소통할 때 소리를 크게 증폭하지 않는 상태에 적응한 포유류의 후두는 원기능을 되찾을 수 있다." Ingo R. Titze, "Human Speech: A Restricted Use of the Mammalian Larynx," *Journal of Voice* 31,

no. 2 (2017): 135–41.

42. M. Echternach et al., "Vocal Fold Vibrations at High Soprano Fundamental Frequencies," *Journal of the Acoustical Society of America* 133, no. 2 (2013): 82–87.

43. Adam Rubin et al., "Laryngeal Hyperfunction During Whispering: Reality or Myth?," *Journal of Voice* 20, no. 1 (2006): 121–27.

44. 잉고 티체와의 인터뷰에서 발췌했다.

45. 심지어 전문적인 가수들도 악기만큼 정확한 음을 낼 수는 없다. P. Q. Pfordresher and S. Brown, "Vocal Mistuning Reveals the Origin of Musical Scales," *Journal of Cognitive Psychology* 29, no. 1 (2017): 35–52. 신기하게도 우리는 이를 당연하게 생각한다. 허친스가 발견한 바에 따르면, 우리는 음이 약간 틀린 사람의 노랫소리와 음이 약간 틀린 악기의 소리를 들을 때, 악기의 음정이 틀렸다는 것은 금방 알아채지만 사람의 목소리는 잘 알아채지 못한다. 그는 이를 '음성 관대 효과'라고 부른다. Sean Hutchins, Catherine Roquet, and Isabelle Peretz, "The Vocal Generosity Effect: How Bad Can Your Singing Be?," *Music Perception* 20, no. 2 (2012): 147–59.

46. Michael Belyk et al., "Poor Neuro-motor Tuning of the Human Larynx: A Comparison of Sung and Whistled Pitch Imitation," *Royal Society Open Science*, April 1, 2018.

47. W. Timothy Gallwey, *The Inner Game of Tennis* (New York: Random House, 1997), 74.

48. Dena Murry, *Vocal Technique: A Guide to Finding Your Real Voice* (New York: Musicians Institute Press, 2002), 20.

49. Martin S. Remland, *Nonverbal Communication in Everyday Life* (New York: Sage Books, 2016).

50. 목표는 그다지 의식하지 않고도 공기를 가장 많이, 가장 효율적으로, 방해물 없이 흐르게 하는 것이었다. 18세기 가장 기법인 벨칸토를 가르쳤던 강사 조반니 바티스타 람페르티Giovanni Battista Lamperti는 이렇게 썼다. "말할 때는 공기의 흐름에 끊임없이 방해가 일어나지만, 노래할 때는 절대 그렇지 않다." Giovanni Battista Lamperti, *Vocal Wisdom* (New York: Taplinger, 1931), 47.

51. William D. Leyerle, *Vocal Development Through Organic Imagery* (Geneseo, N.Y.: Leyerle, 1986), 75.

52. "Whisper, Talk, Sing: How the Voice Works," Kindermusik, April 28, 2016, www.kindermusik.com.

53. Matthias R. Mehl et al., "Are Women Really More Talkative Than Men?," *Science*,

July 6, 2007, 82.

54. Daniel E. Callan et al., "Song and Speech: Brain Regions Involved with Perception and Covert Production," *NeuroImage* 31, no. 3 (2006): 1327–42.

55. 한 초기 연구에서 턱의 힘을 측정하기 위해 사람들에게 측정기를 물게 했는데, 턱이 아니라 이가 상할 지경이어서 물기를 포기했다. "The Power of the Human Jaw," *Scientific American*, Dec. 2, 1911.

56. T. M. G. J. Van Eijden, J. A. M. Korfage, and P. Brugman, "Architecture of the Human Jaw-Closing and Jaw-Opening Muscles," *Anatomical Record* 248, no. 3 (1997): 464–74.

57. Michael Bloch, *F.M.: The Life of Frederick Matthias Alexander* (New York: Little, Brown, 2004), 34.

58. F. Matthias Alexander, *The Alexander Technique: The Essential Writings of F. Matthias Alexander* (New York: Lyle Stuart, 1980), 4.

59. Rob Gray's *Perception Action* podcast, episode 14, 2015, perceptionaction.com/14-2.

60. Jeff Sullivan, "Batting Practice Is Probably a Waste of Everyone's Time," *The Hardball Times*, tht.fangraphs.com.

61. Ingo Titze, "Voice Training and Therapy with a Semi-occluded Vocal Tract: Rationale and Scientific Underpinnings," *Journal of Speech, Language, and Hearing Research* 49, no. 2 (2006): 448–59.

62. Anne Kapf, *The Human Voice* (New York: Simon & Schuster, 2006).

63. Hollis Dann, "Some Essentials of Choral Singing," *Music Educators Journal* 24, no. 1 (1937): 27.

64. Ian Bostridge, *A Singer's Notebook* (London: Faber and Faber, 2012).

4장. 합창단에 들어가서 공연을 하고, 초보끼리 뭉치는 즐거움

1. Alice Parker, interview by Krista Tippett, "Singing Is the Most Companionable of Arts," *On Being*, Dec. 6, 2016, onbeing.org.

2. For a good survey of the acoustical qualities of choirs, see Sten Ternström, "Physical and Acoustic Factors That Interact with the Singer to Produce the Choral Sound," *Journal of Voice* 5, no. 2 (1991): 128–43.

3. Charlene Ryan, "An Investigation into the Choral Singer's Experience of Music Performance Anxiety," *Journal of Research in Music Education* 57, no. 2 (2009):

108 – 26.

4. 이 연구에서는 이렇게 설명한다. "지금까지 이루어진 연구에서는 합창단에서 '남성이 사라지는' 현상의 타당한 원인을 밝혀내지 못하고 있다." K. Elpus, "National Estimates of Male and Female Enrolment in American High School Choirs, Bands, and Orchestras," *Music Education Research* 17, no. 1 (2015): 88 – 102.

5. Charles F. Bond et al., "Social Facilitation: A Meta-analysis of 241 Studies," *Psychological Bulletin* 94, no. 2 (1983): 265 – 92.

6. S. J. Karau, "Social Loafing (and Facilitation)," *Encyclopedia of Human Behavior* (Amsterdam: Elsevier, 2012), 486 – 92.

7. Cindy Bell, "Update on Community Choirs and Singing in the United States," *International Journal of Research in Choral Singing* 2, no. 1 (2004).

8. "Number of UK Choirs at All-Time High," M, July 13, 2017, www.m-magazine. co.uk.

9. "Sing and They Will Come," *Economist*, March 4, 2014.

10. Ali Colvin, "Community Choirs Growing as Members Reap Health Benefits," ABC News, June 17, 2016, www.abc.net.au.

11. www.skane.com/en/choirs-a-national-pastime.

12. L. M. Parsons et al., "Simultaneous Dual-fMRI, Sparse Temporal Scanning of Human Duetters at 1.5 and 3 Tesla." Conference paper presented at the Annual Meeting of the Society for Neuroscience, Jan. 2009.

13. Gunter Kreutz, "Does Singing Facilitate Social Bonding?," *Music and Medicine* 6, no. 2 (2014).

14. R. N. Christina Grape et al., "Choir Singing and Fibrinogen: VEGF, Cholecystokinin, and Motilin in IBS Patients," *Medical Hypotheses* 72, no. 2 (2009): 223 – 55.

15. 카트리나 이후 '허리케인 합창단' 프로젝트를 진행했던 한 심리학자는 내게 이 프로젝트가 "지금까지 본 지역사회 활동 중에서 가장 진정성 있었던 일"이라고 말했다.

16. 에일루네드 피어스Eiluned Pearce와 동료 연구자들이 진행한 연구에 따르면, 노래 부르기 수업에 참여한 사람과 다른 수업에 참여한 사람 모두 7개월 후 이전보다 더 큰 행복감을 느꼈다고 응답했다. "다른 사람들과 함께 하는 것이라면" 어떤 활동이든 상관없는 듯했다. 이들은 사회적 유대감을 더 많이 느낄수록 행복감도 더 커진다고 응답했다. Eiluned Pearce et al., "Is Group Singing Special? Health, Well-Being, and Social Bonds in Community-Based Adult Education Classes," *Journal of Community Applied Psychology* 26, no. 6 (2016): 518 – 33.

17. Daniel Weinstein et al., "Singing and Social Bonding: Changes in Connectivity and Pain Threshold as a Function of Group Size," *Evolution and Human Behavior* 37, no. 2 (2016): 152 – 58.

18. Eiluned Pearce et al., "The Ice-Breaker Effect: Singing Mediates Fast Social Bonding," *Royal Society Open Science*, Sept. 29, 2015. 이 연구에서 한 가지 주의할 점은 다른 활동(공예와 문예 창작)을 한 집단의 사람들은 개별 프로젝트를 진행하고 있었다는 것이다. 논문의 저자들은 이렇게 설명했다. "이 연구에서는 노래 부르기라는 물리적 행동 자체를 집단에서 함께했을 때 발생하는 효과, 그리고 함께 음악을 만들겠다는 집단 내에 공유된 동기가 있다는 것에서 오는 효과를 구분하지 않았다는 뜻이다."

19. Björn Vickhoff et al., "Music Structure Determines Heart Rate Variability of Singers," *Frontiers in Psychology* 4, no. 334 (2013).

20. 한 연구에서는 브로카 실어증 환자 24명 중 21명이 "어느 정도 노래를 부를 수 있는 능력"이 있다는 것을 발견했다. A. Yamadori et al., "Preservation of Singing in Broca's Aphasia," *Journal of Neurology, Neurosurgery, and Psychiatry* 40, no. 3 (1977): 221 – 24.

21. Oliver Sacks, *Musicophilia* (New York: Vintage Books, 2007), 240.

22. Benjamin Stahl, "Facing the Music: Three Issues in Current Research on Singing and Aphasia," *Frontiers in Psychology*, Sept. 23, 2014.

23. Steven Tonkinson, "The Lombard Effect in Choral Singing," *Journal of Voice* 8, no. 1 (1994): 24 – 29.

24. Sharon Hansen et al., "On the Voice: Choral Directors Are from Mars and Voice Teachers Are from Venus," *Choral Journal* 52, no. 9 (2012): 51 – 58.

25. Dallas Draper, "The Solo Voice as Applied to Choral Singing," *Choral Journal* 12, no. 9 (1972).

26. Michael J. Bonshor, "Confidence and Choral Configuration: The Affective Impact of Situational and Acoustic Factors in Amateur Choirs," *Psychology of Music* 45, no. 5 (2017), doi.org/10.1177/0305735616669996.

5장. 인생의 버킷리스트인 서핑을 배우며, 늦게 시작하는 것의 장점

1. Jamail Yogis, *Saltwater Buddha: A Surfer's Quest to Find Zen on the Sea* (New York: Simon & Schuster, 2009), 128.

2. Hubert Dreyfus and Stuart Dreyfus, *Mind over Machine* (New York: Free Press, 1988), 21.

3. Peter Heller, *Kook* (New York: Free Press, 2010), 268.

4. Allan Weisbecker, *In Search of Captain Zero* (New York: TarcherPerigree, 2002), 3.

5. Ryan Pittsinger et al., "The Effect of a Single Bout of Surfing on Exercise-Induced Affect," *International Journal of Exercise Science* 10, no. 7 (2017): 989–99, as well as Jamie Marshall et al., " 'When I Go There, I Feel Like I Can Be Myself': Exploring Programme Theory Within the Wave Project Surf Therapy Intervention," *International Journal of Environmental Research in Public Health* 16, no. 12 (2019).

6. Amitha Kalaichandran, "Catching Waves for Well-Being," *New York Times*, Aug. 8, 2019.

7. A. Mendez-Villanueva et al., "Activity Profile of World-Class Professional Surfers During Competition: A Case Study," *Journal of Strength Conditioning Research* 20, no. 3 (2006).

8. Barbara Oakley, *A Mind for Numbers: How to Excel at Math and Science* (New York: Penguin, 2014), 101.

9. Chak Fu Lam et al., "The Impact of Feedback Frequency on Learning and Task Performance: Challenging the 'More Is Better' Assumption," *Organizational Behavior and Human Decision Processes* 116, no. 2 (2011): 217–28. 피드백이 학습과 수행에 어떤 영향을 미치는지 자세히 알고 싶다면 다음을 참고하라. Richard A. Schmidt, "Frequent Augmented Feedback Can Degrade Learning: Evidence and Intrepretations," *Tutorials in Motor Neuroscience*, ed. J. Requin and G. E. Stelmach, NATO ASI Series (Series D: Behavioral and Social Sciences), Vol. 62 (Dordrecht: Springer, 1991).

10. William Finnegan, *Barbarian Days: A Surfing Life* (New York: Penguin Press, 2015), 123.

11. Andrew Nathanson et al., "Surfing Injuries," *American Journal of Emergency Medicine* 20, no. 3 (2002): 155–60.

12. Matt Warshaw, *The History of Surfing* (New York: Chronicle Books, 2011), 477.

13. 로버트 라이더Robert Rider는 보고서에서 서핑을 "공유 자원 문제"로 취급하며, 간단한 서핑 에티켓이 이 문제를 완화하는 데 도움이 될 거라고 제안한다. Robert Rider, "Hangin' Ten: The Common-Pool Resource Problem of Surfing," *Public Choice* 97, no. 1–2 (1998): 49–64.

14. Daniel Nazer, "The Tragedy of the Surfers' Commons," *Deakin Law Review* 9, no.

2 (2004): 655 – 713.

15. '조용한 눈quiet eye'이라는 이론에 따르면, 프로 스포츠에서 시선을 어디에, 얼마나 오래 둘 것인지를 아는 것은 매우 중요하다. 수십 년 전, 운동과학자 조앤 비커스Joan Vickers 가 주장한 조용한 눈 이론은 간단하다. 최고의 선수들은 목표를 수행할 때 더 빨리, 더 오래 목적물에 시선을 고정한다. 농구에서 자유투 실력이 뛰어난 선수들은 실력이 떨어지는 선수들보다 더 빨리, 더 오래 골망을 바라보았다. 비커스는 하키 선수 웨인 그레츠키Wayne Gretzky나 축구 선수 리오넬 메시Lionel Messi처럼 그들의 체구나 속도로는 재능을 설명하기 어려운 슈퍼스타급 운동선수들의 성공 비결이 바로 이 조용한 눈 이론이라고 주장했다. 조용한 눈 이론은 여전히 미스터리로 남아 있지만, "움직임을 조절하는 시각 운동 네트워크에 하향식 조절을 하도록 하는" 뇌 활동을 자극하는 것으로 보인다. 다시 말해, 눈이 몸의 움직임을 지휘한다는 뜻이다. Joan N. Vickers et al., "Quiet Eye Training Improves Accuracy in Basketball Field Goal Shooting," *Progress in Brain Research* 234 (Jan. 2017): 1 – 12.

16. "Using Eye Tracking to Analyze Surfers' Gaze Patterns," Tobii Pro, www. tobiipro.com.

17. Warshaw, *History of Surfing*, 13.

18. Lisa Kindelberg Hagan et al., "Mothers' and Fathers' Socialization of Preschoolers' Physical Risk Taking," *Journal of Applied Developmental Psychology* 28, no. 1 (2007): 2 – 14.

19. David Foster Wallace, *Infinite Jest* (New York: Back Bay Books, 2006), 116.

20. James Dickey, *Deliverance* (New York: Delta Books, 2004), 5.

6장. 저글링을 몸으로 익히며 깨달은, 생각 끄기의 과학

1. Edgar James Swift, "Studies in the Psychology and Physiology of Learning," *American Journal of Psychology* 14, no. 2 (1903): 201 – 51. 스위프트도 자신의 연구와 비슷한 기존 연구를 참고했다. 기존 연구의 주제는 전신술인데, 관심이 있다면 다음을 참고하라. William Bryan and Noble Harter, "Studies in the Physiology and Psychology of the Telegraphic Language," *Psychological Review* 4, no. 1 (1897): 27 – 53.

2. 한 연구에서 연구진은 골퍼를 두 집단으로 나누고 한 집단에게는 목표 홀이 더 큰 홀로 둘러싸인 홀(목표 홀이 더 작아 보인다)에 공을 넣게 하고, 다른 집단에게는 목표 홀이 더 작은 홀로 둘러싸인 홀(목표 홀이 더 커 보인다)에 넣게 했다. 예상대로 목표 홀이 더 커 보이는 쪽의 골퍼들이 퍼팅을 더 잘했다. 그다음 실험에서는 두 집단 모두 일반

적인 크기의 홀을 목표로 했는데, 이때에도 '또다시' 목표 홀이 더 커 보이는 쪽에 있었던 골퍼들이 작아 보이는 쪽에 있었던 골퍼들보다 더 좋은 성적을 냈다. 더 쉬워 보이는 홀에서 더 효과적으로 배운 것이다. Guillaume Chauvel et al., "Visual Illusions Can Facilitate Sport Skill Learning," *Psychonomic Bulletin and Review* 22, no. 3 (2015): 717 – 21. 그리고 성공적인 퍼팅을 한 사람들은 홀이 실제보다 더 컸다고 생각한 것으로 드러났다. 목표물의 크기를 키우자 자신감도 커졌고, 자신감 있게 플레이하자 목표물도 커졌다.

3. David Jones, "The Stability of the Bicycle," *Physics Today*, Sept. 2006, 51 – 56.

4. 라이트는 이렇게 썼다. "자전거 타는 사람들 수십 명에게 왼쪽으로 가려면 어떻게 해야 하느냐고 물어보았다. 단번에 모든 사실을 정확하게 대답하는 사람은 단 한 사람도 없었다." Kark J. Åström et al., "Bicycle Dynamics and Control," *IEEE Control Systems Magazine*, Aug. 2005.

5. 철학자 길버트 라일Gilbert Ryle은 이렇게 말했다. "'어떻게'에 대한 지식은 '무엇을'에 대한 지식을 쌓는다고 만들어지지 않는다." (길버트 라일이 1945년 11월 런던대학교 아리스토텔레스 학회Aristotelian Society at the University of London Club에서 진행한 영향력 있는 강의 〈'어떻게'를 아는 것과 '무엇을'을 아는 것Knowing How and Knowing That〉에서 발췌함, www.jstor.org) 이 유명한 이론에 제이슨 스탠리Jason Stanley와 존 W. 크라카우어John W. Krakauer가 흥미로운 응답을 했다. Jason Stanley and John W. Krakauer, "Motor Skill Depends on Knowledge of Facts," *Frontiers in Human Neuroscience*, Aug. 29, 2013. 이들은 라일이 구분한 선언적 지식과 '암묵적 지식'의 차이는 몇몇 사람의 생각처럼 절대적이지는 않다고 주장한다. 간단한 예를 들어, 사람들은 암묵적 지식만으로도 못을 치는 방법을 배울 수 있지만, 어느 쪽 방향으로 치는 것이 적절한지 미리 배우면 과제를 더 효과적으로 수행할 수 있다. 또한 신경과학자 대니얼 울퍼트Daniel Wolpert 연구진은 사람들이 새로운 도구를 사용할 때, 단순히 그 가상의 도구를 어떻게 사용하는지 생각만 하는 것이 아니라 실제로 볼 수 있을 때 더 잘 배울 수 있다고 밝혔다. Mohsen Sadeghi et al., "The Visual Geometry of a Tool Modulates Generalization During Adaptation," *Nature Scientific Reports*, Feb. 25, 2019.

6. Jerome Bruner, *The Culture of Education* (Cambridge, Mass.: Harvard University Press, 1996), 152.

7. 이 이론은 운동과학자 리치 매스터스의 공적으로, 예시를 살펴보고 싶다면 다음을 참고하라. R. S. W. Masters et al., "'Reinvestment': A Dimension of Personality Implicated in Skill Breakdown Under Pressure," *Personality and Individual Differences* 14, no. 5 (1993): 655 – 66.

8. Rich Masters, "The Epic Story of Implicit Motor Learning," Sept. 24, 2015, www.youtube.com. 뇌졸중 환자가 다시 걸을 수 있게 돕는 한 가지 방법은 '분할 벨트 트레드밀'이라는 러닝머신을 사용하는 것이다. 이는 한쪽 다리를 다른 쪽 다리보다 더 빠르게 걷도록 하는 특이한 장치다. 뇌졸중 환자들은 이렇게 이상한 방식으로 걸으면서 트레드밀에서 내려와서도 절뚝거리지 않는 방법을 무의식적으로 배운다. 나는 어느 아침에 볼티모어 케네디 크리거 연구소 안에 있는 존스홉킨스대학교 인간 두뇌 생리학 및 자극 실험실에서 이 기계가 작동하는 모습을 실제로 보았다. 이 대학 운동연구센터의 운동과학자 라이언 로믹Ryan Roemmich은 환자들이 이 트레드밀 위에 올라가 걷도록 한다고 내게 말했다. 그는 내게도 올라가서 한번 걸어보라고 했다. 한쪽 다리를 다른 쪽 다리보다 3배 빠르게 걷는 일은 쉽지 않았지만, 얼마 뒤 절룩거리는 자세로 적응하기 시작했다. 로믹은 "트레드밀을 탈 때 발생하는 절룸거림이 환자의 원래 절룸거림을 상쇄하기 때문에 환자들이 트레드밀에서 내려왔을 때 좀 더 대칭에 맞게 걸을 수 있게 됩니다"라고 말했다. 트레드밀은 환자가 다시 걷는 방법을 더 빠르게 재학습할 수 있도록 돕는다. 로믹에 따르면, 환자가 트레드밀 위에서 걸을 때 "환자의 뇌는 어느 정도 의식적이면서도 대부분 무의식적으로 트레드밀 위에서 일어나는 일을 예측하기 시작한다." 그러다 환자가 트레드밀에서 내려오면, "이제 트레드밀 위에 있지 않다는 것을 알지만, 뇌는 여전히 이 특별한 방법으로 걸어야 한다고 예측한다. 이것이 바로 재활 치료의 진정한 이득이다. 이는 트레드밀에서 내린 뒤에도 계속된다."

9. 연구자들은 이 과정을 '기여도 할당credit assignment'이라고 부른다. 즉, '이 실수가 내 잘못인가 아니면 환경의 문제인가?' 하는 것이다.

10. Sarah-Jayne Blakemore, Daniel Wolpert, and Chris Firth, "Central Cancellation of Self-Produced Tickle Sensation," *Nature Neuroscience* 1 (Nov. 1998): 635–40.

11. A. A. M. Van Santvoord and Peter J. Beek, "Phasing and the Pickup of Optical Information in Cascade Juggling," *Ecological Psychology* 6, no. 4 (1994): 239–63.

12. 이는 초보자에게 흔히 있는 일이다. 한 연구에서 지적했듯이, "초보자는 패턴의 구조를 유지하는 데 필요한 시간을 충분히 들이지 않는다." Pamela S. Haibach et al., "Coordination Changes in the Early Stages of Learning to Cascade Juggle," *Human Movement Science* 23, no. 2 (2004): 185–206.

13. 왜 그럴까? 한 이론에 따르면, 골프 퍼팅이나 미식축구 골을 성공시켰을 때 목표물을 더 작게 느낀 것과 비슷한 방식으로, 실력이 좋은 경우 '시간 감각'이 달라질 수 있다고 주장한다. 한 연구에서는 사람들에게 아케이드 게임 '퐁Pong'과 비슷한 탁구 게임을 시키며 라켓의 크기를 키워주었다. 당연히 그전보다 더 잘했다. 하지만 연구진에 따르면, 사람들은 게임을 더 잘했기 때문에 공이 더 느려 보였다고 응답했다. 나도 돌아보면, 저글

링을 잘하게 됐을 때 공이 더 느려 보였던 것 같다. Jessica K. Witt and Mila Sugovic, "Performance and Goal Influence Perceived Speed," *Perception* 39, no. 10 (2010): 1341 – 53.

14. 사격 초보자와 사격 전문가를 대상으로 한 연구에 따르면, 초보자들은 조준 과정 내내 목표물에 지속적으로 집중했지만, 전문가들은 실제로 방아쇠를 당길 때 가장 집중했다. 연구진이 설명했듯이, "전문가는 대뇌피질 자원을 시간에 따라 잘 분배할 수 있다." M. Doppelmayr et al., "Frontal Midline Theta in the Pre-shot Phase of Rifle Shooting: Differences Between Experts and Novices," *Neuropsychologia* 46, no. 5 (2008): 1463 – 67.

15. 우리가 어떤 움직임을 준비하면 뇌는 기본적으로 "움직이기 전에 미리 감각 정보 획득 능력을 최대화"한다. 이렇게 하면 만약 외부 환경에서 어떤 변화가 있을 때 이 변화에 맞게 행동을 변화시키기 쉽고, 시간이 더 많다는 느낌이 든다. Nobuhiro Hagura et al., "Ready Steady Slow: Action Preparation Slows the Subjective Passage of Time," *Proceedings of the Royal Society B* 279, no. 1746 (2012): 4399 – 406.

16. Peter J. Beek and Arthur Lewbel, "The Science of Juggling," *Scientific American*, Nov. 1995, 94.

17. William H. Edwards, *Motor Learning and Control* (New York: Cengage Learning, 2010), 48.

18. Clark, "On Becoming Skillful".

19. Cláudia Tarragô Candotti et al., "Cocontraction and Economy of Triathletes and Cyclists at Different Cadences During Cycling Motion," *Journal of Electromyography and Kinesiology* 19, no. 5 (2009): 915 – 21.

20. Julie Duque et al., "Physiological Markers of Motor Inhibition During Human Behavior," *Trends in Neuroscience* 40, no. 4 (2017): 219 – 36.

21. MIT의 하워드 오스틴Howard Austin이 주장했듯이, 저글링은 "일반적인 의미에서 근육이나 신경 경로, 혹은 피드백과는 아무런 관련이 없다." Howard Austin, "A Computational View of the Skill of Juggling," *Artificial Intelligence Memo* No. 330, LOGO Memo No. 17, 1974, 8.

22. 이 아이디어를 내준 UCLA 심리학과 제시 리스먼Jesse Rissman 교수에게 감사를 전한다.

23. Jonathan Rowson, *The Moves That Matter: A Chess Grandmaster on the Game of Life* (New York: Bloomsbury, 2019), 109.

24. Daniel M. Smith, "Neurophysiology of Action Anticipation in Athletes: A Systematic Review," *Neuroscience and Biobehavioral Reviews* 60 (Jan. 2016): 115 – 20.

25. 연구에 따르면, 동작 관찰 네트워크가 자극을 받기 위해서는 단순히 '시각적 표현'이 아니라 관찰된 활동의 '운동적 표현'이 필요하다. 연구진은 이렇게 설명했다. "행동을 바라보는 뇌의 반응은 이전의 시각적 지식과 그 행동을 보았던 경험뿐 아니라 이전에 그 행동을 수행한 운동적 경험에 따라서도 결정된다." Beatriz Calvo-Merino et al., "Seeing or Doing? Influence of Visual Motor Familiarity in Action Observation," *Current Biology* 16, no. 19 (2006), doi.org/10.1016/j.cub.2006.07.065.

26. Giacomo Rizzolatti and Corrado Sinigaglia, "Curious Book on Mirror Neurons and Their Myth," review of *The Myth of Mirror Neurons: The Real Neuroscience of Communication and Cognition*, by Gregory Hickock, *American Journal of Psychology* 128, no. 4 (2015).

27. Maxime Trempe et al., "Observation Learning Versus Physical Practice Leads to Different Consolidation Outcomes in a Movement Timing Task," *Experimental Brain Research* 209, no. 2 (2011): 181–92.

28. 흥미롭게도 연구 결과에 따르면, 질문의 대답에 호기심이 많은 사람은 그 호기심이 적을 때보다 "호기심이 많을" 때 접한 "부수적인" 자료를 더 잘 기억했다. Matthias J. Gruber et al., "States of Curiosity Modulate Hippocampus-Dependent Learning via the Dopaminergic Circuit," *Neuron* 84, no. 2 (2014), doi:doi.org/10.1016/j.neuron.2014.08.060.

29. Marcos Daou, Keith R. Lohse, and Matthew W. Miller, "Expecting to Teach Enhances Motor Learning and Information Processing During Practice," *Human Movement Science* 49 (Oct. 2016): 336–45. 정확한 메커니즘은 알려지지 않았다. 가르칠 것으로 예상되는 주제와 그렇지 않은 주제를 배울 때 뇌파가 서로 다르지는 않았다. 가르칠 것을 예상한 주제를 학습할 때, 뇌파가 포착하지 못하는 방법으로 뇌를 활성화했을 수 있다고 연구진은 추측했다. "학습자가 가르칠 것으로 예상하면 학습자의 기술 습득을 향한 관심이 커져 중뇌와 해마 사이의 연결이 증가할 수 있다." Marcos Daou, Keith R. Lohse, and Matthew W. Miller, "Does Practicing a Skill with the Expectation of Teaching Alter Motor Preparatory Cortical Dynamics?" *International Journal of Psychophysiology* 127 (Feb. 2018): 1–19.

30. Hassan Rohbanfard and Luc Proteau, "Learning Through Observation: A Combination of Expert and Novice Models Favor Learning," *Experimental Brain Research* 215, no. 3–4 (2011): 183–97.

31. Daniel R. Lametti and Kate E. Watkins, "Cognitive Neuroscience: The Neural Basis of Motor Learning by Observing," *Current Biology* 26, no. 7 (2016): R288–

R290.

32. Spencer J. Hayes, Derek Ashford, and Simon J. Bennett, "Goal-Directed Imitation: The Means to an End," *Acta Psychologica* 127, no. 2 (2008): 407–15.

33. Rokhsareh Badami et al., "Feedback About More Accurate Versus Less Accurate Trials: Differential Effects on Self-Confidence and Activation," *Research Quarterly for Exercise and Sport* 83, no. 2 (2012): 196–203.

34. Richard Hoffer, *Something in the Air: American Passion and Defiance in the 1968 Mexico City Olympics* (New York: Free Press, 2009), 74.

35. Joenna Driemeyer et al., "Changes in Gray Matter Induced by Learning—Revisited," *PLOS One* 3, no. 7 (2008), journals.plos.org.

36. Metaphor courtesy of "Intelligence in Men and Women Is a Gray and White Matter," *ScienceDaily*, Jan. 22, 2005, www.sciencedaily.com.

37. 연구진은 이렇게 설명했다. "회백질과 백질 영역의 공간적 근접성이 기술의 연습과 관련된 변화를 보여주고 있지만, 우리는 실험 참가자들에게서 회백질의 크기와 백질의 크기 변화 사이의 상관관계를 발견하지 못했다." 연구진은 이 사실이 백질 및 회백질 변화의 이면에 있는 다른 과정을 암시하는 것이며, 이는 독립적인 요인이라고 추측했다. Jan Scholz et al., "Training Induces Changes in White Matter Architecture," *Nature Neuroscience* 12, no. 11 (2009): 1370–71. Bimal Lakhani et al., "Motor Skill Acquisition Promotes Human Brain Myelin Plasticity," *Neural Plasticity*, April 2016, 1–7.

38. 동물 실험에서 새로운 것을 학습할 때는 새로운 신경 연결의 성장인 '시냅스 생성'이 일어난 반면, 기존에 연습을 많이 한 동작을 반복할 때는 '혈관 신생', 즉 뇌의 새로운 혈관 형성이 촉진되어 '대사 부하'를 처리하는 데 도움이 되는 것으로 나타났다. James E. Black et al., "Learning Causes Synaptogenesis, Whereas Motor Activity Causes Angiogenesis, in Cerebellar Cortex of Adult Rats," *Proceedings of the National Academy of Sciences* 87, no. 14 (1990): 5568–72.

39. Driemeyer et al., "Changes in Gray Matter Induced by Learning—Revisited".

40. 이 재배치가 정확히 어떻게 일어나는지, 혹은 얼마만큼 일어나는지는 아직 명확히 밝혀지지 않았다. 훈련에 의한 가소성을 다룬 연구를 포괄적으로 검토한 논문은 다음을 참고하라. Cibu Thomas and Chris Baker, "Teaching an Adult Brain New Tricks: A Critical Review of Evidence for Training-Dependent Plasticity in Humans," *NeuroImage* 73 (June 2013): 225–36.

41. Elisabeth Wenger et al., "Expansion and Renormalization of Human Brain

Structure During Skill Acquisition," *Trends in Cognitive Sciences* 21, no. 12 (2017): 930-39.

42. Yuko Morita et al., "Napping After Complex Motor Learning Enhances Juggling Performance," *Sleep Science* 9, no. 2 (2016): 112-16.

43. Marlene Bönstrup et al., "A Rapid Form of Offline Consolidation in Skill Learning," *Current Biology* 29, no. 8 (2019): 1346-51.

44. Jessica Hamzelou, "Learning to Juggle Grows Brain Networks for Good," *New Scientist*, Oct. 11, 2009.

45. Jon Gertner, quoted in Jimmy Soni and Rob Goodman, *A Mind at Play: How Claude Shannon Invented the Information Age* (New York: Simon & Schuster, 2017), 249.

46. Janina Boyke et al., "Training-Induced Brain Structure Changes in the Elderly," *Journal of Neuroscience* 28, no. 28 (2008): 7031-35.

47. Rachael D. Seidler, "Older Adults Can Learn to Learn New Motor Skills," *Behavioral Brain Research* 183, no. 1 (2007): 118-22.

7장. 오늘부터는 나도 미대생, 모두 잊어버리는 것의 중요성

1. Aymer Vallance, *William Morris, His Art, His Writings, and His Public Life: A Record* (London: George Bell & Sons, 1897), 251.

2. In 2017, Google released a list: Annalisa Merelli, "Google's Most-Searched 'How-To' Questions Capture All the Magic and Struggle of Being Human," *Quartz*, Sept. 2, 2017, qz.com.

3. Jessica Davis, "Drawing's Demise: U-Shaped Development in Graphic Symbolization," Harvard Project Zero, Harvard Graduate School of Education (paper presented at SRCD Biennial Meeting, New Orleans, March 1993).

4. Howard Gardner, *Artful Scribbles: The Significance of Children's Drawings* (New York: Basic Books, 1980), 148.

5. Angela Anning, "Learning to Draw and Drawing to Learn," *International Journal of Art and Design Education* 18, no. 2 (1999): 163-72.

6. Gardner, *Artful Scribbles*, 143.

7. 모린 콕스Maureen Cox의 설명에 따르면, 20세기 초에는 그림 그리기가 "학교 교과과정에 편성된 과목이었다. 다만 실제로는 남학생들이 주로 참여했고 여학생들은 그 시간에 바느질을 했다." 그러다 보니 당연히 남학생들의 그림 실력이 더 우수한 경우가 많았다.

Cox, *Children's Drawings of the Human Figure* (New York: Psychology Press, 1993), 3.

8. Baldassare Castiglione, *The Book of the Courtier* (London: Penguin Books, 2004), 97.

9. Ann Bermingham, *Learning to Draw: Studies in the Cultural History of a Polite and Useful Art* (London: Paul Mellon Centre for British Art, 2000), ix.

10. Myra A. Fernandes et al., "The Surprisingly Powerful Influence of Drawing on Memory," *Current Directions in Psychological Science* 27, no. 5 (2018): 302 – 8.

11. Churchill, *Painting as a Pastime*, 25.

12. Betty Edwards, *Drawing on the Right Side of the Brain* (New York: TarcherPerigree, 2012), xiv.

13. M. S. Gazzaniga, J. E. Bogen, and R. W. Sperry, "Observations on Visual Perception After Disconnexion of the Cerebral Hemispheres in Man," *Brain* 88, pt. 2 (June 1965): 221 – 36.

14. 《좌뇌, 우뇌Left Brain, Right Brain》에서 샐리 스프링어Sally Springer와 게오르크 도이치 Georg Deutsch는 어느 한쪽의 뇌 반구만을 사용하는 인지적 과제는 존재하지 않으며, "그림을 그릴 때 좌반구가 우반구를 방해한다"라는 주장을 믿을 근거는 없다고 지적 했다. 좌반구는 세부 사항의 식별 같은 활동에 관여하므로 거꾸로 뒤집힌 그림 그리기 를 연습할 때, 오히려 좌반구가 우반구보다 더 많이 관여할 수도 있다고 주장했다. Sally P. Springer and Georg Deutsch, *Left Brain, Right Brain: Perspectives from Cognitive Neuroscience* (New York: W. H. Freeman, 1997), 301.

15. Chris McManus, *Right Hand, Left Hand: The Origins of Asymmetry in Brains, Bodies, Atoms, and Cultures* (Cambridge, Mass.: Harvard University Press, 2004), 298.

16. Jared Nielsen et al., "An Evaluation of the Left-Brain vs. Right-Brain Hypothesis with Resting State Functional Connectivity Magnetic Resource Imaging," *PLOS One* 8, no. 8 (2013), doi.org/10.1371/journal.pone.0071275. Paul A. Kirschner, "Stop Propagating the Learning Styles Myth," *Computers and Education* 106 (March 2017): 166 – 71.

17. Dahlia W. Zaidel, "Split-Brain, the Right Hemisphere, and Art: Fact and Fiction," *Progress in Brain Research* 204 (2013): 3 – 17.

18. R. W. Sperry, "Some Effects of Disconnecting the Cerebral Hemispheres," *Science* 217 (Sept. 1982): 1223 – 26.

19. E. I. Schiferl, "Both Sides Now: Visualizing and Drawing with the Right and Left Hemispheres of the Brain," *Studies in Art Education* 50, no. 1 (2008): 67 – 82.

20. 해럴드 스피드Harold Speed는 1917년에 낸 고전적인 책《그림 그리기의 연습과 과학The Practice and Science of Drawing》에서 우리가 그림을 그릴 때, 눈에 보이는 것보다는 "객관적인 세계의 정신적인 개념"에 더 많이 의존한다고 주장했다. 훗날 에드워즈가 한 주장과 일치한다. Harold Speed, *The Practice and Science of Drawing* (New York: Dover, 1972), 47.

21. 사람들은 "순수한 눈"(사실은 '초보자의 마음'과 같은 개념)이 실제로 가능한지, 아니면 방해하는 개념이 항상 존재하는지를 두고 토론을 벌여왔다. Erik Forrest, "The 'Innocent Eye' and Recent Changes in Art Education," *Journal of Aesthetic Education* 19, no. 4 (1985): 103–14.

22. John Ruskin, *The Elements of Drawing* (New York: Dover, 1971), 27.

23. National Gallery of Art, www.nga.gov.

24. L. Carmichael et al., "An Experimental Study of the Effect of Language on the Reproduction of Visually Perceived Form," *Journal of Experimental Psychology* 15, no. 1 (1932): 73–86.

25. Justin Ostrofsky, Heather Nehl, and Kelly Mannion, "The Effect of Object Interpretation on the Appearance of Drawings of Ambiguous Figures," *Psychology of Aesthetics, Creativity, and the Arts* 11, no. 1 (2017): 99–108.

26. Edwards, *Drawing on the Right Side of the Brain*, 169.

27. Dale J. Cohen and Susan Bennett, "Why Can't Most People Draw What They See?," *Journal of Experimental Psychology: Human Perception and Performance* 23, no. 3 (1997): 609–21.

28. Monica Lee, "When Is an Object Not an Object? The Effect of 'Meaning' upon the Copying of Line Drawings," *British Journal of Psychology* 80, no. 1 (1989): 15–37.

29. Frederick Frank, *Zen Seeing, Zen Drawing* (New York: Bantam Books, 1993), 114.

30. Peter Steinhart, *The Undressed Art* (New York: Vintage Books, 2004), 55.

31. John Sloan, *John Sloan on Drawing and Painting: The Gist of Art* (New York: Dover, 2010), 110.

32. 화가 데이비드 호크니David Hockney는 현대 미술대학에서 일어나는 현상을 "소묘의 파괴"라고 불렀다. 이를 훌륭히 설명한 자료는 다음과 같다. Jacob Will, "What Happened to Art Schools?," *Politeia* (2018), www.politeia.co.uk.

33. Jacob Bernstein, "Downtown Art School That Warhol Started Raises Its Celebrity Profile," *New York Times*, April 26, 2017.

34. Jeremy Deller, *Iggy Pop Life Class* (London: Heni, 2016), 12.

35. 이러한 현상이 만연하지만, 이러한 편견의 근거는 현재 정확히 알려지지 않았다. 한 연구에서 제시하는 부분적인 이유를 하나 대자면, 사람들이 머리카락을 묘사할 때 헤어라인이 머리의 가장 높은 부분이라고 암묵적으로 생각하고 있다는 것이다. 이 연구에 참가한 사람들이 대머리인 사람을 그렸을 때는 오류가 존재하긴 했지만 그다지 크지 않았다. Justin Ostrofsky et al., "Why Do Non-artists Draw Eyes too Far up the Head? How Vertical Eye Drawing Errors Relate to Schematic Knowledge, Pseudoneglect, and Context-Based Perceptual Biases," *Psychology of Aesthetics, Creativity, and the Arts* 10, no. 3 (2016): 332–43.

36. Dale J. Cohen, "Look Little, Look Often: The Influence of Gaze Frequency on Drawing Accuracy," *Perception and Psychophysics* 67, no. 6 (2005): 997–1009.

8장. 바다 수영을 하고, 결혼반지를 만들고, 새로 배우기라는 평생의 취미

1. Nancy L. Chase, Xuemei Sui, and Steven N. Blair, "Swimming and All-Cause Mortality Risk Compared with Running, Walking, and Sedentary Habits in Men," *International Journal of Aquatic Research and Education* 2, no. 3 (2008): 213–23.

2. Weina Liu et al., "Swimming Exercise Reverses CUMS-Induced Changes in Depression-Like Behaviors and Hippocampal Plasticity-Related Proteins," *Journal of Affective Disorders* 227 (Feb. 2018): 126–35.

3. 이 개념은 테리 로플린의 영향력 있는 다음 저서를 통해 널리 알려졌다. Terry Laughlin, *Total Immersion: The Revolutionary Way to Swim Better, Faster, and Easier* (New York: Simon & Schuster, 2004), 2.

4. Terry McLaughlin, "Inside-Out Breathing," *CrossFit Journal*, Dec. 1, 2005, journal.crossfit.com.

5. Seneca, *On the Shortness of Life* (New York: Penguin Books, 2005), 16.

6. 여러 연구에서 수영 속도 측면에서는 평균적으로 힘보다 기술이 더 중요하다는 사실이 밝혀졌다. R. Havriluk, "Performance Level Differences in Swimming: Relative Contributions of Strength and Technique," *Biomechanics in Swimming XI*, ed. Per-Ludvik Kjendiie, Robert Keig Stallman, and Jan Cabri (Oslo: Norwegian School of Sport Science, 2010).

7. Laughlin, *Total Immersion*, 17.

8. Michael Norton et al., "The IKEA Effect: When Labor Leads to Love," *Journal of Consumer Psychology* 22, no. 3 (2012): 453–60.

9. 존 네이피어John Napier는 역저 《손의 신비Hands》에서 이렇게 설명했다. "UC버클리의 S. L. 워시번S. L. Washburn은 뇌의 크기(뇌의 크기로 뇌의 전반적인 능력을 측정하는 것은 정확하지는 않지만 유용한 방법이다. 운동 기술, 촉각 기능, 기술, 기억, 통찰력은 뇌에서 공간을 차지하기 때문이다)가 증가한 것은 도구 제작에 앞섰다기보다 도구 제작에 따른 결과라고 강조했다. 그럼으로써 긍정적인 피드백이 구축됐다." John Napier, *Hands* (Princeton, N.J.: Princeton University Press, 1980), 101.

10. 인류학자 메리 마즈케는 특히 이 주장에 동의한다. Mary W. Marzke, "Tool Making, Hand Morphology, and Fossil Hominins," *Philosophical Transactions of the Royal Society B: Biological Sciences* 368, no. 1630 (2013): 1–8. Sara Reardon, "Stone Tools Helped Shape Human Hands," *New Scientist*, April 10, 2013.

11. Kelly Lambert, *Lifting Depression* (New York: Basic Books, 2010), 28. Kelly G. Lambert, "Rising Rates of Depression in Today's Society: Consideration of the Roles of Effort-Based Rewards and Enhanced Resilience in Day-to-Day Functioning," *Neuroscience and Biobehavioral Reviews* 30, no. 4 (2006): 497–510.

12. 한 자료에 따르면, 미국의 청년 중 수습생으로 훈련받는 사람은 5퍼센트도 되지 않았다. Tamar Jacoby, "Why Germany Is So Much Better at Training Its Workers," *Atlantic*, Oct. 16, 2014.

13. Kelly Lambert, "Depressingly Easy," *Scientific American Mind*, Aug. 2009.

에필로그. 당신도 일단 시작해볼래요?

1. Paul A. O'Keefe et al., "Implicit Theories of Interest: Finding Your Passion or Developing It?," *Association for Psychological Science* 29, no. 10 (2018): 1653–64.

2. Daniel J. Boorstin, *The Image* (New York: Vintage Books, 1992), 85.

3. "Laird Hamilton on Being a Beginner and Mixing Things Up," The Mullet, Oct. 5, 2015, www.distressedmullet.com.

4. Jeff Stewart, "The Dos and Don'ts of Embrocation," Competitive Cyclist, April 21, 2014, www.competitivecyclist.com.

5. Richard Hamming, *The Art of Doing Science and Engineering* (Amsterdam: Gordon and Breach, 2005), 5.

6. John Casey, *Room for Improvement: A Life in Sport* (New York: Vintage, 2012), 177.

7. Elizabeth J. Krumrei-Mancuso et al., "Links Between Intellectual Humility and Acquiring Knowledge," *Journal of Positive Psychology*, Feb. 14, 2019.

일단 해보기의 기술

1판 1쇄 발행 2021년 12월 9일
1판 3쇄 발행 2023년 1월 18일

지은이 톰 밴더빌트
옮긴이 윤혜리
펴낸이 고병욱

기획편집실장 윤현주 **책임편집** 유나경 **기획편집** 장지연 조은서
마케팅 이일권 김도연 김재욱 오정민 복다은
디자인 공희 진미나 백은주 **외서기획** 김혜은
제작 김기창 **관리** 주동은 **총무** 노재경 송민진

펴낸곳 청림출판(주)
등록 제1989-000026호

본사 06048 서울시 강남구 도산대로 38길 11 청림출판(주) (논현동 63)
제2사옥 10881 경기도 파주시 회동길 173 청림아트스페이스 (문발동 518-6)
전화 02-546-4341 **팩스** 02-546-8053
홈페이지 www.chungrim.com
이메일 cr1@chungrim.com
블로그 blog.naver.com/chungrimpub
페이스북 www.facebook.com/chungrimpub

ISBN 978-89-352-1368-9 03320